Bildung und Gesellschaft im 21. Jahrhundert

Katharina Walgenbach ist Professorin für Bildung und Differenz an der FernUniversität in Hagen.

Katharina Walgenbach (Hg.)

Bildung und Gesellschaft im 21. Jahrhundert

Zur neoliberalen Neuordnung von Staat, Ökonomie und Privatsphäre

Campus Verlag
Frankfurt/New York

Gedruckt mit Unterstützung der FernUniversität in Hagen.

ISBN 978-3-593-51012-5 Print
ISBN 978-3-593-44061-3 E-Book (PDF)

Umschlaggestaltung: Campus Verlag GmbH, Frankfurt am Main
Lektorat: Natascha Compes, Wuppertal
Satz: Christoph Roolf, Düsseldorf
Gesetzt aus der Garamond
Druck und Bindung: CPI buchbücher.de, Birkach
Gedruckt auf Papier aus zertifizierten Rohstoffen (FSC/PEFC).
Printed in Germany

www.campus.de

Inhalt

Einleitung

Katharina Walgenbach

Der vorliegende Band zielt auf eine Zeitdiagnose, die das Verhältnis von Bildung und Gesellschaft zu Beginn des 21. Jahrhunderts zum Gegenstand hat. Die zugrunde liegende These ist, dass die neoliberale Neuordnung von Ökonomie, Staat und Privatsphäre auch das Feld der Bildung neu strukturiert. Dabei ist Bildung nicht nur ein relevantes Feld der Einflussnahme, vielmehr verändern die aktuellen gesellschaftlichen Dynamiken auch den historisch konstituierten Charakter der Bildung. Dies betrifft die Neujustierung der institutionellen Verfasstheit des Bildungswesens ebenso wie Bildungspraktiken und Bildungsdiskurse. Nicht zuletzt bringen die Neukonfigurationen auch neue Bildungssubjekte hervor. Es geht also nicht allein darum, dass Bildung heute mit neuen Erwartungen, Anforderungen und Zumutungen konfrontiert ist, sondern, dass sich das Feld der Bildung selbst in einem Transformationsprozess befindet.

Es wird allerdings davon ausgegangen, dass diese Transformationsprozesse nicht linear verlaufen, sondern höchst widersprüchlich organisiert sein können. Des Weiteren kann Bildung nicht als konstitutives Außen in Bezug auf *die* Ökonomie oder *den* Staat gefasst werden – es geht also nicht um den schlichten Nachweis, dass etwa das Ideal der humanistischen Bildung durch Ökonomisierungsprozesse kontaminiert wird –, vielmehr wird davon ausgegangen, dass Bildung sich von der Antike, über das Mittelalter bis in die Neuzeit stets in Relation zu den Feldern Ökonomie und Staat moduliert hat. Eine zeitdiagnostische Analyse der Gegenwart hat somit die Aufgabe, das Spezifische der spätmodernen Konstellation von Bildung, Ökonomie und Staat herauszuarbeiten (vgl. Casale 2012a).

In diesem Sinne zielen die Beiträge des Bandes auf eine Dechiffrierung aktueller Entwicklungsdynamiken im Bildungsbereich wie etwa die Konsequenzen des Wandels von einem Wohlfahrtsstaat zum aktivierenden Sozialstaat für die Soziale Arbeit (Kessl), die Transformation von Wissen in Kompetenz in Humankapitaldiskursen (Casale/Oswald) oder anti-egalitäre

Dynamiken in der Bildungspolitik (Höhne). Anhand von Feldanalysen in den Segmenten Schule (Budde), Elementarbereich (Mierendorff), Universität (Stederoth) und Weiterbildung/Lebenslanges Lernen (Elsholz) wird aufgezeigt, wie sich die Neuordnung des Verhältnisses von Bildung, Staat und Ökonomie Anfang des 21. Jahrhundert gestaltet. Schließlich werden aktuelle rechtspopulistische und rassistische Tendenzen in ihrer Bedeutung für die Transformation von Erziehungs- und Bildungsprozessen reflektiert (Messerschmidt/Mecheril; Baader). Mögliche Gegenentwürfe (Sünker; Stederoth) werden weder *in extenso* noch in einem adäquaten Spektrum präsentiert – dies war auch nicht das Ziel des Bandes – sie werden aber auch von Autor_innen angesprochen, deren Beiträge nicht in dieser Rubrik situiert sind.

Zeitdiagnosen setzen sich immer dem Risiko von Simplifizierungen, schematischen Darstellungen und potenziellen Irrtümern aus, wenn sie Aussagen über gesellschaftliche Entwicklungstrends im Horizont einer longue durée treffen. Deshalb bleibt herauszustellen, dass die aktuellen Transformationsprozesse von Ökonomie, Staat und Gesellschaft auch stets Gegenstand von Konflikten, Kontroversen und Widersprüchen sind. Insofern ist das folgende Zitat von Eva Kreisky und Birgit Sauer nicht allein auf die Transformation von Geschlechterverhältnissen zu beziehen:

> »Wir sind Zeugen einer zugegebenermaßen markanten sozialen, ökonomischen und politischen Veränderungskonstellation. Epochen können allerdings immer erst ex post als solche fixiert und wahrgenommen werden. Mithin sind auch historische Übergänge von einer überkommenen in eine andere, neue Konfiguration gesellschaftlicher und politischer Verhältnisse im Moment der Transformation nur schwer konstatierbar. Der Prozess der Geschichte vermittelt sich uns als mittel- bis längerfristige, umfassende Bewegung von dialektischer Qualität, die bestimmt wird durch einen zeitlich, örtlich und kulturell variablen Spannungsbogen aus Elementen der Bewahrung und Veränderung von Verhältnissen. Welche Kraft in diesem sich unaufhörlich verschiebenden Parallelogramm als die einflussreichere, nachhaltigere und letztlich auch ›signierende‹ wirken wird, darüber können wir im nur flüchtig faßbaren Augenblick des historischen Geschehens lediglich vage Vorahnungen äußern […].« (1997: 43)

Allerdings dürfen die Sozialwissenschaften diesen Risiken bzw. Herausforderungen nicht ausweichen, denn gerade sie sind in Umbruch- und Krisenzeiten gefragt, wissenschaftliche Expertise und analytische Begriffe zu offerieren, die zum Verständnis der Verfassung der Gegenwartsgesellschaft beitragen.

Angesichts der Komplexität dieser Aufgabe bleibt der Geltungsbereich der Überlegungen in den Beiträgen meist auf (West-)Europa beschränkt. Wie im obigen Zitat bereits angedeutet, kann zudem nicht davon ausgegangen werden, dass *alle* Segmente von Bildungsinstitutionen, Bildungspraktiken sowie Subjektivierungsformen quasi einem totalitären Modus der Transformation unterworfen sind, es geht vielmehr um die Untersuchung von Entwicklungstendenzen, die zunehmend hegemonial werden bzw. geworden sind und somit zumindest eine Orientierungsfunktion bzw. Abgrenzungsfolie herausbilden. Dies vorangeschickt, sollen im Folgenden einige der Themenfelder bzw. Begriffe kartiert werden, die der These der Transformation von Ökonomie, Staat und Bildung zugrunde liegen.

Zur neoliberalen Neuordnung von Ökonomie, Staat und Privatsphäre

Wie der Untertitel des Bandes andeutet, wird dem Neoliberalismus ein entscheidender Einfluss auf die angeführten Transformationsprozesse zugewiesen. Im aktuellen *Handbook of Neoliberalism* konstatieren die Herausgeber_innen, dass Neoliberalismus meist zur pejorativen Fremdbezeichnung herangezogen wird, was seinen Einsatz als analytischen Begriff erschwert:

»Given the diversity of domains in which neoliberalism can be found, the term is frequently used somewhat indiscriminately and quite pejoratively to mean anything ›bad‹ […]. While there is a strategic reason for such usage, particularly in terms of mobilizing it as a ›radical political slogan‹ […], such lack of specificity reduces its capacity as an analytic frame. If neoliberalism is to serve as a way of understanding the transformation of society over the last few decades then the concept is in need of unpacking.« (Springer/Birch/MacLeavy 2016: 28)

Nach Boas und Gans-Morse gibt es in den Sozialwissenschaften nicht etwa zu viele Definitionen des Neoliberalismus – was bei vergleichbaren Konzepten wie Demokratie oder Populismus durchaus üblich sei –, sondern zu wenige (2009: 140 u. 156). Die Autoren gelangen auf der Basis einer Inhaltsanalyse von 148 internationalen Peer-Review-Artikeln in neun politikwissenschaftlichen Zeitschriften (Zeitraum 1990–2004) zu dem Ergebnis, dass 69 Prozent der untersuchten Beiträge überhaupt keine Definition von Neoliberalismus beinhalten. Des Weiteren werde der Terminus nur in kritischer Absicht verwendet, selten von »pro-market«-Autor_innen herangezogen und nie zur Selbstbezeichnung genutzt (ebd.: 140).

Neoliberalismus soll in diesem Band als eine analytische Kategorie zur Untersuchung der Gegenwartsgesellschaft herangezogen werden. Aus diesem Grund wird ihm eine ausführliche historisch-systematische Rekonstruktion des Begriffs Neoliberalismus vorangestellt (Walgenbach), deren Ergebnis im Folgenden komprimiert zusammengefasst wird. Die Grundpositionen des Neoliberalismus werden dabei in Bezug auf vier Ebenen herausgearbeitet: Ökonomie, Staat, Logiken/Rationalität und Subjektverständnis.

Ideengeschichtlich kann der Neoliberalismus auf unterschiedliche Denkschulen (Freiburger Schule, Wiener Schule, Londoner Schule, Chicago School etc.) zurückgeführt werden, die sich seit den 1930er Jahren herausgebildet haben (Renner 2003; Walpen 2004; Birch 2017). Die Denkschulen bestimmen das Verhältnis von Ökonomie, Staat und Gesellschaft mit durchaus unterschiedlichen Akzentsetzungen, sie teilen aber auch gemeinsame Grundpositionen. Die zentralen Ordnungsprinzipien des Neoliberalismus sind der freie Markt bzw. Wettbewerb und die Freiheit bzw. Eigenverantwortung des Individuums. Ökonomisch zielt die neoliberale Agenda auf Deregulierung, Liberalisierung, Privatisierung und Flexibilisierung von Industrie, Gütern, Arbeit, öffentlichen Fürsorgeaufgaben und Finanzkapital (Schuldes 2011; Kotz 2015; Butterwegge/Lösch/Ptak 2017). Ideengeschichtlich grenzt sich der Neoliberalismus von einem Laissez-faire-Liberalismus des 19. Jahrhunderts ab, indem der Staat nicht mehr negativ definiert wird (›Nachtwächterstaat‹), sondern positiv (Friedman 1951: 3; Kolev 2013: 41).

Die Bestimmung der Funktionen des Staates wurde zwischen den Denkschulen stets kontrovers diskutiert. Eine weitgehend geteilte Grundposition ist aber (vor allem in der Gründungsphase der »neoliberalen Bewegung«), dass der Staat Teil der Wettbewerbsordnung sein soll, der die ökonomischen Konkurrenzbeziehungen absichert, ordnet und herstellt – ohne jedoch selbst in Wirtschaftsprozesse einzugreifen. Die Freiheit, Funktionsfähigkeit und Legitimität des Marktes wird somit zum zentralen Prinzip der Organisation bzw. Rationalität des Staates (Foucault 2006). Der Neoliberalismus wendet sich gegen den redistributiven Wohlfahrtsstaat und zielt auf einen ›aktivierenden Staat‹, der seinen Bürgern auch in einem repressiven Modus gegenübertreten kann. Nach der neoliberalen Doktrin soll die Logik bzw. Rationalität der Ökonomie bzw. des

Wettbewerbs auch auf Institutionen, Lebensbereiche sowie Denk-, Wahrnehmungs- und Handlungsmuster übertragen werden, die vormals außerhalb des Marktes lagen (Becker 1964; Foucault 2006; Brown 2015). Die Ökonomisierung des Sozialen zielt dabei auch auf Bereiche, die nicht monetarisiert werden können. Schließlich werden die Subjekte im Neoliberalismus angerufen, sich in allen Lebensbereichen als Humankapital bzw. ›Unternehmer ihrer selbst‹ zu begreifen (Foucault 2006; Bröckling 2007).

Heute haben wir die paradoxe Situation, dass kaum jemand den Begriff Neoliberalismus zur Selbstbezeichnung heranzieht, während fast alle Gesellschaftsbereiche mit der neoliberalen Logik konfrontiert sind. Neoliberalismus ist heute ein Begriff der Kritik. Dieser Bedeutungswandel lässt sich bis zurück in die 1980er Jahre verfolgen, als Chile nach dem Militärputsch von Augusto Pinochet zum politischen Experimentierfeld der Chicago School of Economics avancierte. Konfrontiert mit der Kritik, welche die negativen Folgen der neoliberalen Wirtschafts- und Sozialreformen herausstellte, wollte sich offenbar niemand mehr als neoliberal bezeichnen. Die oben angeführten Grundpositionen und politischen Praktiken sind allerdings nach wie vor vital.

Ökonomisierung der Bildung

In Deutschland lässt sich seit den 1990er Jahren eine Dynamik der Ökonomisierung der Bildung beobachten (Benner/Kell/Lenzen 1996; Frost 2006; Radtke 2009; Höhne 2015; Pongratz 2017a; Schimank 2018). Darunter kann verstanden werden, dass Logiken bzw. Rationalitäten der Ökonomie wie zum Beispiel Wettbewerb, Profitmaximierung, Kosten-Nutzen-Erwägungen auf nicht-ökonomische Bereiche übertragen werden. Konkret zeigt sich die Einführung neoliberaler Wettbewerbslogiken beispielsweise in der Aufforderung an Bildungsinstitutionen, sich mit eigenen Profilen auf dem Bildungsmarkt zu präsentieren, um in Konkurrenz zueinander zu treten und sogenannte ›Quasi-Märkte‹ herauszubilden (Lohmann u.a. 2011; Pongratz 2017b; Hartong/Hermstein/Höhne 2018). Rankings, internationale Leistungsvergleichsstudien und kontinuierliche Evaluationsverfahren wie PISA oder das CHE-Hochschulranking sollen dazu dienen, sich durch den Vergleich mit anderen Bildungsinstitutionen permanent zu optimieren (Radtke 2003; Münch 2007).

Die Ökonomisierung der Bildung zeigt sich des Weiteren in der Etablierung neuer Steuerungsmodelle (Bellmann 2012; Radtke 2013), der Entstehung neuer Bildungsmärkte und der Privatisierung von Bildungsinstitutionen (Ullrich/Strunck 2012; Lohmann 2014) sowie dem zunehmenden Einfluss privater und kommerzieller Akteure im Bildungswesen (Höhne/Schreck 2009; Liesner/Gericke 2014). Zu den Instrumenten der Durchsetzung der Ökonomisierung gehören nicht zuletzt die chronische Unterfinanzierung von Bildungsinstitutionen (Klinger 2018), die Prekarisierung pädagogischer Berufe (Kessl/Polutta/v. Ackeren u.a. 2014) sowie die Beschleunigung von Lern- und Bildungszeiten (Borst 2012; Rosa 2013; Höhne 2015).

Der Begriff Ökonomisierung birgt allerdings auch das Potenzial für einige konzeptionelle Missverständnisse. Zum Beispiel scheint er nahezulegen, dass Bildung sich vor den neoliberalen Reformen ab den 1990er Jahren weitgehend unabhängig vom Feld der Ökonomie entwickelt hat. Wie eingangs argumentiert, kann davon aber nicht ausgegangen werden. Beispielsweise zielte die Bildungsexpansion in den 1970er Jahren nicht allein auf mehr Chancengleichheit, sie war ebenfalls ökonomisch motiviert. Georg Picht verstand unter der von ihm diagnostizierten »Bildungskatastrophe« in erster Linie einen technologischen bzw. wirtschaftlichen Rückstand Deutschlands: »Bildungsnotstand heißt wirtschaftlicher Notstand« (1964: 17). Gleiches gilt für die sich wandelnden historischen Prozesse der Öffnung und Schließung von höheren Bildungsinstitutionen seit dem 18. Jahrhundert, die ebenfalls von ökonomischen Erwägungen beeinflusst waren (Friedeburg 1989; Jeismann 1996; Wolter 2016). Für die Analyse der Gegenwartsgesellschaft ist es somit notwendig, sowohl die Prozesse der Expansion ökonomischer Logiken im Feld der Bildung zu untersuchen als auch die grundlegende Neuorganisation des Feldes der Bildung zu rekonstruieren.

Des Weiteren legt der Terminus Ökonomisierung einen Prozess der stetigen ›Landnahme‹ nahe (Dörre 2009). Eine solche Perspektive birgt allerdings die Gefahr, Konflikte um Ökonomisierung nicht zu berücksichtigen. So wurde beispielsweise das CHE-Hochschulranking von verschiedenen Fächern boykottiert – wenn auch aus unterschiedlichen Gründen. Darüber hinaus erzeugt der Prozess der Ökonomisierung neue Spaltungen, die aber auch mit neuen Integrationsangeboten an zuvor diskriminierte Gruppen einhergehen (Walgenbach 2015). Für eine Untersuchung dieser Prozesse würde sich meines Erachtens insbesondere die konflikttheoretisch ausgerichtete Feldanalyse von Bourdieu anbieten (siehe auch Höhne 2015: 19ff.). Schließlich legt der Begriff Ökonomisierung nahe, dass es sich hier um eine Eigendynamik der Ökonomie handelt und nicht um ein genuin politisches Projekt (siehe Walgenbach in diesem Band).

Transformation des Staates

Die neoliberale Neuordnung von Ökonomie, Staat und Privatsphäre zielt auch auf eine neue Form der Staatlichkeit. Nach innen hin bedeutet dies einen Paradigmenwechsel vom ›fürsorgenden‹ zum ›aktivierenden Staat‹ (Dingeldey 2011). Nach außen hin soll der Wettbewerbsstaat die Konkurrenzfähigkeit des ›nationalen Wirtschaftsstandorts‹ auf dem Weltmarkt absichern (Hirsch 2002). Die Transformation von einem redistributiven Wohlfahrtsstaat in einen aktivierenden Wettbewerbsstaat weist auch weitreichende Konsequenzen für das Feld der Bildung auf.

In Deutschland wurde der Umbau des Sozialstaates ab den 1990er Jahren diskursiv von einer massiven Diskreditierung des Wohlfahrtsstaates begleitet. Manchmal in schrillen Tönen wie etwa bei der medialen Skandalisierung des Missbrauchs von Sozialleistungen (Wogawa 2000), manchmal mit nüchternen wirtschaftswissenschaftlichen Argumenten wie zum Beispiel dem Hinweis, dass ein ausgebauter Sozialstaat die »Leistungsbereitschaft seiner Nutznießer« hemme (von Weizsäcker 1999: 64). Interessanterweise waren es in Deutschland und Großbritannien jeweils sozialdemokratische Regierungen, die dem Paradigmenwechsel von *Welfare to Workfare* zum politischen Durchbruch verhalfen (Schröder/Blair 1999).

Entgegen der Rede von einem ›schlanken Staat‹ bedeutet die neoliberale Restrukturierung des Staates allerdings nicht, dass der Staat sich fortan auf nur wenige Aufgabenbereiche bezieht, vielmehr ändert er eher seine Form und Funktion. Das zeigt sich zum Beispiel daran, dass der Rückzug aus der staatlichen Fürsorge mit einer Stärkung der Ordnungs- und Straffunktion des Staates einhergeht (Wacquant 2009). Emblematisch wird das in der Formel ›Fördern und Fordern‹ zum Ausdruck gebracht, mit der Arbeitslose oder Geflüchtete heute adressiert werden (Virchow 2008). Folglich transformiert sich der Wohlfahrtsstaat als ehemalige Institution des sozialen Ausgleichs, in einen autoritären bzw. sanktionierenden Staat (für entsprechende Kontrolldiskurse in der Jugendhilfe siehe zum Beispiel Lutz

2010). Die neoliberale Agenda zielt also weniger auf einen ›Minimalstaat‹, sondern auf eine Neuordnung der Form von Staatlichkeit.

Nach Stephan Lessenich zielt der Staat der Aktivierungsgesellschaft zunächst auf die Eigenverantwortung bzw. Responsibilisierung seiner Bürger_innen. Dies manifestiere sich beispielsweise im »Übergang von der öffentlichen zur privaten Sicherheit, vom kollektiven zum individuellen Risikomanagement, von der Staatsversorgung zur Selbstsorge, von der Sozial-Versicherung zur Eigen-Verantwortung« (Lessenich 2010: 564). Das Individuum ist nach Lessenich dabei aber nicht allein für sich selbst verantwortlich, sondern wird auch für das Wohl der Gesellschaft verantwortlich gemacht. Als »doppelt verantwortungsbewusste Subjekte« sind die Bürger_innen der Aktivierungsgesellschaft angerufen, so Lessenich, die Kosten und Nutzen ihrer Handlungen nicht nur für sich selbst, sondern auch für die Gesellschaft zu berücksichtigen (2009: 163).

Im Feld der Bildung moduliert der Paradigmenwechsel von *Welfare to Workfare* zum Beispiel die Bedingungen, Möglichkeiten und Ausrichtungen der Sozialen Arbeit (Dollinger/Raithel 2006; Kessl/Otto 2008; Casale 2012b). Zum einen verändert er bisherige wohlfahrtsstaatliche Denkweisen, Orientierungen und Wertevorstellungen, zum anderen institutionalisiert er neue Formen staatlicher Sicherungs- und Dienstleistungsstrukturen (Buestrich u.a. 2008; Kessl 2013). Die postwohlfahrtsstaatlichen Arrangements der Sozialen Arbeit manifestieren sich zum Beispiel in einer zunehmenden Kommerzialisierung der Angebotsstrukturen, einer forcierten Kommunalisierung der Sozialpolitik oder einer nahraumorientierten Neujustierung sozialer Dienstleistungen (Kessl 2013). Konkret zeigt sich dies etwa in unternehmerischen bzw. effizienzorientierten Denk- und Handlungsmustern von Wohlfahrtsverbänden, in der Ermöglichung privatgewerblicher Angebotsstrukturen, der Einführung von Budgets als zentrale Steuerungsinstrumente sowie der Etablierung von Leistungs- und Zielvereinbarungen als pädagogische Mittel (Grunwald 2001; Dahme u.a. 2003; Spatschek u.a. 2008; Kessl 2013). Wie Kessl in diesem Band darlegt, ist die Soziale Arbeit durch ihren traditionellen Personenbezug besonders anfällig für die Konstellation des aktivierenden Sozialstaats.

Privatsphäre

Auf den ersten Blick erschließt sich der Begriff der Privatsphäre im Untertitel des Bandes wahrscheinlich am wenigsten. Mit ihm sollen eine Reihe von aktuell diskutierten sozialen Phänomenen bezeichnet werden, wie zum Beispiel die Erosion der Trennung von Arbeit und Leben, die Herausbildung neoliberaler Subjektivierungsformen sowie die Neuordnung des Verhältnisses von Öffentlichkeit und Privatheit. Aufgrund der gebotenen Kürze können diese Phänomene hier abschließend nur skizziert werden.

Unter dem Stichwort ›Entgrenzung der Arbeit‹ wird in den Sozialwissenschaften etwa seit der Jahrtausendwende diskutiert, inwiefern neue Arbeitsformen dazu führen, dass die Bereiche ›Arbeit‹ und ›Leben‹ zumindest in bestimmten Branchen bzw. Beschäftigungsverhältnissen eine zeitliche bzw. räumliche Flexibilisierung erfahren (zum Beispiel Pongratz/Voß 2003; Jürgens 2006). In diesem Sinne verweisen Gesellschaftsdiagnosen auf eine ›Subjektivierung von Arbeit‹ oder auch ›Entgrenzung von Arbeit‹ (Kratzer/Sauer 2003).

In diesem Kontext entstehen auch neue Subjektivierungsformen wie die Figur des ›unternehmerischen Selbst‹ (Foucault 2006; Bröckling 2007) oder des ›Arbeitskraftunternehmers‹ (Pongratz/Voß 2003). Um diesen Typus durch ›indirekte Steuerung‹ zu erzeugen, werden den Beschäftigten beispielsweise nur noch Rahmenbedingungen genannt sowie Zielvorgaben gesetzt, während ihnen die konkrete Bearbeitung der Arbeitsaufgabe selbst überlassen wird. Ein weiteres Instrument ist die Implementierung von Unsicherheit als wirtschaftliches, politisches und kulturelles Prinzip der Leistungssteuerung, welches unternehmerisches Handeln von Beschäftigten mobilisieren soll (Hardering 2010: 44).

Für Subjekte bedeutet dies mehr Eigenverantwortung, aber auch die Adaption neuer Anforderungen wie zum Beispiel ein marktgerechtes Selbstmanagement (Bröckling 2007; Michalitsch 2008). Die neuen Arbeitsformen gehen zunächst mit attraktiven Versprechungen einher wie etwa Selbstverwirklichung, Zeitsouveränität oder Selbstbestimmung (Geissler 2008), sie sind zugleich aber auch mit Selbstausbeutungsrisiken verbunden (vgl. Wagner 2007). Darüber hinaus wird die Marktlogik nun auch in das Individuum selbst verlagert. Zum Beispiel wenn die Subjekte angerufen werden, sich als eigenes Produkt zu vermarkten. Diese Aufforderung gilt zu jeder Zeit, da die Grenzen zwischen Arbeit und Freizeit verstärkt oszillieren (Michalitsch 2006: 90–96).

Nach Rosemarie Ortner ist der_die Einzelne damit auch zur Flexibilisierung seiner_ihrer Identität aufgerufen. Angesichts prekärer Arbeits- und Lebensbedingungen kann dies zwar schöpferische Kräfte freisetzen, es kann allerdings auch eine Existenzbedrohung darstellen, wenn das Subjekt mangelnde Fitness oder Passungsvermögen aufweist (Ortner 2007: 29 u. 36). Prekarisierung, gesellschaftliche Polarisierung und schwindende Planbarkeit des eigenen Lebensentwurfs stellen heute viele Individuen vor Zerreißproben (Candeias 2008: 307).

Die hier skizzierten Entwicklungstrends verweisen schließlich auf eine Erosion der Trennung zwischen Öffentlichkeit und Privatheit, die in der europäischen Moderne stets als separate Sphären gedacht wurden (Hausen 1976; Sennett 2000; Fraser 2009; Casale 2012a). Das neoliberale Projekt zielt auf die Erweiterung seines Geltungsbereichs bis in die privaten Lebenswelten hinein. Das Private ist nicht länger nur politisch, so resümiert Nina Power, es ist durch und durch ökonomisch (2011: 42). Die Trennung von Öffentlichkeit versus Privatheit war in der Moderne aber auch immer geschlechtlich codiert (Hausen 1976). In der Folge wird in der Geschlechterforschung gegenwärtig diskutiert, ob man von einer Transformation der Geschlechterverhältnisse ausgehen kann (Sauer 2001; Fraser 2009; Walgenbach 2015).

Im Feld der Bildung werden diese Entwicklungstrends auf unterschiedliche Weise diskutiert. Nach Rita Casale zeigen sich die Wechselbeziehungen zwischen der Neuordnung von Geschlechterverhältnissen und dem Bildungswesen zum Beispiel in einer Verstaatlichung der Erziehung und Entstaatlichung der Bildung. Dies würde auch die Humboldt'sche Trennung von Bildung und Erziehung neu ausrichten (Casale 2012a). In der Weiterbildung bzw. Erwachsenenbildung wird darauf hingewiesen, dass die Koppelung von Beschäftigung, Bildung und Biografie Anfang des 21. Jahrhunderts fragil geworden ist (Kossack 2013; Dausien 2017). An ihre Stelle tritt die neoliberale Anrufung zum Lebenslangen Lernen bzw. Selbstgesteuerten Lernen, die aber auch Strukturprobleme des Erwerbsmarktes subjektiviert und in pädagogisch bearbeitbare Problemlagen transformiert (Wrana 2003; Dzierzbicka 2007; Kossack 2013; Spilker 2013; Borst 2017).

Bildung in der Wettbewerbsgesellschaft

Zum Abschluss soll eine These dargelegt werden, die hier nicht mehr ausführlich entfaltet werden kann. Die neoliberale Transformation von Ökonomie, Staat und Privatsphäre erzeugt auch eine neue Form der Gesellschaft: die Wettbewerbsgesellschaft. Wettbewerb basiert auf Konkurrenzordnungen, dem ständigen Vergleich mit Konkurrent_innen, der permanenten Selbstevaluation sowie der Produktion von Gewinner_innen und Verlierer_innen. Die Wettbewerbsgesellschaft zeigt sich heute in vielen Feldern: Politik, Wissenschaft, Kunst, Sport etc. Im Zeitalter der Digitalisierung wird sie durch Onlinebewertungen, Likes und Follower beschleunigt.

Auf die besondere Bedeutung des Wettbewerbs in der neoliberalen Doktrin hat Foucault bereits in seiner Vorlesung am Collège de France Ende der 1970er Jahre aufmerksam gemacht. Für Foucault führt die neoliberale Rationalität dazu, dass der Tauschhandel des Laissez-faire-Liberalismus durch den Wettbewerb als Prinzip des Marktes ersetzt wird. In diesem Sinne fasst die neoliberale Humankapitaltheorie den *homo oeconomicus* auch nicht mehr als Tauschpartner, so Foucault, sondern als ›Unternehmer seiner selbst‹ (Foucault 2006: 170ff., 208 u. 314): »Das Wesen des Marktes besteht im Wettbewerb […] d.h. nicht in der Äquivalenz, sondern im Gegenteil in der Ungleichheit« (ebd.: 171). Der ökonomische Wettbewerb wird somit zur »informierenden Kraft« der Gesellschaft (ebd.: 211). Die Ökonomie soll auf die Gesellschaft einwirken, damit »die Wettbewerbsmechanismen in jedem Augenblick und an jedem Punkt des sozialen Dickichts die Rolle eines regulierenden Faktors spielen« können (ebd.: 207).

Zwischen den neoliberalen Denkschulen lassen sich im Hinblick auf die Konzeption des Wettbewerbs aber auch Unterschiede ausmachen. Für den Ordoliberalismus, den Foucault primär untersucht, ist der Wettbewerb nicht natürlich gegeben, sondern muss hergestellt bzw. durch eine Wettbewerbsordnung gerahmt werden (ebd.: 172f. u. 199). Des Weiteren weist Foucault darauf hin, dass Ordoliberale wie Wilhelm Röpke im Wettbewerb kein Prinzip sahen, auf dem man die gesamte Gesellschaft aufbauen könne bzw. solle (ebd.: 335 u. 361f.). Der amerikanische Neoliberalismus sei da viel radikaler: »Im amerikanischen Neoliberalismus geht es in der Tat immer darum, die ökonomischen Formen des Marktes zu verallgemeinern« (ebd.: 336). In diesem Sinne lässt sich am anderen Ende des neoliberalen

Spektrums beispielsweise auf Friedrich August von Hayek verweisen, der in seiner frühen Phase zwar dem Ordoliberalismus nahestand (siehe zum Beispiel Hayek 2001 [1953]), später jedoch eher der Regelsetzung durch kulturelle Evolution vertraute. Nach Hayek soll sich der Markt durch eine *spontanous order* bzw. *rule of law* selbst regulieren (Hayek 1973). Nur die Wettbewerbswirtschaft, so Hayek, kann ein Entdeckungsverfahren organisieren, das die unterschiedlichen Wissensfragmente, Bedürfnisse und Fähigkeiten der Menschen zu einer spontanen Ordnung zusammenführt (Ptak 2017: 41f.).

Beeinflusst von Foucaults Studien arbeitet Ulrich Bröckling (2017) einige Spezifika des Wettbewerbs heraus, indem er diesen mit Eigenschaften des sportlichen Wettkampfs vergleicht. Auf diese Weise wird deutlich, dass Leistung als Ressource für soziale Mobilität in der Wettbewerbsgesellschaft an Bedeutung verliert. Beim Wettbewerb und beim sportlichen Wettkampf, so Bröckling, geht es um die Verteilung von Positionen, Ressourcen und Anerkennung. Wettkämpfe rekurrieren aber auf das Prinzip, oder zumindest die Illusion von Leistungsgerechtigkeit, nach dem Motto: »Jeder könnte, aber nicht alle können« (ebd.: 251). Der Wettkampf ernährt somit narzisstische Träume, in denen man sich als Gewinner_in imaginieren kann (ebd.: 245); im ökonomischen Wettbewerb hingegen wird nicht Leistung honoriert, sondern nur das, was sich verkaufen lässt. Eine Wettbewerbsgesellschaft ist somit keine Leistungsgesellschaft (ebd.: 257):

> »Niemand kann sicher sein, ob sein Erfolg dem puren Zufall und sein Misserfolg mangelnder Anstrengung geschuldet ist. Zugleich muss jeder seine Kräfte mobilisieren, ohne je Gewissheit zu haben, dass die Plackerei sich auszahlt. Das Glück winkt nur den Tüchtigen, aber noch so viel Tüchtigkeit schützt nicht vor dem Unglück.« (Ebd.: 258)

Hier deutet sich ein Unterschied an, den das Verhältnis von Ökonomie und Bildung in der Wettbewerbsgesellschaft annimmt. Während Bildung im Wohlfahrstaat noch mit dem Versprechen der sozialen Mobilität verbunden war, wird Bildung im Wettbewerbsstaat nicht mehr als ein Mittel des sozialen Ausgleichs bzw. der sozialen Gerechtigkeit verstanden (siehe dazu auch Höhne in diesem Band). Der Wettbewerb lebt vielmehr davon, dass es Gewinner_innen und Verlierer_innen gibt. »Ungleichheit ist nicht bedauerlich, sondern höchst erfreulich. Sie ist einfach nötig«, so postuliert Hayek in einem Interview in der Wirtschaftswoche (1981: 36), denn nach der neoliberalen Doktrin ist marktgenerierte Ungleichheit ein wichtiger Stimulus für die Wohlstandsvermehrung. Egalisierung ist nicht das Ziel des

Neoliberalismus, so Foucault, da der Wettbewerb Unterscheidungen benötige (2006: 202f.).

Bildung erfährt in der Wettbewerbsgesellschaft eine enorme Aufwertung. Im Feld der Bildung verschärfen sich Anfang des 21. Jahrhunderts die Konkurrenzkämpfe um Bildungstitel, Prestige und soziale Positionen (Bude 2011; Walgenbach 2017). Die Wahl der ›richtigen Grundschule‹ oder des ›richtigen Kindergartens‹ wird vor allem für Eltern der oberen sozialen Milieus zunehmend bedeutsam (siehe Mierendorff in diesem Band).

Zugleich lässt sich eine Abwertung von Bildung beobachten, wenn es um die pädagogisch Tätigen in Bildungsinstitutionen geht (Kurzverträge für junge Lehrer_innen, Einführung der W-Besoldung für Professor_innen, Erhöhung der Studierendenzahl bei gleicher Finanzausstattung der Universitäten, Erhöhung der professionellen Ansprüche an Erzieher_innen bei gleichbleibender schlechter Entlohnung etc.). Bildung ist in der Wettbewerbsgesellschaft eine unabdingbare Selbstinvestition – ein Garant für den Erhalt der eigenen sozialen Position bzw. des sozialen Aufstiegs war Bildung nie, aber ihre Verbindung mit dem meritokratischen Versprechen der Moderne wird immer brüchiger.

Abschließend ein paar wichtige Bemerkungen zum Band. Zunächst möchte ich Natascha Compes für die professionelle Korrektur aufrichtig danken. Ein weiterer Dank geht an Isabell Trommer für die durchgehend sehr gute Betreuung vonseiten des Campus Verlags. Schließlich möchte ich Christoph Roolf für seine flexible Zusammenarbeit und die professionelle Umsetzung des Satzes danken. Im Hinblick auf die unterschiedlichen geschlechtersensiblen Schreibweisen wurden den Autor_innen keine Vorgaben gemacht, da damit mittlerweile auch unterschiedliche theoretische Entscheidungen verbunden sind (zum Beispiel beim Binnen-I [differenztheoretisch] oder Unter_strich [dekonstruktivistisch bzw. sozialkonstruktivistisch]).

Literatur

Becker, Gary (1964), *Human Capital: A Theoretical and Empirical Analysis, with Special Reference to Education*, Chicago/London.

Bellmann, Johannes (2012), »›The very speedy solution‹ – Neue Erziehung und Steuerung im Zeichen von Social Efficiency«, in: *Zeitschrift für Pädagogik*, Jg. 58, H. 2, S. 143–158.

Benner, Dietrich/Kell, Adolf/Lenzen, Dieter (Hg.) (1996), *Bildung zwischen Staat und Markt. Beiträge zum 15. Kongreß der Deutschen Gesellschaft für Erziehungswissenschaft*, Weinheim.

Birch, Kean (2017), *A Research Agenda for Neoliberalism*, Cheltenham.

Boas, Taylor C./Gans-Morse, Jordan (2009), »Neoliberalism: From New Liberal Philosophy to Anti-Liberal Slogan«, in: *Studies in Comparative International Development*, Jg. 44, H. 2, S. 137–161.

Borst, Eva (2012), »Beschleunigung und Ökonomisierung«, in: Horst Adam/Dieter Schlönvoigt (Hg.), *Kritische Pädagogik. Fragen – Versuch von Antworten*, Berlin, S. 52–65.

Borst, Eva (2017), »Lebenslanges Lernen als Herrschaftstechnologie. Zum Wert einer kritischen Bildung«, in: Gerhard Drees/Kira Nierobisch (Hg.), *Bildung und gesellschaftliche Transformation*, Baltmannsweiler, S. 71–85.

Bröckling, Ulrich (2007), *Das unternehmerische Selbst. Soziologie einer Subjektivierungsform*, Frankfurt am Main.

Bröckling, Ulrich (2017), *Gute Hirten führen sanft. Über Menschenregierungskünste*, Berlin.

Brown, Wendy (2015), *Die schleichende Revolution – Wie der Neoliberalismus die Demokratie zerstört*, Berlin.

Bude, Heinz (2011), *Bildungspanik. Was unsere Gesellschaft spaltet*, München.

Buestrich, Michael/Burmeister, Monika/Dahme, Heinz-Jürgen/Wohlfahrt, Norbert (2008), *Die Ökonomisierung sozialer Dienste und sozialer Arbeit. Entwicklung – Theoretische Grundlage – Wirkung*, Baltmannsweiler.

Butterwegge, Christoph/Lösch, Bettina/Ptak, Ralf (2017), *Kritik des Neoliberalismus*, Wiesbaden.

Candeias, Mario (2008), »Von der Dialektik des Neoliberalismus zu den Widersprüchen der Bewegungen«, in: Christoph Butterwegge/Bettina Lösch/Ralf Ptak (Hg.), *Neoliberalismus. Analysen und Alternativen*, Wiesbaden, S. 301–317.

Casale, Rita (2012a), »Verstaatlichung der Erziehung und Entstaatlichung der Bildung. Anmerkungen zur Krise der Komplementarität von Staat und Familie«, in: Carla Aubry/Michael Geiss/Veronika Magyar-Haas/Damian Miller (Hg.), *Positionierungen. Zum Verhältnis von Wissenschaft, Pädagogik und Politik*, München, S. 130–141.

Casale, Rita (2012b), »Die Krise des Sozialstaates und die neue Bestimmung der Sozialpädagogik«, in: Johannes Angermüller/Sonja Buckel/Margit Rodrian-Pfenning (Hg.), *Solidarische Bildung*, Hamburg, S. 236–241.

Dahme, Heinz-Jürgen/Otto, Hans-Uwe/Trube, Achim/Wohlfahrt, Norbert (Hg.) (2003), *Soziale Arbeit für den aktivierenden Staat*, Opladen.

Dausien, Bettina (2017), »›Bildungsbiographien‹ als Norm und Leistung gesellschaftlicher Teilhabe: Biographietheoretische Perspektiven«, in: Ingrid Miethe/Anja Tervooren/Norbert Ricken (Hg.), *Bildung und Teilhabe: Zwischen Inklusionsforderung und Exklusionsdrohung*, Wiesbaden, S. 87–110.

Dingeldey, Irene (2011), *Der aktivierende Wohlfahrtsstaat. Governance der Arbeitsmarktpolitik in Dänemark, Großbritannien und Deutschland*, Frankfurt am Main.

Dollinger, Bernd/Raithel, Jürgen (Hg.) (2006), *Aktivierende Sozialpädagogik. Ein kritischer Glossar*, Wiesbaden.

Dörre, Klaus (2009), »Die neue Landnahme. Dynamiken und Grenzen des Finanzmarktkapitalismus«, in: Klaus Dörre/Stephan Lessenich/Hartmut Rosa unter Mitarbeit von Thomas Barth (2009), *Soziologie – Kapitalismus – Kritik. Eine Debatte*, Frankfurt am Main, S. 21–86.

Dzierzbicka, Agnieszka (2007), »Lebenslanges Lernen – Tugend oder gouvernementales Optimierungskalkül?«, in: *Magazin Erwachsenenbildung.at*, letzter Zugriff: 29.11.2018, http://erwachsenenbildung.at/magazin/archiv_artikel.php?mid=409&aid=317.

Foucault, Michel (2006), *Die Geburt der Biopolitik. Geschichte der Gouvernementalität II. Vorlesung am Collège de France 1978–1979*, Frankfurt am Main.

Fraser, Nancy (2009), »Feminismus, Kapitalismus und die List der Geschichte«, in: *Blätter für deutsche und internationale Politik*, 8, S. 44–57.

Friedeburg, Ludwig von (1989), *Bildungsreform in Deutschland. Geschichte und gesellschaftlicher Widerspruch*, Frankfurt am Main.

Friedman, Milton (1951), »Neoliberalism and Its Prospects«, in: Collected Works of Milton Friedman Project records, Hoover Institution Archives, letzter Zugriff: 20.11.2018, https://miltonfriedman.hoover.org/objects/57816.

Frost, Ursula (Hg.) (2006), *Unternehmen Bildung. Die Frankfurter Einsprüche und kontroverse Positionen zur aktuellen Bildungsreform*, Sonderheft der Vierteljahrsschrift für Wissenschaftliche Pädagogik, Paderborn.

Geissler, Birgit (2008), »Zeitsouveränität: die paradoxe Suche nach Selbstbestimmung«, in: Gabriele Wagner/Philipp Hessinger (Hg.), *Ein neuer Geist des Kapitalismus? Paradoxien und Ambivalenzen der Netzwerkökonomie*, Wiesbaden, S. 257–277.

Grunwald, Klaus (2001), *Neugestaltung der freien Wohlfahrtspflege: Management organisationalen Wandels und die Ziele der sozialen Arbeit*, Weinheim.

Hardering, Friedericke (2010), *Unsicherheiten in Arbeit und Biographie. Zur Ökonomisierung der Lebensführung*, Wiesbaden.

Hartong, Sigrid/Hermstein, Björn/Höhne, Thomas (Hg.) (2018), *Ökonomisierung von Schule? Bildungsreformen in nationaler und internationaler Perspektive*, Weinheim/Basel.

Hausen, Karin (1976), »Die Polarisierung der ›Geschlechtscharaktere‹ im 19. Jh. Eine Spiegelung der Dissoziation von Erwerbs- und Familienleben«, in: Werner Conze (Hg.), *Sozialgeschichte der Familie in der Neuzeit Europas*, Stuttgart, S. 363–393.

Hayek, Friedrich August von (1973), *Law, Legislation and Liberty*, Bd. 1: *Rules and Order*, London.

Hayek, Friedrich August von (1981), »Ungleichheit ist nötig. Interview mit Stefan Baron«, in: *Wirtschaftswoche*, Jg. 35, Nr. 11, 6. März, S. 36–40.

Hayek, Friedrich August von (2001 [1953]), »Marktwirtschaft und Wirtschaftspolitik«, in: Viktor Vanberg (Hg.), *Friedrich August von Hayek. Wirtschaft, Wissenschaft und Politik. Gesammelte Schriften in deutscher Sprache*, Bd. 6, Tübingen, S. 3–14.

Hirsch, Joachim (2002), *Herrschaft, Hegemonie und politische Alternativen*, Hamburg.

Höhne, Thomas/Schreck, Bruno (2009), *Private Akteure im Bildungssystem*, Weinheim/München.

Höhne, Thomas (2015), *Ökonomisierung und Bildung – zu den Formen ökonomischer Rationalisierung im Feld der Bildung*, Wiesbaden.

Jeismann, Karl-Ernst (1996), *Das preußische Gymnasium in Staat und Gesellschaft*, Stuttgart.

Jürgens, Kerstin (2006), *Arbeits- und Lebenskraft: Reproduktion als eigensinnige Grenzziehung*, Wiesbaden.

Kessl, Fabian/Otto, Hans-Uwe (Hg.) (2008), *Soziale Arbeit ohne Wohlfahrtsstaat? Zeitdiagnosen, Problematisierungen und Perspektiven*, Weinheim/München.

Kessl, Fabian (2013), *Soziale Arbeit in der Transformation des Sozialen: eine Ortsbestimmung*, Wiesbaden.

Kessl, Fabian/Polutta, Andreas/Ackeren, Isabell van/Dobischat, Rolf/Thole, Werner (Hg.) (2014), *Prekarisierung der Pädagogik – Pädagogische Prekarisierung? Erziehungswissenschaftliche Vergewisserungen*, Weinheim/Basel.

Klinger, Ansgar (2018), »Unterfinanzierung als Mittel der Ökonomisierung«, in: Sigrid Hartong/Björn Hermstein/Thomas Höhne (Hg.), *Ökonomisierung von Schule? Bildungsreformen in nationaler und internationaler Perspektive*, Weinheim/Basel, S. 95–110.

Kolev, Stefan (2013), *Neoliberale Staatsverständnisse im Vergleich*, Stuttgart.

Kossack, Peter (2013), »Lebenslanges Lernen«, in: *Glossar Ökonomisierung von Bildung*, letzter Zugriff: 01.07.2017, http://www.gloeb.de/index.php?title=Lebenslanges_Lernen.

Kotz, David (2015), *The Rise and Fall of Neoliberal Capitalism*, Cambridge.

Kratzer, Nick/Sauer, Dieter (2003), »Entgrenzung von Arbeit – Konzept, Thesen, Befunde«, in: Karin Gottschall/Günther Voß (Hg.), *Entgrenzung von Arbeit und Leben – Zum Wandel der Beziehungen von Erwerbstätigkeit und Privatsphäre im Alltag*, München/Mering, S. 87–123.

Kreisky, Eva/Sauer, Birgit (1997), »Geschlechterverhältnisse im Kontext politischer Transformation«, in: dies. (Hg.), *Geschlechterverhältnisse im Kontext politischer Transformation*, Sonderheft der Politischen Vierteljahreszeitschrift, Opladen, S. 9–49.

Lessenich, Stephan (2009), »Mobilität und Kontrolle. Zur Dialektik der Aktivgesellschaft«, in: Klaus Dörre/Stephan Lessenich/Hartmut Rosa unter Mitarbeit von Thomas Barth (2009), *Soziologie – Kapitalismus – Kritik. Eine Debatte*, Frankfurt am Main, S. 126–177.

Lessenich, Stephan (2010), »Soziologie der Sozialpolitik«, in: Georg Kneer/Markus Schroer (Hg.), *Handbuch Spezielle Soziologien*, Wiesbaden, S. 555–568.

Liesner, Andrea/Gericke, Christina (2014), »Geben und Nehmen auf Augenhöhe? Kooperationen mit außerschulischen Partnern als Herausforderung der sozioökonomischen Bildung«, in: Andreas Fischer/Bettina Zurstrassen (Hg.), *Sozioökonomische Bildung*, Schriftenreihe der Bundeszentrale für politische Bildung, Bonn, S. 368–389.

Lohmann, Ingrid (2014), *Bildung am Ende der Moderne. Beiträge zur Kritik der Privatisierung des Bildungswesens*, Frankfurt am Main.

Lohmann, Ingrid/Mielich, Sinah/Muhl, Florian/Pazzini, Karl-Josef/Rieger, Laura/Wilhelm, Eva (Hg.) (2011), *Schöne neue Bildung? Zur Kritik der Universität der Gegenwart*, Bielefeld.

Lutz, Tilman (2010), *Soziale Arbeit im Kontrolldiskurs: Jugendhilfe und ihre Akteure in postwohlfahrtsstaatlichen Gesellschaften*, Wiesbaden.

Michalitsch, Gabriele (2006), *Die neoliberale Domestizierung des Subjekts. Von den Leidenschaften zum Kalkül*, Frankfurt am Main.

Michalitsch, Gabriele (2008), »Selbstregulierte Subjekte. Privatisierung und Geschlechter-Regierung«, in: Marlen Bidwell-Steiner/Ursula Wagner (Hg.), *Freiheit und Geschlecht. Offene Beziehungen, prekäre Verhältnisse*, Innsbruck, S. 63–75.

Münch, Richard (2007), *Die akademische Elite. Zur sozialen Konstruktion wissenschaftlicher Exzellenz*, Frankfurt am Main.

Ortner, Rosemarie (2007), »Der Homo oeconomicus feministisch gebildet? Eine neoliberale Herausforderung für das Subjektverständnis feministischer Bildungstheorie«, *Jahrbuch Frauen- und Geschlechterforschung in der Erziehungswissenschaft*, Jg. 3, H. 1, S. 27–44.

Picht, Georg (1964), *Die deutsche Bildungskatastrophe*, Stuttgart.

Pongratz, Hans J./Voß, G. Günter (2003), *Arbeitskraftunternehmer – Erwerbsorientierungen in entgrenzten Arbeitsformen*, Berlin.

Pongratz, Ludwig (2017a), *Sich nicht dermaßen regieren lassen. Kritische Pädagogik im Neoliberalismus*, Darmstadt.

Pongratz, Ludwig (2017b), »Selbstvermarktung und Selbstverfügung. Über die Widersprüche der Hochschulreform«, in: Tilly Miller/Margit Ostertag (Hg.), *Hochschulbildung. Wiederaneignung eines existenziell bedeutsamen Begriffs*, Berlin, S. 5–15.

Power, Nina (2011), *Die eindimensionale Frau*, Berlin.

Ptak, Ralf (2017), »Grundlagen des Neoliberalismus«, in: Christoph Butterwegge/Bettina Lösch/Ralf Ptak (Hg.), *Kritik des Neoliberalismus*, Wiesbaden, S. 13–78.

Radtke, Frank-Olaf (2003), »Die Erziehungswissenschaft der OECD – Aussichten auf die neue Performanz-Kultur«, in: *Erziehungswissenschaft*, Jg. 14, H. 27, S. 109–136.

Radtke, Frank-Olaf (2009), »Ökonomisierung«, in: Sabine Andresen/Rita Casale/Thomas Gabriel/Rebekka Horlacher u.a. (Hg.), *Handwörterbuch Erziehungswissenschaft*, Weinheim/Basel, S. 621–637.

Radtke, Frank-Olaf (2013), »Das Regime der Betriebswirte. Eine Zwischenbilanz der ›neuen Steuerung‹ im deutschen Bildungssystem«, in: *Der pädagogische Blick.*

Zeitschrift für Wissenschaft und Praxis in pädagogischen Berufen, Jg. 21, H. 2, S. 112–132.

Renner, Andreas (2003), »Die zwei ›Neoliberalismen‹«, in: Abschrift aus *Fragen der Freiheit*, H. 256, letzter Zugriff: 20.11.2018, http://www.tristan-abromeit.de/pdf/28.1%20MdB%20Gruene%201.5.03%20Anhang%20I.pdf.

Rosa, Hartmut (2013), *Beschleunigung und Entfremdung: Entwurf einer kritischen Theorie spätmoderner Zeitlichkeit*, Berlin.

Sauer, Birgit (2001), *Die Asche des Souveräns. Staat und Demokratie in der Geschlechterdebatte*, Frankfurt am Main.

Schimank, Uwe (2018), »Die Ökonomisierung des Nicht-Ökonomischen«, in: *Neue Praxis*, Jg. 48, H. 1, S. 3–15.

Schröder, Gerhard/Blair, Tony (1999), *Der Weg nach vorne für Europas Sozialdemokraten*, Bonn/London.

Schuldes, Martin (2011), *Retrenchment in the American Welfare State: the Reagan and Clinton Administrations in Comparative Perspective*, Münster.

Sennett, Richard (2000), *Der flexible Mensch*, Berlin.

Spatschek, Christian/Arnegger, Manuel/Kraus, Sibylle/Mattner, Astrid/Schneider, Beate (Hg.) (2008), *Soziale Arbeit und Ökonomisierung. Analysen und Handlungsstrategien*, Berlin.

Spilker, Nils (2013), *Lebenslanges Lernen als Dispositiv: Bildung, Macht und Staat in der neoliberalen Gesellschaft*, Münster.

Springer, Simon/Birch, Kean/MacLeavy, Julie (2016), »An Introduction to Neoliberalism«, in: dies. (Hg.), *The Handbook of Neoliberalism*, London, S. 27–42.

Ullrich, Heiner/Strunck, Susanne (2012), »Private Schulen in Deutschland. Entwicklung und Diskurse«, in: dies. (Hg.), *Private Schulen in Deutschland: Entwicklungen – Profile – Kontroversen*, Wiesbaden, S. 11–25.

Virchow, Fabian (2008), »›Fordern und fördern‹ – Zum Gratifikations-, Sanktions- und Gerechtigkeitsdiskurs in der BILD-Zeitung«, in: Ulla Wischermann/Tanja Thomas (Hg.), *Medien – Diversität – Ungleichheit*, Wiesbaden, S. 245–262.

Wacquant, Loïc (2009), *Punishing the Poor. The Neoliberal Government of Social Insecurity*, Durham/London.

Wagner, Gabriele (2007), »Ein ›neuer Geist des Kapitalismus‹? Paradoxien der Selbstverantwortung«, in: *Österreichische Zeitschrift für Soziologie*, Jg. 32, H. 3, S. 3–24.

Walgenbach, Katharina (2015), »Geschlecht in gesellschaftlichen Transformationsprozessen«, in: Katharina Walgenbach/Anna Stach (Hg.), *Geschlecht in gesellschaftlichen Transformationsprozessen*, Opladen, S. 21–50.

Walgenbach, Katharina (2017), »Bildungsprivilegien im 21. Jahrhundert«, in: Meike Baader/Tatjana Freytag (Hg.), *Bildung und Ungleichheit in Deutschland*, Wiesbaden, S. 513–536.

Walpen, Bernhard (2004), *Die offenen Feinde und ihre Gesellschaft. Eine hegemonietheoretische Studie zur Mont Pèlerin Society*, Hamburg.

Weizsäcker, Christian von (1999), *Logik der Globalisierung*, Göttingen.

Wogawa, Diane (2000), *Missbrauch im Sozialstaat: Eine Analyse des Missbrauchsarguments im politischen Diskurs*, Wiesbaden.

Wolter, Andrä (2016), »Gymnasium und Abitur als ›Königsweg‹ des Hochschulzugangs: Historische Entwicklungslinien und institutionelle Transformationen«, in: Jochen Kramer/Marco Neumann/Ulrich Trautwein (Hg.), *Abitur und Matura im Wandel. Historische Entwicklungslinien, aktuelle Reformen und ihre Effekte*, Wiesbaden, S. 1–27.

Wrana, Daniel (2003), »Lernen lebenslänglich. Die Karriere lebenslangen Lernens. Eine gouvernementalitätstheoretische Studie zum Weiterbildungssystem«, in: www.copyriot.com/gouvernementalität (Hg.), *»führe mich sanft« Gouvernementalität – Anschlüsse an Michel Foucault. Gesammelte Veröffentlichungen zur gleichnamigen studentischen Tagung am 01./02. November 2002 in Frankfurt am Main*, online verfügbar, letzter Zugriff: 29.11.2018, https://www.copyriot.com/gouvernementalitaet/pdf/fms-ebook.pdf, S. 103–143.

I. Neuordnung von Ökonomie, Staat und Bildung

Neoliberalismus – historisch-systematische Rekonstruktion eines Begriffs der Kritik

Katharina Walgenbach

In diesem Beitrag wird der Frage nachgegangen, inwiefern Neoliberalismus ein adäquater Begriff für die Analyse der Gegenwartsgesellschaft sein kann. Seit der Terminus in den Feldern Wissenschaft, Politik und Kultur zirkuliert, wird sein Erklärungsgehalt auch hinterfragt. Wirtschaftsliberale Autor_innen weisen darauf hin, dass heute niemand mehr den Begriff neoliberal zur Selbstattribution heranziehen würde (Renner 2003: 8; Hartwich 2009: 27). Entsprechend bilanziert auch Gerhard Willke, dass es heute nur Gegner, keine Anhänger des Neoliberalismus gebe (2003: 13). Der Hinweis von Boas und Gans-Morse, dass Hayek und Friedman sich selbst nie als neoliberal bezeichnet hätten, wird von den Autoren zwar in einer Fußnote relativiert (2009: 150), hat aber ohne entsprechende Differenzierung Eingang in die Enzyklopädie *Wikipedia* gefunden.[1] Daran anschließend wird Neoliberalismus als »Ghost Story« (Hartwich 2009: 1) oder auch »Phantasma« bezeichnet (kritisch: Walpen 2004: 62). Daniel Altman konstatiert in der *New York Times* »Neoliberalism? It doesn't exist«, da es freie Märkte nie gegeben habe (2005).

Des Weiteren halten ordoliberale Autor_innen heutigen Kritiker_innen des Neoliberalismus entgegen, dass der Ordoliberalismus sich gerade von einem marktradikalen ›Laissez-faire-Liberalismus‹ des 19. Jahrhunderts abgrenze, dessen Wirtschafts- und Sozialpolitik gegenwärtig als neoliberal bezeichnet werde. Vielmehr habe der Ordoliberalismus in Deutschland die Grundlage für die Soziale Marktwirtschaft gelegt:

»In der historischen Bedeutung steht Neoliberalismus für jene – in den 1930er Jahren ›neue‹ – liberale Bewegung, welche die konzeptionellen Grundlagen für die Einführung der Sozialen Marktwirtschaft in der Zeit nach 1945 schuf […]. In der aktuellen Diskussion dagegen wird Neoliberalismus regelmäßig identifiziert mit einem ›Marktfundamentalismus‹, der die Politik zum Erfüllungsgehilfen der Märkte

1 Siehe dazu das Stichwort »Neoliberalismus«, in: Wikipedia, letzter Zugriff 01.11.2018, https://de.wikipedia.org/wiki/Neoliberalismus#cite_note-ReferenceA-11.

degradiert [...]. In dieser Perspektive ist Neoliberalismus nicht länger die konzeptionelle Grundlage der Sozialen Marktwirtschaft; vielmehr wird das ›neoliberale‹ Modell der ›sozialen‹ Marktwirtschaft gegenübergestellt.« (Renner 2003: 2)

Analog empfiehlt Uwe Jean Heuser – *Zeit*-Ressortleiter für Wirtschaft – in der Serie ›Wirtschaft für Kinder‹ seinen jungen Leser_innen:

»Wenn Ihr also irgendwann mal hört, wie jemand Euch oder einen Freund von Euch als ›neoliberal‹ beschimpft, dann könnt Ihr fragen: Weißt Du denn gar nicht, woher der Begriff stammt? Er meint doch gerade die Ideen, aus denen unsere soziale Marktwirtschaft geboren wurde.« (2010: o.S.)

Anders gelagert ist die aktuelle Kritik von Axel Honneth (2016), der empfiehlt, den Begriff Neoliberalismus wieder aus dem sozialwissenschaftlichen Vokabular zu streichen. Er moniert, dass selten definiert werde, was unter dem Begriff verstanden würde. Teilweise würden sogar widersprüchliche Phänomene bzw. Grundannahmen unter dem Terminus Neoliberalismus verhandelt. Jedes gesellschaftlich problematische Phänomen, so Honneth, solle irgendwie dem Neoliberalismus zugehören. Dabei werde alles ohne größere Rechtfertigungen in einen Zusammenhang gesetzt: Deregulierung, scheinbar veränderte Regierungspraktiken, gewandelte Persönlichkeitsstrukturen, sogar eine ›neoliberale‹ Form der Rationalität (ebd.: 167, 168). Nach Honneth sei ferner ungeklärt, welche Eigenschaften das Präfix ›neo-‹ gegenüber dem klassischen Liberalismus rechtfertigten. Dabei geht es ihm insbesondere um die Frage, wie der neoliberale Staat sich von einem laissez-faire-liberalen ›Nachtwächterstaat‹ unterscheiden soll (ebd.: 173, 176). Schließlich kritisiert Honneth, dass der Staat von Kritiker_innen des Neoliberalismus nicht als »unabhängige Variable« in den Blick genommen werde, sondern immer nur in der Funktion einer »dienlichen Agentur« der Ökonomie (ebd.: 175, 176).

Die exemplarisch angeführten Einwände gegen den Terminus Neoliberalismus treffen auf eine Zeit, in der sich die gesellschaftlichen Koordinaten zu verschieben scheinen, traditionelle Begriffe, Schemata und Klassifikationen scheinen nicht mehr zu greifen, die soziale Ohnmacht bzw. politische Sprachlosigkeit entlädt sich zunehmend affektiv. Als Chiffren der tektonischen Verschiebungen lassen sich unter anderem die Finanzkrise, Postdemokratie, Rechtspopulismus, Transformation der Geschlechterverhältnisse, Forcierung von Ungleichheit etc. anführen. Sie alle verweisen auf einen gesteigerten Bedarf an sozialwissenschaftlichen Analysen der Gegenwart. Gerade in Zeiten gesellschaftlicher Krisen bzw. Transformation ist es eine obligate Aufgabe der Sozialwissenschaften, wissenschaftliche

Expertise und analytische Begriffsangebote zu offerieren. Der Begriff des Neoliberalismus vermag im Hinblick auf die oben angeführten Entwicklungstrends ganz sicher nicht alles zu erklären. Er sollte allerdings auch nicht leichtfertig ausrangiert werden.

Für das Feld der Politik ist es vielleicht nicht immer erstrebenswert, Begriffe präzise zu definieren. Schließlich beziehen Termini wie Neoliberalismus einen Teil ihrer oppositionellen Kraft gerade aus ihrer Unbestimmtheit. Im Feld der Wissenschaft – hier ist Honneth zuzustimmen – gilt es allerdings Kriterien wie Kohärenz, Präzision sowie adäquate methodische und theoretische Zugänge in Anschlag zu bringen, wenn Neoliberalismus mehr sein soll als eine pejorative Fremdbezeichnung. Honneths kritischer Kommentar zum Begriff des Neoliberalismus ist ein Hinweis darauf, dass seine Popularität in den letzten Jahrzehnten offenbar auch zu einer diffusen Verwendungsweise beigetragen hat. In dem Moment, in dem ein Begriff mit widersprüchlichen Aussagen belegt wird, ist dies in der Tat ein wissenschaftliches Problem.

Aus diesem Grund zielt der vorliegende Beitrag zunächst darauf ab, den Begriff Neoliberalismus historisch-systematisch zu rekonstruieren. Damit soll auch eine Grundlage für den vorliegenden Band gelegt werden, der sich mit der neoliberalen Neuordnung von Ökonomie, Staat und Privatsphäre im Feld der Bildung beschäftigt. Im Rekurs auf Koselleck wird dabei allerdings davon ausgegangen, dass Begriffe sich historisch und semantisch nicht stillstellen lassen (2006: 56–70). Ein Ausdruck davon ist, so die These dieses Beitrags, dass Neoliberalismus heute ein Begriff der Kritik ist. Insofern stellt sich weniger die Frage, inwiefern Autor_innen sich selbst als neoliberal bezeichnen, sondern inwiefern der Begriff Neoliberalismus einen Teil zur Dechiffrierung der sozialen Phänomene bzw. Probleme unserer Zeit beitragen kann.

1. Neoliberalismus – ideengeschichtliche Rekonstruktionen

Ist der Neoliberalismus eine Denkrichtung des Liberalismus (Pollert/Kirchner/Pollert 2016), eine globale Weltordnung (Chomsky 1999), eine Ratio der Regierungskunst (Foucault 2006) oder eine Ideologie (Harvey 2005)? Oder ist der Begriff Neoliberalismus nicht mehr als ein »Etikett« (Lessenich 2008: 13f.) bzw. politisches Schimpfwort (Hartwich 2009)?

Jeder Versuch, eine Antwort auf diese Fragen zu geben, ist mit dem Problem konfrontiert, dass der Neoliberalismus geografisch, historisch und politisch unterschiedliche Formen annimmt sowie dessen Denkschulen (Freiburger Schule, Wiener Schule, Londoner Schule, Chicago School) das Verhältnis von Markt, Staat und Sozialpolitik durchaus unterschiedlich bestimmen (zum Beispiel von Mises 1929; Rüstow 1932; Eucken 1932).[2]

Als Gründungsnarrativ des Neoliberalismus wird häufig das Colloque Walter Lippmann angeführt, das im Jahr 1938 wichtige Vertreter[3] verschiedener neoliberaler Schulen aus den USA und Europa in Paris zusammenführte (Reinhoudt/Audier 2018). Resultat des Kolloquiums war unter anderem die Initiierung des *Centre International d'Études pour la Rénovation du Libéralisme* (CIRL). Mehrere Teilnehmer des Lippmann-Kolloquiums gründeten zudem 1947 die bis heute einflussreiche Mont Pèlerin Society. Unter dem Eindruck der Weltwirtschaftskrise 1929–1932, dem zunehmenden politischen Einfluss des »Kollektivismus« (gemeint sind in den 1930er Jahren vor allem der Nationalsozialismus und Kommunismus) und den negativen Folgen eines Laissez-faire-Liberalismus des 19. Jahrhunderts suchten die Teilnehmenden nach Wegen einer Erneuerung des Liberalismus.[4]

Auf dem Walter Lippmann-Kolloquium wurde der Begriff Neoliberalismus als gemeinsamer Nenner gefunden, der die heterogenen Positionen der Teilnehmer zusammenführen sollte (Röpke 1955: 20).[5] Bald schon zeichneten sich allerdings Konflikte ab, die sich auch darin ausdrückten, dass den einen die Bezeichnung neoliberal nicht zugestanden wurde – so

---

2 Kean Birch kommt insgesamt auf acht neoliberale Denkschulen: Austrian, British, Chicago 1st, Chicago 2nd, French, Italian/Bocconi, Ordoliberal/Freiburg, Virginia (2017: 13ff.). Prominente Vertreter der neoliberalen Schulen waren z.B. Walter Eucken, Alexander Rüstow, Alfred Müller-Armack und Franz Böhm (Freiburger Schule/Ordoliberalismus), Frank A. Knight, Milton Friedman, George Stigler und Gary Becker (Chicagoer Schule/Chicago School of Economics), Ludwig von Mises, Gottfried von Haberler und Fritz Machlup (Wiener Schule), Edwin Cannan, Lionell Robbin (Londoner Schule/London School of Economics) (Nawroth 1961).

3 Die männliche Form hier und im Folgenden ist den historischen Gegebenheiten geschuldet.

4 Unter den negativen Folgen verstanden Neoliberale in erster Linie Monopole und Kartellbildung, für Ordoliberale umfassten sie aber auch extreme Armut sowie einen moralischen Werteverfall.

5 Der Begriff Neoliberalismus wurde zuvor bereits von einzelnen Autoren verwendet (Walpen 2004: 67ff.), doch erst seit dem Lippmann-Kolloquium erlangte er akademische bzw. politische Bedeutung.

diskreditierte Rüstow die Wirtschaftswissenschaftler Hayek und Mises als rückwärtsgewandte »Paläoliberale« (Walpen 2004: 77) – während andere Teilnehmer des Kolloquiums den Begriff neoliberal bereits wenige Jahre später nicht mehr zur Selbstattribution heranzogen (Hartwich 2009).

Die »neoliberale« bzw. »neuliberale Bewegung«[6] bestand zunächst primär aus Wissenschaftlern, Intellektuellen, Juristen und Industriellen. Später wurde der Schulterschluss mit Gewerkschaften, Kirchenvertretern und Journalisten gesucht (Walpen 2004). Für die Entwicklung und Zirkulation ihrer Ideen gründeten (neo-)liberale Intellektuelle in den folgenden Jahren weitere Think Tanks, Institute und Stiftungen (für einen Überblick siehe Walpen 2004: 399–401). Des Weiteren wurden in den USA und Europa mehrere Zeitschriften initiiert.[7]

Die inhaltlichen Differenzen zwischen den neoliberalen Denkschulen lassen sich nicht zuletzt darauf zurückführen, dass sie auf die jeweiligen ökonomischen, politischen und kulturellen Traditionen in ihren Ländern reagieren mussten bzw. selbst von ihnen beeinflusst waren. Im Europa der 1920er Jahre gab der Sozialismus »der Zeit ihren Stil« – so Ludwig von Mises (1922: 1). Für Deutschland galt dies auch unmittelbar nach dem Zweiten Weltkrieg, was sich emblematisch im Ahlener Programm dokumentierte, welches die CDU unter dem Eindruck der Verbrechen des Nationalsozialismus verfasste:

»Das kapitalistische Wirtschaftssystem ist den staatlichen und sozialen Lebensinteressen des deutschen Volkes nicht gerecht geworden. Nach dem furchtbaren politischen, wirtschaftlichen und sozialen Zusammenbruch als Folge einer verbrecherischen Machtpolitik kann nur eine Neuordnung von Grund aus erfolgen. Inhalt und Ziel dieser sozialen und wirtschaftlichen Neuordnung kann nicht mehr als das kapitalistische Gewinn- und Machtstreben, sondern nur das Wohlergehen unseres Volkes sein. Durch eine gemeinwirtschaftliche Ordnung soll das deutsche Volk eine Wirtschafts- und Sozialverfassung erhalten, die dem Recht und der Würde des Menschen entspricht, dem geistigen und materiellen Aufbau unseres Volkes dient und den inneren und äußeren Frieden sichert.« (CDU 1997 [1947])

---

6 Während Kritiker_innen des Neoliberalismus eher vom »neoliberalen Lager« sprechen, ist der Terminus »neoliberale Bewegung« oder auch »neuliberale Bewegung« eine Selbstbezeichnung (z.B. Hayek 1951: 337; Renner 2003: 3; Hartwich 2009: 22, 26). In der folgenden ideengeschichtlichen Rekonstruktion des Begriffs Neoliberalismus werden explizit auch dem (Neo-)Liberalismus nahestehende Autor_innen bzw. Quellen einbezogen.

7 Dazu gehörten bspw. *ORDO* (Deutschland), *Farmand* (Norwegen) sowie *New Individualist Review*, *The Freeman* und *Faith and Freedom* (USA) (Walpen 2004: 73, 92).

In dieser historischen Konstellation legte der Ordoliberalismus die Grundlage für das Konzept einer Sozialen Marktwirtschaft (Ptak 2004). Der deutsche Ordoliberalismus plädierte keineswegs für einen Minimalstaat, vielmehr favorisierte er einen starken Staat, der die institutionellen Rahmenordnungen des Wettbewerbs gestaltet, nicht jedoch direkt in den Markt eingreift (Renner 2003: 3). Der Ordoliberale Walter Eucken bringt diese Leitorientierung auf folgende Formel: »Staatliche Planung der Formen – ja; staatliche Planung und Lenkung der Wirtschaftsprozesse – nein« (Eucken 1951: 72, zitiert nach Renner 2003: 3). Der Ordoliberalismus sieht also in einer staatlichen Rahmenordnung die Basis für einen funktionsfähigen Wettbewerb.[8]

Zum Wertekanon der Ordoliberalen gehörte aber auch die Gewährleistung eines »menschenwürdigen Daseins« (Ptak 2004: 202). Letzteres implizierte, dass der Staat ordnungspolitische Maßnahmen ergreifen kann, wenn Selbsthilfe nicht mehr möglich ist (Gerken/Renner 2000: 15f., 22; Ptak 2004: 33ff.). In diesem Sinne war der deutsche Ordoliberalismus auch normativ-ethisch fundiert (Renner 2003: 4), indem er humanistische Werte betonte sowie Fragen sozialer Gerechtigkeit adressierte (Boas/Gans-Morse 2009: 146). Wobei die soziale Frage stets auf die Funktionsfähigkeit einer gerechten Wettbewerbsordnung bezogen blieb (Young 2014a: 41), denn die zentrale Grundannahme der Ordoliberalen war, dass eine funktionsfähige Wettbewerbsordnung am ehesten eine menschenwürdige Ordnung garantiert (Renner 2003: 5).

Mit diesem neoliberalen Programm konnte der Ordoliberalismus Teile der SPD, Gewerkschaften und Kirchenvertreter für sich gewinnen. Den vorerst größten politischen Einfluss in Deutschland erhielten die Ordoliberalen, als sie im Verbund mit weiteren Wissenschaftlern für Ludwig Erhard – seit 1949 Wirtschaftsminister der Bundesrepublik Deutschland – an der Entwicklung des Konzepts einer Sozialen Marktwirtschaft beteiligt waren. Wichtige wissenschaftliche Beratungsfunktionen übernahmen hier zum Beispiel Walter Eucken, Franz Böhm und Alfred Müller-Armack (siehe dazu die detaillierte historische Studie von Löffler 2002 sowie Foucault 2006: 118ff., 142). Nach Foucault legitimierte das Konzept der Sozialen Marktwirtschaft zu diesem historischen Zeitpunkt aber auch den Wiederaufbau bzw. die internationale Anerkennung eines deutschen Staates, der

8 Dazu gehören z.B. die Sicherung des Privateigentums, Vertragsfreiheit, freier Zugang zu Märkten, Limitierung von Kartellen bzw. Oligopole etc.

durch seine nationalsozialistische Vergangenheit von seinen Nachbarn als Bedrohung empfunden wurde.[9]

Profilierte Denker des Ordoliberalismus wie Wilhelm Röpke sahen in Erhards ›Wirtschaftswunder‹ einen Sieg des Neoliberalismus, da er den Mythos von der historischen Notwendigkeit der Überwindung des Kapitalismus widerlegt habe (1953: 845). Hayek hingegen stand der Sozialen Marktwirtschaft später durchaus kritisch gegenüber, da der Begriff zunehmend durch politische Positionen der SPD und Gewerkschaften besetzt wurde (2004 [1979]: 62). Und auch Röpke kritisierte Ende der 1950er Jahre die Deformation der freien Marktwirtschaft durch einen »aufgeblähten Wohlfahrtsstaat« (1988 [1958]: 254). Durch den politischen Einfluss des Keynesianismus in den 1960er und 1970er Jahren erfuhr der Ordoliberalismus in Deutschland erneut eine Marginalisierung.

Das Konzept der Sozialen Marktwirtschaft war somit damals schon Gegenstand von Deutungskonflikten. Wenn Kritiker_innen den Begriff Soziale Marktwirtschaft heute gegen den Neoliberalismus in Stellung bringen, dann verbinden sie damit sozialstaatliche Ziele wie die Rückkehr zum Wohlfahrtsstaat, Vollbeschäftigung oder gewerkschaftliche Mitbestimmung (Ptak 2004: 9f.; Müller-Jentsch 2008: 38) – alles Leitbilder, die einer neoliberalen Agenda entgegenstehen (Foucault 2006: 197f.; Butterwegge/Lösch/Ptak 2017). Prominente Ordoliberale wie Eucken, Röpke oder Rüstow haben sich explizit gegen einen Wohlfahrtsstaat bzw. Versorgungsstaat ausgesprochen (Bonefeld 2012). Eine Gegenüberstellung von Neoliberalismus und Sozialer Marktwirtschaft lässt sich somit durchaus rechtfertigen. Zumindest wenn man konzediert, dass der Begriff Soziale Marktwirtschaft heute mehrdeutig konnotiert ist und für manche eine wohlfahrtsstaatliche Sozialpolitik einschließt (vgl. Ptak 2004: 9f; Müller-Jentsch 2008: 38; Wünsche 2015). Eine Interpretation, die sicherlich auch zum Erfolg des Konzepts Soziale Marktwirtschaft beigetragen hat.[10]

---

9 Auf diese Weise, so Foucault, erzeugte die Wirtschaft bzw. das Wirtschaftswachstum in (West-)Deutschland Legitimität für staatliche Souveränität: »Im zeitgenössischen Deutschland haben wir ständig eine Bewegung, die von der Wirtschaft zum Staat führt […]. Wir haben also eine Genese, eine ständige Genealogie des Staates im Ausgang von der Institution der Wirtschaft« (2006: 124). Für Foucault geht die Rechtsgültigkeit des deutschen Staates somit aus der Veridiktion des Marktes hervor (ebd.: 138). Ein Hinweis darauf, wie elementar die freie Marktwirtschaft in die DNA der Bundesrepublik Deutschland eingelassen ist.

10 Nach Ptak hat sich die Bundesrepublik ab den 1950er Jahren entgegen den ordoliberalen Prämissen der Sozialen Marktwirtschaft faktisch zu einem Sozialstaat entwickelt, was

In den USA wiederum war die historische Konstellation anders konfiguriert. Hier antwortete Franklin D. Roosevelt mit dem sogenannten New Deal auf die Wirtschaftskrise Ende der 1920er Jahre. Der New Deal (1933–1938) zielte auf eine Reihe von umfassenden Wirtschafts- und Sozialreformen ab. Das staatliche Investitionsprogramm – das in den USA erstmals die Basis für einen Wohlfahrtsstaat legte – basierte besonders in der zweiten Phase des New Deals ebenfalls auf Elementen der ökonomischen Theorie von John Maynard Keynes. Nach Rotunda (1986) ist der Terminus Liberalismus für Amerikaner_innen seitdem elementar mit der Politik des New Deal verbunden.[11] In den USA der 1930er Jahre bedeutete der Begriff liberal somit, eine progressive Politik zu verfolgen (ebd.: 16). Seit den 1960er Jahren wird liberal in den USA zudem mit Bürgerrechten, Chancengleichheit und Wohlfahrtspolitik assoziiert. Nicht zuletzt wird der Begriff liberal heute mit der US-amerikanischen Demokratischen Partei in Verbindung gebracht (vgl. Walpen 2004: 79ff.). In der Konsequenz ist der Begriff des Liberalismus in den USA ebenfalls nicht eindeutig definiert. Das zeigt auch eine Anmerkung, mit der die Mont Pèlerin Society die Dokumentation ihres *Statement of Aims* nachträglich versehen hat: »Note: Here, ›liberal‹ is used in its European sense, broadly epitomized by a preference for minimal and dispersed government, rather than in its current American sense which indicates the opposite preference for an extension and concentration of governmental powers« (Mont Pèlerin Society o.J.).

Stattdessen bezeichnen sich wirtschaftsliberale Ökonom_innen, Politiker_innen und Journalist_innen in den USA zum Beispiel als *classical liberal, conservative*, *neoconservative* oder *libertarian* (Walpen 2004: 80; Hartwich 2009: 2, 27). Wenn somit eingewandt wird, dass der Begriff neoliberal nicht zur Selbstbezeichnung herangezogen wird (Boas/Gans-Morse 2009: 150; Hartwich 2009: 27), dann ist die Bedeutungsverschiebung des Begriffs liberal in den USA zumindest ein gewichtiger Grund.

Der US-amerikanische Neoliberalismus wird vor allem mit der Chicago School of Economics in Verbindung gebracht. Zu den Gründern gehörten Frank Knight, Jacob Viner und Henry Simons (Friedman 1974: 1). Die internationale Reputation der Chicago School lässt sich unter anderem

ironischerweise wiederum die gesellschaftliche Akzeptanz gegenüber dem Konzept Soziale Marktwirtschaft verstärkte (Ptak 2004: 9, 20f.).

11 Wie Rotunda (1986) in seiner historischen Fallstudie für den Zeitraum 1932–1940 rekonstruiert, konnte Roosevelt den Begriff liberal gegenüber seinem politischen Kontrahenten Herbert Hoover erfolgreich für sich reklamieren.

daran ablesen, dass mehrere ihrer Anhänger den Nobelpreis für Wirtschaftswissenschaften erhielten: zum Beispiel Friedrich von Hayek (1974), Milton Friedman (1976), George Stigler (1982) und Gary Becker (1992). Wobei die Anhänger der Chicago School nicht unbedingt formal an die University of Chicago angebunden sein mussten (Friedman 1974: 1).

Den Vertretern der Chicago School of Economics wird zugeschrieben, dass sie im Vergleich zu ihren ordoliberalen Kollegen in Deutschland sehr viel stärker an einem *free-market liberalism* orientiert waren (Renner 2003: 9; Boas/Gans-Morse 2009: 147; Foucault 2006). Friedman fasst die ökonomischen bzw. politischen Grundlagen der Chicago School in den 1970er Jahren wie folgt zusammen: »In discussions of economic policy, ›Chicago‹ stands for belief in the efficacy of the free market as a means of organizing resources, for scepticism about government intervention into economic affairs, and for emphasis on the quantity of money as a key factor in producing inflation« (1974: 1).

Es gibt auch einen Artikel von 1951, in dem Friedman Neo-liberalism als Doktrin bezeichnet, die sich ideal dazu eignen würde, das Glaubensvakuum von Intellektuellen weltweit zu füllen:

»Neo-liberalism would accept the nineteenth century liberal emphasis on the fundamental importance of the individual, but it would substitute for the nineteenth century goal of laissezfaire as a means to this end, the goal of the competitive order. It would seek to use competition among producers to protect consumers from exploitation, competition among employers to protect workers and owners of property, and competition among consumers to protect the enterprises themselves. The state would police the system, establish conditions favorable to competition and prevent monopoly, provide a stable monetary framework, and relieve acute misery and distress. The citizens would be protected against the state by the existence of a free private market; and against one another by the preservation of competition.« (1951: 3)

In dem Zitat wird deutlich, dass Friedman unter Neoliberalismus keineswegs einen Minimalstaat versteht, sondern einen Staat, der die Wettbewerbsordnung garantiert und – dies ist ein wichtiger Zusatz – auch selbst herstellt. Im Neoliberalismus, so Foucault, stehen Staat und Markt sich nicht mehr im Modus einer wechselseitigen Begrenzung gegenüber, weil der Markt nur dann in Erscheinung treten kann, wenn er durch eine aktive Gouvernementalität hergestellt wird (2006: 174). Friedman schließt aber auch staatliche Maßnahmen gegen akute Armut nicht aus. Eine Lehre, die (Neo-)Liberale aus der Weltwirtschaftskrise in den 1920er Jahren gezogen haben. Nach Friedman soll der Staat auf der einen Seite in die Aktivitäten der Individuen möglichst wenig eingreifen, auf der anderen Seite hat er allerdings wichtige positive Funktionen auszuüben (1951: 3).

Friedrich August von Hayek – Gründer der Mont Pèlerin Society – verbrachte zwölf Jahre an der University of Chicago (1950–1962). Ursprünglich kam Hayek aus der österreichischen Denkschule, die sich um Ludwig von Mises herausbildete. 1931 wurde Hayek an die London School of Economics berufen, womit er in Großbritannien zu einem prominenten Opponenten John Maynard Keynes wurde, der am Kings College in Cambridge lehrte. Hayek pflegte seit den 1920er Jahren aber auch enge Beziehungen zur Freiburger Schule. Für die Zeitschrift *ORDO* verfasste er mehrere Beiträge. 1962 trat Hayek die Nachfolge von Walter Eucken an der Universität Freiburg an. In den Jahren 1964 bis 1970 war er im Vorstand des Walter Eucken Instituts. Als intellektuelle Figur inkorporierte Hayek wahrscheinlich wie kein anderer die internationalen Austauschbeziehungen der neoliberalen Denkschulen.

An der University of Chicago verfasste Hayek als Professor of Social and Moral Sciences einflussreiche Schriften zu Fragen der Ökonomie, Sozialphilosophie und Wissenschaftstheorie. Hier entstand auch eines seiner Hauptwerke *The Constitution of Liberty* (1960). Hayeks Staatsverständnis veränderte sich im Laufe seiner akademischen Karriere. In seiner ordoliberalen Phase in den 1930er und 1940er Jahren betonte er noch die zentrale Funktion des Staates, der einen rechtlichen Rahmen für eine leistungsfähige marktwirtschaftliche Wettbewerbsordnung bereitstellen sollte (Hayek 2001 [1953]; Kolev 2013: 36, 207). Zu den Aufgaben des Staates gehören zum Beispiel die Sicherung des Privateigentums und der Vertragsfreiheit sowie die Gewährleistung öffentlicher Aufgaben – wie etwa das Gesundheitswesen –, sofern sie vom Markt nicht angeboten werden können (Hayek 1948: 107–118).

Später vertraute Hayek (1973) eher der Regelsetzung durch kulturelle Evolution: Der Markt solle sich durch die *spontanous order* und der *rule of law* selbst regulieren. Hayek begründet die Notwendigkeit freier Märkte im Prinzip erkenntnistheoretisch, indem er argumentiert, dass das Wissen von Individuen begrenzt und verstreut ist. Ihm zufolge kann nur die Wettbewerbswirtschaft ein Entdeckungsverfahren organisieren, das die unterschiedlichen Wissensfragmente, Bedürfnisse und Fähigkeiten der Menschen zu einer spontanen Ordnung zusammenführt (Ptak 2017a: 41f.). Doch auch in seiner ›evolutorischen Phase‹ (Kolev 2013: 20, 34, 43; Renner 2003: 6) wandte sich Hayek explizit gegen die Idee eines ›Minimalstaates‹ (1979: 41). Der Staat ist für ihn kein ›Nachtwächterstaat‹, vielmehr bestimmte auch der späte Hayek den Staat positiv (Kolev 2013: 41).[12] Insofern ist einzuräumen, dass der Begriff ›Minimalstaat‹ – der mitunter von Kritiker_innen des Neoliberalismus ins Feld geführt wird – durchaus irreführend sein kann. Ideengeschichtlich zielt die neoliberale Agenda eigentlich nicht auf ein ›weniger an Staat‹, sondern auf eine Umwandlung der Funktion des Staates.

Auf Begriffe wie »neuliberale Bewegung« (Hayek 1951: 337) oder »›neoliberale‹ Gruppen« (Hayek 2002 [1973]: 113) bezieht sich Hayek in der Tat selten, er selbst bezeichnet sich als »liberal« im Sinne der »Old Whigs« (1978: 397, 409). Für ihn zielt der neue Liberalismus nicht allein auf eine reformierte Ordnung der Ökonomie, sondern auf eine neue Form der Staatlichkeit, gesellschaftlicher Ordnung und Subjektivität (Foucault 2006). Neben Gary Becker gehörte Hayek zu den (neo-)liberalen Intellektuellen, die sich ausführlich zu Fragen der Bildung, Erziehung und Chancengleichheit geäußert haben (Borst 2009).

Gary Becker promovierte 1955 an der University of Chicago, an die er 1970 als Professor of Economics wieder zurückkehrte. Im Jahr 1983 wurde ihm in Chicago darüber hinaus eine Professur für Soziologie angeboten, was für ihn eine Anerkennung der Rational-Choice-Theorie über seine Disziplin hinaus bedeutete (Becker o.J.). Zusammen mit Theodor Schultz und Jacob Minzer entwickelte er die Humankapitaltheorie, welche die Grundannahmen der Ökonomie auf andere Bereiche menschlichen Verhaltens wie Bildung, Familie, Diskriminierung oder Kriminalität übertrug. Für Becker ist der Mensch ein *homo oeconomicus*, der sein Verhalten rational an einem maximalen Nutzen ausrichtet. Bildung wird in seiner Humankapitaltheorie zum Investitionsgut (Becker 1964). Auf diese Weise, so Christian Oswald, wird »alles zu Kapital, weil alles, worin investiert wird, sich verwerten muss« (2011: 45).

Wie Foucault herausarbeitet, findet hier erneut eine Verschiebung bzw. ein Bruch mit dem Laissez-faire-Liberalismus des 19. Jahrhunderts statt. Der *homo oeconomicus* ist im amerikanischen Neoliberalismus nicht mehr eine Figur des Interesses, Tauschs oder der Befriedigung von Bedürfnissen, sondern Humankapital bzw. Unternehmer seiner selbst, das danach strebt,

12 Zu den leistungsstaatlichen Aufgaben gehören nach Hayek z.B. Schutz vor Gewalt, Naturkatastrophen, Epidemien, Straßenbau – sofern dieser nicht privatisiert werden kann – sowie die Bereitstellung von Informationen wie Landkarten, Statistiken oder Zertifizierungen (1979: 44).

die eigene Position im Wettbewerb zu verbessern (2006: 170f., 208 u. 300). In der Folge regulieren Kosten-Nutzen-Erwägungen bzw. Gewinnmaximierung die Beziehungen des Subjekts zu sich und anderen (ebd.: 335). Wendy Brown ergänzt, dass wir gegenwärtig nicht nur für uns selbst Humankapital sind, sondern auch für Staaten und Unternehmen, denen es um ihre eigene Positionierung im Wettbewerb geht. Insofern gibt es für das in sich selbst investierende und responsibilisierte Humankapital »keine Garantie für Sicherheit, Schutz oder auch nur Überleben« (2015: 40). Das Risiko des Scheiterns ist ein privates, gleichgültig über wie viel Ressourcen die Marktsubjekte verfügen oder wie verantwortlich sie sich bisher verhalten haben. Als Humankapital ist das Subjekt »ein instrumentalisierbarer und potentiell entbehrlicher Bestandteil des Ganzen« (ebd.: 41). Darin sieht Brown ebenfalls einen Bruch mit dem ehemals liberal-demokratischen Gesellschaftsvertrag.

Ein solches Subjektverständnis prägt auch das Verhältnis des Neoliberalismus zu Konzepten wie Gesellschaft, Demokratie, Bürgerrechten oder politischer Souveränität (siehe dazu zum Beispiel Bourdieu 1998; Crouch 2008; Brown 2015; Lösch 2017). Im Neoliberalismus, so Brown, gibt es nur private Interessen, Verträge und Unternehmen, kein Staatswesen, öffentliches Wohl oder politische Kultur (ebd.: 202). Oder wie es Margaret Thatcher in einem Interview zum Thema Obdachlosigkeit ausdrückte: »[…] they are casting their problems on society and who is society? There is no such thing! There are individual men and women and there are families and no government can do anything except through people and people look to themselves first. It is our duty to look after ourselves and then also to help look after our neighbour […]« (1987: o.S.).

Die Grundannahmen von Hayek und Becker wurden hier so ausführlich dargestellt, da sich an ihnen zeigen lässt, dass die Chicago School ihren Geltungsanspruch nicht auf Fragen der Ökonomie beschränkt. Dies gilt auch für deutsche Ordoliberale wie Röpke, der darauf hinwies, dass eine wettbewerbsorientierte Marktwirtschaft auf an ihr ausgerichteten Gesetzen, Institutionen und »psycho-moral forces« basieren muss (1942: 68f.). Wenn Honneth demnach kritisiert, dass »jede soziale Neuerung als Ausdruck oder Symptom eines Großen und Ganzen, eben dem Neoliberalismus, genommen« wird (2016: 167), dann lässt sich das auch darauf zurückführen, dass die neoliberale Doktrin als System von Aussagen in extensiver Weise auf eine Ökonomisierung des Sozialen abzielt (siehe auch Michalitsch 2006; Walgenbach 2015; Bröckling 2017).

Die ideengeschichtliche Rekonstruktion des Begriffs Neoliberalismus hat deutlich gemacht, dass neoliberale Denkschulen bzw. Autoren durchaus unterschiedliche Auffassungen über das Verhältnis von Ökonomie, Staat und Gesellschaft haben. Kontrovers diskutiert werden vor allem die Aufgaben des Staates in einer marktwirtschaftlichen Wirtschafts- und Gesellschaftsordnung (vgl. Walpen 2004; Plickert 2008). Folglich vermag es nicht zu verwundern, dass das *Statement of Aims* der Mont Pèlerin Society vom 8. April 1947 weniger gemeinsame politische Ziele fixierte, sondern eher ein gemeinsames Forschungsprogramm formulierte:

»Believing that what is essentially an ideological movement must be met by intellectual argument and the reassertion of valid ideals, the group, having made a preliminary exploration of the ground, is of the opinion that further study is desirable inter alia in regard to the following matters:

1. The analysis and exploration of the nature of the present crisis so as to bring home to others its essential moral and economic origins.

2. The redefinition of the functions of the state so as to distinguish more clearly between the totalitarian and the liberal order.

3. Methods of re-establishing the rule of law and of assuring its development in such manner that individuals and groups are not in a position to encroach upon the freedom of others and private rights are not allowed to become a basis of predatory power.

4. The possibility of establishing minimum standards by means not inimical to initiative and functioning of the market.

5. Methods of combating the misuse of history for the furtherance of creeds hostile to liberty.

6. The problem of the creation of an international order conducive to the safeguarding of peace and liberty and permitting the establishment of harmonious international economic relations.«

Durch den akademischen Charakter neoliberaler Denkschulen, Think Tanks und Netzwerke, so Walpen, konnten interne Kontroversen allerdings auch gut aufgefangen werden (2004: 104f.). Das *Statement auf Aims* dokumentiert aber auch ein gemeinsames Erkenntnisinteresse der neoliberalen Denkschulen, nämlich die Frage, welche Staatstätigkeiten eine freie Wirtschaft erfordert und welche mit ihr unvereinbar sind (vgl. Hayek 2001 [1953]: 3).

Die historische Rekonstruktion zeigt, dass ungeachtet der programmatischen Differenzen, die heute gegen die Verwendung des Begriffs Neoliberalismus angeführt werden, sich viele Gemeinsamkeiten der neoliberalen Denkschulen ausmachen lassen: Das Ziel der Erneuerung des Liberalismus nach den ökonomischen und politischen Turbulenzen der Weltwirtschaftskrise Ende der 1920er Jahre sowie die Abgrenzung gegenüber einem Laissez-faire-Liberalismus des 19. Jahrhunderts durch eine Neudefinition des Staates, der nun nicht mehr in Opposition zum Markt gesehen wird, sondern als Teil der marktwirtschaftlichen Wettbewerbsordnung. Der Staat wird somit nicht mehr negativ definiert (›Nachtwächterstaat‹), sondern positiv. Insofern grenzen sich die unterschiedlichen Denkschulen durchaus von einem Laissez-faire-Liberalismus des 19. Jahrhunderts ab, was das Präfix ›neo-‹ rechtfertigt.

Des Weiteren teilen die neoliberalen Denkschulen eine Aversion gegen jede Form des ›Kollektivismus‹ (Sozialismus, Planwirtschaft, Keynesianismus) und plädieren für eine freie Wirtschafts- und Gesellschaftsordnung. Gemeinsam ist ihnen die Orientierung an der Freiheit der Märkte, des Wettbewerbs, des Unternehmertums und des Individuums. Gleichwohl sich im Hinblick auf die Funktionen des Staates in den neoliberalen Denkschulen ein breites Spektrum an Positionen findet, sind sie sich einig hinsichtlich der Ablehnung von Staatsinterventionen in Wirtschaftsprozesse sowie in der Negation eines redistributiven Wohlfahrtsstaates.

Schließlich besteht zwischen den neoliberalen Denkschulen ein Konsens, dass die beste Sozialpolitik in der Gewährleistung einer funktionsfähigen Wettbewerbspolitik begründet ist. Betont werden Eigeninitiative und Eigenverantwortung des Individuums. Es wird aber auch die Notwendigkeit staatlicher Leistungen anerkannt, wenn Menschen sich nicht selbst helfen können oder extreme Armut (vorübergehend) kompensiert werden muss. Der Geltungsanspruch neoliberaler Denkschulen beschränkt sich nicht allein auf die Bereiche Ökonomie, Staat und Gesellschaft, sondern zielt auch auf die Verhaltensweisen, moralischen Orientierungen und psychischen Strukturen von Individuen ab.

Als Zwischenbilanz lässt sich somit festhalten, dass mit dem Begriff Neoliberalismus ideengeschichtlich eine durchaus heterogene, aber auch inhaltlich, personell und institutionell aufeinander bezogene Konfiguration bezeichnet werden kann. Gleichwohl sich nicht alle Autoren selbst als neoliberal bezeichnen, lassen sich doch geteilte Grundpositionen sowie ein gemeinsames Gründungsnarrativ ausmachen, die der neoliberalen Konfiguration Kohärenz verleihen.

2. Neoliberalismus im Feld der Politik

Ihren Weg in das Feld der Politik hat die Chicago School an unterschiedlichen Orten gefunden: Nach dem Militärputsch von Augusto Pinochet im Jahr 1973 gehörten die sogenannten Chicago Boys zu den Architekten der umfassenden ökonomischen und gesellschaftlichen Neuordnung in Chile (Boas/Gans-Morse 2009: 150; siehe auch Valdes 1995).[13] Die Reformen firmierten allerdings nicht unter dem Begriff neoliberal, vielmehr etablierte sich Neoliberalismus hier erstmals zu einem Begriff der Kritik (Boas/ Gans-Morse 2009: 149). In Großbritannien markierte die Wahl Thatchers zur Premierministerin im Jahr 1979 den Auftakt zu einer neoliberalen Umgestaltung der Gesellschaft. Thatchers Politik war ebenfalls von der Chicago School inspiriert und in ihrer Amtszeit wurden wichtige Beratungs- und Regierungsposten mit Mitgliedern der Mont Pèlerin Society besetzt (Walpen 2004: 225). Des Weiteren rekurrierte Ronald Reagan nach seiner Wahl 1981 zum Präsidenten der Vereinigten Staaten auf Wirtschafts- und Gesellschaftstheorien der Chicago School (ebd.: 81, 211, 225–228). Das Ende der Systemkonkurrenzen zwischen der Sowjetunion und den westlichen Industrieländern bedeutete für den Neoliberalismus schließlich einen globalen Siegeszug. Dazu trugen auch die neoliberalen Think Tanks, Stiftungen und akademischen Institute bei, die sich international seit den 1940er Jahren gegründet hatten (ebd.: 402–404).[14]

---

13 1955 legte die Chicago School ein Programm auf, das sich an junge Akademiker aus Chile richtete, die sogenannten Chicago Boys. Als sie in den 1960ern nach Chile zurückkehrten, verbreiteten sie die Ideen der Chicago School über Think Tanks, akademische Zirkel und Medien (Boas/Gans-Morse 2009: 150). Wie Boas und Gans-Morse herausarbeiten, hatte aber auch der Ordoliberalismus in Chile in den 1960er Jahren Einfluss auf ›pro-market‹-Intellektuelle (ebd.: 147f.).

14 Beispielsweise in Großbritannien: The Adam Smith Institute, Centre for Policy Studies oder Institute of Economic Affairs. In den USA: American Enterprise Institute, Heritage Foundation, Foundation for Economic Education. In Deutschland: Aktionsgemeinschaft Soziale Marktwirtschaft, Walter Eucken Institut, Friedrich A. von Hayek-Gesellschaft.

Die politischen Maßnahmen, die von Regierungen – mit unterschiedlicher Gewichtung – seit den 1970er Jahren unter dem Einfluss des Neoliberalismus ergriffen wurden, hatten eine umfassende Transformation von Ökonomie, Staat und Gesellschaft zur Folge: Deregulierung der Industrie, des Arbeitsmarktes und Finanzsektors; globale Öffnung der Märkte für Kapital, Güter und Personen; Beseitigung von Schutzauflagen bezogen auf Arbeitsplatzsicherheit, Umweltschutz und Konsumgüter; Abbau von Subventionen; Intensivierung des Freihandels; Flexibilisierung, Prekarisierung und Entgrenzung der Erwerbsarbeit; Restriktion des Einflusses der Gewerkschaften; Abbau des Wohlfahrtsstaats; Etablierung eines aktivierenden Sozialstaates; strenge staatliche Austeritätspolitik; (Teil-)Privatisierung öffentlicher Aufgaben, Einrichtungen und sozialer Sicherungssysteme (zum Beispiel Schulen, Krankenhäuser, Wohnungsbau, Rente, Pflegeheime, Nahverkehr, Gefängnisse); Steuererleichterung für Unternehmen und Vermögende etc. (vgl. Schuldes 2011; Dörre/Lessenich/Rosa 2009; Kotz 2015; Butterwegge/Lösch/Ptak 2017).

Wie lässt sich der Erfolg des Neoliberalismus im Feld der Politik ab den 1970er Jahren erklären? Wirtschaftsliberale Autor_innen verweisen in diesem Zusammenhang darauf, dass der Keynesianismus gescheitert war (zum Beispiel Kolev 2013: 4). Für Foucault ist die liberale Gouvernementalität in eine Krise geraten. Für Frankreich benennt er darüber hinaus einige ökonomische Auslöser für die Wirtschaftskrise in den 1970er Jahren wie zum Beispiel Inflation, hohe Energiepreise, Mängel in der Investitionspolitik, hohe Arbeitslosigkeit etc. (2006: 274ff.). Für Regulationstheoretiker_innen ist wiederum die Produktionsweise bzw. die Gesellschaftsform des Fordismus ab den 1970er Jahren zunehmend in eine Krise geraten (vgl. Hirsch/Roth 1986). Der Neoliberalismus wird somit als ein dynamisierender Motor der Transition vom Fordismus zum Postfordismus gesehen. Ökonomisch wird der Postfordismus dabei mit einer ansteigenden Subordination der Produktions- unter die Marktökonomie in Verbindung gebracht (Lipietz 1985; Piore/Sabel 1985; Hirsch/Roth 1986).[15] Als Kennzeichen des Postfordismus gelten zudem neue Formen der Produktion und Arbeitsorganisation – zum Beispiel die Angleichung der Produktionsform an flexible Marktbedingungen (*just-in-time-production*), Formen der *lean pro-*

15 Als Ursachen dafür werden z.B. eine nachlassende Wachstums- und Investitionsdynamik, die zunehmende Pluralisierung von Lebensformen, ein verändertes Konsumverhalten, die entstehende Dienstleistungs- und Informationsgesellschaft sowie eine zunehmende globale Wettbewerbsorientierung identifiziert.

duction und des *lean managements*, Dezentralisierung, Teamarbeit, flache Hierarchien, offene Kommunikationsformen, flexible Spezialisierung etc. (Ohno 1988; Womack/Jones/Ross 1990) – alles Entwicklungstendenzen, die hoch anschlussfähig sind an eine neoliberale Wirtschafts- und Gesellschaftspolitik sowie neue Formen von Subjektivität.

An dieser Stelle ist Honneth allerdings Recht zu geben, wenn er moniert, dass der Staat in der Kritik des Neoliberalismus mitunter nicht als selbstständige Größe mit eigenen Interessen angesehen wird, sondern lediglich das »Verwertungsinteresse des Kapitals zu sichern« scheint (2016: 175).[16] Dies gilt nicht nur in Bezug auf die von Honneth angeführte Staatsverschuldung der USA in den 1970er Jahren, sondern kann bzw. muss viel breiter ausgelegt werden. Die Sozialgeschichte des Neoliberalismus ist auch eine Geschichte des Konflikts, der Kompromisse, Koalitionen und Kontroversen. Beispielsweise wurde die Privatisierung öffentlicher Güter in Deutschland punktuell zurückgenommen, die Ökonomisierung des Sozialen wird heute von sehr unterschiedlichen politischen bzw. ethischen Positionen aus kritisiert (zum Beispiel aus sozialdemokratischer, christlicher, aber auch rechtspopulistischer Perspektive), Studiengebühren konnten sich bisher in Deutschland nicht durchsetzen etc. Elemente des *Bewahrens*, manchmal sogar des Widerstands, sind demnach ebenso wichtig wie die der *Transformation*, wenn es um die Analyse der Gegenwartsgesellschaft geht.

Diesbezüglich könnte es für Analysen der Gegenwartsgesellschaft weiterführend sein, auf Bourdieus Feldbegriff zu rekurrieren. Für Bourdieu basieren die Felder Politik, Ökonomie (und Bildung) auf unterschiedlichen Logiken, folgen eigenen Regeln, haben spezifische Einsätze und eine eigene Geschichte (Bourdieu/Wacquant 1996: 127f.). Der Staat ist dabei so etwas wie ein Meta-Feld, welches sich im Spiel der Konkurrenz des juridischen Feldes, administrativen Feldes, bürokratischen Feldes, intellektuellen und politischen Feldes – hier im engeren Sinne – herausbildet (Bourdieu 2014: 532ff.). Die Logiken des politischen Feldes können dabei dem ökonomischen Feld auch entgegenstehen, da die Akteure beispielsweise bestrebt sind, sich selbst innerhalb des politischen Apparates zu reproduzieren (Bourdieu 2001: 54).

Auf eben solche Konflikte weist die historische Studie von Walpen (2004) hin, die am Beispiel der Mont Pèlerin Society im Detail nachzeich-

16 Gleichwohl konzediert werden muss, dass die Regulationstheorie von einer relativen Autonomie des Staates ausgeht.

net, wie die Ideengeschichte des Neoliberalismus Eingang in das politische Feld gefunden hat. Beispielsweise waren neoliberale Think Tanks wie das Centre for Policy Studies von der Thatcher-Regierung enttäuscht, da sie sich eine langfristig angelegte Politik der Ausgabenkürzungen im öffentlichen Sektor erhofft hatten (ebd.: 226). Thatcher war aber nicht allein auf ihre Wiederwahl bedacht, sie stand sowohl außerhalb als auch innerhalb ihrer Partei unter enormem politischen Druck (ebd.: 230). Auf einem Treffen der Mont Pèlerin Society im Jahr 1983 zog der Thatcher-Berater Alan Walters eine negative Bilanz für das neoliberale Projekt:

»Of course, all reformers wish that their measures be carved in tablets of stone and bequeathed to and cherished by posterity. Hence, there is an emphasis on what is thought to be permanent institutional reform rather than transitory changes in procedures. In this respect there has been little progress over the last four years in Britain. And this defect, if it be one, is primarily due to the fact that the British constitution does not easily lend itself to such permanent institutional reforms. The convention is that a government cannot bind its successors. But there is more to it than that. Any major constitutional reform will almost certainly give rise to a period of very considerable turbulence which would be politically very damaging and might well be used to discredit the underlying measures.« (1983: 14)

Die von Reagan 1981 realisierte Steuersenkung (*Economic Recovery Tax Act*) wurde bereits ein Jahr später aufgrund der Rezession und des steigenden Haushaltsdefizits wieder zurückgenommen (Brown 1997: 335). Wirtschaftspolitik, so Walpen, wurde von Neokonservativen im Kongress auch daran gemessen, was sie der eigenen Klientel bringt (2004: 229). Retrospektiv zog auch Milton Friedman, auf dessen monetaristischen Grundannahmen Reagans Politik basierte, eine negative Bilanz: »I expected so much out of the Reagan administration and was disappointed« (1995: o.S.). Hinzu kam, dass auch Reagan nicht einfach durchregieren konnte, sondern auf die Kooperation mit (Neo-)Konservativen, christlich-fundamentalen Gruppen und Neuen Rechten angewiesen war (Walpen 2004: 192, 229).

Im Feld der Politik findet sich eine neoliberale Wirtschafts- und Sozialpolitik selten in Reinform. Erneut kann dies auf die jeweiligen nationalen Traditionen bzw. politischen, sozialen und kulturellen Konstellationen vor Ort zurückgeführt werden:

»In Schweden überschneidet er [der Neoliberalismus, K.W.] sich mit der anhaltenden Legitimität der Wohlfahrtspolitik, in Südafrika mit der Erwartung der Post-Apartheid-Ära eines demokratisierenden und ausgleichenden Staates […] Darüber hinaus hat sich die neoliberale Rationalität selbst mit der Zeit verändert, und zwar insbesondere, aber nicht nur beim Übergang von einer produktiven zu einer zunehmend finanzialisierten Wirtschaft.« (Brown 2015: 19)

In westlichen Demokratien wird neoliberale Politik meist in politischen Koalitionen umgesetzt[17] und ist nicht zuletzt Gegenstand von Konflikten. Dabei zeigt die Geschichte, dass eine neoliberale Agenda an keine Partei gebunden sein muss, gleichwohl es Parteien gibt, die ihr näherstehen als andere. Historisch lassen sich auch Konstellationen ausmachen, die zunächst politisch nicht erwartbar sind bzw. waren. Beispielsweise haben die Regierungen unter Bill Clinton (USA), Tony Blair (GB) und Gerhard Schröder (D) mit ihrem sozialdemokratischen Profil nicht unerheblich zur gesellschaftlichen Akzeptanz einschneidender neoliberaler Reformen in den 2000er Jahren beigetragen (Schröder/Blair 1999; Schuldes 2011).

Neoliberale Reformen wurden aber auch durch transnationale Organisationen wie IWF, Weltbank oder EU auf den Weg gebracht. Für Lateinamerika lässt sich hier beispielsweise auf den Washington Consensus verweisen. In diesem Kontext wird unter Neoliberalismus ein *development model* verstanden, das Modernisierung, Wachstum und eine Intensivierung des Freihandels erzeugen soll. Meist verbunden mit dem Ziel, eine spezifische Form der Governance zu implementieren, die auch nicht-staatliche Akteure einbezieht (Boas/Gans-Morse 2009: 144; Brown 2015: 144ff.). Nach Brigitte Young trägt die deutsche EU-Politik nach der Euro- und Finanzkrise seit 2007 wiederum eine eher ordoliberale Handschrift, da sie darauf abzielt, den Finanzmarkt innerhalb der Eurozone in einen rechtlichen Ordnungsrahmen einzubinden und den verschuldeten EU-Ländern eine strenge Austeritätspolitik abverlangt (2014b: 65 u. 68ff.).

Zusammenfassend lässt sich festhalten, dass Neoliberalismus im Feld der Politik durch eine Diversität an geografischen, politischen und kulturellen Traditionen, Koalitionen und Konflikten gekennzeichnet ist und entsprechend unterschiedliche Formen annimmt (vgl. Peck 2010: 8). Nach Wendy Brown ist der Neoliberalismus »inconstant, morphing, differentiated, unsystematic, contradictory, and impure« (2017: 48). Dies anzuerkennen bewahrt aber auch davor, so Brown, ihn als Naturgegebenheit oder globale Wahrheit zu bestimmen bzw. ihn zu einer teleologischen Erzählung zu machen, die einer unausweichlichen Endzeit entgegenstrebt (ebd.: 21).

---

17 In diesem Zusammenhang könnte man sogar argumentieren, dass der Neoliberalismus manchmal auch Koalitionen mit einem Laissez-faire-Liberalismus eingeht.

3. Neoliberalismus als Begriff der Kritik

Die historisch-systematische Rekonstruktion des Neoliberalismus hat gezeigt, dass Begriffe sich nicht stillstellen lassen. Dies verweist zugleich auf die Unmöglichkeit, eine ›wahre Definition‹ des Neoliberalismus zu präsentieren, die eine universelle, globale und zeitlich konstante Gültigkeit beanspruchen könnte. Jamie Peck plädiert deshalb dafür, den Begriff Neoliberalismus in seinem jeweiligen historischen, politischen und sozialen Kontext zu definieren: »By its nature, as an oxymoronic form of ›market rule‹, neoliberalism is contradictory and polymorphic. It will not be fixed. Perhaps, instead, the closest one can get to understanding the nature of neoliberalism is to follow its *movements*, and to triangulate between its ideological, ideational, and institutional currents, between philosophy, politics, and practice« (2010: 8, Herv. i. Orig.).

Für die Ausgangsfragestellung bedeutet dies, dass Neoliberalismus nur dann ein adäquater Begriff für die Analyse der Gegenwartsgesellschaft sein kann, wenn man sich der Aufgabe der Kontextualisierung bzw. ›Triangulierung‹ stellt. Die Begriffsgeschichte des Neoliberalismus hat aber auch gezeigt, dass dieser nicht beliebig ausgelegt werden kann. Es lassen sich durchaus gemeinsame Grundpositionen aus dem Spektrum neoliberaler Positionen bzw. Praktiken destillieren (siehe dazu auch Bourdieu 1998; Hall 2011; Davis 2014; Springer/Birch/MacLeavy 2016). Für den deutschen Kontext soll deshalb folgende Arbeitsdefinition zur Diskussion gestellt werden, die sich vor allem an sozialwissenschaftlichen Erkenntnisinteressen orientiert. Die Arbeitsdefinition fällt deshalb so ausführlich aus, da die Ebenen Ökonomie, Staat, Logiken/Rationalität und Subjektverständnis adressiert werden:

Neoliberalismus zielt auf eine umfassende gesellschaftliche Transformation von Ökonomie, Staat und Gesellschaft. Seine zentralen Ordnungsprinzipien sind der freie Markt bzw. Wettbewerb und die Freiheit bzw. Eigenverantwortung des Individuums. Ökonomisch zielt Neoliberalismus auf Deregulierung, Liberalisierung, Privatisierung und Flexibilisierung von Industrie, Gütern, Arbeit, öffentlichen Aufgaben und Finanzkapital. Ideengeschichtlich grenzt sich der Neoliberalismus von einem Laissez-faire-Liberalismus ab, indem der Staat nicht mehr negativ definiert wird (›Nachtwächterstaat‹), sondern positiv. Der Staat soll Teil der Wettbewerbsordnung sein, der die ökonomischen Konkurrenzbeziehungen absichert, ordnet und herstellt – ohne jedoch selbst in Wirtschaftsprozesse einzugreifen. Die Freiheit, Funktionsfähigkeit und Legitimität des Marktes wird somit zum zentralen Prinzip der Organisation bzw. Rationalität des Staates. Der Neoliberalismus wendet sich gegen den redistributiven Wohlfahrtsstaat und zielt auf einen ›aktivierenden Staat‹, der seinen Bürger_innen auch in einem repressiven Modus gegenübertreten kann. Nach der neoliberalen Agenda soll die Logik bzw. Rationalität der Ökonomie bzw. des Wettbewerbs auch auf Institutionen, Lebensbereiche sowie Denk-, Wahrnehmungs- und Handlungsmuster übertragen werden, die vormals außerhalb des Marktes lagen. Die Ökonomisierung des Sozialen zielt dabei ebenfalls auf Bereiche, die nicht monetarisiert werden können. Schließlich werden die Subjekte im Neoliberalismus angerufen, sich in allen Lebensbereichen als Humankapital bzw. Unternehmer ihrer selbst zu begreifen.

Die neoliberale Doktrin zielt somit nicht allein auf eine Expansion der ökonomischen Rationalität auf außer-ökonomische Bereiche, sie zielt auf eine Transformation bzw. Umwandlung von Staat, Gesellschaft und Privatsphäre. Zugleich hat die historisch-systematische Rekonstruktion gezeigt, dass die neoliberale Agenda auch Kontroversen, Modifikationen und Widerstand erzeugt. Folglich ist Wendy Brown zu widersprechen, deren Analyse des Neoliberalismus an vielen Stellen nahelegt, die neoliberale Vernunft unterwerfe heute alle Bereiche des menschlichen Lebens quasi einem totalitären Modus: »Der Punkt ist vielmehr, daß die neoliberale Rationalität das *Modell des Marktes* auf alle Bereiche und Tätigkeiten ausdehnt – auch wo es nicht um Geld geht – und Menschen ausschließlich als Marktakteure auffasst, immer, und überall als *Homini oeconomici*« (2015: 32, Herv. i. Orig.). Eine Analyse von Gegenwartsgesellschaften müsste also auch Widersprüche herausarbeiten, sie müsste Interdependenzen mit weiteren Diskursen berücksichtigen und sie müsste die Möglichkeit in Betracht ziehen, dass der Neoliberalismus erneut in eine historische Position der Marginalisierung kommen kann.

Schließlich wären noch stärker die Bedürfnisse herauszuarbeiten, die der Neoliberalismus adressiert – wie etwa Freiheit, Selbstbestimmung oder Zeitsouveränität –, welche die neoliberale Agenda auch attraktiv machen (siehe dazu zum Beispiel Boltanski/Chiapello 2006; Geissler 2008; Fraser 2009). Bisher legen kritische Studien vor allem nahe, dass der Neoliberalismus hier falsche Versprechungen mache. Aber wer möchte schon zurück zur monotonen Fabrikarbeit? Oder zurück zur autoritären Ordinarienuniversität? Die Analyse der Gegenwartsgesellschaft könnte hier mehr Komplexität aufweisen.

Heute haben wir die paradoxe Situation, dass sich zwar nur wenige Autor_innen, Politiker_innen, Unternehmer_innen, Journalist_innen etc. selbst als neoliberal bezeichnen, während die neoliberale Logik fast alle Gesellschaftsbereiche beeinflusst – wenn auch nicht in dem oben angeführten totalitären Modus (für das Feld der Bildung siehe zum Beispiel Radtke 2009; Casale 2012; Kessl 2013; Lohmann 2014; Höhne 2015; Pongratz 2017). Nach Foucault ist Neoliberalismus allerdings mehr als ein Kalkül politischer Gruppen: »Es handelt sich um etwas anderes als einen politischen Kalkül, auch wenn es vollständig von einem politischen Kalkül durchzogen ist« (2006: 137). Die Kontroverse, ob sich jemand selbst als neoliberal bezeichnet, ist deshalb in gewisser Weise müßig. Inwiefern ein Autor oder eine Autorin dem Neoliberalismus zugeordnet werden kann, ist letztlich eine Frage der oben angeführten Grundpositionen.

Neoliberalismus ist heute ein Begriff der Kritik. Dieser Bedeutungswandel lässt sich bis in die 1980er Jahre zurückverfolgen. Nach Boas und Gans-Morse wurde der Begriff Neoliberalismus in Chile als direkte Reaktion auf die ökonomischen Reformen unter Pinochet zu einem kritischen Terminus. In den 1960er Jahren wurde der Begriff noch von »pro-market-intellectuals« positiv besetzt, wie die Autoren anhand von Zeitschriftenanalysen nachweisen (2009: 148). Neoliberalismus wurde dabei vor allem mit dem deutschen Ordoliberalismus und Erhards ›Wirtschaftswunder‹ in Verbindung gebracht (ebd.: 147). Ab den 1980er Jahren bezeichneten sich pro-market-Intellektuelle allerdings nicht mehr als neoliberal, so Boas und Gans-Morse, da der Begriff nun ausschließlich negativ konnotiert war. Unter Neoliberalismus wurde nun eher der theoretische Einfluss der Chicago School auf die Reformen in Chile verstanden (ebd.: 149–152).

Erneut wird deutlich, dass politisch-soziale Begriffe sich nicht stillstellen lassen. Nach Koselleck stehen Sprachwandel und sozialer Wandel in einem komplexen Wechselverhältnis bzw. einer »elastischen Korrespondenz« zueinander, ohne aufeinander reduzierbar zu sein (2006: 305). Begriffe können somit auch in neue soziale Sinnhorizonte eingestellt werden (ebd.: 290). In diesem Sinne lassen sie sich nicht auf überzeitliche Ideen oder Probleme festlegen (ebd.: 100). In der Konsequenz stellt sich weniger die Frage, ob Autor_innen sich selbst als neoliberal bezeichnen, sondern inwiefern die in diesem Beitrag rekonstruierten Grundpositionen des Neoliberalismus die Gesellschaft der Gegenwart nach wie vor modulieren. Inwiefern offeriert der Begriff Neoliberalismus einen »analytic frame« (Springer/Birch/MacLeavy 2016: 28) zum Verständnis bzw. Untersuchung der sozialen Probleme unserer Zeit? Für das Feld der Bildung, so zeigen die Artikel in diesem Band, lässt sich im Hinblick auf seinen Erklärungsgehalt in jedem Fall eine positive Bilanz ziehen.

4. Postneoliberalismus?

Weitaus gewichtiger, als die eingangs referierten Einwände gegen den Begriff Neoliberalismus, ist allerdings die Frage, inwiefern der Neoliberalismus heute durch andere gesellschaftspolitische Diskurse bzw. Entwicklungstendenzen moduliert, überlagert oder vielleicht sogar ersetzt wird. Beispielsweise wäre zu untersuchen, welche Konvergenzen und Divergenzen sich zwischen Neoliberalismus und Rechtspopulismus ausmachen lassen. Angesprochen sind hier neue soziale Phänomene, die unter den Stichworten Trump, Brexit, Neue Rechte, Konservative Revolution etc. verhandelt werden.

Natürlich lassen sich diese Phänomene auch als Effekte des Neoliberalismus deuten. Etwa weil der Rückzug des Staates neue Räume für rechtspopulistische Aktivitäten eröffnet hat, weil der Neoliberalismus zwar einige Gewinner_innen, aber auch viele Verlierer_innen produziert, weil Prekarisierung auch in der Mittelschicht Angst vor dem Absturz erzeugt, weil der Rechtspopulismus verspricht, das Primat der Ökonomie wieder durch ein Primat der Politik zu ersetzen, weil Rechtspopulist_innen darauf abzielen, kollektive bzw. emanzipatorische Strukturen zu zerstören, weil die Inkorporation der Logik des Wettbewerbs darwinistische Selbst- und Weltverhältnisse mobilisiert oder weil Rechtspopulist_innen die Ressentiments bzw. politische Hilflosigkeit der Bürger_innen offenbar am besten aufzugreifen wussten, die aus der Erfahrung der Finanzkrise 2007/2008 entstanden sind, das heißt die Erfahrung der Privatisierung von Gewinnen und Sozialisierung von Verlusten. Allerdings wäre die Frage, inwiefern diese Entwicklungstendenzen den Neoliberalismus lediglich neu modulieren oder ersetzen? Inwiefern passt Trumps Protektionismus zum neoliberalen Ideal freier Märkte? Warum wird seine Wirtschaftspolitik von den wirtschaftlichen bzw. politischen Eliten in den USA zelebriert? Inwiefern haben sich Banken in der Finanzkrise an neoliberale Spielregeln gehalten? Müssen wir heute eher von einem »Postneoliberalismus« ausgehen (Ptak 2017b)? Oder stehen wir sogar am Abgrund eines emporsteigenden Autoritarismus – wie es aktuell in den USA diskutiert wird (Giroux 2018; Brown 2018)?

Ebenso gewichtig für die Frage, ob der Begriff Neoliberalismus zur Analyse von Gegenwartsgesellschaften beiträgt, sind neuere Diskussionen in den Sozialwissenschaften, inwiefern wir uns aktuell am Übergang von einer produktiven zu einer finanzialisierten Ökonomie befinden (zum Beispiel Krippner 2011; Brown 2015: 19; Feher 2018: 17). Beispielsweise indem die neoliberale Politik der Deregulierung neue Formen der Wertschöpfung durch Finanzspekulationen ermöglicht hat (Davis 2009). Dies verändert auch den Finanzsektor selbst, so Kotz, da er seine Aufgabe immer weniger darin sieht, aussichtsreiche Produktionsvorhaben von Unternehmer_innen mit Krediten zu unterstützen oder Spareinlagen gewinnbringend zu verwalten, sondern sich verstärkt weitaus lukrativeren Spekulationen auf ökonomische Transaktionen zuwendet (Kotz 2015: 16f.).

Wie gestaltet sich das Verhältnis zwischen Staat, Gesellschaft und Wirtschaft in der Finanzmarkt-Ökonomie (Beyer/Trampusch 2018)? Kann die Ökonomie der Finanzialisierung mit Neoliberalismus gleichgesetzt werden oder wird sie durch ordoliberale Konzepte reguliert bzw. eingebunden (Young 2014b)? Warum blieb die Legitimität des Neoliberalismus durch die Finanzkrise weitgehend unangetastet (Crouch 2011; Mirowski 2013)? Ist der Staat noch Teil der neoliberalen Wettbewerbsordnung oder wird er selbst zur Beute wie bei der Finanzkrise 2007/2008 oder bei den aktuell bekannt gewordenen Cum-Cum- und Cum-Ex-Geschäften bzw. Steuerbetrugsfällen? Wie erklärt sich, dass Regierungen heute stärker um die Zustimmung von Investor_innen bzw. Bondholder und Ratingagenturen zu werben scheinen als um die Gunst ihrer Wähler_innen (Feher 2018)?

Diese Fragen sind auch für die Erziehungswissenschaft interessant, da sie auf neu entstehende Selbst- und Weltverhältnisse verweisen würden. Interessante Überlegungen in dieser Hinsicht stellt beispielsweise die aktuelle Studie von Michel Feher *Rated Agency: Investee Politics in a Speculative Age* (2018) an. Feher diagnostiziert einen Prioritätenwechsel von Unternehmen, Staaten und Subjekten im Zeitalter der Spekulation, der sich in einer Verschiebung von einer Ökonomie des Tauschs bzw. Profits in eine Ökonomie der Kredit- bzw. Investitionswürdigkeit, Börsenwerte und Ratings ausdrückt. Die neue Logik des spekulativen Zeitalters zeige sich zum Beispiel darin, dass Unternehmen bzw. Manager_innen sich heute mehr an den Interessen ihrer Shareholder ausrichteten bzw. um die eigene Attraktivität für potenzielle Investor_innen besorgt seien (*credit allocation/raising the value of the stock*) als um einen nachhaltigen ökonomischen Unternehmenserfolg. Auch Regierungen seien verstärkt dazu angehalten, ihre Kreditwürdigkeit gegenüber Bondholdern zu beweisen, was für Bürger_innen häufig in eine strikte Politik der Deregulierung, Privatisierung und Flexibilisierung mündet. Die Subjekte der Finanzialisierung wiederum sind heute weniger

›Unternehmer ihrer selbst‹, so Feher, sondern Portfolio-Manager_innen, die nach Investor_innen suchen und auf den Wert der materiellen und symbolischen Investitionen in sich selbst spekulieren. Was dies für das Feld der Bildung bedeutet, muss erst noch ausgelotet werden.

Um nun aber zurück zur Ausgangsfrage zu kommen: Wie auch immer die Antwort auf einen möglichen Postneoliberalismus ausfällt, wird sie, so die hier vertretene These, ohne eine adäquate Untersuchung des Neoliberalismus – seine historischen Bedingungen, Grundpositionen, Logiken, praktischen Gestaltwandlungen und subjektiven Anrufungen – nicht auskommen, wenn sie die oben angesprochenen Phänomene verstehen will.

Literatur

Altman, Daniel (2005), »Neoliberalism? It doesn't exist«, in: *New York Times*, letzter Zugriff: 29.11.2018, https://www.nytimes.com/2005/07/16/business/world business/neoliberalism-it-doesnt-exist.html.

Becker, Gary (1964), *Human Capital: A Theoretical and Empirical Analysis, with Special Reference to Education*, Chicago/London.

Becker, Gary (o.J.), »Gary Becker – Biographical«, in: *NobelPrize.org*, letzter Zugriff: 19.11.2018, https://www.nobelprize.org/prizes/economic-sciences/1992/be cker/auto-biography.

Beyer, Jürgen/Trampusch, Christine (2018), »Finanzialisierung, Demokratie und Gesellschaft«, *Sonderheft der Kölner Zeitschrift für Soziologie und Sozialpsychologie*, Jg. 49, H. 70, Wiesbaden.

Birch, Kean (2017), *A Research Agenda for Neoliberalism*, Cheltenham.

Boas, Taylor C./Gans-Morse, Jordan (2009), »Neoliberalism: From New Liberal Philosophy to Anti-Liberal Slogan«, in: *Studies in Comparative International Development*, Jg. 44, H. 2, S. 137–161.

Boltanski, Luc/Chiapello, Ève (2006), *Der neue Geist des Kapitalismus*, Konstanz.

Bonefeld, Werner (2012), »Freedom and the Strong State: On German Ordoliberalism«, in: *New Political Economy*, Jg. 17, H. 5, S. 633–656.

Borst, Eva (2009), »Das Verschwinden der Bildung. Friedrich August von Hayek, die Vernunft und die moderne Bildungsidee«, in: Richard Kubac/Christine Rabl/Elisabeth Sattler (Hg.), *Weitermachen? Einsätze theoretischer Erziehungswissenschaft*, Würzburg, S. 128–140.

Bourdieu, Pierre/Wacquant, Loïc (1996), *Reflexive Anthropologie*, Frankfurt am Main.

Bourdieu, Pierre (1998), »The Essence of Neoliberalism«, in: *LE MONDE diplomatique*, december 1998, letzter Zugriff: 21.11.2018, https://mondedip lo.com/1998/12/08bourdieu.

Bourdieu, Pierre (2001), *Das politische Feld: Zur Kritik der politischen Vernunft*, Konstanz.

Bourdieu, Pierre (2014), *Über den Staat. Vorlesungen am Collège de France 1989–1992*, Frankfurt am Main.

Bröckling, Ulrich (2017), *Gute Hirten führen sanft. Über Menschenregierungskünste*, Berlin.

Brown, John (1997), »Die Volkswirtschaft der Vereinigten Staaten von Amerika«, in: Jürgen von Hagen/Paul J. J. Welfens/Axel Börsch-Supan (Hg.), *Springers Handbuch der Volkswirtschaftslehre 2*, Wiesbaden, S. 325–353.

Brown, Wendy (2015), *Die schleichende Revolution – Wie der Neoliberalismus die Demokratie zerstört*, Berlin.

Brown, Wendy (2017), *Undoing the Demos: Neoliberalism's Stealth Revolution*, New York.

Brown, Wendy (2018), »Neoliberalism's Scorpion Tail: Markets and Morals Where Democracy Once Was«, Vortrag am 30. Oktober 2018, University of Berkeley, in: *UC Berkeley Graduation Lectures*, letzter Zugriff: 24.11.2018, Audio download: https://gradlectures.berkeley.edu/lecture/neoliberalisms-scorpion-tail.

Butterwegge, Christoph/Lösch, Bettina/Ptak, Ralf (2017), *Kritik des Neoliberalismus*, Wiesbaden.

Casale, Rita (2012), »Verstaatlichung der Erziehung und Entstaatlichung der Bildung. Anmerkungen zur Krise der Komplementarität von Staat und Familie«, in: Carla Aubry/Michael Geiss/Veronika Magyar-Haas/Damian Miller (Hg.), *Positionierungen. Zum Verhältnis von Wissenschaft, Pädagogik und Politik*, München, S. 130–141.

Christlich Demokratische Union (CDU) (1997 [1947]), »Das Ahlener Programm der CDU der britischen Zone vom 3. Februar 1947«, in: *Konrad Adenauer Stiftung*, letzter Zugriff: 23.11.2018, https://www.kas.de/einzeltitel/-/content/das-ahlener-programm-der-cdu-der-britischen-zone-vom-3.-februar-1947.

Chomsky, Noam (1999), *Profit over People – Neoliberalism and global Order*, New York.

Crouch, Colin (2008), *Postdemokratie*, Frankfurt am Main.

Crouch, Colin (2011), *The Strange Non-Death of Neoliberalism*, London.

Davis, Gerald F. (2009), *Managed by the Markets. How Finance Re-Shaped America*, Oxford.

Davis, William (2014), »A Bibliographic Review of Neoliberalism«, in: *Theory, Culture and Society*, Jg. 31, H. 7–8, S. 309–317.

Dörre, Klaus/Lessenich, Stephan/Rosa, Hartmut unter Mitarbeit von Thomas Barth (2009), *Soziologie – Kapitalismus – Kritik. Eine Debatte*, Frankfurt am Main.

Eucken, Walter (1932), »Staatliche Strukturwandlungen und die Krise des Kapitalismus«, in: *Weltwirtschaftliches Archiv*, Jg. 36, S. 297–323.

Eucken, Walter (1951), »Die Entwicklung des ökonomischen Denkens«, in: Walter Eucken, *Unser Zeitalter der Mißerfolge. Fünf Vorträge zur Wirtschaftspolitik*, Tübingen, S. 59–72.

Fraser, Nancy (2009), »Feminismus, Kapitalismus und die List der Geschichte«, in: *Blätter für deutsche und internationale Politik*, 8, S. 44–57.

Feher, Michel (2018), *Rated Agency: Investee Politics in a Speculative Age*, New York.

Friedman, Milton (1951), »Neoliberalism and Its Prospects«, in: *Collected Works of Milton Friedman Project records,* Hoover Institution Archives, letzter Zugriff: 20.11.2018, https://miltonfriedman.hoover.org/objects/57816.

Friedman, Milton (1974), »Schools at Chicago«, in: *Collected Works of Milton Friedman Project records,* Hoover Institution Archives, letzter Zugriff: 20.11.2018, https://miltonfriedman.hoover.org/objects/57663.

Friedman, Milton (1995), »Best of Both Worlds: An Interview with Milton Friedman«, in: *reason.com*, letzter Zugriff: 15.11.2018, https://reason.com/archives/1995/06/01/best-of-both-worlds/print.

Foucault, Michel (2006), *Die Geburt der Biopolitik. Geschichte der Gouvernementalität II. Vorlesung am Collège de France 1978–1979*, Frankfurt am Main.

Geissler, Birgit (2008), »Zeitsouveränität: die paradoxe Suche nach Selbstbestimmung«, in: Gabriele Wagner/Philipp Hessinger (Hg.), *Ein neuer Geist des Kapitalismus? Paradoxien und Ambivalenzen der Netzwerkökonomie*, Wiesbaden, S. 257–277.

Gerken, Lüder/Renner, Andreas (2000), »Die ordnungspolitische Konzeption Walter Euckens«, in: Lüder Gerken (Hg.), *Walter Eucken und sein Werk. Rückblick auf den Vordenker der sozialen Marktwirtschaft*, Tübingen, S. 1–148.

Giroux, Henry A. (2018), *American Nightmare. Facing the Challenge of Fascism*, San Francisco.

Hall, Stuart (2011), »The Neoliberal Revolution«, in: *Soundings: A Journal of Politics and Culture*, H. 48, S. 9–27.

Hartwich, Oliver Marc (2009), »Neoliberalism: The Genesis of a Political Swearword«, in: Centre for Independent Studies, *CIS Occasional Papers*, 114.

Harvey, David (2005), *A Brief History of Neoliberalism*, Oxford.

Hayek, Friedrich August von (1948), »›Free‹ Enterprise and Competitive Order«, in: Friedrich August von Hayek, *Individualism and Economic Order*, Chicago, S. 107–118.

Hayek, Friedrich August von (1951), »Die Überlieferung der Ideale der Wirtschaftsfreiheit«, in: *Schweizer Monatshefte*, Jg. 31, H. 6, S. 333–338.

Hayek, Friedrich August von (1960), *The Constitution of Liberty*, Chicago.

Hayek, Friedrich August von (1973), *Law, Legislation and Liberty*, Bd. 1: *Rules and Order*, London.

Hayek, Friedrich August von (1978), »Postscript: why I'm not a conservative«, in: *The Constitution of Liberty*, Chicago, S. 397–411.

Hayek, Friedrich August von (1979), *Law, Legislation and Liberty,* Bd. 3: *The Political Order of Free People*, London.

Hayek, Friedrich August von (2001 [1953]), »Marktwirtschaft und Wirtschaftspolitik«, in: Viktor Vanberg (Hg.), *Friedrich August von Hayek. Wirtschaft, Wissenschaft und Politik. Gesammelte Schriften in deutscher Sprache*, Bd. 6, Tübingen, S. 3–14.

Hayek, Friedrich August von (2002 [1973]), »Liberalismus«, in: Alfred Bosch/Manfred E. Streit/Victor Vanberg/Reinhold Veit (Hg.), *Friedrich August von Hayek. Grundsätze einer liberalen Gesellschaftsordnung. Gesammelte Schriften in deutscher Sprache*, Bd. 5, Tübingen, S. 88–120.

Hayek, Friedrich August von (2004 [1979]), »Wissenschaft und Sozialismus«, in: Alfred Bosch/Manfred E. Streit/Victor Vanberg/Reinhold Veit (Hg.), *Friedrich August von Hayek. Wissenschaft und Sozialismus. Aufsätze zur Sozialismuskritik. Gesammelte Schriften in deutscher Sprache*, Bd. 7, Tübingen, S. 52–62.

Heuser, Uwe Jean (2010), »Was bedeutet ›neoliberal‹? Wie ein Begriff, der früher Gutes meinte, zum Schimpfwort wurde«, in: *Zeit Online*, 25. November 2010, *Die Zeit* Nr. 48/2010, letzter Zugriff: 20.11.2018, https://www.zeit.de/2010/48/Wirtschaft-fuer-Kinder.

Hirsch, Joachim (1995), *Der nationale Wettbewerbsstaat. Staat, Demokratie und Politik im globalen Kapitalismus*, Berlin/Amsterdam.

Hirsch, Joachim/Roth, Roland (1986), *Das neue Gesicht des Kapitalismus: vom Fordismus zum Post-Fordismus*, Hamburg.

Höhne, Thomas (2015), *Ökonomisierung und Bildung – zu den Formen ökonomischer Rationalisierung im Feld der Bildung*, Wiesbaden.

Honneth, Axel (2016), »Neoliberalismus? Eine skeptische Wortmeldung anlässlich einer Studie von David M. Kotz«, in: *WestEnd. Neue Zeitschrift für Sozialforschung*, Jg. 13, H. 1, S. 167–179.

Kessl, Fabian (2013), *Soziale Arbeit in der Transformation des Sozialen: eine Ortsbestimmung*, Wiesbaden.

Kolev, Stefan (2013), *Neoliberale Staatsverständnisse im Vergleich*, Stuttgart.

Koselleck, Reinhart (2006), *Begriffsgeschichten. Studien zur Semantik und Pragmatik der politischen und sozialen Sprache*, Frankfurt am Main.

Kotz, David (2015), *The Rise and Fall of Neoliberal Capitalism*, Cambridge.

Krippner, Greta (2011), *Capitalizing on Crisis: The Political Origins of the Rise of Finance*, Cambridge.

Lessenich, Stephan (2008), *Die Neuerfindung des Sozialen. Der Sozialstaat im flexiblen Kapitalismus*, Bielefeld.

Lipietz, Alain (1985), »Akkumulation, Krisen und Auswege aus der Krise. Einige methodische Überlegungen zum Begriff der ›Regulation‹«, in: *Prokla*, Jg. 15, H. 58, S. 109–137.

Löffler, Bernhard (2002), *Soziale Marktwirtschaft und administrative Praxis. Das Bundeswirtschaftsministerium unter Ludwig Erhard*, Stuttgart.

Lohmann, Ingrid (2014), *Bildung am Ende der Moderne. Beiträge zur Kritik der Privatisierung des Bildungswesens*, Frankfurt am Main.

Lösch, Bettina (2017), »Die neoliberale Hegemonie als Gefahr für die Demokratie«, in: Christoph Butterwegge/Bettina Lösch/Ralf Ptak (Hg.), *Kritik des Neoliberalismus*, Wiesbaden.

Michalitsch, Gabriele (2006), *Die neoliberale Domestizierung des Subjekts. Von den Leidenschaften zum Kalkül*, Frankfurt am Main.

Mirowski, Phillip (2013), *Never Let a Serious Crisis Go to Waste: How Neoliberalism Survived the Financial Meltdown*, London.

Mises, Ludwig von (1922), *Die Gemeinwirtschaft. Untersuchungen über den Sozialismus*, Jena.

Mises, Ludwig von (1929), *Kritik des Interventionismus. Untersuchungen zur Wirtschaftspolitik und Wirtschaftsideologie der Gegenwart*, Jena.

Mont Pèlerin Society (o.J.), »Statement of Aims, *Mont Pèlerin (Vaud), Switzerland, April 8, 1947«, in: Mont Pèlerin Society*, letzter Zugriff: 19.11.2018, https://www.montpelerin.org/statement-of-aims.

Müller-Jentsch, Walther (2008), »Odyssee eines wirtschaftspolitischen Konzepts. Mitbestimmung zwischen Wirtschaftsdemokratie und Sozialer Marktwirtschaft«, in: Tobias Blank/Tanja Münch/Sita Schanne/Christiane Staffhorst (Hg.), *Integrierte Soziologie. Perspektiven zwischen Ökonomie und Soziologie, Praxis und Wissenschaft. Festschrift zum 70. Geburtstag von Hansjörg Weitbrecht*, München/Mering, S. 25–43.

Nawroth, Egon Edgar (1961), *Die Sozial- und Wirtschaftsphilosophie des Neoliberalismus*, Heidelberg/Löwen.

Ohno, Taiichi (1988), *Toyota Production System. Beyond Large-Scale Production*, New York.

Oswald, Christian (2011), »Über Humankapital und einige seiner Familienprobleme«, in: Rita Casale/Edgar Forster (Hg.), *Ungleiche Geschlechtergleichheit. Geschlechterpolitik und Theorien des Humankapitals*, Opladen, S. 35–60.

Peck, Jamie (2010), *Constructions of Neoliberal Reason*, Oxford.

Piore, Michael J./Sabel, Charles F. (1985), *Das Ende der Massenproduktion. Studie über die Requalifizierung der Arbeit und die Rückkehr der Ökonomie in die Gesellschaft*, Berlin.

Plickert, Philipp (2008), *Wandlungen des Neoliberalismus. Eine Studie zur Entwicklung und Ausstrahlung der Mont Pèlerin Society*, Stuttgart.

Pollert, Achim/Kirchner, Bernd/Pollert, Marc Constantin (2016), *Das Lexikon der Wirtschaft – Grundlegendes Wissen von A–Z*, Bonn.

Pongratz, Ludwig (2017), *Sich nicht dermaßen regieren lassen. Kritische Pädagogik im Neoliberalismus*, Darmstadt.

Ptak, Ralf (2004), *Vom Ordoliberalismus zur Sozialen Marktwirtschaft*, Opladen.

Ptak, Ralf (2017a), »Grundlagen des Neoliberalismus«, in: Christoph Butterwegge/Bettina Lösch/Ralf Ptak (Hg.), *Kritik des Neoliberalismus*, Wiesbaden, S. 13–78.

Ptak, Ralf (2017b), *Konvergenz und Divergenz zwischen Neoliberalismus und Rechtspopulismus*, unveröffentlichtes Manuskript, Workshop: Bildung und Gesellschaft Anfang des 21. Jahrhunderts, FernUniversität in Hagen, 04.–05.10.2017.

Radtke, Frank-Olaf (2009), »Ökonomisierung«, in: Sabine Andresen/Rita Casale/Thomas Gabriel/Rebekka Horlacher u.a. (Hg.), *Handwörterbuch Erziehungswissenschaft*, Weinheim und Basel, S. 621–637.

Reinhoudt, Jurgen/Audier, Serge (2018), *The Walter Lippmann Colloquium: The Birth of Neo-Liberalism*, Palgrave Macmillan.

Renner, Andreas (2003), »Die zwei ›Neoliberalismen‹«, in: Abschrift aus *Fragen der Freiheit*, H. 256, letzter Zugriff: 20.11.2018, http://www.tristan-abromeit.de/pdf/28.1%20MdB%20Gruene%201.5.03%20Anhang%20I.pdf.

Rotunda, Ronald D. (1986), *The Politics of Language. Liberalism as Word and Symbol*, Lowa City.

Röpke, Wilhelm (1942), *International Economic Disintegration*, London.

Röpke, Wilhelm (1953), »Economic ›Miracle‹ in Germany«, in: *The Freeman*, August, 24th, S. 843–846.

Röpke, Wilhelm (1955), »Alexander Rüstow zum 8. April 1955«, in: Gottfried Eisermann (Hg.), *Wirtschaft und Kultursystem*, Zürich, S. 12–22.

Röpke, Wilhelm (1988 [1958]), »Gefahren des Wohlfahrtsstaates«, in: Karl Hohmann/Dietrich Schönwitz/Hans-Jürgen Weber/Horst Friedrich Wünsche (Hg.), *Grundtexte zur Sozialen Marktwirtschaft. Das Soziale in der Sozialen Marktwirtschaft*, Bd. 2, Stuttgart, S. 253–270.

Rüstow, Alexander (1932), »Freie Wirtschaft – Starker Staat. Die staatspolitischen Voraussetzungen des wirtschaftspolitischen Liberalismus«, in: Franz Boese (Hg.), *Deutschland und die Weltkrise*, Schriften des Vereins für Socialpolitik, Bd. 187, Dresden, S. 62–69.

Schröder, Gerhard/Blair, Tony (1999), *Der Weg nach vorne für Europas Sozialdemokraten*, Bonn/London.

Schuldes, Martin (2011), *Retrenchment in the American Welfare State: the Reagan and Clinton Administrations in Comparative Perspective*, Münster.

Springer, Simon/Birch, Kean/MacLeavy, Julie (2016), »An Introduction to Neoliberalism«, in: dies. (Hg.), *The Handbook of Neoliberalism*, London, S. 27–42.

Thatcher, Margaret (1987), »Interview for *Woman's Own* (mit Douglas Keay), 23. Sept. 1987«, in: *Thatcher Archive* (THCR 5/2/262), COI transcript, letzter Zugriff: 22.11.2018, https://www.margaretthatcher.org/document/106689.

Valdes, Juan Gabriel (1995), *Pinochets Economists. The Chicago School in Chile*, Cambridge/New York/Melbourne.

Walgenbach, Katharina (2015), »Geschlecht in gesellschaftlichen Transformationsprozessen«, in: Katharina Walgenbach/Anna Stach (Hg.), *Geschlecht in gesellschaftlichen Transformationsprozessen*, Opladen, S. 21–50.

Walpen, Bernhard (2004), *Die offenen Feinde und ihre Gesellschaft. Eine hegemonietheoretische Studie zur Mont Pèlerin Society*, Hamburg.

Walters, Alan Sir (1983), »A First-hand Look at the U.K. Experiences«, in: The Simon Fraser Institute (Hg.), *»Challenging Complacency« – Practical Problems of Liberal Governments*, Session III, The Mont Pèlerin Society, Regional Meeting 28. August–1. September, Vancouver (Kanada), S. 5–18.

Willke, Gerhard (2003), *Neoliberalismus*, Frankfurt am Main.

Womack, James/Jones, Daniel/Ross, Daniel (1990), *The Machine that changed the World: The Story of Lean Production*, New York.

Wünsche, Horst Friedrich (2015), *Ludwig Erhards Soziale Marktwirtschaft. Wissenschaftliche Grundlagen und politische Fehldeutungen*, Reinbek/München.

Young, Brigitte (2014a), »Ordoliberalismus – Neoliberalismus – Laissez-faire-Liberalismus«, in: Joscha Wullweber/Antonia Graf/Maria Behrens (Hg.), *Theorien der Internationalen Politischen Ökonomie*, Wiesbaden, S. 33–48.

Young, Brigitte (2014b), »Finanzialisierung, Neoliberalismus und der deutsche Ordoliberalismus«, in: Marcel Heires/Andreas Nölke (Hg.), *Politische Ökonomie der Finanzialisierung*, Wiesbaden, S. 63–77.

Bildung zum Humankapital

Rita Casale und Christian Oswald

Inwiefern ist Bildung als Humankapital zu verstehen? Wird darunter die Ökonomisierung des Bildungswesens gefasst? Bildet der Ausdruck »Humankapital« eher ein politisch-ökonomisches Programm als ein Phänomen? Wie lässt sich ein solches performatives Programm begreifen? Ausgehend von welchen epistemologischen und ökonomischen Transformationen ist ein solches Programm zu erschließen und zu kritisieren, das die Formation des Menschen als Arbeitskraft zum Gegenstand hat?

Wir werden uns weder mit einer historischen Rekonstruktion der Gleichsetzung von Bildung und Humankapital befassen, wie sie von den Vertretern der Mont Pèlerin Society seit 1947 und später von der Chicago School formuliert worden ist, noch mit dem Topos des Humankapitals im Diskurs der letzten Jahrzehnte zur Ökonomisierung der Bildung beschäftigen. Wir werden uns eher bemühen zu begreifen, *inwiefern* und *warum* die Bildung zum Humankapital zu einem der zentralen Ziele des sogenannten Bildungswesens heute geworden ist. Wir setzen also Bildung nicht gleich mit Humankapital, sondern sehen die Formation der Arbeitskraft zu dem, was man Humankapital nennt, als Ziel der gegenwärtigen institutionalisierten Bildung. Für deren Analyse scheint es uns notwendig, die *Form* und die *Funktion*, die das Wissen annimmt, zu begreifen, damit die Bildung zum Humankapital realisiert werden kann.

Unsere These diesbezüglich lautet: Bildung zum Humankapital impliziert eine Transformation des Wissens in Kompetenz. Erst die Analyse der Transformation des Wissens in Kompetenz ermöglicht es, die daraus resultierende curriculare Gestaltung der Lehre und einige der zentralen Merkmale der Formation der Arbeitskraft zum Humankapital, wie Output-Orientierung, Leistungsmessung, Flexibilisierung und *employability* adäquat zu erfassen.

Die Transformation des idealistischen Wissensbegriffs, der dem klassischen bzw. neuhumanistischen Bildungsbegriff zugrunde liegt, in Kompetenz ist seinerseits im Kontext der politischen und ökonomischen Bedeutung zu erklären, welche Bildung für die Gesellschaft in ihrer modernen Konstellation hat. Dieser letzte Aspekt, die ökonomische und politische Bedeutung von Bildung, ist wiederum nicht von der Entwicklung der produktiven Kräfte, das heißt von der Betrachtung der technischen Möglichkeiten einer Gesellschaft zu trennen.

Wissensverständnis: Wissen als Kompetenz

Die Verbreitung des Begriffs der Kompetenz ist in den Kontext der Überwindung eines strikt nationalen Charakters des Bildungswesens einzubetten, das sich seit Ende des 19. Jahrhunderts auf eine Deutung von Bildung als nationaler Kultur stützt. Kultur diente zur Nationenbildung (Anderson 1983). Historisch und ideengeschichtlich bedeutend für eine solche Konstellation sind das romantische Verständnis der Sprache und die idealistisch-liberale Konzeption des Staates.

Für Herder bis Heidegger drückt sich die Kultur eines Volkes in einer Sprache aus, die insofern traditionsstiftend wirkt. Sprache wird zur Heimat der Völker, zu ihrem geschichtlichen Unterscheidungsmerkmal. Die Nationalkultur ist die Kultur im Medium einer bestimmten Sprache. Die Nation ist in diesem Sinn mehr als ein geografischer Raum, bezeichnet ein Territorium, in dem eine Sprache gesprochen wird. Die Einheit einer Nation ist die Einheit in einer Sprache. Die Frage der Nation wird zur Sprachfrage. Aufgabe des verstaatlichten Bildungswesens war im 19. Jahrhundert, diese sprachliche Einheit zu realisieren, den Übergang von den regionalen Dialekten zur Hochsprache zu ermöglichen.

Im deutschen Idealismus ist das Verhältnis von Nation und Bildung nicht so sehr im Medium der Sprache, sondern eher durch den Staat vermittelt. Die Einheit der Nation wird insofern eher politisch als kulturell gedacht. Der Akzent liegt im Idealismus auf einer Wissensform, die das Besondere mit dem Allgemeinen zu vermitteln hat und die als solche zur subjektiven Voraussetzung des liberal-bürgerlichen Staates wird. Der Staat wird mit Hegel zum Vertreter des Allgemeinen, und als solcher zur Bedingung der Existenz einer Zivilgesellschaft. Dafür werden Bildung und ihr Funktionär, der Beamte, für notwendig gehalten. Sie sollen die Synthesis zwischen den privaten Neigungen der Bürger und dem allgemeinen Interesse des Staates realisieren. Im Unterschied zum Republikanismus, der die Erziehung bzw. die Ausstattung des Bürgers zum Staatsdienst vorsieht, ist der Anspruch des liberalen Staates die Versöhnung des Allgemeinen und des Individuellen. Dass darin auch der ideologische Charakter des Staates besteht, ist für die folgende Argumentation erst einmal nicht von Bedeutung.

Bildung – als geschichtsphilosophische Vermittlung des Allgemeinen und des Besonderen – und Sprache – als Tradition, als Vermittlung von Kultur – verlieren an Bedeutung in dem Moment, in dem der Nationalstaat in seinem liberalen Verständnis nicht mehr der deutliche und einzige Bezugshorizont des Bildungswesens ist. Seit Ende des Zweiten Weltkriegs bleibt der Nationalstaat zwar noch auf einer politischen Ebene Referenzinstanz des Bildungswesens, aber neben ihm tauchen transnationale Strukturen wie die OECD auf, die nicht nur zu Vermittlungsinstanzen von nationalen und internationalen, sondern auch von ökonomischen und politischen Interessen werden. Ab dem Zeitpunkt, an dem die politische Legitimierung der staatlichen Politik sich auch idealiter auf den ökonomischen Erfolg stützt,[1] wird der ökonomische Wettbewerb zwischen den Nationalstaaten zur Staatsräson. Die Wissensform, die in diesem neuen historischen Kontext die Interessen der Einzelnen mit den Interessen der ökonomischen Räson verknüpfen kann, ist nicht mehr die neuhumanistische Bildung. Auch wenn man sich auf Humboldts Schulpläne bezieht, werden sie dem angelsächsischen Pragmatismus angepasst (Baumert u.a. 2001: 22; Tenorth 2016). Die Figur und die Institution des Beamten werden in der neuen historischen Konstellation obsolet. Auch Bildung wird entkulturalisiert, entbunden von ihrem Bezug auf die Nation als Ort kultureller Tradition. Die Beherrschung der Nationalsprache sowie der Fremdsprachen soll nicht zur Einholung bestimmter Traditionen, sondern zur Kommunikationsfähigkeit führen (Robinsohn 1967: 13; Baumert u.a. 2001; Tenorth 2016). Lesekompetenz besteht dementsprechend gemäß den PISA-Studien darin, »geschriebene Texte zu verstehen, zu nutzen und über sie zu reflektieren, um eigene Ziele zu erreichen, das eigene Wissen und Potenzial weiterzuentwickeln und am gesellschaftlichen Leben teilzunehmen« (Baumert u.a. 2001: 23).

1 Michel Foucault spricht diesbezüglich von Veridiktion. Nicht mehr wahr oder falsch seien die Attribute, die den Legitimierungsversuchen zugrunde liegen, sondern der Erfolg als solcher (2004: 56ff.).

Das Allgemeine und der Einzelne werden durch eine neue Wissensform in Zusammenhang gebracht, die in ihrer epistemologischen Matrix ökonomisch und zugleich psychologisch ist. Bildung bezeichnet nicht mehr die Synthesis des Privaten und des Öffentlichen, des Privaten und des Politischen, sondern die Fähigkeit der Individuen als *homines oeconomici*, sich in der ökonomischen Sphäre zu bewegen. Bildung ist die Bewegungsfähigkeit im Markt, der die gesamte Sphäre der Öffentlichkeit für sich in Anspruch genommen hat. Die Freiheit, die Humboldt in seiner *Staatsschrift* (2002 [1792]) mit Bildung in Verbindung bringt und wofür er die Sicherheit durch den Staat zur Voraussetzung macht, wird zur Flexibilität. So ist auch die Autonomie, die zur Selbstregulierung geworden ist, nicht aus dem normativen Horizont der Bildung verschwunden, sie hat die Form der Selbstoptimierung angenommen, die in der Schule als Fähigkeit zum selbstgesteuerten Lernen zur Schlüsselkompetenz geworden ist.

Die Transformation des Wissens in Kompetenz beginnt nicht erst mit den PISA-Studien. Schon 1967 in Anlehnung an die Direktiven der OECD plädiert Saul Robinsohn, von 1964 bis 1972 Direktor des 1963 gegründeten Max-Planck-Instituts für Bildungsforschung, für die Institutionalisierung einer Bildung, die im Unterschied zur neuhumanistischen Tradition zukunftsorientiert und gesellschaftsgewandt sein sollte. Robinsohn entgermanisiert den Bildungsbegriff in drei Schritten: Er fasst Bildung als Lernen in der Tradition des amerikanischen Pragmatismus mit John Dewey; sieht ihre Bedeutung im Sinne des Utilitarismus eines Herbert Spencers in Bezug auf ihren gesellschaftlichen Nutzen; und setzt Bildung mit Erziehung gleich. Daraus folgt eine Art *Naturalisierung*[2] und *Pädagogisierung* des Bildungsbegriffs. Bildung wird nicht mehr ausgehend von der Kultur gedacht, sondern von der Fähigkeit einer intelligenten Anpassung an die Natur. Mit der Naturalisierung des Bildungsbegriffs wird der Akzent bei der Interaktion von Menschen und Natur auf einer psychologischen Qualität – auf der Intelligenz – gesetzt und nicht mehr auf einer moralischen Dimension, auf der Freiheit. Die wenngleich nicht unbedingt logische aber doch faktische Konsequenz aus der Auffassung von Bildung als Lernen ist eine Art Vernaturwissenschaftlichung der Geisteswissenschaften und eine Aufwertung der Naturwissenschaften, die nicht zuletzt die westliche Reaktion auf den Sputnik-Schock war. Die Pädagogisierung von Bildung wird realisiert durch eine Verschulung des Bildungsbegriffs, durch die

2 Zum Naturalismus des Pragmatismus vgl. Bellmann 2007.

Verankerung von Bildung in der Schule[3] und durch ihre daraus resultierende Planung: Bildung wird zur Erziehung, indem sie zum Curriculum wird. Bildungsreform wird zur Curriculumreform, Bildungstheorie zur Lehrplantheorie (Tenorth 2004; 2016).

Dieser von der OECD begleitete Prozess beginnt mit Robinsohn als Direktor des Max-Planck-Instituts und setzt sich bis in die PISA-Studien fort. Geplant wird eine Bildungsreform als eine integrale Curriculumentwicklung, die Inhalte, Bildungsziele, Organisation von Bildungsinhalten und -zielen im Lehrplan und Anweisungen zur Durchführung von Erfolgskontrollen beinhaltet. Die Reform des Curriculums soll dazu dienen, das Individuum für das Leben in der Gesellschaft auszustatten. Bildung wird insofern zur Erziehung im Medium der Wissenschaft:

»Wir gehen also von den Annahmen aus, daß in der Erziehung Ausstattung zur Bewältigung von Lebenssituationen geleistet wird; daß diese Ausstattung geschieht, indem gewisse Qualifikationen und eine gewisse ›Disponibilität‹ durch die Aneignung von Kenntnissen, Einsichten, Haltungen und Fertigkeiten erworben werden; und daß eben die Curricula und – im engeren Sinn – ausgewählte Bildungsinhalte zur Vermittlung derartiger Qualifikationen bestimmt sind.« (Robinsohn 1967: 45)

Für die Auswahl der Bildungsinhalte gilt als entscheidendes Kriterium, dass der Stoff zum weiteren Studium oder zur weiteren Ausbildung, zur Orientierung in der Kulturwelt und zur Lösung privater und öffentlicher Probleme dient.

Von Bildung als Kompetenz wird seit Ende der Neunzigerjahre gesprochen. Die mediale Resonanz der PISA-Studien (2000–2015) trägt unmittelbar zur diskursiven Etablierung des neuen Bildungsverständnisses bei. Die Wirkung von PISA begrenzt sich jedoch nicht auf den Diskurs. Die PISA-Studien setzen eine Maschine in Gang, die die Reform der Lehrerbildung (vgl. Baumert 2007) und die curriculare Revision der Lehrpläne umsetzt.

Der Begriff der Kompetenz, der in den PISA-Studien verwendet wird, kommt vor allem aus der Psychologie. Er wird Ende der Fünfzigerjahre in der Motivationspsychologie, am Ende der Sechzigerjahre und am Anfang der Siebzigerjahre in der Intelligenzforschung und in der Linguistik benutzt (vgl. Maag Merki 2009). Insbesondere die Unterscheidung Noam Chomskys zwischen Kompetenz und Performanz ist von Bedeutung für das psy-

3 Zum Programm der geisteswissenschaftlichen Reformpädagogik wird die Kritik dieser Umwandlung der Bildung in Schulbildung gehören (vgl. von Hentig 1996).

chologische Verständnis von Kompetenz, das zum Horizont eines neuen Bildungsbegriffs wird. Bezugspunkt hierfür ist vor allem die Auffassung von Kompetenz, wie sie von Franz Emanuel Weinert und in den OECD-Direktiven von 2005 formuliert wird (Weinert 1999; 2001; OECD 2005). Im Unterschied zu Chomsky bezeichnet Weinert mit Kompetenz nicht nur ein abstraktes psychologisches Vermögen, das bei Chomsky den Erwerb der Muttersprache ermöglichen soll, sondern eine Disposition, die psychologische, motivationale und soziale Komponenten beinhaltet und für die sich die Spezifität von (ökonomischen, kulturellen) Kontexten, in denen die potenziellen Kompetenzträger handeln, von extremer Relevanz erweist. Diese Deutung der Kompetenz – zugleich als Vermögen, als Neigung, als Interesse, als Fähigkeit – macht es möglich, dass Kompetenz als Humankapital ausgelegt werden kann: eine Ressource, die aus einer Mischung von Natur, Erziehung und Selbstoptimierung (Selbsterziehung statt Bildung) entsteht.

Das Konzept der Kompetenz schließt unmittelbar an die Pädagogisierung und Naturalisierung des Bildungsbegriffs an und spitzt den daraus entstandenen Prozess zu. Die Vertreter des Kompetenzbegriffs versprechen ähnlich wie Robinsohn mit seiner curricularen Revision von Bildung eine Wissensform, die gesellschaftlich und ökonomisch anschlussfähig ist und in unterschiedlichen Lebenssituationen angewandt, das heißt auf unterschiedliche Bereiche übertragen werden kann. Im Unterschied zu Robinsohn aber verabschieden sich die Kompetenzvertreter von einer rationalistischen Begründung einer Curriculumreform. Der Versuch, Bildung ausgehend von der Begründung eines neuen Curriculums zu bestimmen, sei wegen seines systematischen Anspruchs gescheitert (Baumert u.a. 2001: 19). Die Vergleichbarkeit internationaler Schulleistungen, die auf der Basis der Messung von Kompetenzen stattfindet, solle sich nicht auf die Formulierung eines Weltcurriculums gründen, sondern auf eine Funktionalisierung von Wissen, die sich auf die Vermittlung und den Erwerb von Grundoperationen konzentriert. Der Funktionalismus stellt das Selbstverständnis und das Programm einer neuen Bildungstheorie dar, die »missionarisch« (HIS 2000: 4) propagiert und fast militant durchgesetzt wird.

Auf diesem Hintergrund ist Kompetenz als die Maßeinheit eines situativen Wissensverständnisses zu begreifen. Sie ist eine Ressource, die die Individuen für das Leben ausstattet, und ein Gut, das in der Schule zu erwerben ist. Sie wird zum Mittel und zugleich zum Ziel der Schule sowie zu einer Maßeinheit, die eine objektive, das heißt vergleichende Auswertung von schulischen Leistungen erst ermöglicht. Kompetenz ist verschulte Bildung, die den Anspruch hat, den direkten Bezug zum Leben herzustellen.

Im Begriff der Kompetenz werden Lernen und Erziehung synthetisiert. Der Lernprozess wird zu einem Erziehungsprozess, der zum Erwerb psychologischer Fähigkeiten führen soll, die in der Beherrschung logischer Operationen zum Ausdruck kommen. Die Ausbildung eines solchen Vermögens ist von der Auseinandersetzung mit bestimmten Wissensinhalten nicht losgelöst.[4] Wissenschaftliche und künstlerische Werke werden als kulturelle Güter der Menschheit betrachtet. In ihrer Exemplarität dienen sie zur Weltorientierung (Baumert u.a. 2001: 20). Die geschichtliche Einordnung wissenschaftlicher und künstlerischer Produktion sowie ihre Einbettung in eine fachliche Logik werden zweitrangig.

Das Konzept der Kompetenz steht für eine abstrakte Form der Ausübung der Vernunft, die sich auf den prozeduralen Charakter von Operationen fokussiert. Die Genese und der Grund solcher logischer Operationen werden nicht hinterfragt. Die Operationen als solche (Vergleich, Übertragung, Schluss, Ausschluss etc.) werden als gegeben betrachtet. Sie bilden das Transzendentale einer Vernunft, die allerdings nun zu einem psychischen Vermögen geworden und deren Ziel die Handlung ist. Diese neue Form der praktischen Vernunft bedarf keiner Begründung. In der Möglichkeit selbst der Handlung findet sie ihre Legitimierung durch Evidenz. Effizienz, Effektivität und Problemlösung sind ihre Qualitäten. Begründungsfragen werden damit aus der Wissenschaft verbannt, sie werden zu individuellen Glaubensbekenntnissen oder zu kulturellen Einstellungen.

Diese praktische Vernunft, deren Sphäre die Handlung ist, fällt hinter die transzendentale Logik zurück. Ihr Ziel ist weder Erkenntnis noch Erfahrung, sondern die Befähigung zur Handlung durch die Beherrschung logischer Operationen. Den Gegenstand wird das Kompetenzmodell zwar nicht los, aber er wird ein Mittel zum Zweck: der Einübung kognitiver Verhaltensweisen.

Das Wissensverständnis, das darin vorausgesetzt wird, hat einen rein psychologischen Charakter:

---

4 Weinert unterstreicht, dass Kompetenzen weder als ein rein psychologisches Vermögen noch als das Ergebnis von Sozialisationseffekten (eingeschlossen Ausbildung) zu betrachten sind. Sie bezeichnen eher die Synthesis von Lernen und Erfahrung (1999: 45 u. 53).

»Wenn im Rahmen von PISA von mathematischer oder naturwissenschaftlicher Kompetenz sowie Problemlösefähigkeit gesprochen wird, liegt dem ein kognitiver Kompetenzbegriff zugrunde, der sich auf prinzipiell erlernbare, mehr oder minder bereichsspezifische Kenntnisse, Fertigkeiten und Strategien bezieht. Diese werden in der kognitiven Psychologie und Wissenserwerbforschung als unterschiedliche Formen des Wissens aufgefasst, und als solche sind sie mitteil- und vermittelbar. Dieser breite und in sich differenzierte Wissensbegriff der Psychologie ist also in aller Deutlichkeit von einem in pädagogischen Feldern häufig anzutreffenden umgangssprachlichen Wissensbegriff abzusetzen, der Wissen auf reproduzierbares Faktenwissen reduziert und wirklichem Verstehen entgegensetzt. Beim selbstregulierten Lernen und bei der Kommunikations- und Kooperationsfähigkeit handelt es sich dagegen um komplexe *Handlungs*kompetenzen, die auf dem Zusammenspiel kognitiver, motivationaler und emotionaler Komponenten beruhen.« (Baumert u.a. 2001: 22, Herv. i. Orig.)

Trotz der späteren Legitimationsanstrengungen von Erziehungswissenschaftlern, wie Tenorth, Terhart und Tillmann,[5] das Kompetenzmodell in eine bildungstheoretische Tradition einzubetten, die sie mit dem Namen Humboldt verbinden, ist der psychologische Charakter des Wissensverständnisses, an dem sich Bildung nach PISA orientieren soll, sehr deutlich. Die Absetzung von einem pädagogischen Verständnis von Lehr- und Lernprozess findet im Entstehungskontext der PISA-Studien in klarer Anlehnung an Vorgaben der OECD statt. Die pädagogische Tradition wird diskreditiert: Sie verfüge über kein erkenntnistheoretisch begründetes Wissensverständnis. Wenn die Pädagogen von Wissen sprächen, meinten sie die passive Reproduktion von totem Wissen, worauf die Psychologen gern verzichteten. Einer solchen passiven Reproduktion würden die Pädagogen ein hermeneutisches Verfahren entgegensetzen, das wiederum im Rahmen der Vernaturwissenschaftlichung des Wissens, welche den PISA-Studien zugrunde liegt, keinen Platz mehr hat. Die Reduktion der Pädagogik seitens der Autoren und Autorinnen von PISA auf ihre geisteswissenschaftliche Tradition geschieht in der BRD nicht zufällig. Politisch dient sie der Diskreditierung jeder geschichtsphilosophisch und erkenntnistheoretisch begründeten Bildungs- und Erziehungstheorie.

5 Vgl. ihre Beiträge in dem von Jürgen Baumert und Klaus-Jürgen Tillmann herausgegebenen Sonderheft »Empirische Bildungsforschung. Der kritische Blick und die Antwort auf die Kritiker«, *Zeitschrift für Erziehungswissenschaft*, 2016, Jg. 19.

Die verwissenschaftlichte Produktion: Vom tayloristischen Maschinendiener zum Bestandteil des Managements

Im Folgenden sollen die zuvor beschriebenen Veränderungen des Wissensverständnisses in den Prozess der Verwissenschaftlichung der Produktion, also dessen eingebettet werden, was man heute unter technischem Fortschritt versteht. Die Entwicklung der Technik ist jedoch nicht zu trennen von der ihrer ökonomischen Formbestimmung unter kapitalistischen Produktionsverhältnissen. Der Prozess als Einheit von technischem Inhalt und ökonomischer Form ist doppeldeutig und widersprüchlich: Die Maschinisierung der Produktion tendiert zur Automatisierung und damit zur Aufhebung der Arbeit, Kapital kann sich aber nur verwerten, indem es sie dazu nutzt, immer mehr Arbeit anzuwenden. Dieser Widerspruch nimmt spätestens seit der neoliberalen Wende am Ende des letzten Jahrhunderts ganz unübersehbar absurde Formen an: Je näher man in den entwickelten Industrieländern der Automatisierung kommt, desto stärker wächst der Druck auf die Individuen, eine Arbeit aufzunehmen und der, der in den Arbeitsverhältnissen ausgeübt wird. Die nun folgende Skizze der Transformation der Gesellschaft und ihrer Organisation der Produktion im 20. Jahrhundert nach der ersten industriellen Revolution halten wir für nötig, um angemessen zu erfassen, was mit Bildung sich derzeit zuträgt, der sich der benannte widersprüchliche Doppelcharakter mitteilt.

Anfang des 20. Jahrhunderts entsteht das, was man im Anschluss an Siegfried Kracauer und Emil Lederer die Angestelltengesellschaft nennen kann (Kracauer 1971: 12f.). Mit diesem Terminus ist mehr bezeichnet als nur die statistisch zu konstatierende Tatsache, dass die Zahl der Angestellten sprunghaft ansteigt. Die Ausbildung einer Unternehmensbürokratie verdankt sich nicht nur einer Ausweitung der Verwaltungsaufgaben in Riesenbetrieben, sondern vor allem der *Tendenz zur Vergesellschaftung* auch des Kapitals. Ihren vollkommensten Ausdruck findet diese Tendenz in der Unternehmensform der Aktiengesellschaft. Sie stellt eine Anpassung an die technische Entwicklung des Produktionsprozesses dar. Insbesondere aufgrund der außerordentlich hohen Auslagen für das fixe Kapital übersteigen die notwendigen Vorschüsse bei Weitem die Möglichkeiten einzelner Unternehmer. Um sie aufzubringen, müssen sie zusammenlegen. Sie werden zu Anteilseignern des Unternehmens. Die Unternehmen bedürfen jetzt einer eigenständigen Verwaltung, die grundsätzlich allen Teilhabern verpflichtet ist und sie in deren allgemeinem Interesse, also zum Zweck größtmöglichen Erfolges hinsichtlich der Verwertung des von ihnen vorgeschossenen Kapitals, relativ selbstständig zu führen hat. Eigentumstitel auf und Verfügung über die Produktionsmittel werden entkoppelt und durch verschiedene Instanzen wie Aufsichtsrat und Vorstand vertreten. Es entsteht *das moderne Management*, das für das sogenannte operative Geschäft zuständig ist. Die Manager sind jedoch zumindest formal nichts anderes als Angestellte, wie alle anderen auch. Alle sind nun gleich, alle sind abhängig Beschäftigte, die nur noch eine notwendige Funktion im Reproduktions- und Akkumulationsprozess des Kapitals erfüllen. Alle müssen nun arbeiten, um ein Gehalt zu beziehen, das in der Unternehmensbilanz als Lohnkosten verbucht und steuerlich abgesetzt werden kann.

Diese Entwicklung wird gewissermaßen ergänzt und vervollständigt durch die Veränderungen im Produktionsprozess, die mit der sogenannten dritten industriellen Revolution, der Digitalisierung der Maschinerie, einhergehen und die bekannte neoliberale Wende etwa Ende der 1970er Jahre einleiten. Denn der Computer ist nicht irgendeine neue Maschine. Er ist die Maschine aller Maschinen, weil er alle Maschinerie steuert. Aber auch diese Metamaschine, die den Produktionsprozess plant, überwacht, steuert, kontrolliert und reguliert, muss bedient, also überwacht, gesteuert und reguliert werden. Derjenige, der sie bedient, muss, da die neue Steuerungsmaschine den Produktionsprozess mit seiner Verwaltung zusammenschließt, neben den Aufgaben des Ingenieurs auch noch die des Managers übernehmen. Die Trennung von Kopf- und Handarbeit, die während der gesamten sogenannten fordistischen Phase das Verhältnis von Management und zum tayloristischen Maschinendiener degradierten Arbeiter charakterisierte, lässt sich nicht länger aufrechterhalten. Der Maschinendiener von einst avanciert, zumindest potenziell, zum Wächter und Regulator des Produktionsprozesses (Marx 1983b [1854]: 601). Das bedeutet aber, dass so, wie zu Beginn der Transformation der bürgerlichen Gesellschaft in die Angestelltengesellschaft die früheren Fabrikherren formell zu höheren Angestellten mutierten, die längst in niedere Angestellte verwandelten Arbeiter nun auch reell Managementaufgaben erfüllen. Im Angestelltenstatus, der Mitte zwischen Kapital und Arbeit, ist nun mit der Trennung von Kopf- und Handarbeit auch der letzte Hinweis auf deren Gegensatz und damit auf den Klassenantagonismus verschwunden. Er hat sich in der hierarchisch abgestuften, für Auf- und Abstiege angeblich durchlässigen Organisation des arbeitsteiligen Produktionsprozesses, in einer für die darin Eingespannten nicht mehr erfassbaren Form vergegenständlicht. In dieser Gestalt verpuppt stellt sich der kapitalistische Produktionsprozess und seine ihm spezifische Organisationsweise, die der Ausbeutung von Mensch und Natur dient, als der technisch moderne, arbeitsteilige Arbeitsprozess selbst und seine Hierarchie als die rein sachlich begründete soziale Bedingung seines Ablaufs dar. Schließlich muss es in einem auf Kooperation und Arbeitsteilung beruhenden Produktionsprozess immer jemanden geben, der die Teilarbeiten koordiniert und aufeinander abstimmt. Dass die Entscheidung darüber, wer das tut, immer noch denjenigen obliegt, denen die Produktionsmittel gehören, dass überhaupt die gesamte hierarchische Struktur nur der Machtkonzentration geschuldet ist, die der kapitalistische Verwertungsprozess hervorbringt, gerinnt zum Glaubenssatz unverbesserlicher Marxisten, auf dessen Gültigkeit die empirische Realität keinen Hinweis mehr zu geben scheint. Ökonomische, das heißt kapitalistische Form und technischer Inhalt sind für die Beteiligten nicht mehr unterscheidbar. Die immer noch stattfindende Unterdrückung und Ausbeutung sind keiner Klasseneinteilung mehr zuzuordnen, sondern erscheinen völlig unübersichtlich und individualisiert ins Positionengeflecht der Angestelltengesellschaft als rein technische Erfordernisse eingebaut. Die sachliche Verschiedenheit der konkreten Teilarbeiten und die jeweilige Eignung der Individuen, sie angemessen auszuführen, muss nun zur Erklärung dafür herhalten, wer die Arbeit der anderen kommandieren und über den Einsatz der Produktionsmittel entscheiden darf, und wer wie viel verdient. Erst jetzt, da alle gewissermaßen zu Elementarteilchen der einzelnen Produktionseinheiten und ihrer Verwaltungsapparate geworden sind, kann sich die Leistungsideologie voll entfalten, kann das Leistungsprinzip Anspruch auf universelle Geltung erheben und muss es das tun, weil nur es allein noch eine Rechtfertigung sozialer Unterschiede zu bieten vermag. In einem solchen Positionensystem muss das Bildungswesen immens an ideologischer Bedeutung gewinnen. Es wird, wie Helmut Schelsky bereits in den 1950er Jahren des letzten Jahrhunderts treffend feststellte, »zur ersten und damit entscheidenden zentralen sozialen Dirigierungsstelle« (1965 [1956]: 136), an der über die Verteilung der Individuen auf die Positionen – und damit über ihre Zukunft – entschieden wird.

Bildung wird allgemein: Von der bürgerlichen Idee der Bildung zur Ideologie der Chancengleichheit

Seit über Bildung und Arbeit nachgedacht wird, bestimmen sich diese Begriffe im Verhältnis zueinander. In der Antike wird beides abstrakt getrennt, und bleibt gerade dadurch aufeinander bezogen. Wer arbeitet, bleibt dem Naturzwang unterworfen selbst Teil der Natur, schafft es nicht sich von ihr zu emanzipieren und damit streng genommen nicht einmal zum Menschsein. Das reklamieren hingegen diejenigen für sich, die sich der Muße hingeben, ein ethisch gutes Leben führen und sich der Politik und der Erkenntnis widmen. Die Abstraktheit der Trennung beschädigt von Anbeginn beide Seiten der Relation, spaltet menschliches Tun tendenziell in die zwei Bereiche geistiger und körperlicher Tätigkeit auf, der eine der einer kontemplativen Selbstbestimmung, die gleichgültig bleibt gegen die Möglichkeit, die Erkenntnis praktisch zu nutzen, der andere der eines grundsätzlich fremdbestimmten Tuns. Ihr Zusammenhang ergibt sich daraus, dass die einen die anderen zwingen, für sie zu arbeiten, damit sie ihnen alles zum Leben Notwendige bereitstellen und sie die so gewonnene freie Zeit Höherem widmen können. Aber die Herrschaft der antiken Sklavenhalter über ihre Sklaven stellt sich auch als historische Bedingung dafür dar, dass sich eine Sphäre selbstständiger Subjektivität ausbilden kann, ohne die an eine selbstbestimmte Produktion nicht zu denken wäre.[6]

Auch in den bürgerlichen Bildungsbegriff geht diese Tradition ein, sie ist konstitutiv für seine relative Selbstständigkeit und die Distanz, die er zur Sphäre der Produktion und der Arbeit hält. Dennoch verändert sich das Verhältnis von Bildung und Arbeit. Anders als der nur Abgaben abpressende und verschwendende feudale Adel sind die neuen bürgerlichen Herren Herren der Produktion, oft genug die ehemaligen Verwalter der adligen Grundherren. Individuelle Autonomie, die die Aufklärung zum Bildungsziel erhebt, gilt nun als Voraussetzung, die Produktionsmittel angemessen und zum eigenen Vorteil zu gebrauchen. Gewerbefreiheit und Warenproduktion sollen garantieren, dass jeder nach eigenem Willen und eigenen Fähigkeiten sich produktiv entfalten kann. Auch die Wissenschaft erhält

6 H.-J. Heydorn sieht in der Institutionalisierung der Bildung eine Anerkennung des sozialen Nutzens der Privilegierung. Er spricht diesbezüglich von der Freistellung von einigen im Namen des allgemeinen Interesses der Gesellschaft: »Sie [die Gesellschaft, R.C./C.O.] erkennt das Recht des Rückzugs aus dem unmittelbaren Lebensvorgang als Gebot ihres Vorteils« (1970: 129).

eine neue Ausrichtung. Neben die tradierte Bestimmung der Erkenntnis als Zweck an sich selbst, die weiterhin ihre Selbstständigkeit verbürgt, tritt der pragmatische Zweck, dass das Wissen die Mühseligkeit der menschlichen Existenz erleichtern soll. So formuliert es Francis Bacon bereits zu Beginn des neuen Zeitalters (1990 [1620]: 173).

Dass die bürgerliche Gesellschaft das Eldorado individueller Autonomie und ihrer Entfaltung sei, muss aber selbst für die Bürger Schein bleiben, wenn auch objektiv begründeter Schein. Ihr Privateigentum an den Produktionsmitteln mag ihnen den Eindruck vermitteln, über sie nach eigenem Gutdünken verfügen zu können. Spätestens auf dem Markt müssen sie die Erfahrung machen, dass auch sie den Gesetzmäßigkeiten ihres eigenen, hinter ihrem Rücken bestehenden abstrakten Zusammenhangs unterworfen sind, dass sie ihre Produkte nur loswerden können, insofern sie sich als Glieder einer gesellschaftlichen Arbeitsteilung bewähren. Goethes großer Bildungsroman thematisiert bereits diese Problematik. Wilhelm Meister stößt sich, wie Herbert Marcuse das einmal formulierte, in seinen Lehrjahren die Hörner ab, um sich am Ende als nützliches Glied der Gesellschaft einzuordnen (Marcuse 2008). Schiller wie Humboldt erkennen als zentrale Herausforderung der Bildung die Bornierung, die die gesellschaftliche Arbeitsteilung der durch die Konkurrenz voneinander isolierten Warenproduzenten hervorbringt. Und wenn sie der Bildung die Aufgabe zuschreiben, solche Beschränkung aufzuheben, dann geht es ihnen nicht um eine dubiose »Ganzheitlichkeit« des Menschen, sondern darum, dass sie vermittels der Erkenntnis ihres eigenen abstrakten gesellschaftlichen Zusammenhangs die subjektive Bedingung ihrer wirklichen Befreiung schaffen. Wo aber solche Erkenntnis nicht zur praktischen Waffe im Kampf gegen die Unfreiheit wird (Marx 1983a [1843]: 385), tendiert Bildung zur Versöhnung mit ihr. Zu einer solchen Waffe kann sie aber nicht werden, wenn dieselbe Ordnung, der sie kritisch gegenübersteht, dafür Sorge trägt, dass diejenigen, die nicht einmal von ihr profitieren und alles Interesse haben müssen, sie zu ändern, von ihr ausgeschlossen bleiben.

Die bürgerliche Gesellschaft kann ihr Versprechen, die freie Entfaltung der Individuen zu ermöglichen, nicht einmal für die Bürger, geschweige denn für diejenigen einlösen, die dem Zwang zu entfremdeter Arbeit unterworfen bleiben. Zu sehr widerspricht dem ihre mit der Zeit immer offensichtlicher werdende Klassenstruktur. Die neuhumanistische Idee der Bildung, die bis heute für dieses Versprechen einsteht, kann nicht verwirklicht werden, wo der ihr als Idee innewohnende Anspruch auf Allgemeinheit nicht erfüllt wird. Wenn das nicht geschieht, regrediert sie auf den Status einer bloßen Idee jenseits aller denkbaren Realisierung und deshalb in stetem Widerspruch zur sozialen Realität. Bildung ist für alle, oder sie ist nicht. Ihr Dasein als Privileg ist nicht das Dasein ihrer Idee.

In der Angestelltengesellschaft ist nun auch der Schein individueller Autonomie zergangen, der die Bürger über ihren Mangel an Bildung hinwegtäuschte. Wo Manager nur noch bereits vergesellschaftetes Kapital verwalten, wird dessen Bewegungsgesetz zur unmittelbaren Voraussetzung ihrer Tätigkeit, der sie sich genauso zu fügen haben wie die Arbeiter dem daraus resultierenden ökonomischen Arbeitszwang. Aus bürgerlichen Charaktermasken des Kapitals (Marx 1976 [1867]: 91) werden dessen Funktionäre. An die Stelle des alten bürgerlichen Scheins ökonomischer Selbstständigkeit, der sich auf die materielle Bedingung des Privateigentums an den Produktionsmitteln stützte, tritt jetzt der neue, dass es nur noch auf die subjektive Leistung ankomme. Statt »Bildung für alle«, gilt jetzt »Arbeit für alle«. Nicht zuletzt sind es die Organisationen der Arbeiterbewegung, die diesem Wandel Vorschub leisten, – so als könnte das Bedürfnis der Arbeiter nach Selbstbestimmung dadurch befriedigt werden, dass nun auch die Fabrikherren schuften müssen, und sich die gesamte Gesellschaft in ein Arbeitshaus verwandelt. Bildung kann jetzt nur in der Form überleben, dass sie sich als funktional für die kapitalistische Produktionsweise ausweist und vom in deren Rahmen eingespannten technischen Fortschritt erheischt wird. Sie wird der Arbeit subsumiert, die ihrerseits in ihrer konkreten historischen Form als Lohnarbeit dem Kapital subsumiert ist. Bildungstheoretisch kann man es auch so formulieren: Die antike Trennung von Bildung und Arbeit wird nach der Seite der Arbeit aufgehoben. Bildung muss nun ebenso wie die Wissenschaft, deren Ergebnisse sie tradiert, jederzeit ihre Praxistauglichkeit nachweisen. Man mag der Auffassung sein, dass eine Aufhebung in die andere Richtung besser wäre und die tatsächlich stattfindende als Negation der gesamten Bildungstradition begreifen. Denn nicht die freie Entfaltung der Individuen und ein selbstbestimmtes Leben, auf die Bildung abzielte, werden zum allgemeinen Zweck erhoben, sondern die Arbeit wird in der Angestelltengesellschaft zum Inbegriff aller Tätigkeit, und Bildung wird ihr als Befähigung zur Arbeit eingegliedert. Aber diese Negation ist zugleich Position. Paradoxerweise kommt nämlich auf diesem Wege die neuhumanistische Bildungsidee zu dem ihr angemessenen allgemeinen Dasein. Weil die Arbeitsleistung zum allgemeinen Maßstab erhoben wird, wird auch die für sie konstitutive Bildung zu einer für alle. Endlich wird ihr Anspruch auf Allgemeinheit eingelöst und verwirklicht sich damit die Idee. Bildungstheoretiker aller Couleur mögen bei dem Gedanken entsetzt sein, aber der Befund lässt sich kaum abweisen: Die heutigen Bildungsreformen erweisen sich als das, was Hegel die Wahrheit der idealistischen Bildungsidee genannt haben würde.

Jene, die in der seit dem vermeintlichen PISA-Schock tobenden Debatte um die an ihn anschließenden Bildungsreformen diese zu Recht darin kritisieren, dass mit ihnen Bildung völlig ausgehöhlt wird und sich diesbezüglich auf den bürgerlichen Bildungsbegriff als ihre letzte Bastion zurückziehen, wie zum Beispiel Konrad Paul Liessmann, stehen deshalb auf verlorenem Posten. Wenn die neuhumanistische Bildungsidee an der für sie konstitutiven Allgemeinheit vom geschilderten Prozess technischen Fortschritts und kapitalistischer Vergesellschaftung erfasst und in ihn hineingezogen wird, dann ist die Bildungstheorie dagegen hilflos. Solange ihre Vertreter nicht die gesellschaftliche Grundlage dafür in Frage stellen, dass bürgerliche Bildung ein Privileg bleiben musste, werden sie den reaktionären Ruch nicht los, eben dieses Privileg zu verteidigen – ob sie wollen oder nicht. Die Bildungsreformer können demgegenüber, ebenfalls zu Recht, für sich in Anspruch nehmen, genau dieses längst obsolet gewordene Bildungsprivileg in Frage zu stellen. Sie sind es, die in dieser Debatte ganz offensichtlich auf der Seite des gesellschaftlichen Fortschritts stehen, der Forderung nach Bildung für alle den nötigen Nachdruck verleihen, und damit auch die Interessen derer wahrnehmen, die bislang nicht in den Genuss von Bildung gelangen konnten. So wurde bisher noch bei jeder Veröffentlichung einer PISA-Studie angeprangert, dass weiterhin die soziale Herkunft wesentlich über den Erfolg im Bildungswesen der BRD entscheide. Mit ihren Studien schließen die für sie Verantwortlichen nahezu nahtlos an ganz ähnliche Untersuchungen an, sowohl aus dem Umkreis der Achtundsechziger-Bewegung, die die Bildungsbenachteiligung der Kinder aus Arbeiterfamilien zum Thema machten, als auch von Bildungssoziologen wie Pierre Bourdieu oder Elitenforschern wie Charles Wright Mills und Michael Hartmann, die den Mangel an Chancengleichheit im herrschenden Bildungssystem beklagen (Bourdieu/Passeron 1971; Mills 1962; Hartmann 2002). Und mit ihren Reformen ziehen sie aus ihnen auch die längst überfälligen praktischen Konsequenzen, die gestützt von so machtvollen Institutionen wie der OECD und der Bertelsmann Stiftung nun eine echte Chance auf Durchsetzung haben.

Dabei liegt allerdings auch ihnen nichts ferner als die kapitalistischen Produktionsverhältnisse zu skandalisieren, sie gehen vielmehr mit deren Zeit. Wenn sie, nicht anders als ihre Gegner, die schlechte Realität an der guten alten Bildungsidee messen, dann bleiben auch sie ihrer sozialen Grundlage und deren Dynamik verhaftet. Sie positionieren sich nur als Akteure in ihr. So zielt ihre Kritik an der Bedeutung der sozialen Herkunft für den Bildungserfolg darauf, dem Leistungsprinzip zu universeller Geltung zu verhelfen. Dazu soll Chancengleichheit hergestellt werden. Für das Bildungswesen bedeutet das, dass die vorgegebenen sozialen Unterschiede ausgeglichen werden müssen. Diesem Zweck dient, die Erziehung und Bildung der Kinder in immer stärkerem Maße aus den Familien in die dafür vorgesehenen öffentlichen Einrichtungen zu verlagern und dort an die Stelle der tradierten Selektion das Prinzip der Förderung der Schülerinnen und Schüler zu setzen, auf dass tatsächlich nur ihre je individuelle Leistung bewertet werde. Damit dabei auch Gerechtigkeit walte, müssen schließlich die Lehrpläne standardisiert und so Vergleichbarkeit garantiert werden. Denn in der modernen Angestelltengesellschaft soll schließlich jeder und jede, wenn er oder sie nur will und sich anstrengt, an die Schaltstellen der Macht gelangen können. Dieses Versprechen ist zwar eine Chimäre, weil die hierarchische Struktur ihres Positionengeflechtes im Gegensatz von Kapital und Arbeit gründet, aber es ist trotzdem ungemein machtvoll, weil es von dem Schein gestützt wird, den die modernen Unternehmensformen produzieren.

Das Versprechen der Chancengleichheit mag zwar an die Stelle der einstigen Bildungsidee treten, aber es bringt diese zugleich um ihren ideellen Charakter. Ihr inhäriert keine Vorstellung mehr von gesellschaftlichem Fortschritt. Was da versprochen wird, ist nur die brutale Zuspitzung dessen, was sowieso schon ist. Denn Chancengleichheit bedeutet, dass nur eine Gleichheit der Chance besteht, dass nur wenige diese Chance auch werden nutzen können, einfach weil die begehrten Positionen rar sind. Aufstieg ist möglich, gar erwünscht, aber immer nur für einzelne – und auf Kosten anderer. Das Versprechen sozialer Mobilität gilt allgemein, richtet sich an jeden, aber an jeden als abstrakt einzelnen. Jeder ist nun ein Aufstiegskandidat, er muss sich nur im Wettbewerb mit allen anderen Aufstiegskandidaten durchsetzen. Und das impliziert, dass immer welche, und zwar die ganz überwiegende Mehrheit, leer ausgehen. Die haben dann weiter nichts zu sagen und können weiter ein Leben an der Armutsgrenze führen. Die Ideologie der Chancengleichheit entpuppt sich dergestalt als ein Gift, das alle Poren der Gesellschaft durchdringt, und die Individuen immer weiter dissoziiert. Nicht mehr nur die Unternehmen konkurrieren miteinander, jeder konkurriert mit jedem, in der Gesellschaft wie in jedem einzelnen Unternehmen, und deshalb auch in Schulen und Universitäten. Das Ideal der Angestelltengesellschaft und ihres Bildungswesens ist Hobbes' Naturzustand.

Der widersprüchliche Doppelcharakter heutiger Bildung

In der geschilderten Transformation der Bildung in Bezug auf das Wissensverständnis und auf ihre gesellschaftlichen Bedingungen war unser Anliegen nicht so sehr, den widersprüchlichen Charakter der Bildung an sich zu zeigen – was schon Heydorn getan hat –, sondern erstens die Vollendung der Bildung – man könnte auch sagen: ihre negative Aufhebung – unter kapitalistischen Bedingungen; zweitens den widersprüchlichen Charakter der ökonomischen und kulturellen Transformationen selbst, die das Verständnis und die Form der Bildung prägen, hervorzuheben. Im Unterschied zu konservativen Positionen gehen wir nicht davon aus, dass die neuhumanistische Bildungsidee an sich zu verteidigen sei, dass die Rückbesinnung auf sie eine ausreichende Kritik an der gegenwärtigen Lage der Bildungseinrichtungen und an den propagierten, verbreiteten Formen der Wissensproduktion sowie der Wissensvermittlung ermöglicht. Wir sind aber auch nicht bereit, diese Idee allzu schnell als gestrige zu verabschieden.

Bildung im Kontext kapitalistisch geprägter gesellschaftlicher Konstellationen zu begreifen, impliziert nicht nur die allgegenwärtige Ökonomisierung der Bildung zu kritisieren und zu zeigen, inwiefern Wissen zum zentralen Faktor ökonomischen Reichtums geworden ist. Vielmehr bedeutet es zu erörtern, inwiefern Bildung an der gleichen ambivalenten Bewegung partizipiert, die für die kapitalistische Moderne typisch ist: *Emanzipation durch Entfremdung*. Bildung in ihrer idealistischen, neuhumanistischen Version hat ihren Ausgangspunkt im Entfremdungsprozess und verspricht dessen Aufhebung im Begriff oder in einem romantischen Verständnis von Heimat als Ort kultureller Zugehörigkeit. Ausgangspunkt von Bildung ist Entfremdung als Wahrnehmung des Gegenstandes, des Anderen, das das Ich nicht ist. In diesem Sinn ist Entfremdung Voraussetzung für jeden

Prozess der Bewusstwerdung, der Erkenntnis. Entfremdung ist Bedingung der Bildung aber auch der Erfahrung, mit Dahrendorf gesprochen, der Emanzipation bzw. des Verlustes von Bindungen natürlichen, aber auch kulturellen Charakters: Familie, Herkunft, Religion (Dahrendorf 1966). Adornos Analysen zum Vorrang des Objekts als Voraussetzung der Subjektkonstitution in moralischer und erkenntnistheoretischer Hinsicht enthalten eine entscheidende Kritik am idealistischen und neuhumanistischen Bildungsbegriff: Die Entfremdung kann nicht aufgehoben werden, ohne das Andere zu negieren. Das Andere, das uns affiziert und damit entfremdet, wird damit zum Anstoß jeder Denk- und Erkenntnisbewegung. Bildung ist dann nicht Aufhebung der Entfremdung, sondern die Erkenntnis, die aus der Bewegung des sich Entfremdens entsteht. Hegel bezieht in der *Phänomenologie des Geistes* (1969 [1807]) Entfremdung als Bewegung des Außer-sich-Gehens auf den Geist und bettet sie in den Rahmen einer Geschichtsphilosophie ein, die die Rationalität der Entwicklung, die aus der Bewegung des Geistes entsteht, dadurch garantiert, dass der Geist zu sich selbst zurückkehrt. Adorno verabschiedet sich von der metaphysischen Grundlage der Geschichtsphilosophie und macht aus der Entfremdung eine Sache der Subjekte. Sie bezeichnet das Verhältnis des Subjekts zum Objekt und damit die Möglichkeit des Begreifens. Bildung ist in diesem Sinn das Begreifen der Entfremdung, nicht deren Aufhebung.

Nun, wenn wir von einer negativen Aufhebung der Entfremdung sprechen, bezeichnen wir damit historisch eine Form der Emanzipation aus der Natur, die sich in Verdinglichung realisiert. Obwohl die Befreiung vom Arbeitszwang in einem erheblichen Maße möglich ist, hat eine Aufhebung der entfremdeten Arbeit nicht stattgefunden. Der neue Zwang, der aus der Aufrechterhaltung der »Maschine« und der daraus resultierenden Betriebsamkeit entsteht, hat nicht mehr einen natürlichen, sondern einen ökonomischen Charakter. Dies führt zu einer Form der Entfremdung, die sich als *Psychologisierung des Objekts* und *Verdinglichung des Subjekts* epistemologisch wie moralisch darstellt. Unter dieser verdinglichten Entfremdung ist eine Form der Entäußerung zu verstehen, die den prozesshaften Charakter verloren hat, den sie im dialektisch aufgefassten Bildungsprozess im Idealismus und Neuhumanismus hat. Das Subjekt immunisiert sich gegen die Widerständigkeit und Alterität des Objekts durch dessen Reduktion auf einen Gegenstand der Psyche. Das Objekt wird so zwar im Subjekt aufgehoben, das dadurch aber seinerseits auf seine psychischen Funktionen reduziert wird. Das Objekt wird zum Stoff, an dem eine Funktion geübt, aber keine Erfahrung mehr gemacht wird. Verdinglicht wird es, indem der Stoff auf seine Wirkung fixiert wird und damit seinen Überschusscharakter verliert.

Ähnlich die Verdinglichung des Subjekts: Es wird fixiert als Identität oder als Selbst. Dieser Verdinglichung entspricht das Selbstverhältnis, das das Individuum zu sich im Postfordismus entwickelt. Die geschilderte Verallgemeinerung der Bildung fördert eine andere Form von Subjektivität als die, die vom klassischen Bildungsbegriff vorausgesetzt wird. Die heutige Bildung für alle vereinzelten Einzelnen orientiert sich nicht mehr am Bürger, sondern an seinem Widerpart, dem Träger der Ware Arbeitskraft, oder genauer: am Manager, der sich als Arbeitskraft gibt und an der Arbeitskraft, die Managementaufgaben übernimmt. Auch mit dieser Negation bürgerlicher Bildung folgen die Bildungsreformer nur einer Tendenz, die der bürgerlichen Gesellschaft selbst von Anbeginn innewohnt. Auch der Besitzer der Ware Arbeitskraft ist in ihr *per definitionem* Rechtssubjekt. Wie jeder andere Warenbesitzer muss er seine Ware verkaufen und – dazu aus eigenem freien Willen – Verträge eingehen. Rechtssubjekt ist man jedoch nicht von Natur, vielmehr muss man sich dazu aus ihr erhoben haben – oder: man muss mündig sein. Hervorgebracht werden soll diese Mündigkeit aber durch Bildung, deshalb kann die bürgerliche Gesellschaft sie den Besitzern der Ware Arbeitskraft nicht auf Dauer vorenthalten. So gesehen zielen die heutigen Bildungsreformen auf nichts anderes, als endlich die subjektive Voraussetzung dafür zu schaffen, dass auch der Träger der Ware Arbeitskraft als mündiger Warenbesitzer auftreten kann. Aber diese neue Mündigkeit ist, da haben ihre Gegner denn doch recht, von der alten, bürgerlichen *toto coelo* verschieden. Denn die Autonomie des Trägers der Ware Arbeitskraft äußert sich darin, dass er möglichst geschickt sein eigenes Arbeitsvermögen an den Mann oder die Frau bringt. Man kann das vielleicht die Grundform aller Verdinglichung nennen: Subjektivität wird entwickelt und findet ihren Ausdruck darin, sich zum Objekt eines fremden Willens zu machen. Aber heute reicht es nicht mehr, sich nur beim Verkauf wie ein Subjekt zu verhalten, auch wenn das bei steigender Konkurrenz auf dem Arbeitsmarkt auch immer wichtiger wird. Wie im vorigen Paragrafen beschrieben, muss angesichts des gegebenen Standes der Produktivkräfte auch in der Produktion das frühere Anhängsel der Maschinerie Subjekteigenschaften unter Beweis stellen. Es ist die Gewalt dieses Fortschritts der kapitalistischen Produktionsweise, die den Argumenten der

Bildungsreformer eine Wucht verleiht, die sie angesichts ihrer sachlich inhaltlichen Dürftigkeit von sich aus nicht haben.

Der neoliberale Slogan »Werde Subjekt!« wird nicht umsonst gerne mit der Formel: »Werde Unternehmer deiner selbst!« übersetzt. Die Tätigkeit des Unternehmers begrenzt sich nicht auf den Verkauf seiner Ware, seine Hauptaufgabe besteht darin, für die Verwertung seines Kapitals Sorge zu tragen. Und die vollzieht sich im Produktionsprozess, dort wo die Arbeitskraft tatsächlich angewendet wird. Die Formel »Werde Subjekt!« zielt darauf, nicht nur auf dem Markt, sondern auch im Betrieb ein Subjekt zu sein, das sich zum Objekt macht, das eigene Arbeitsvermögen nicht nur zu verkaufen, sondern es auch noch selbst zu verwerten. Der Widerspruch, der seit jeher in der Warenförmigkeit der Arbeitskraft steckte, aber durch die Trennung von Markt, also Verkauf, und Produktion, also Verwertung, verdeckt war, schnurrt nun, dadurch dass er sich in die Produktion fortsetzt, zu einer paradoxen Anforderung zusammen: Der tayloristische Maschinendiener soll zum Wächter und Regulator des Produktionsprozesses werden und zugleich sein Diener bleiben. Er soll vom Manager vor allem auch die Aufgabe übernehmen, die Maschinerie zum Zweck seiner eigenen Ausbeutung anzuwenden. All seine Subjektivität, all seine Kenntnisse und Fähigkeiten, seine Erfahrung, sein Geschick, seinen Einfallsreichtum soll er für solche Selbstausbeutung einsetzen. Genau das ist es, was der Begriff des Humankapitals im pädagogischen Bereich impliziert. Mit ihm werden die Menschen als potenzielle Arbeitskräfte klassifiziert, die dazu erzogen werden müssen, sich zu ihrem eigenen Arbeitsvermögen wie ein Kapitalist zu verhalten. Jeder kann nun zwar angeblich, wenn er sich nur tüchtig anstrengt, Teil des Herrschaftsapparates des Kapitals über die Arbeit werden, jeder sich einbilden, nun selbst Herr zu sein. Dass es mit dieser Einbildung nicht so weit her ist, zeigt sich dann daran, dass er überhaupt nur noch eine Chance darauf haben soll, seine eigene Existenz zu sichern, wenn er zur Selbstunterwerfung bereit ist. Die vermeintlichen Herren können sich an dem guten Gefühl ihres neugewonnenen Status erfreuen, aus der ersten Natur haben sie sich erhoben, aber um den Preis, sich selbst zu Knechten ihrer zweiten Natur, dem in der Technik verdinglichten kapitalistischen Produktionsverhältnis zu machen.

Ist die angestrebte Erwerbstätigkeit dergestalt widersprüchlich angelegt, dass die Objekte der Ausbeutung, die Funktionen der Ausbeutung übernehmen müssen, kann es nicht Wunder nehmen, dass ihr Vorbereitungsdienst an Schulen und Universitäten, der sich dem Managerideal verschreibt, ebenfalls widersprüchlichen Doppelcharakter annimmt. Flexibilität, die Ausdruck der Befreiung der Menschen von Monotonie, ihrer Bindung an die immergleiche Tätigkeit sein könnte, wenn denn ihr Wechsel dem Wunsch der Individuen entspränge, verkommt zur Anpassung an sogenannte Umweltbedingungen, der Sache nach zum Hinterherhecheln hinter den Fluktuationen des Kapitals. Lernen, das der Aufnahme der Tradition galt, auf dass wir nicht die Arbeit vergangener Generationen wiederholen müssen, wird zum Inbegriff jener Anpassung, die nur als gelungen erscheint, wenn sie zukünftigen Generationen möglichst viel neue Arbeit verschafft. Lernen des Lernens, von Humboldt als Voraussetzung wissenschaftlicher Tätigkeit gedacht, als Fähigkeit gemäß dem eigenen, am Gegenstand entzündeten Interesse, sich auf ihn einzulassen, wird zur gegen die Inhalte gleichgültigen Metakompetenz, sich auf jeweils neue Situationen zum immergleichen Zweck der Verwertung einzustellen. Lebenslanges Lernen beinhaltet nicht das Versprechen, das eigene Leben der Entfaltung eigener Interessen widmen zu können, sondern bedeutet, die eigene Biografie den zufälligen Bewegungen des Marktes entsprechend zu gestalten. Kompetenzorientierung, die damit für sich wirbt, dass Wissen in Können überführt, ihre uralte Trennung aufgehoben werden soll, vollendet die Instrumentalisierung des Wissens, verdinglicht es vollkommen in quasi automatisierten Verhaltensweisen, über die die Subjekte jederzeit nach Belieben disponieren können sollen. In wenigem dokumentiert sich drastischer, wie in all diesen Verkehrungen Selbstbestimmung der allgemeinen Betriebsamkeit nutzbar gemacht werden soll, als in der aus der Kompetenzorientierung stringent abgeleiteten Output-Orientierung. Wer einmal einen Blick auf einen neuen Kernlehrplan geworfen hat, dem wird aufgefallen sein, dass der sich liest wie das Pflichtenheft eines Softwareentwicklers. Da wird exakt in allen, stets abprüfbaren Einzelheiten beschrieben, was die Schülerinnen und Schüler am Ende können sollen. Die Schule wird endlich zur Lehrfabrik, die standardisierte Massenware auswirft, die, erzogen sich ständig mit anderen zu vergleichen, immer dazu bereit ist, alle erworbenen Kompetenzen im universalisierten Konkurrenzkampf auf jede erdenkliche Weise zum Einsatz zu bringen.

Und all diese Leistungen sollen die Individuen von sich aus erbringen, sie sollen selbst lernen, dieses Lernen selbst steuern und regulieren und sich stets selbst optimieren. Denn schließlich glauben die Bildungsreformer fest daran, dass in einem von ihren Prinzipien geleiteten Bildungsprozess die Individuen zu dem ertüchtigt werden, was sowieso schon in ihrem eigenen Interesse liegt, nämlich die gegebenen technischen Möglichkeiten dazu zu nutzen, dass die Gesellschaft im Überlebenskampf mit der ersten Natur bestehen könne. Ihre Selbsttäuschung beruht darauf, dass sie die Identität von technischem Fortschritt und seiner kapitalistischen Form, in der er sich nun einmal entwickelte, verabsolutieren. Sie bedürfen deshalb auch keiner Idee mehr, wie ihre bildungsbürgerlichen Gegner, keiner außerhalb des Prozesses liegenden Norm, sondern meinen stattdessen ganz ideologiefrei, rein pragmatisch und realistisch argumentieren zu können, indem sie sich auf den puren Sachzwang berufen, den sie für einen technischen halten und der in Wahrheit ein ökonomischer ist. Die gesellschaftlichen Probleme, die aus dem Widerspruch zwischen ökonomischer Form und technischem Inhalt resultieren, müssen sich demzufolge rein technisch lösen lassen. Auch die Pädagogik wird ihnen zu einer technischen Disziplin, die die zukünftigen Arbeitskräfte zu formen hat und deren höchstes Ziel deshalb darin bestehen muss, dass sie eine ebenfalls rein technisch gedachte Problemlösungskompetenz ausbilden.

Tatsächlich verwandeln sich in den Konzepten der Bildungsreformer die Möglichkeiten, die der technische Fortschritt der freien Entfaltung der Individuen bietet, in die Bestandteile eines abstrakten Anforderungskataloges, dem die Individuen genügen müssen. Man muss darum auch den Beteuerungen empirischer Bildungsforscher, sie hätten es endlich geschafft, sich von einer normativen Pädagogik zu verabschieden, und stünden nun auf dem festen Boden strenger neutraler und objektiver Wissenschaftlichkeit, nicht Glauben schenken. Ihr »Werde Subjekt!«, das Kants »Habe Mut, dich deines eigenen Verstandes zu bedienen!« zum Verwechseln ähnlich sieht, ist der Wahlspruch, oder besser: der kategorische Imperativ einer neuen Moral, und zwar einer Moral autonomer Heteronomie. Denn während Kant noch das Paradox der Pädagogik darin zu erkennen können glaubte, wie unter und mittels des Zwangs der Wunsch nach Freiheit in der Brust der Menschen zu wecken sei, ist die heutige Pädagogik in ihrem Wahn, wir lebten bereits in einer Ordnung der Freiheit, ganz darauf ausgerichtet, diesen Wunsch angesichts der unübersehbaren Möglichkeiten seiner Realisierung erst gar nicht aufkommen zu lassen. Den oben aufgeführten Forderungen nach selbstgesteuertem und selbstreguliertem Lernen, die den Kodex dieser Moral bilden, ist denn auch anzusehen, dass es bei ihnen nicht um Selbstbestimmung, sondern eher um Selbstbeherrschung geht. Die zuvor beschriebene neue Form der Entfremdung äußert sich im veränderten ökonomischen Zwangscharakter des Bildungsprozesses, der nur noch der Formation der Individuen zum Zweck der Aufrechterhaltung kapitalistischer Produktionsverhältnisse dient, die immer sichtbarer einer Entwicklung der Produktivkräfte im Wege stehen, die inzwischen tatsächlich im Hinblick auf ein neues Verhältnis zur ersten Natur dringend geboten erscheinen muss. Es kann deshalb nicht verwundern, dass die Motivation zum zentralen Problem der Bildungsreformer wird, dem sie nun mit psychologischen Mitteln beizukommen versuchen.

Ausblick auf eine fortschrittliche Bildung

Solange der technische Fortschritt weiter auf der »miserablen Grundlage« (Marx 1983b [1854]: 601) kapitalistischer Produktionsverhältnisse vor sich geht, müssen sich alle Bestimmungen dieses Prozesses in ihr Gegenteil verkehren, aus Produktivkräften Destruktivkräfte, aus dem Potenzial zur kollektiven Selbstverwaltung der Produktion und individueller Selbstbestimmung die Aktualität der Selbstausbeutung, aus dem Segen, den die Technik den Menschen bringen könnte, der Fluch werden, den sie tatsächlich darstellt. Was sich im Zuge dieses Fortschritts entfaltet, sind gesellschaftliche Produktivkräfte, die von einer Gesellschaft, die den produzierten Reichtum immer noch an der individuellen Arbeitsleistung bemisst und die Dissoziation der Individuen vorantreibt, deren Produktion zwar technisch längst vernetzt, aber sozial in miteinander konkurrierende Großkonzerne aufgespalten ist, nicht kontrolliert werden können. Nichts mag ungeheurer sein als der Mensch, aber zum Ungeheuer wird er, weil er seine eigene Form der Naturbeherrschung nicht beherrscht. Um dies zu tun, müsste er sich zu dem entwickeln, was Marx »das gesellschaftliche Individuum« (ebd.) genannt hat. Der Ausdruck ist doppeldeutig. Er meint zum einen, dass die Gesellschaft sich zu einem Individuum zusammenschließen muss. Erst in einer auf dem Prinzip der Kooperation statt der Konkurrenz beruhenden gesellschaftlichen Arbeitsteilung würden die selbstständigen individuellen Tätigkeiten technisch funktional. Er meint zum anderen, dass das Individuum sich zu einem Gesellschaftswesen entwickelt, den abstrakten Individualismus, der der bürgerlichen Gesellschaft seit jeher innewohnt und der in neoliberalen Zeiten sich ins Absurde steigert, aufhebt, und im vollen Bewusstsein seiner Angewiesenheit auf andere und anderes sein Zusammenleben mit ihnen dahingehend ausrichtet, dass alle sich frei entfalten können. Beide Bedeutungen sind nicht voneinander zu trennen, beides nur die zwei Seiten ein und derselben Medaille, ein und desselben Prozesses. Dennoch dürfte für Pädagogen und Pädagoginnen mit ihren beschränkten Möglichkeiten die zweite Seite, die Bildung des Individuums zum Gesellschaftswesen, von besonderem Interesse sein.

Wir können und wollen an dieser Stelle entsprechend unserem Ausgangspunkt auch nur einen Ausblick auf das Wissensverständnis wagen, das einer Bildung, die sich ein gesellschaftliches Individuum zum Zweck setzt, zugrunde liegen könnte. Zum zentralen Inhalt fortschrittlicher, kritischer Bildung heute müsste es unseres Erachtens werden, ein Bewusstsein für den sich ständig zuspitzenden Widerspruch zwischen der Entwicklung der Produktivkräfte und den bestehenden Produktionsverhältnissen zu schaffen. Das wird schwerlich vermittels der Rückkehr zu einer altsprachlich orientierten klassischen Bildung gelingen. Auf deren Ziel, ein angemessenes modernes Geschichtsbewusstsein auszubilden, kann aber kein Verzicht geleistet werden. Es ist konstitutiv dafür, die beschriebene Form der Verdinglichung des Wissens, seine universelle Instrumentalisierung aufzubrechen und dem prozessualen Charakter des Begriffs Geltung zu verschaffen. Eine moderne Bildung wird dementsprechend darauf aus sein, auf dieser Basis Selbstreflexion gerade – aber nicht nur – in den naturwissenschaftlichen Fächern in Gang zu setzen. Hier müssen die Möglichkeiten, die die naturwissenschaftliche Erkenntnis bietet, mit der sozial geprägten technischen Realität konfrontiert werden. Naturwissenschaftlicher Unterricht muss demzufolge über sich selbst hinausgehen, die sozialen Grenzen der eigenen Disziplinen und ihrer technischen Ergebnisse thematisieren und die wissenschaftliche und technische Einbildungskraft der Schülerinnen und Schüler dahingehend fördern, sie zu transzendieren.

Was die Form des zu vermittelnden Wissens anbetrifft, so gilt es ins Bewusstsein zu heben, dass das Wissen an sich allgemein ist. Wissen ist kein mögliches Eigentum, auch kein Gemeineigentum, kein *common*, sofern unter *common* Gemeingut verstanden wird. Dass ein Astronom auf der Grundlage der Relativitätstheorie einen Versuchsaufbau konstruiert, schließt niemanden davon aus, auf exakt derselben Grundlage einen anderen Versuch zu unternehmen. Beide können vielleicht nicht zur gleichen Zeit dasselbe Teleskop benutzen, aber das betrifft nicht das Wissen als solches. Ebenso wenig wird ein Techniker daran gehindert, vermittels des Energieerhaltungssatzes eine Maschine zu entwickeln, weil ein anderer Techniker Ähnliches tut. Wissen kann, insofern es kein Eigentum ist, auch nicht angeeignet, geschweige denn erworben werden. Wenn Linguisten von Spracherwerb sprechen, zeugt das von einem sehr sonderbaren Begriff von Bildung. Eine fortschrittliche Bildung müsste vielmehr darauf ausgerichtet sein, dem Wissen die ihm gebührende allgemeine Form zu geben, und dazu sich gegen alle Formen wenden, in denen es parzelliert und angeeignet wird.

Literatur

Anderson, Benedict (1983), *Die Erfindung der Nation. Zur Karriere eines erfolgreichen Konzepts*, Frankfurt am Main/New York.

Bacon, Francis (1990 [1620]), *Neues Organon*, hg. v. Wolfgang Krohn, Teilband 1, Hamburg.

Baumert, Jürgen/Klieme, Eckhard/Neubrand, Michael/Prenzel, Manfred u.a. (Hg.) (2001), *PISA 2000: Basiskompetenzen von Schülerinnen und Schülern im internationalen Vergleich*, Opladen

Baumert, Jürgen (2007), »Ausbildung von Lehrerinnen und Lehrern in Nordrhein-Westfalen. Empfehlungen der Expertenkommission zur Ersten Phase«, letzter Zugriff: 01.09.2018, http://www.aqas.de/downloads/Lehrerbildung/Bericht_Baumert-Kommission.pdf.

Baumert, Jürgen/Tillmann, Klaus-Jürgen (Hg.) (2016), *Empirische Bildungsforschung. Der kritische Blick und die Antwort auf die Kritiker*, Themenheft der Zeitschrift für Erziehungswissenschaft, Jg. 19, H. 31, Wiesbaden.

Bellmann, Johannes (2007), *John Deweys naturalistische Pädagogik. Argumentationskontexte, Traditionslinien*, Paderborn.

Bourdieu, Pierre/Passeron, Jean-Claude (1971), *Die Illusion der Chancengleichheit: Untersuchungen zur Soziologie des Bildungswesens am Beispiel Frankreichs*, Stuttgart.

Dahrendorf, Ralf (1966), *Bildung ist Bürgerrecht. Plädoyer für eine aktive Bildungspolitik*, Hamburg.

Foucault, Michel (2004), *Geschichte der Gouvernementalität II: die Geburt der Biopolitik. Vorlesung am Collège de France 1978–1979*, Frankfurt am Main.

Hartmann, Michael (2002), *Der Mythos von den Leistungseliten: Spitzenkarrieren und soziale Herkunft in Wirtschaft, Politik, Justiz und Wissenschaft*, Frankfurt am Main.

Hegel, Georg Wilhelm Friedrich (1969 [1807]), *Jenaer Realphilosophie. Vorlesungsmanuskripte zur Philosophie der Natur und des Geistes von 1805–1806*, hg. v. Johannes Hofmeister, Hamburg.

Hentig, Hartmut von (1996), *Bildung. Ein Essay*, München/Wien.

Heydorn, Heinz-Joachim (1970), *Über den Widerspruch von Bildung und Herrschaft*, Frankfurt am Main.

Hochschul-Informations-System GmbH (HIS) (2000), »OECD-Bildungsindikatoren: Methoden und Ergebnisse des internationalen Bildungsvergleichs«, Workshop vom 03.11.1999 mit Beiträgen des Statistischen Bundesamts und Bundesministeriums für Bildung und Forschung.

Humboldt, Wilhelm von (2002 [1792]), »Ideen zu einem Versuch, die Grenzen der Wirksamkeit des Staats zu bestimmen«, in: ders., *Schriften zur Anthropologie und Geschichte*, Werke hg. v. Andreas Flitner/Klaus Giel, Darmstadt, Bd. 1, S. 56–233.

Kracauer, Siegfried (1971), *Die Angestellten*, Frankfurt am Main.

Maag Merki, Katharina (2009), »Kompetenz«, in: Sabine Andresen/Rita Casale/Thomas Gabriel/Rebekka Horlacher u.a. (Hg.), *Handwörterbuch Erziehungswissenschaft*, Weinheim, S. 492–506.

Marcuse, Herbert (2008), »Das Salzburger Humanismusgespräch«, auf: ders., *Der Mensch in einer sozialisierten Welt, Vorträge und Gespräche*, auf 4 CDs, München.

Marx, Karl (1983a [1843]), Zur Kritik der Hegelschen Rechtsphilosophie. Einleitung, MEW Bd. 1, Berlin, S. 378–391.

Marx, Karl (1983b [1854]), *Grundrisse einer Kritik der politischen Ökonomie*, MEW Bd. 42, Berlin.

Marx, Karl (1976 [1867]), *Das Kapital*, Erster Band, MEW Bd. 23, Berlin.

Mills, Charles Wright (1962), *Die amerikanische Elite: Gesellschaft und Macht in den Vereinigten Staaten*, Hamburg.

OECD (2005), »The Definition and Selection of Key Competencies. Executive Summary«, letzter Zugriff: 02.09.2018, https://www.oecd.org/pisa/35070367.pdf.

Robinsohn, Saul B. (1967), *Bildungsreform als Revision des Curriculum*, Neuwied.

Schelsky, Helmut (1965 [1956]), »Soziologische Bemerkungen zur Rolle der Schule in unserer Gesellschaftsverfassung«, in: ders., *Auf der Suche nach Wirklichkeit*, Gesammelte Aufsätze, Düsseldorf/Köln, S. 131–160.

Tenorth, Heinz-Elmar (2004), »Stichwort: ›Grundbildung‹ und ›Basiskompetenzen‹«, in: *Zeitschrift für Erziehungswissenschaft*, Jg. 7, H. 2, S. 169–182.

Tenorth, Heinz-Elmar (2016), »Bildungstheorie und Bildungsforschung, Bildung und kulturelle Basiskompetenzen – ein Klärungsversuch, auch am Beispiel der PISA-Studien«, in: *Zeitschrift für Erziehungswissenschaft*, Jg. 19, H. 31, S. 45–71.

Terhart, Ewald (2016), »Empirische Bildungsforschung und ihre Disziplinen – Wandlungsprozesse und Konfliktlinien in instabilen Expertenkulturen«, in: *Zeitschrift für Erziehungswissenschaft*, Jg. 19, H. 31, S. 73–87.

Tillmann, Klaus-Jürgen (2016); »Empirische Bildungsforschung in der Kritik – ein Überblick über Themen und Kontroversen«, in: *Zeitschrift für Erziehungswissenschaft*, Jg. 19, H. 31, S. 5–22.

Weinert, Franz Emanuel (1999), *Konzepte der Kompetenz. Gutachten zum OECD-Projekt: »Definition of Competencies: Theoretical and Conceptual Foundations (DeSeCo)«*, Paris.

Weinert, Franz Emanuel (2001), »Concept of Competence: A Conceptual Clarification«, in: Dominik S. Rychen/Laura H. Salganik (Hg.), *Defining and Selecting Key Competencies*, Seattle, S. 45–65.

Der anti-egalitäre Bruch in der Bildung

Thomas Höhne

Einleitung

Bildungsreformen haben – wie soziale und politische Reformen – eine eigene Dynamik und stellen sowohl politische Reaktionen auf sichtbar gewordene soziale Veränderungen als auch politisch beabsichtigte und erst noch ins Werk zu setzende Transformationen dar. Die gesellschaftspolitischen Auseinandersetzungen um Gleichheit, Leistung, Gerechtigkeit und Auslese sind seit den 1990er Jahren in eine neue Phase getreten – so meine zentrale Annahme –, die einen entscheidenden *sozial- und bildungspolitischen Bruch zum aufstiegsorientierten Gleichheitsversprechen* darstellt, das seit Ende des 19. Jahrhunderts bestimmend war für die Formation der Bildungsinstitutionen und die gesellschaftlichen Auseinandersetzungen um Bildung (Herrlitz u.a. 2009). Dies fand seinen Ausdruck im Diskurs um einen möglichen Bildungsaufstieg des Einzelnen[1], der historisch ein gesellschaftliches Aspirationsniveau repräsentierte, das nur unter der Voraussetzung der staatlichen Gewährleistung eines gewissen Maßes an Chancengleichheit realisierbar war. Da die sozialen Bedingungen dafür (noch) nicht gegeben waren, mussten sie sozial- und bildungspolitisch erst hergestellt und institutionalisiert werden, was historisch zum ersten Mal im Weimarer Schulkompromiss von 1920 vollzogen wurde, der einen durch die Kriegsniederlage erzwungenen Bruch mit dem ständischen Schulsystem des deutschen Kaiserreichs darstellte. Er bildete den einzigen, zur damaligen Zeit aufgrund der herrschenden Klassen- und Kräfteverhältnisse möglichen politischen Minimalkonsens, der nach dem äußeren Zusammenbruch der ständischen Ordnung einen ersten Schritt in Richtung der sozialen und demokratischen Öffnung des schulischen Feldes markierte.

---

1 In Bezug auf geschlechtersensible Schreibweise werde ich im Folgenden generell eine zwischen männlicher und weiblicher Form alternierende Schreibweise verwenden, mit Ausnahme des Akteursbegriffs, den ich als abstrakte Position begreife.

Die Differenz eines sozialpolitisch nicht (mehr) hintergehbaren Aspirationsniveaus als »aufsteigender Klassenbewegung« (Herrlitz u.a. 2009: 130) auf der einen Seite und der konkreten institutionellen Ausgestaltung von Bildung (Institutionen, Zugänge, Übergänge, rechtliche Regelungen, lokale Praktiken usw.) auf der anderen Seite ist konstitutiv für demokratische Bildungsreformen. Dies gilt insbesondere für Gleichheits- und Aufstiegserwartungen, die jedoch stets auch klare soziale Grenzziehungen einschließen, denn auch der Weimarer Schulkompromiss beinhaltete Grenzen, die konstitutiv bis heute gelten:

»Alle Versuche, die Grundschulzeit seitdem [Weimarer Schulkompromiss, T.H.] auf sechs Jahre zu verlängern, sind gescheitert. Das ist immerhin ein Zeitraum von fast hundert Jahren. Hinter diesem Widerstand steckt nicht nur das Sonderinteresse der Verteidiger des ›grundständigen‹ neun- oder achtjährigen Gymnasiums. Vielmehr zeigt es auch ein nicht sehr ausgeprägtes allgemeines Interesse an gleicher Bildungsteilhabe, die unmöglich nach vier Jahren gemeinsamer Grundschule erreicht sein kann.« (Hopf 2017: 31)

Historischer Kompromiss zu Bildung und sozialem Aufstieg

Was in dieser historischen Perspektive deutlich wird, ist der Umstand, dass Gleichheit und (möglicher) sozialer Aufstieg stets an gesellschaftspolitische Kräfteverhältnisse geknüpft sind. Oder anders ausgedrückt: Bildung bildet in der modernen kapitalistischen Gesellschaft das zentrale Feld zwischen Familie und Arbeit/Produktion, in dem die Bedingungen von Chancengleichheit, sozialer Mobilität und Aufstieg gesellschaftlich institutionalisiert und kanalisiert sowie bildungspolitisch immer wieder aufs Neue in Bildungsreformen verhandelt werden (von Friedeburg 1992). Damit stellt Bildung das entscheidende Zwischenglied zwischen Familie (privater Reproduktionsbereich) und Arbeit (öffentlicher Produktionsbereich) dar und bildet einen übergreifenden sozial-, arbeits- und bildungspolitischen Reproduktionszusammenhang. Dieser strukturelle Zusammenhang ist für die Frage, welchen Stellenwert (Un-)Gleichheit für Bildung hat, von entscheidender Bedeutung, da die familiären Bedingungen bzw. die soziale Herkunft das seit dem 19. Jahrhundert bis heute sich durchziehende Kernkriterium für Bildungserfolg ist und Bildungsungleichheit einen kumulativen Prozess darstellt (Baader/Freytag 2017), der bis zur beruflichen und sozialen Positionierung reicht, die gemeinhin als Allokationsfunktion von Bildung beschrieben wird.

Dieser *Komplex aus Arbeit, Sozialpolitik und Bildung* ist historisch mit der Entwicklung der modernen Erwerbsarbeit und deren sozialer Absicherung durch die Institutionen des Wohlfahrtsstaats im Industriekapitalismus in der zweiten Hälfte des 19. Jahrhunderts entstanden (Kocka 2016). Das Bildungssystem musste neben der Rekrutierung des höheren Beamtentums, also die staatsfunktionale Verknüpfung der höheren Bildung (Herrlitz u.a. 2009: 63), zunehmend auch den Qualifikationsbedarf der Industrie sicherstellen (zum Beispiel Realien, Lehrpläne, ebd.: 65). Die Deckung dieses Bedarfs war nur durch eine öffnende und über das ständisch-feudale System hinausgehende soziale Rekrutierung und Dynamisierung zu erreichen, die mit gesteigerten Bildungsaspirationen einherging, die Ende des 19. Jahrhunderts ein gesellschaftlich verallgemeinertes »modernes Bildungsstreben« repräsentierten (Herrlitz u.a. 2009: 130). Dieses gesellschafts- und bildungspolitisch nicht mehr hintergehbare Aspirationsniveau war auch »durch administrative Gegensteuerung nicht mehr [zu] begrenzen«, sondern stand historisch zum ersten Mal für eine gesellschaftlich verallgemeinerte Hoffnung auf »Verbesserung der sozialen Lage der Nachkommen und eine gute schulische und berufliche Ausbildung der Kinder« (ebd.). Die Formel ›Aufstieg durch Bildung‹ entwickelte sich zu einer zentralen Norm und damit zu einem generationenübergreifenden Modell von Mobilität und Aufstieg.

Diese historische Perspektive möchte ich zum Ausgangspunkt nehmen für die folgenden Überlegungen, in denen der Zusammenhang von Gleichheit, Bildung und Aufstieg/Mobilität auf seine Veränderungen im Rahmen der aktuellen Bildungsreformen beleuchtet werden soll. Anlass dafür ist zum einen die Diagnose einer ›Krise der Gleichheit‹, die von mehreren Beobachterinnen wie Pierre Rosanvallon, Colin Crouch, Oliver Nachtwey und Nancy Fraser vertreten wird. Bei aller Unterschiedlichkeit der theoretischen Begründungen ist ihnen gemeinsam, dass sie die Krise der Gleichheit mit politischen, sozialen, kulturellen und ökonomischen Veränderungen in Verbindung bringen und dies für den Bildungsbereich von großer Bedeutung ist.

Anschließend gehe ich der Frage nach, wie (Un-)Gleichheit zwischen unterschiedlichen Akteuren neu verhandelt wird und wie sie sich gegenüber den Bildungsreformen der 1960er Jahre verändert hat. Bei der Rede von der Krise der Gleichheit geht es darum, die Neu- und Reformulierung im aktuellen Gleichheitsdiskurs herauszuarbeiten und die damit verbundenen semantischen Verschiebungen deutlich zu machen. Denn (Un-)Gleichheit als tragendes Thema verschwindet nicht einfach oder wird auch nicht geleugnet, sondern ist im gesellschaftspolitischen Diskurs stärker denn je präsent. Nie war – so könnte man das vermeintliche Paradox formulieren – so viel gesellschaftliche (Un-)Gleichheit sichtbar und nie ist so viel darüber gesprochen worden. Die kontinuierliche globale Zunahme von Ungleichheit (Alvaredo u.a. 2018) seit den 1980er Jahren korreliert mit einem ›egalitären Neusprech‹, wie man das veränderte Sprechen über (Un-)Gleichheit in Anlehnung an die Untersuchung *BankSpeak* von Moretti und Pestre (2015) zur veränderten Thematisierung von Armut in Weltbankberichten nennen könnte.

Im ersten Schritt der Argumentation werden zunächst einige neuralgische Punkte des veränderten (Un-)Gleichheitsdiskurses thematisiert mit dem Ziel, wichtige Linien der gesellschaftlichen und politischen Auseinandersetzungen um (Un-)Gleichheit frei zu legen. Danach komme ich auf einige Veränderungen von Staat, Ökonomie, Gesellschaft und Bildung zu sprechen, die für die Transformation des Gleichheitsdiskurses von Belang sind, um im dritten Schritt die Erklärungen der genannten Autoren zu neuen Formen von (Un-)Gleichheit zu skizzieren und mögliche Zusammenhänge mit Ökonomisierung zu reflektieren.

Umkämpfte Gleichheit

Mit Pierre Rosanvallon lässt sich die einleitend erwähnte Bildungsaspiration und die Idee des sozialen Aufstiegs durch eine egalitäre Bildung als eine Art notwendige gesellschaftliche Projektion oder Imagination fassen, die er mit Blick auf Gleichheit als »*imaginäre Gleichheit*« bezeichnet (2017: 68). Sie habe »weniger mit der Entwicklung eines geistigen Bildes zu tun, der Beschwörung eines spezifischen, künftigen Zustands, als vielmehr mit der Tatsache, die Möglichkeit einer Veränderung der eigenen Situation als real zu betrachten« (ebd.). Der Umstand, dass Erwartungen und Hoffnungen auf Verbesserung der eigenen sozialen Position sich gesellschaftlich verallgemeinern und als ›realistisch‹ eingeschätzt werden, schließt die ideologische Dimension in der sozialen und politischen Konstruktion von Gleichheit und Aufstieg mit ein, wie sie Ende der 1960er Jahre mit dem Begriff der *Illusion der Chancengleichheit* (Bourdieu/Passeron 1971) formuliert wurde. Entscheidend ist jedoch zunächst einmal, dass Ziele wie Bildungserfolg als real und erreichbar gesellschaftlich imaginiert, Werte wie Gleichheit als für alle gleich geltend angenommen und Regeln als gerecht erachtet werden müssen, um für Individuen handlungsleitend und sozial wirkmächtig zu sein. Diese imaginäre Dimension impliziert durchaus widersprüchliche Einschätzungen zur (Un-)Gleichheit wie die, dass die überwältigende Mehrheit soziale Ungleichheit ablehnt, aber gleichzeitig Einkommensunterschiede zu Wachstumszwecken oder aufgrund individueller Leistungsunterschiede befürwortet (Rosanvallon 2017: 14). Daraus wird zumindest ersichtlich, dass die gesellschaftliche Wahrnehmung von (Un-)Gleichheit widersprüchlich, ambivalent und stets meritokratisch gebrochen ist, was die historischen Wandlungen des Verhältnisses von Gleichheit und Leistung widerspiegelt (Hopf 2010). Denn die seinerzeit vom liberalen Bürgertum vorgetragene ursprünglich emanzipatorische Kritik an gesellschaftlicher Ungleichheit, mit der die Legitimität der gesellschaftlich-feudalen Privilegienordnung auch unter ›Leistungsvorbehalt‹ gestellt wurde, hat sich historisch rasch zu einer neuen Schließung gegenüber der nicht-bürgerlichen Klasse des Proletariats entwickelt, um das Vor-Recht der ›bürgerlichen Bildung‹ aufrecht und exklusiv zu halten. Seit dem letzten Drittel des 19. Jahrhunderts dient ›Leistung‹ hierbei als Immunisierungsstrategie gegen weitere Ansprüche ›von unten‹, die bis heute ihre Bedeutung für die Legitimation der anti-egalitären Schließung von Bildung nicht eingebüßt hat. Um Missverständnissen vorzubeugen: Anti-egalitäre Schließung meint hierbei nicht den absoluten Ausschluss von Individuen aus Bereichen wie Bildung, Arbeit oder Gesundheit, sondern die *kontrolliert-selektive soziale und politische Regulierung des Zugangs zu entsprechenden gesellschaftlichen Ressourcen* wie Bildung oder Gesundheit. Das Recht auf und der grundsätzliche Zugang zu Bildung ist in modernen universalistisch orientierten Bildungsinstitutionen normativ nicht mehr hinterfragbar, seine institutionelle Realisierung steht hingegen auf einem anderen Blatt. Insofern bezieht sich die These des anti-egalitären Bruchs auf die Verschiebungen der normativen Grundlagen von Gleichheit und deren politische Reformulierung – und nicht auf deren Abschaffung.

Die diskursive Entgegensetzung von Gleichheit und Leistung hat im Primat individueller Leistung gegenüber Gleichheit gesellschaftspolitisch dominiert und auch im Kontext der sozialdemokratischen Bildungsreform immer die Grenzen von Gleichheit markiert. Übertriebene Gleichheitsvorstellungen, so die Botschaft, führten zu Ungerechtigkeiten, womit jede Gleichheitsforderung durch die Forderung nach individueller Leistungsgerechtigkeit unter Ideologieverdacht, nämlich auf ›Gleichmacherei‹ von Unterschieden hinauszulaufen, gerät. Denn »ein nur individuell verstandene[s] ›unterscheidende[s]‹ Gerechtigkeitsprinzip«, so Wulf Hopf, »nimmt die *schulisch* definierten Ungleichheiten von individueller Begabung, Motivation, Sozialverhalten etc. als Ansatzpunkt für einen ›alle gleichermaßen fördernden Unterrichts‹ und verstellt den Blick für die außerschulisch und gesellschaftlich bedingten Ungleichheiten« (2017: 34, Herv. i. Orig.). Somit verstärkt der Diskurs über die Grenzen der Gleichheit die Perspektive auf individuelle Unterschiede von Vermögen, Leistung, Können, Talent usw. In der Polarisierung von individueller Leistung und Begabung auf der einen Seite und Gleichheit auf der anderen spiegelt sich zudem die liberale Logik der Entgegensetzung von Individuum und Gesellschaft, die sich seit der Genese der bürgerlichen Gesellschaft tief kulturell als Muster in die gesellschaftliche Wahrnehmung eingeschrieben hat. Dennoch: Erwartungen, Projektionen und Imaginationen müssen bis zu einem gewissen Grad auch institutionalisiert und staatlich abgesichert sein, um nicht als komplette Illusion im Sinne eines leeren politischen Versprechens zu gelten. Diskurse, in denen gesellschaftliche Imaginationen und Vorstellungen über Gleichheit artikuliert werden, und Institutionen, die hier in einem engen Verständnis als Rechte, Regeln, Strukturen (zum Beispiel Schulformen), Bildungstitel, Qualifikationen usw. betrachtet werden sollen, hängen also direkt miteinander zusammen und verweisen in der Art ihrer gesellschaftlichen Realisierung aufeinander. Gleichheit entfaltet kein legitimatorisches Potenzial für Politik und die soziale Ordnung, wenn sie ausschließlich deklariert oder postuliert, aber in keiner Weise institutionell umgesetzt ist. Insofern spiegelt sich Gleichheit auch in den *institutionellen Gegebenheiten einer Gesellschaft wider, die gleichsam gesellschaftlich-institutionalisiert Anerkennungsverhältnisse repräsentieren.* Dazu gehören unter anderem die Mehrgliedrigkeit des Schulsystems, das Übergangssystem (weiterführende Schule, duale Ausbildung/akademische Bildung) oder föderale Strukturen (Kulturhoheit der Länder), die übergreifende institutionelle Gelenkstellen und politische Regulationsformen im Feld der Bildung darstellen. Durch sie wird die Einzelne ›gerechterweise‹ aus- oder umsortiert, auf weiterführende Schulen überwiesen, als begabt, mit schlechter Bildungsprognose oder als Inhaber eines ›billigen Abiturs‹ etikettiert. Diese unterschiedlichen Formen und Ebenen der Institutionalisierung beruhen auf normativen Prämissen und herrschenden Legitimationsdiskursen, die breit gesellschaftlich verankert, wenn auch nicht unumstritten sind. Chanceneröffnende gehen stets mit chancenbegrenzenden gesellschaftlichen Wertvorstellungen einher, wozu sowohl Erwartungen an die Gleichheit der Chancen, die Gerechtigkeit der Leistung oder die Möglichkeit des sozialen Aufstiegs genauso gehören wie Überzeugungen von der Unterschiedlichkeit von Begabungen, der Notwendigkeit der Drei-/Mehrgliedrigkeit des Schulsystems oder dem Glauben an die Trennung von nicht-akademischer Ausbildung und akademischer Bildung – eben die bekannte Selektionsfunktion von Bildung.

Bezieht man Gleichheit nun generell auf die unterschiedlichen Funktionen der modernen Schule seit Ende des 19. Jahrhunderts, dann werden die heterogenen und widersprüchlichen gesellschaftlichen Anforderungen sowie die bildungspolitischen Auseinandersetzungen sichtbar, die sich in dieser zentralen Institution wie das Licht in einem Prisma brechen. Dies betrifft nicht nur die Sicherung des Qualifikationsbedarfs, der aktuell in der Krise der dualen Ausbildung und der Akademisierungsdebatte seinen bildungspolitischen Konflikt erfährt, oder die Funktionen von Erziehung und Bildung, zwischen denen etwa die Diskussionen in der Elementarpädagogik changieren, sondern auch die Selektions- und Allokationsfunktion, die gerade hinsichtlich der Reproduktion sozialer Ungleichheit von entscheidender Bedeutung ist.

Mit Blick auf die politische Regulation dieser unterschiedlichen Anforderungen an Bildung hatte bereits Mitte der 1970er Jahre Claus Offe auf das »kontrafaktische Erscheinungsbild von Chancengleichheit und damit von der Klassen-Neutralität« der Bildungspolitik hingewiesen, da »sozialer Status und Lebenschancen der Individuen an die Bewegungen einer profitgesteuerten Ökonomie gebunden bleiben« (1975: 241). Und er fügt hinzu: Da die »ideologischen Systemprämissen einer egalitären Wirtschafts- und Gesellschaftsstruktur weder offen fallengelassen noch aber im ökonomischen System selbst eingelöst werden können, übernimmt außerhalb der marktgesteuerten Verwertungsprozesse, aber zugleich in Abhängigkeit von ihnen, das öffentliche Bildungssystem die Funktion der Versöhnung dieser kontradiktorischen Bedingungen durch eine formelle Politisierung der gesellschaftlichen Verteilung von Sozialstatus und Lebenschancen« (ebd.). Das moderne Bildungssystem erweist sich somit nicht nur als notwendig für die Dynamisierung der Gesellschaft (Mobilität, Aufstieg), sondern ist zugleich auch immer ein Spiegelbild von Klassenstrukturen, Milieus, Eliten, Interessengruppen und sozialen Kräfteverhältnissen.

Die erwähnte Krise der Gleichheit betrifft das Bildungssystem in besonderer Weise, da es grundlegend durch seine *demokratisch-egalitären Voraussetzungen* legitimiert ist. Denn im Unterschied zum Arbeitsmarkt und Beruf, in dem Leistung sehr viel klarer an Verwertungskontexte gebunden ist, muss Bildung neben der Selektion auch immer sozialintegrativ und allgemeinbildend wirken – so zumindest der noch herrschende Konsens. Gegenwärtig liegt der bildungspolitische Fokus seit PISA auf der leistungsorientierten Selektionsfunktion, wodurch das austarierte System aus heterogenen Anforderungen und Funktionen aus den Fugen gerät. Diese Veränderung zeigt sich etwa in einer folgenreichen Entwertung von Gleichheit als normativem bildungspolitischen Leitprinzip durch eine rein funktional-instrumentelle Sichtweise auf ›Ungleichheit als Problem‹.

Ungleichheit als Problem

Bemerkenswert ist das thematische Verschwinden der Gleichheit im Diskurs und komplementär der Aufstieg des Ungleichheitsdiskurses in der spezifischen Form von *Ungleichheit als Problem* seit etwa zwei Jahrzehnten – analog übrigens zur Thematisierung von ›Armut‹ etwa in Weltbankberichten, in welchen ›Armut‹ nur noch in einem technologisch-managerialen Jargon (Moretti/Pestre 2015: 6) verwendet wird. So hat die OECD seit einigen Jahren das Thema Ungleichheit entdeckt, das nun in vielerlei Hinsicht Grund zur Beunruhigung liefert: Als Wachstumsbremse, ineffiziente Humankapitalausschöpfung oder Grund für gesellschaftliche Desintegration (OECD 2015). Auch die PISA-Vergleichsstudien gehören in diesen Kontext der Sorge internationaler Akteure um das ›Zuviel‹ an Ungleichheit, in denen die Ungleichheit als Risiko eines an sich funktionierenden meritokratischen Schulsystems – so wird unterstellt – betrachtet wird. Ungleichheit also im Kontext der beabsichtigten Performanzsteigerung, die das Kernziel der OECD-Politik ist (Bloem 2016; Radtke 2003), wird zum Problem (gemacht) und *nicht als Problem etwa einer mangelnden Durchsetzung von Gleichheit betrachtet.* Diese sehr unterschiedlichen Sichtweisen von ›Ungleichheit als Problem‹ und ›Gleichheit als Problem‹ müssen unterschieden werden, um die bildungspolitische Stoßrichtung von Reformen einzuordnen.

Denn mit Ungleichheit als politischem Problem wird der *normativ-universalistische Anspruch des Gleichheitsdiskurses* ausgeblendet und damit auch seine gesellschaftspolitischen Implikationen und Prämissen einer ›gleichen Gesellschaft‹. Stattdessen wird Ungleichheit einer *partikular-instrumentellen Zweck-Mittel-Rationalität* unterworfen, deren Wert an ›höheren Zielen‹, wie etwa Performanzsteigerung, bemessen wird. Mit Weber kann man diesen Wechsel von einem wertrationalen Verständnis von *Gleichheit als Prinzip*, dessen Funktion als handlungsleitende Maxime nicht von äußeren Zwecksetzungen abhängig gemacht wird, hin zu einem instrumentell-zweckrationalen Verständnis von Ungleichheit beschreiben. Semantisch bedeutet dies, dass mit dem veränderten Sprechen über Ungleichheit in einer ausschließlich problemorientierten-instrumentellen Sichtweise eine subtile und folgenreiche Bedeutungsverschiebung erfolgt, die – so paradox das klingen mag – zu einer normativen Entwertung von Gleichheit geführt hat, die auf eine grundlegende Veränderung des »im Sozialstaatskompromiss eingespielten Verständnis von Wert- und Zweckrationalität« (Radtke 2009: 625) zurückzuführen ist. Denn seit den 1990er Jahren lässt sich zunehmend eine Hierarchisierung politischen Handelns zugunsten zweckrationaler Logik beobachten, die entweder als ›Sachzwang‹ oder ›evidenzbasierte Daten-Objektivität‹ (Ranking, Evaluation) in der Bildungspolitik auftritt oder als Vorstellung einer effizienten und effektiven Demokratie (Crouch 2008), wodurch wertrationale Bezüge (zum Beispiel Gleichheit, Solidarität, Kooperation) relativiert werden. Vor diesem Hintergrund wird das geradezu de(kon)struktive Potenzial eines »Ungleichheit-als-Problem-für«-Diskurses für den klassischen Gleichheitsdiskurs deutlich:

»Als Schlagwort behält Gleichheit natürlich auch weiterhin ihren Platz in den Reden und Programmen. Die Tatsache jedoch, dass sie an der Krücke schmeichelhafter Adjektive daherkommt, die sie als ›radikal‹ oder ›real‹ ausgeben, kann nicht verhindern, dass sie hohl klingt. Sie hat ganz einfach den Bezug zur Erfahrungswelt verloren, sie zeigt nicht mehr auf konkrete und nachvollziehbare Weise, welche Kämpfe zu führen und welche Perspektiven zu entwickeln sind. […] Sie äußert sich nur noch als negative Beschwörung, ›die Ungleichheit zu verringern‹, ohne ein positives Bild einer wünschenswerten Welt zu entwerfen. Sie verkörpert keinen Wert von universeller Bedeutung mehr, zu dem sich jeder, wie zur Freiheit, bekennen kann.« (Rosanvallon 2017: 16–17)

Wie es dazu kam, soll im Folgenden kurz skizziert werden.

Neoliberale Modernisierung

Wenn man die 1920er Jahre, die 1960er Jahre und die 2000er Jahre als entscheidende Bildungsreformperioden betrachtet, so unterscheiden sich die aktuellen Reformen durch eine Relativierung bzw. einen Bruch mit der egalitär-demokratischen Öffnung von Bildung, die für die beiden erstgenannten Reformphasen leitend gewesen ist. Waren diese noch bis in die 1960er Jahre durch den erwähnten keynesianistischen Sozialstaatskompromiss gekennzeichnet, so begann mit dem Abflauen des wirtschaftlichen Wachstums und den Krisen, in die Staat und Ökonomie in den 1970er Jahren gerieten (Erdölkrise, Ende von Bretton Woods, Anstieg der Staatsverschuldung, strukturelle Arbeitslosigkeit usw.), sowie mit dem Regierungsantritt von Reagan, Thatcher und Kohl Anfang der 1980er Jahre und dem Fall der Mauer Anfang der 1990er Jahre (Wegfall der kommunistischen ›Systemkonkurrenz‹) eine neue Ära der Expansion neoliberaler Prinzipien im Rahmen der Globalisierung. Dazu gehörten unter anderem der Ab-/Umbau des Staates durch eine Verwaltungsmodernisierung (New Public Management) und die zunehmende Kooperation mit privaten Akteuren (Public Private Partnership, Stiftungen usw.), die Deregulierung von Arbeitsmärkten und den sozialen Sicherungssystemen und der Wandel politischer Steuerung hin zu einem outputorientierten Wettbewerbsregime bzw. »nationalen Wettbewerbsstaat« (Hirsch 1995). Diese übergreifende neoliberale Modernisierung von Staat und Politik und besonders des arbeits- und sozialpolitischen Bereichs prägte – wenn auch sicherlich zeitlich verschieden von Land zu Land und pfadabhängig – seit der zweiten Hälfte der 1990er Jahre und mit dem transnationalen PISA-Ereignis weltweit die Bildungsreformen in den OECD-Staaten (Knodel u.a. 2010; Hartong u.a. 2018). Damit begann die Erosion des universellen Gleichheitsdiskurses und des bisherigen gesellschaftspolitischen Kompromisses, der zumindest programmatisch im 20. Jahrhundert gesellschaftliche Modernisierung, soziale Mobilität bzw. Aufstieg und demokratische Öffnung als bildungspolitische Leitprinzipien hatte. Die egalitär-universalistisch ausgerichtete Bildungspolitik wurde im Zuge der kompetitiven Umsteuerung des Feldes der Bildung in der Folge primär nach einer Wettbewerbslogik umgestaltet und dies unter anderem mittels der Delegitimation, die das deutsche Bildungssystem durch die PISA-Ergebnisse erfahren hatte.

Die kompetitive Ordnung der Bildung

›Wettbewerb‹ ist ein zentrales Kriterium für ökonomisierende Transformationen von Bildung (Hartong u.a. 2018). Boltanski und Chiapello zufolge sind Wettbewerbe geradezu das Signum des Kapitalismus, denn sie schaffen »kapitalistische Einheiten« – gleichgültig, ob Subjekte, Organisationen, Gruppen, Länder usw. –, deren Existenz »permanent durch die Handlungen anderer konkurrierender Einheiten [bedroht ist]. Diese Dynamik schafft eine permanente Unsicherheit und bietet den Kapitalisten ein sehr starkes Motiv der Selbst-Erhaltung, um ohne Unterlass den Prozess der Akkumulation fortzuführen« (2003: 462). Wettbewerb ist damit nicht Ausdruck einer ökonomischen Vernunft oder Logik, sondern schafft diese erst in Form einer kompetitiven Ethik und einer Ordnung. Moderne Wettbewerb(e) sind in vielfältiger Weise sozial, politisch und kulturell konstruiert, inszeniert und reguliert, also institutionell geregelt, und damit sind sie stets mit gesellschaftlich-normativen Vorstellungen von Gerechtigkeit, Fairness und nicht zuletzt auch (Chancen-)Gleichheit verknüpft, ohne die Wettbewerbe – bei allen unterschiedlichen Einschätzungen aus verschiedenen Beobachterperspektiven – sonst keine legitimen Veranstaltungen wären. Wettbewerbe als systematisches Regulierungsinstrument und institutionelle Ordnung lassen sich auf jedes Handlungsfeld anwenden und sie wirken wie eine flexible Stellschraube, mit welcher der Handlungsdruck erhöht oder vermindert werden kann. Sie beinhalten eine selbsttreibende Dynamik permanenter Steigerungslogik und enthalten ein distinktiv-exkludierendes Potenzial in Form der Produktion von ›Verliererinnen‹ und ›Schwachen‹, die gemäß des meritokratischen Prinzips den Selbst-Ausschluss selbst zu verantworten haben. Zur normativen Dimension gehört etwa die Anerkennung von Leistung als gerecht, fair und chancengleich, denn erst die Kopplung von Leistung, Gerechtigkeit und Chancengleichheit macht auch die Anerkennung des universellen Wertes von Leistung und der meritokratischen Ordnung auch auf Seiten der Leistungs-Schwächeren und der Verlierer von Wettbewerb möglich. Insofern bildet das meritokratische Prinzip der Selektion nach Leistung strukturell und nur gemeinsam mit Gleichheits- und Gerechtigkeitsvorstellungen den imaginären Kern bzw. die Illusio des Bildungsfeldes.

Durch Wettbewerb als zentrale Handlungslogik der Akteure wird Bildung zu einem (vermeintlich) knappen Gut (gemacht) – vor allem auch, was die sogenannte ›hochwertige Bildung‹ anbelangt. Denn nach einer verstärkten sozialen Öffnung des schulischen Feldes in den 1960er Jahren wurde in den 1970er Jahren die neokonservative Kritik an der ›Leistungsfeindlichkeit‹ und der unzureichenden Auslese dominant. Die Möglichkeit zur Regulierung schulischer Selektion ist die zentrale bildungspolitische Stellschraube, um je nach Bildungsreformphase hinsichtlich der Gleichheit eher stärker öffnend, differenzierend oder schließend zu wirken. Während Öffnung und Differenzierung für die 1960er Jahre zutrafen, sind seit den 2000er Jahren eher differenzierend-schließende Momente der Bildungsreform beobachtbar, in der die *Exklusivität* von Schulen – seien es private oder staatliche Schulen – zum bildungspolitischen Programm beim ›Wettbewerb um die besten Köpfe‹ geworden ist (Helsper u.a. 2018). Schließung meint hierbei die zunehmende Bedeutung ›exklusiver Bildung‹ als Voraussetzung für Bildungserfolg und die kleiner werdende Wahrscheinlichkeit der Partizipation unterer sozialer Milieus am Bildungserfolg.

Exklusivität und Distinktion werden unter Wettbewerbsbedingungen vor allem durch die Akkumulation symbolischen Kapitals auf Akteursseite (Schulen, Schülerinnen, Eltern) hergestellt, das im ›guten Ruf‹, eines überdurchschnittlichen Abiturdurchschnitts des Jahrgangs oder im schulischen Angebot als ›Alleinstellungsmerkmal‹ repräsentiert ist. So bricht sich eine Privilegienkultur im Schulbereich Bahn, bei der es vor allem um »Passung« von privilegierten Milieus und privilegierten Schulen geht (Helsper u.a. 2018). Damit werden die Schüler über die Schulwahl sozial vorsortiert und es sind eher die informellen, von der Schuladministration kaum noch zu steuernden Prozesse, durch welche die damit eingeleitete soziale Entmischung in Schulen zu sozial homogenen Schülergruppen führt. Die Umsetzung von Gleichheit hat dann entsprechend milieuspezifisch kompensatorische Maßnahmen für die sozial ›unterprivilegierten‹ Milieus und verstärkende Maßnahmen für privilegierte Milieus zur Folge. Und beides läuft pädagogisch unter einem Begriff: Förderung. Daran wird ersichtlich, wie der universalistische Anspruch des Gleichheitsprinzips partikularisiert und in unterschiedliche soziale Interessengruppen gleichsam ›zerlegt‹ und angepasst wird.

Diese Art der *distinktiven Schließung* stellt seit der Jahrtausendwende eine neue Phase der Bildungsreform dar, denn analog zu unterschiedlichen wirtschaftspolitischen Maßnahmen in Phasen wirtschaftlichen Auf- und Abschwungs kann man auch von Zyklen der Bildungsreformen sprechen, in der tendenziell entweder öffnende oder eher schließende Elemente vorherrschen. Diese beziehen sich nicht nur auf sich verändernde Qualifikationsanforderungen (Herrlitz u.a. 2009: 67f.), sondern auch auf die Herstellung des gesellschaftlichen Konsens und seinen Veränderungen zum Wert von Bildung. Die zunehmende Exklusivität ›hochwertiger‹ Bildung ist ein Ausdruck sozialer und kultureller Distinktion, die vor allem in Städten zu beobachten ist (Häußermann u.a. 2004).

Die bildungspolitische Priorisierung von Output und Leistung seit PISA hat »ökonomischen Argumenten wieder Vorrang vor einer Dominanz der Emanzipations-, Gleichheits- und Gerechtigkeitssemantik« verschafft (Radtke 2005: 360). Denn auch Gleichheit und Gerechtigkeit werden nun an den Output gekoppelt und damit von Leistung abhängig gemacht, etwa mit dem Bezug auf die Leistungsgerechtigkeit als zentrales Maß von Bildung. Darüber hinaus nutzt die Bildungspolitik das strukturelle Legitimationsproblem des technologisch und autonomiepolitisch ohnehin schwachen Feldes der Bildung aus, um die outputorientierten Reformen mit Verweis auf schwache Leistungsergebnisse durchzusetzen. Damit wird das gesamte Feld (Schulen, Unterricht und Profession) unter einen grundsätzlichen Leistungsvorbehalt gestellt. Da Leistung zentral zur normativen Selbstbeschreibung des Bildungsfeldes und seiner Akteure gehört, treffen sich bildungspolitische Erwartungen und das pädagogische Selbstverständnis der Profession in diesem wichtigen Punkt: Die äußeren Zumutungen werden infolgedessen in Anforderungen umdeklariert und mit dem Etikett ›objektiv‹ versehen, was auf Professionsseite insofern auf (potenzielle) Akzeptanz stößt, als eine Erhöhung der Legitimität von Akteur und Feld erwartbar ist. Konsequenterweise liegt die bildungspolitische Priorität auf dem Leistungsaspekt und damit auf der Steigerung von Selektion – zulasten anderer, auch egalitätsorientierter Funktionen wie Integration. Gleichheit kommt in den bildungspolitischen Programmatiken nur noch in der Figur der ›Ungleichheitsproblematik‹ vor. Das ist eine mögliche Form ihrer Thematisierung, denn – wie einleitend betont wurde – verschwindet sie nicht als demonstrative Leitidee, sondern wird reformuliert und an die veränderten politischen und ökonomischen Rahmenbedingungen gleichsam angepasst. Im letzten Argumentationsschritt wird daher die These von der ›Krise der Gleichheit‹ noch einmal aufgenommen und mit Bezugnahme auf weitere Autorinnen vertieft, um nach möglichen Ursachen für die Neujustierung von Gleichheit zu suchen. Mit dem Untertitel ›postdemokratische Gleichheit‹ sollen in Anlehnung an Colin Crouch die Verschiebungen im Gleichheitsdiskurs angedeutet werden.

Postdemokratische Gleichheit

Kämpfe um soziale Ungleichheit (Barlösius 2004) sind für kapitalistische Gesellschaften und den modernen Nationalstaat konstitutiv. Dazu gehören auch elementare institutionalisierte Kompromisse wie die (grund-)gesetzlich verankerten egalitären Prinzipien der Gleichheit der Menschen vor dem Gesetz, gleiche politische Partizipationschancen oder die Gleich-Wertigkeit von Lebensverhältnissen etwa beim gleichen Zugang zu öffentlichen Einrichtungen wie Schulen, Krankenhäusern oder Behörden. Sie stehen für eine umfassende und institutionell-gesellschaftlich tiefgreifende Verankerung des Gleichheitsprinzips, das ohne entscheidenden Legitimationsverlust nicht von heute auf morgen abgeschafft werden kann. Gleichwohl ist es politischen Veränderungen und sich wandelnden Kräfteverhältnissen unterworfen, die zu Verschiebungen des herrschenden Konsens und auch zu grundlegenden politischen Neubestimmungen führen können. Diskursive Auseinandersetzungen um den ›Wert‹ von Gleichheit (Umdeutungen, Relativierungen) sowie die konkreten politisch-bürokratischen Praktiken, in denen die egalitären Grundsätze wie das Sonderungsverbot auf lokaler Ebene unterlaufen werden, bilden zwei Formen der ›Flexibilisierung‹ und Neujustierung des übergreifenden Konsens zur Gleichheit, der schließlich als ›Krise der Gleichheit‹ diagnostiziert wurde. Neben Rosanvallon haben in den letzten Jahren weitere Autoren eine grundlegende Veränderung der Gleichheit festgestellt (Rosanvallon 2017; Fraser 2017; Nachtwey 2016; Brown 2015; Crouch 2008). Übereinstimmend gehen alle Beobachterinnen von der Hegemonie einer neoliberalen Rationalität aus, deren erodierende Funktion für Solidarprinzipien, staatliche Institutionen und demokratische Partizipation hervorgehoben wird. Die Auseinandersetzungen um Gleichheit stehen daher für die aktuellen Veränderungen und Ökonomisierungstendenzen.

Gleichheit bleibt als (bildungs-)politisches Ziel und Wert formal und programmatisch zwar erhalten, wird aber in unterschiedlicher Weise neu kodiert und von anderen Variablen wie ›Leistung‹ und ›Gerechtigkeit‹ abhängig gemacht. Dadurch erfährt Gleichheit zum einen im Diskurs eine Umwertung, Relativierung und strategische Neu-Ausrichtung, was zum anderen mit entsprechenden arbeits-, sozial- und bildungspolitischen institutionellen Veränderungen seit den 1970er Jahren einhergeht (Nachtwey 2016). Auf einige der Diagnosen zur ›Krise der Gleichheit‹ möchte ich im Folgenden eingehen.

Colin Crouch hat die institutionellen Veränderungen von Demokratie als Erosionsprozess beschrieben, der durch eine »Krise des egalitären, an politischer und ökonomischer Gleichheit ausgerichteten Projekts« sowie durch einen damit zusammenhängenden »Substanzverlust der Demokratie« (2008: 13) gekennzeichnet sei. Postdemokratisch meint hierbei nicht un- oder antidemokratisch (ebd.: 32), sondern bezeichnet »ein Gemeinwesen, in dem zwar nach wie vor Wahlen abgehalten werden [...], in dem allerdings konkurrierende Teams professioneller PR-Experten die öffentliche Debatte während der Wahlkämpfe so stark kontrollieren, daß sie zu einem reinen Spektakel verkommt, bei dem man nur über eine Reihe von Problemen diskutiert, die die Experten zuvor ausgewählt haben« (ebd.: 10). Die Kommerzialisierung politischer Kommunikation nach dem Vorbild wirkungsorientierter Werbung (ebd.: 38) sowie die Technologisierung politischer Entscheidungen durch den Einfluss professioneller Berater und Lobbygruppen zeigen, wie stark das Politische auch vom Ökonomischen durchdrungen ist und lassen die Bedeutungszunahme kompetitiven symbolischen Kapitals deutlich werden.

Crouch betont zudem, dass »Demokratie ein gewisses Maß an Gleichheit [erfordert], was die tatsächliche Möglichkeit angeht, auf politische Entscheidungen einzuwirken« (ebd.: 26). Befunde der Responsivitätsforschung (Elsässer u.a. 2016) bestätigen den Eindruck, dass sich die etablierte Politik in ihren Gesetzen, Entscheidungen und Debatten von wohlfahrtsstaatlichen Prinzipien weitgehend verabschiedet hat, die im sozialstaatlichen Kontext immer eine ausgleichend-umverteilende Komponente beinhalteten. In welcher Weise die diskursive Verschiebung im (Un-)Gleichheitsdiskurs sich konkret vollzieht, soll exemplarisch an dem Prinzip der Gleichwertigkeit der Lebensverhältnisse nachgezeichnet werden.

Gleichwertigkeit der Lebensverhältnisse?

Exemplarisch lässt sich die subtile Umschreibung von Gleichheit an der Relativierung des Prinzips der »Gleichwertigkeit der Lebensverhältnisse« (Art. 72 GG) seit der Jahrtausendwende illustrieren. So nahm 2004 etwa Matthias Platzeck in seiner Funktion als Ministerpräsident von Brandenburg eine semantische ›Differenzierung‹ vor, indem er klarmachte, dass »gleichwertig nicht gleich« bedeute (Barlösius 2006). Dies schließt an eine gängige Diskursstrategie an, bei der jeder radikale Begriff von Gleichheit automatisch zur ›Gleichförmigkeit‹ oder ›Gleichmacherei‹ führen würde (Koneffke 1973). Die Gleichsetzung von Gleichheit mit der Gefahr der ›Gleichmacherei von Unterschiedlichem‹ findet sich auch im Bildungsbereich seit Beginn des 20. Jahrhunderts als konservativer Topos, als im Weimarer Schulkompromiss Gleichheit als verfassungsrechtlich-konstitutives Prinzip von Bildung verankert wurde: »Gleichwertig, aber nicht gleichartig – Auf diese Formel konnten sich alle Flügel der Reformkonferenz einigen [...] der Reformflügel konnte sich in der Illusion der Anerkennung sonnen, während die ›Elite‹ nur die Anerkennung ihrer Ungleichartigkeit brauchte, um ihre Privilegien durch den entpolitisierten Reformangriff bestätigt zu finden« (Koneffke 1973: 255–256). Diese Konsensformel ›gleichwertig, aber nicht gleichartig‹ als ›gleichwertige‹ Anerkennung von Verschiedenem, die jeder Akteur für sich selbst als vorteilhaft interpretieren konnte, schob jeder radikaleren Deutung von Gleichheit einen Riegel vor, und sie zieht sich seitdem durch die bildungspolitischen Auseinandersetzungen (von Friedeburg 1992).

Im exemplarischen Fall gleichwertiger Lebensverhältnisse bemerkt Eva Barlösius, dass das grundsätzliche Ziel gleichwertiger Lebensverhältnisse in der Politik nicht geleugnet, aber Gleichwertigkeit gleichsam neu konditioniert wird. Denn die »Menschen wissen längst«, so Platzeck, »dass ihnen im ländlichen Raum natürlich einiges zugemutet wird: Längere Wege« (Barlösius 2006: 2). Das nicht mehr hinterfragbare »zugemutet wird« rückt nun die vermeintlichen Sachzwänge in den Vordergrund, die – so wird unterstellt – auch bei den Betroffenen schon angekommen sind. Die gleichsam automatische Folge sei, dass die »gesellschaftspolitischen Ziele, wie dieselbe Zugänglichkeit zum Gesundheits- und Bildungssystem oder identische Erwerbschancen mit Rekurs auf die ›schrumpfende Bevölkerung‹, für nicht mehr finanzierbar gehalten und zur Disposition gestellt« (ebd.) werden. Demografischer Wandel erscheint demnach als Naturereignis und nicht als politisch steuerbarer Prozess. Der dürfe auch gar nicht mehr politisch gesteuert werden, wie der damalige Bundepräsident Horst Köhler hervorhob, denn es gebe »nun einmal überall in der Republik große Unterschiede in den Lebensverhältnissen. Das geht von Nord nach Süd wie von West nach Ost. Wer sie einebnen will, zementiert den Subventionsstaat [...] Wir müssen weg vom Subventionsstaat« (ebd.). Diese Argumentationskette zeigt, in welcher Weise der Gleichheitsgedanke a) zunächst *differenziert* (gleichwertig versus gleich), b) unter eine höhere Sachzwanglogik *subsumiert* und damit *relativiert* wird, und c) als politisches Leitprinzip *delegitimiert* und normativ *abgewertet* wird. Neben der Sachzwanglogik finden sich weitere Prinzipien wie ›Leistung‹ und ›Gerechtigkeit‹, die im Diskurs antagonistisch zur ›Gleichheit‹ konstruiert werden. Damit wird Gleichheit als zentrale Bezugsnorm für politisches Handeln relativiert und – wie auch aus der Diskussion um Gleichwertigkeit der Lebensverhältnisse deutlich wurde – zu einem Hindernis effektiver Politikgestaltung. In einer effizienten und effektiven Postdemokratie kann Gleichheit nur eine ›Barriere‹ für politische Steuerung darstellen.

Komplementär zum demografischen Wandel in ländlichen Gebieten und gleichwertigen Lebensverhältnissen findet sich die umgekehrte Differenzierung im städtischen Bereich, wo den sozialräumlichen Veränderungen (Gentrifizierung, Entmischung) durch die freie Schulwahl und die partielle Aufhebung von Schuleinzugsbezirken (Schulsprengel) bildungspolitisch Rechnung getragen wird. Damit wird das einstige politische Ziel, eine soziale Durchmischung aufgrund fester Schulbezirke zu erreichen, verabschiedet und durch das Marktprinzip einer von allen politischen, bürokratischen und sozialen ›Restriktionen‹ entbundenen ›freien‹ Schulwahl ersetzt. Die Stärkung des Elternwillens ist eine Form der Konsumentensouveränität, die auf dem Quasi-Markt der Wahlmöglichkeit praktiziert wird. Dass Eltern dies nachvollziehbar als Zugewinn an Freiheit erleben und als Exit-Option vor dem ›alternativlosen‹ staatlichen Schulsystem werten, impliziert per se eine Abwertung des staatlichen Schulangebots, das vermeintlich den Bedarf nicht decken kann. Mögliche strukturelle Ursachen wie Unterfinanzierung, schlechte Ausstattung oder Lehrerinnenmangel als offensichtliche Strukturprobleme werden hierbei gleichsam ökonomisch aufgelöst (wenn auch nicht gelöst), indem privilegierten Eltern Ausweichmöglichkeiten – etwa zu Privatschulen – geschaffen werden.

In den beiden so unterschiedlichen Fällen findet sich dieselbe Logik des Unterlaufens des Gleichheitsprinzips: Infrastrukturproblemen, die den Staat eigentlich in der Pflicht zur Schaffung gleich(wertiger) Lebens- und Bildungsbedingungen sehen, wird mit einer liberalen Logik der rationalen und angeblich freien Wahlentscheidung begegnet – ohne Ansehung der sozialen Voraussetzungen des Individuums, die ganz unterschiedliche Wahloptionen/Entscheidungen eröffnen. Wenn Gesellschaft und Staat vor allem als Hindernisse und Einschränkungen individueller Wahlmöglichkeiten wahrgenommen werden, dann ist dies ein Indiz für die Hegemonie einer (neo)liberalen Marktgesellschaft. Dazu gehört auch die antagonistische Entgegensetzung von Gleichheit und Gerechtigkeit, die auf der elementaren (klassisch liberalen) Gegenüberstellung von Gesellschaft/Staat und Individuum beruht. Dieser Narration zufolge sind beide nicht nur nicht miteinander vermittelbar, sondern gesellschaftliche Normen, wie Gleichheit, werden generell als Einschränkung individueller Freiheit gedacht, wozu unterschiedslos auch die Nutzung sozialer Privilegien gehört. Damit kehren sich die Vorzeichen für Politik um, denn nicht mehr die Abschaffung oder Minimierung klassenbedingter Ungleichheiten ist hierbei das politische Ziel, sondern die ›adressaten-gerechte‹, das heißt gesellschaftspolitisch legitimierbare ungleichwertige Behandlung unterschiedlicher sozialer ›Zielgruppen‹ – sprich: Klassen und soziale Milieus – ist entscheidend. Aus dem egalitären »Kompensationsmodell« der 1960er Jahre ist das »Angebotsgleichheitsmodell« (Hopf 2017: 27) der 1990er Jahre geworden, bei dem weder die gleichen Nutzungsbedingungen von Institutionen noch die aktive Rolle des Staates bei deren Herstellung bildungspolitisch Priorität haben (ebd.: 26). Wo politisch regulierte (Quasi-)Märkte, Wettbewerb und Konkurrenz Vorrang genießen, wird ›erfolgreiche Bildung‹ zu einem knappen exklusiven Gut. Die Bedingungen dafür kann nur der Staat schaffen, insofern ist »Knappheit nicht einfach ein ökonomischer Tatbestand, sondern auch Ausdruck einer Herrschaftsordnung, die Knappheit und Überfluss organisiert« (ebd.: 28). Im nächsten Schritt soll auf den Zusammenhang von Individualisierung und Ökonomisierung eingegangen werden, der sich aus der angesprochenen (neo)liberalen Setzung des Antagonismus von (Markt)Individuum und Gesellschaft ergibt. Denn es stellt sich die Frage, ob bzw. inwieweit Ökonomisierung nicht als ökonomische Steigerung von Individualisierung zu betrachten ist, wie sie für die 1960er/70er Jahre diagnostiziert worden ist (Beck 1986).

Ökonomisierung als Fortschreibung der Individualisierung?

Das Buch *Risikogesellschaft* von Ulrich Beck liest sich in Teilen als Vorgeschichte des Vordringens ökonomischer Strukturen in soziale und kulturelle Bereiche. Wenn man von der plakativen, umstrittenen und irrigen Annahme eines »Jenseits von Klasse und Schicht« (Beck 1986: 121ff.) einmal absieht, bietet es einige interessante Einsichten zu den gesellschaftlichen und kulturellen Veränderungen der 1960er/70er Jahre im Kontext der

Individualisierung – auch und vor allem mit Blick auf die *Transformation sozialräumlicher Bedingungen und der damit zusammenhängenden Reproduktion sozialer Ungleichheit.*

Ins Zentrum der Betrachtungen wird der Begriff des Risikos gerückt, der als neues Paradigma gleichermaßen für die politisch unkontrollierbaren Effekte der industriegesellschaftlichen Entfesselung der Produktivkräfte, für neue »*soziale Gefährdungslagen*«, Risiken und Ungleichheiten, für die »Vermarktung von Risiken« zu »*big business*« (ebd.: 30f., Herv. i. Orig.) steht. So werde »Gleichheit« durch »Sicherheit« ersetzt, bei der es nicht mehr darum gehe, »etwas ›Gutes‹ zu erreichen, sondern nur noch darum, das Schlimmste zu *verhindern*« (ebd.: 65, Herv. i. Orig.), Arbeitsmärkte würden entstandardisiert (ebd.: 220ff.) oder der Einzelne würde zum »Planungsbüro in bezug auf seinen eigenen Lebenslauf« (ebd.: 217) – was die latente ökonomisierende Logik der umfassenden Veränderungen andeutet. Die wachstumsgetriebene Erhöhung des Lebensstandards, von Bildung, Qualifikation, Beruf und ein »*kollektives Mehr* an Einkommen, Bildung, Mobilität, Recht, Wissenschaft, Massenkonsum« (ebd.: 122, Herv. i. Orig.) habe zu »neuen materiellen und zeitlichen Entfaltungsmöglichkeiten« geführt, die »mit den Verlockungen des Massenkonsums« (ebd.: 124) zusammengetroffen seien. Vor allem kulturelle Veränderungen und »*ungleiche Konsumstile*« (ebd.: 125, Herv. i. Orig.) markieren neue klassenkulturelle Distinktionslinien, die nach dem »*kollektive[n] Auf*stieg« bis Mitte der 1970er Jahre seit den 1980er Jahren zu neuen Formen von Exklusion und einem »*kollektive[n] Ab*stieg« (ebd.: 139, Herv. i. Orig.) geführt haben. Für Bildung und Qualifikation hätten die »›*ständischen*‹ Auswahlkriterien eine neue Bedeutung« bekommen: »Der Abschluss alleine reicht nicht mehr hin; hinzukommen müssen ›Auftreten‹, ›Beziehungen‹, ›Sprachfähigkeit‹, ›Loyalität‹, also *extra*funktionale Hintergrundkriterien einer Zugehörigkeit zu ›sozialen Kreisen‹, die durch die Bildungsexpansion gerade überwunden werden sollte« (ebd.: 139, Herv. i. Orig.). Die zunehmende Bedeutung extrafunktionaler Kriterien für Bildung, Qualifikation und Beruf wurde von Dieter Mertens und Claus Offe bereits Mitte der 1970er Jahre bemerkt (Mertens 1973; Offe 1975), so dass für die beschriebenen sozialräumlichen und kulturellen Veränderungen (Autonomievorstellungen, zeitliche Dispositionen, biografische Muster usw.) neue Aufstiegs- und Mobilitätskanäle durch Bildung und neue Qualifikationsanforderungen, Veränderungen in Arbeit und Produktion, Einkommenssteigerungen, Erhöhung von Lebensstandard und neue Konsumformen zusammengewirkt haben.

Bildung, so Beck, spiele für die Entwicklung »*neue[r] soziale[r] Binnenhierarchien*« gegenüber traditionellen sozial-moralischen Milieus eine entscheidende Rolle, da »immer weitere Gruppen [...] in den Sog von Bildungsaspirationen« (1986: 137, Herv. i. Orig.) gerieten. Die damit einhergehenden sozialen und kulturellen Transformationen durch Bildungsaufstieg führten auch zu veränderten kulturellen Zusammensetzungen sozialer Milieus, die nicht nur eine sozialräumliche Öffnung beinhalteten, sondern seit den 1980er Jahren auch »*neue Schließungstendenzen*« (ebd.: 138, Herv. i. Orig.) erkennen ließen. Im Zuge dessen erhielten askriptive Merkmale wieder sehr viel mehr Gewicht, vor allem auch für die Reproduktion sozialer Ungleichheit, und Bildung selbst habe sich zu einem »quasi-*askriptiven* Merkmal« entwickelt (ebd.: 246, Herv. i. Orig.). Damit verbunden vertrat Beck die These der »*Refeudalisierung* in der Verteilung von Chancen und Risiken«, da es »de facto zu einer Renaissance *ständischer* Zuweisungskriterien in der Verteilung sozialer Chancen führt« (ebd.: 248, Herv. i. Orig.), denn: »Dies wird dadurch ermöglicht, daß in der Auswahl zwischen formal Gleichqualifizierten Kriterien erneut greifen, die jenseits von Ausbildungszertifikaten liegen und sich Rechtfertigungszwängen entziehen« (ebd.).

Diese neuralgischen Punkte einer sozialräumlich-kulturellen Transformation klassengesellschaftlicher Verhältnisse geben einige Hinweise auf veränderte Reproduktionsbedingungen sozialer Ungleichheit, die sich bereits seit Mitte der 1970er Jahre abgezeichnet haben. Die Tendenz der Refeudalisierung und Bedeutungszunahme askriptiver Merkmale als Reaktion auf den Wertverlust von Bildungstiteln deutet zum einen auf eine Erweiterung der Ungleichheitsreproduktion um zusätzliche kulturelle Faktoren (Autonomie, Freiheiten, Risiken) und zum anderen auf eine Dialektik von Öffnung und Schließung im Feld der Bildung hin (Neckel 2008).

Die Gleichzeitigkeit von Öffnung und Schließung, von Aufstieg und Abstieg für unterschiedliche Milieus führte zur gegenwärtig häufig diagnostizierten Polarisierung in jeder Hinsicht: Sozial, was die sozialräumliche Segregation von Milieus und Ungleichheit betrifft, ökonomisch, was Beruf, Einkommen, Reichtums- und Armutsverteilung anbelangt, oder kulturell mit Blick auf Lebens- und Konsumstile. Diese polarisierende Differenzierung beruht seit den 1990er Jahren auf der ökonomisierenden Fortschreibung der Individualisierungstendenzen der 1970er Jahre. Diese neoliberale Fortschreibung beinhaltet zugleich eine radikale Umschreibung und Funktionalisierung ehemals emanzipatorischer Werte, denn Werte wie ›Autonomie‹ und ›Freiheit‹ werden mit ökonomischen Kriterien wie ›Leistung‹ und ›Erfolg‹ gekoppelt, die einen neuen neoliberalen Konsens gesellschaftlicher Eliten repräsentieren (Fraser 2017). Dabei wurde die ursprüngliche politisch-emanzipatorische Stoßrichtung ökonomisch eingehegt und die reduzierte ökonomische Zwecklogik kulturell erweitert: Kreativität ja, aber nur, wenn sie ökonomisch erfolgreich ist, Frauen in Führungspositionen ja, aber nur, wenn keine Renditenachteile für das Unternehmen entstehen, Nonkonformismus ja, aber nur, wenn er in einer entsprechenden Business-Strategie aufgeht. Die Ökonomisierung der Individualisierung hat die Widersprüchlichkeit und die Dialektik der industrialisierten Moderne, wie sie beispielsweise in Kritik der neuen sozialen (Gegen-)Bewegungen an den ökologisch-politischen und gesellschaftlichen Folgekosten noch gesellschaftspolitisch wirksam zum Ausdruck kam, ökonomisch zu einem Großteil absorbiert, rationalisiert und damit politisch entschärft.

Oliver Nachtwey bezeichnet diesen ambivalenten Prozess als »neoliberale Komplizenschaft« (2016: 78), die sich folgendermaßen darstellt: »[…] der Neoliberalismus war äußerst erfolgreich in der Herstellung einer (heimlichen) Komplizenschaft mit einer im Grunde emanzipativen Kritik an der sozialen Moderne, weil er an deren Paradoxa anknüpfen konnte: Einerseits wurden die Nöte und Unsicherheiten des Kapitalismus eingehegt, andererseits führte das daraus entstandene sozial-*bürokratische* Gehäuse aus Standardisierungen, Normierungen und Homogenisierungen dazu, dass die Autonomie der Einzelnen sich nicht entfalten konnte […]« (ebd.: 80, Herv. i. Orig.). So wurde der »Angriff auf die sozialen Sicherungssysteme mit einer von den sozialen Bewegungen geborgten emanzipatorischen Fassade verbrämt« (Fraser 2017: 80), deren gesellschaftspolitische Durchschlagskraft einer neuen Koalition gesellschaftlicher Eliten entsprang, die einen neuen historischen Block aus ökonomischen und kulturellen Eliten bildete: »Die Interessengruppen, die die Entfesselung der kapitalistischen Wirtschaft betrieben, fanden ihren Wunschpartner in einem meritokratischen Aufsteigerinnen-Feminismus, der den weiblichen ›Willen zum Erfolg‹ und den ›Sturm auf die Führungsetagen‹ propagierte« (ebd.: 81). Die damit verbundene Neukonstitution des herrschenden Konsens bezeichnet sie als »progressiven Neoliberalismus«. Der beruhe »auf dem Bündnis ›neuer sozialer Bewegungen‹ (Feminismus, Antirassismus, Multikulturalismus und LGBTQ) mit Vertretern hoch technisierter, ›symbolischer‹ und dienstleistungsbasierter Wirtschaftssektoren (Wall Street, Silicon Valley, Medien- und Kulturindustrie etc.). In dieser Allianz verbinden sich echte progressive Kräfte mit einer ›wissensbasierten Wirtschaft‹ und insbesondere dem Finanzwesen. [...] Seither bemänteln – prinzipiell für sehr unterschiedliche Ziele einsetzbare – Ideale wie Diversität und Empowerment neoliberale Politiken, die zu einer Verheerung der alten Industrien mitsamt den Mittelklasse-Lebenswelten der in ihnen Beschäftigten geführt haben« (ebd.: 78f.).

Wenn die These *ökonomischer Überformung kultureller und individualisierender Transformationen* einigermaßen plausibel ist, dann hat dies unmittelbare Folgen für die Reformulierung von Gleichheit. Diese wird in ihrem einstigen sozial-emanzipatorischen universellen Anspruch durch die individualisierte Erfolgsorientierung auf dem ›Markt der Möglichkeiten‹ politisch depotenziert und an die partikularen Zwecke der Ökonomie gebunden: Emanzipation ja, dann aber in Abhängigkeit von Leistung und Erfolg, Aufstieg ja, dann aber im Sinne der Unternehmensziele, Leitungs- und Führungspositionen in Unternehmen für Frauen ja, dann aber im Mainstream der vorwiegend männlich dominierten Unternehmenskultur. Gerade das letztgenannte Beispiel macht deutlich, dass die Gleichheit, Emanzipation und Gerechtigkeit ökonomisch konditioniert, also an ökonomische Erfolgskriterien gebunden und an dominante Strukturen angepasst werden, denn in der Regel finden sich Frauen in Führungspositionen von Großunternehmen primär im Bereich ›Personal/Human Ressource Management‹ (und nicht der strategisch-operativen Ebene), der Gender-Pay-Gap beträgt seit Jahren über 20 Prozent und die feminisierten Dienstleistungsbereiche wie die personennahen Dienstleistungen (Pflege, Betreuung, Erziehung, Care-Work) sind die am schlechtesten bezahlten Professionen. Dies zeigt deutlich die Persistenz horizontaler Ungleichheiten auf dem Arbeitsmarkt, die sich im Bildungs- und Qualifikationsbereich als geschlechterspezifische Fächer- und Berufswahl äußern.

Fazit

Der Ausgangspunkt war die These, dass es einen beobachtbaren antiegalitären Bruch in Gesellschaft und Bildung gibt, der in der Relativierung des universalistischen Prinzips von Gleichheit als politisch-emanzipatorische Leitidee besteht. Mit dem Begriff des Bruchs soll die Diskontinuität unterstrichen werden, die gegenüber der tendenziellen Öffnung des Bildungsfeldes nach den Reformen der 1920er und 1960er Jahre nun mit der gegenwärtigen Phase der Bildungsreformen nach PISA eingetreten ist, die wiederum neue Schließungstendenzen einer ›exklusiven Bildung‹ mit sich bringt. Dabei geht es nicht um einen kompletten Ausschluss von Individuen, Gruppen oder Klassen, da formalrechtlich der Zugang zu Bildung allen nach wie vor offen steht, sondern um die Verschärfung der materiellen Bedingungen von Bildungserfolg.

Diese Diagnose ist weder neu noch besonders radikal angesichts existierender grundlegender Kritiken zur *Illusion der Chancengleichheit* (Bourdieu/Passeron 1971) oder auch im Vergleich zur These vom politischen »›Bedarf‹ an sozialer Ungleichheit« (Teichler 1974; Heydorn 1980; Offe 1975). So richtig und wichtig die Analysen zur »Aufrechterhaltung der Fiktion staatsbürgerlicher Gleichheit« (Merkens 2002: 527) sind, so vernachlässigen sie die eingangs angesprochene imaginäre Dimension von Gleichheit, mit der ein gesellschaftliches – nicht individuelles (!) – Aspirationsniveau bezüglich Gleichheit und Aufstieg angezeigt wird, das historisch erstritten und gesellschaftspolitisch wirksam wurde. Erst mit einer solchen theoretischen Perspektive lassen sich die subtilen Verschiebungen im (Un-)Gleichheitsdiskurs und die ›Entnormalisierung‹ von egalitären Prämissen in sozial-, arbeits- und bildungspolitischen Bereichen erkennen und der veränderte Modus der Reproduktion sozialer Ungleichheit beschreiben (Höhne 2013). Dies beinhaltet natürlich auch ideologische Spielräume und die Auseinandersetzungen um Deutungshoheiten, also Hegemonie. Streiks und Demonstrationen gegen Entlassungen, soziale Proteste gegen Globalisierung und Ausbeutung oder politische Auseinandersetzungen um Rechte, Anerkennung und Gleichstellung gründeten stets auf mehr oder minder expliziten egalitären Forderungen, die – daran muss erinnert werden – historisch die entscheidenden Treiber für Revolutionen und gesellschaftliche Umgestaltung gewesen sind.

Ein Grund, warum es wichtig ist, die Entwertung und die allgegenwärtig zu beobachtende Relativierung des Gleichheitsprinzips zu thematisieren, liegt in der Selbstverständlichkeit und ›Normalität‹, mit der Prinzipien der Gleichbehandlung zwar noch gemeinhin akzeptiert und für sich in Anspruch genommen werden, aber zugleich zunehmend der Ausschluss ›der Anderen‹ mit einer Art ›Recht auf Ungleichheit/Ungleichbehandlung‹ gerechtfertigt wird, was die Persistenz geschlechtsspezifischer Ungleichheiten zeigt: So werden Frauen, die auf Leitungspositionen kommen, die vorzugsweise mit Frauen besetzt werden sollten, oft als ›Quotenfrauen‹ wahrgenommen (auch in der Selbstbeschreibung) und antidiskriminierende Schreibweisen als ›(Gegen-)Diskriminierung‹ gebrandmarkt.

Im Bildungsbereich ist bis heute der Leistungsbegriff das wirksamste Mittel zur politischen Depotentierung, Relativierung und Einschränkung von Gleichheit(sforderungen) gewesen, häufig gestützt auf nativistisch-naturalisierende Vorstellungen von Begabung/Intelligenz/Talent. Historisch hat er seinen emanzipatorischen, gegen die feudale Privilegienordnung gerichteten Impetus ›von unten‹ schon lange verloren, bevor er zum politischen Kampfbegriff und zur Konsolidierung der neuen bürgerlichen Ordnung ›von oben‹ semantisch umgedreht und so besetzt wurde, dass Gleichheitsansprüche ›von unten‹ abgewehrt werden konnten. Die dargestellten Diskursverschiebungen von Gleichheit in aktuellen Reformdiskursen zu Bildung, Staat und Gesellschaft haben deutlich werden lassen, dass über das meritokratische Grundmuster hinaus eine neue ökonomische Logik im Bildungsbereich Raum gegriffen hat, in der symbolischem Kapital im Rahmen einer kompetitiven Ordnung eine zentrale differenzierende und sozial distinguierende Funktion zukommt. Ein wichtiger Effekt ist – wenn man Bourdieus Kapitalkonzept zugrunde legt –, dass das klassische kulturelle Kapital in Form von Bildungsabschlüssen, Zertifikaten, Qualifikationen und letztlich Wissen gegenüber symbolischem Kapital (Reputation und Exklusivität der Bildungseinrichtung) in seiner Bedeutung tendenziell abgewertet wird – wie erwähnt, auch als Tendenz zur Refeudalisierung beschrieben. Gleichheit kann in einem primär auf Effizienz, Effektivität und Erfolg ausgerichteten Bildungsfeld nur noch als ›Ungleichheits-Problem‹ thematisiert und durch bildungspolitische Einzelmaßnahmen punktuell oder managerial ›bearbeitet‹ werden, weil sie unter die Logik von Effizienz und Leistung subsumiert wird. Dergestalt kann dieser Gleichheitsdiskurs auch Schule und Bildung gar nicht mehr grundlegend in Frage stellen, weil deren Bedingungen selbst nicht mehr transzendiert und reflektiert werden. In der bereits erwähnten Risikologik wird mit der Problemorientierung auf die ›Risikoschüler‹, wie die Gruppe der leistungsschwachen Schülerinnen seit PISA genannt wird, automatisch der größte Teil der Schülerpopulation als die Gruppe der vermeintlich ›angemessen eingestuften Bildungsteilnehmer‹ gleichsam normalisiert.

Dass die Zusammenhänge nicht nur weitläufig, sondern die Linien der Veränderung bis in die Krise der 1970er Jahre zurückreichen und eng mit Individualisierung und der Veränderung sozialer Milieus verknüpft sind, hat die Rekonstruktion gezeigt. Die hier entfaltete Perspektive, dass die

Individualisierung gleichsam als historische ›Vorstufe‹ zu einer weitergehenden Ökonomisierung seit den 1990er Jahren angesehen werden muss, scheint mir gerade auch für das Verständnis der Veränderungen von Gleichheit entscheidend zu sein, weil es deutlich macht, wie emanzipatorisches Potenzial abgeschöpft und ökonomisch in eine Erfolgskultur integriert wird. Die Formel der ›Bildungsgerechtigkeit‹ – statt ›Bildungsgleichheit‹ – bringt das Primat einer ausschließlich individualisierenden Bildung zum Ausdruck, nach dem »Jedem das Seine, Förderung aller Begabungen« (Hopf 2017: 35) zustehe. Damit werden Gleichheitsforderungen strukturell zu einer Zumutung, weil sie potenziell immer ungerecht sind, was einen »›Abschied auf Raten‹ vom Ziel *gleicher* Bildungschancen in der Schule« (ebd., Herv. i. Orig.) darstellen würde.

Literatur

Alvaredo, Facundo/Chancel, Lucas/Piketty, Thomas/Saez, Emmanuel u.a. (2017), »World Inequality Report 2018«, letzter Zugriff: 27.08.2018, https://wir2018.wid.world.

Baader, Meike Sophia/Freytag, Tatjana (Hg.) (2017), *Bildung und Ungleichheit in Deutschland*, Wiesbaden.

Barlösius, Eva (2004), *Kämpfe um soziale Ungleichheit. Machttheoretische Perspektiven*, Wiesbaden.

Barlösius, Eva (2006), »Gleichwertig ist nicht gleich«, in: *Aus Politik und Zeitgeschichte (APuZ)*, letzter Zugriff: 27.08.2018, http://www.bpb.de/apuz/29548/gleichwertig-ist-nicht-gleich?p=all.

Beck, Ulrich (1986), *Risikogesellschaft. Auf dem Weg in eine andere Moderne*, Frankfurt am Main.

Bloem, Simone (2016), *Die PISA-Strategie der OECD*, Weinheim/Basel.

Boltanski, Luc/Chiapello, Ève (2003), *Der neue Geist des Kapitalismus*, Konstanz.

Bourdieu, Pierre/Passeron, Jean-Claude (1971), *Die Illusion der Chancengleichheit. Untersuchungen zur Soziologie des Bildungswesens am Beispiel Frankreichs*, Stuttgart.

Brown, Wendy (2015), *Die schleichende Revolution. Wie der Neoliberalismus die Demokratie zerstört*, Frankfurt am Main.

Crouch, Colin (2008), *Postdemokratie*, Frankfurt am Main.

Elsässer, Lea/Hense, Svenja/Schäfer, Armin (2016), *Systematisch verzerrte Entscheidungen? Die Responsivität der deutschen Politik von 1998 bis 2015*, Osnabrück.

Friedeburg, Ludwig von (1992), *Bildungsreform in Deutschland*, Frankfurt am Main.

Fraser, Nancy (2017), »Vom Regen des progressiven Neoliberalismus in die Traufe des reaktionären Populismus«, in: Heinrich Geiselberger (Hg.), *Die große Regression*, Frankfurt am Main, S. 77–91.

Häußermann, Hartmut/Kronauer, Martin/Siebel, Walter (2004), *An den Rändern der Städte – Armut und Ausgrenzung*, Frankfurt am Main.

Hartong, Sigrid/Hermstein, Björn/Höhne, Thomas (Hg.) (2018), *Ökonomisierung von Schule? Bildungsreformen in nationaler und internationaler Perspektive*, Weinheim/Basel.

Helsper, Werner/Dreier, Lena/Gibson, Anja/Kotzyba, Katrin u.a. (2018), *Exklusive Gymnasien und ihre Schüler. Passungsverhältnisse zwischen institutionellem und individuellem Schülerhabitus*, Wiesbaden.

Herrlitz, Hans-Georg/Hopf, Wulf/Titze, Hartmut/Cloer, Ernst (2009), *Deutsche Schulgeschichte von 1800 bis zur Gegenwart*, Weinheim.

Heydorn, Heinz-Joachim (1980), *Ungleichheit für alle*, Frankfurt am Main.

Hirsch, Joachim (1995), *Der nationale Wettbewerbsstaat*, Berlin.

Höhne, Thomas (2013), »Bildung, Herrschaft, Reproduktion. Zur Aktualität der ›Illusion der Chancengleichheit‹«, *Vierteljahresschrift für Wissenschaftliche Pädagogik*, H. 3, S. 372–391.

Hopf, Wulf (2010), *Freiheit – Leistung – Ungleichheit*, Weinheim/Basel.

Hopf, Wulf (2017), »Von der Gleichheit der Bildungschancen zur Bildungsgerechtigkeit für alle – ein Abschied auf Raten vom Gleichheitsideal?«, in: Meike Sophia Baader/Tatjana Freytag (Hg.), *Bildung und Ungleichheit in Deutschland*, Wiesbaden, S. 23–38.

Knodel, Philipp/Martens, Kerstin/de Olano, Daniel/Popp, Marie (Hg.) (2010), *Das PISA-Echo*, Frankfurt am Main.

Kocka, Jürgen (2016), »Thesen zur Geschichte und Zukunft der Arbeit«, in: *Institut für die Geschichte und Zukunft der Arbeit (IGZA)*, letzter Zugriff: 27.08.2018, http://igza.org/publikationen.

Koneffke, Gernot (1973), »Die Reichsschulkonferenz von 1920. Ihre Vorgeschichte und Vorbereitungen und ihre Verhandlungen, Berlin 11.–19. Juli 1920«, in: Heinz-Joachim Heydorn/Gernot Koneffke (Hg.), *Studien zur Sozialgeschichte und Philosophie der Bildung (Bd. II). Aspekte des 19. Jahrhunderts in Deutschland*, München, S. 238–280.

Merkens, Andreas (2002), »Ungleichheit für Alle. Bildungsreform und gesellschaftlicher Widerspruch«, *UTOPIE kreativ*, H. 140, S. 524–532.

Mertens, Dieter (1973), »Der unscharfe Arbeitsmarkt. Eine Zwischenbilanz der Flexibilitätsforschung«, *Mitteilungen aus der Arbeitsmarkt- und Berufsforschung*, Jg. 6, H. 4, S. 314–325.

Moretti, Franco/Pestre, Dominique (2015), »BankSpeak: The Language of World Bank Reports 1946–2012«, in: *Pamphlets of the Stanford Literary Lab*, letzter Zugriff: 27.08.2018, https://litlab.stanford.edu/LiteraryLabPamphlet9.pdf.

Nachtwey, Oliver (2016), *Die Abstiegsgesellschaft. Über das Aufbegehren in der regressiven Moderne*, Berlin.

Neckel, Sighard (2008), *Flucht nach vorn. Die Erfolgskultur der Marktgesellschaft*, Frankfurt am Main.

OECD (2015), »In It Together: Why Less Inequality Benefits All«, in: *OECD Publishing*, letzter Zugriff: 27.08.2018, https://www.oecd.org/els/soc/OECD2015-In-It-Together-Chapter1-Overview-Inequality.pdf.

Offe, Claus (1975), »Bildungssystem, Beschäftigungssystem und Bildungspolitik – Ansätze zu einer gesamtgesellschaftlichen Funktionsbestimmung«, in: Heinrich Roth/Dagmar Friedrich (Hg.), *Bildungsforschung I. Probleme, Perspektiven, Prioritäten*, hg. vom Deutschen Bildungsrat. Gutachten und Studien der Bildungskommission 50, Stuttgart, S. 215–252.

Radtke, Frank-Olaf (2003), »Die Erziehungswissenschaft der OECD – Aussichten auf die neue Performanz-Kultur«, in: *Erziehungswissenschaft*, Jg. 14, H. 27, S. 109–136.

Radtke, Frank-Olaf (2005), »Die Schwungkraft internationaler Vergleiche«, in: Volker Bank (Hg.), *Vom Wert der Bildung. Bildungsökonomie in wirtschaftspädagogischer Perspektive neu gedacht*, Stuttgart, S. 355–387.

Radtke, Frank-Olaf (2009), »Ökonomisierung«, in: Sabine Andresen/Rita Casale/Thomas Gabriel/Rebekka Horlacher u.a. (Hg.), *Handwörterbuch Erziehungswissenschaft*, Weinheim/Basel, S. 621–636.

Rosanvallon, Pierre (2017), *Die Gesellschaft der Gleichen*, Berlin.

Teichler, Ulrich (1974), »Struktur des Hochschulwesens und ›Bedarf‹ an sozialer Ungleichheit«, *Mitteilungen aus der Arbeitsmarkt- und Berufsforschung*, Jg. 7, H. 3, S. 197–207.

Soziale Arbeit im Aktivierenden Sozialstaat

Fabian Kessl

Hinführung: Der »Aktivierende Sozialstaat« – de-thematisiert und etabliert

Widmet man sich am Ende der zweiten Dekade des 21. Jahrhunderts dem *Aktivierenden Sozialstaatsmodell*, das unter der SPD-Kanzlerschaft Gerhard Schröders bundespolitisch etabliert und von den Nachfolgeregierungen weitergeführt wurde, zeigt sich auf der Ebene bundespolitischer Parteipolitik zuerst einmal eine Leerstelle. Am Beispiel der Bundestagswahlprogramme der Parteien aus dem Jahr 2017 wird deutlich, dass das Konzept des ›Aktivierenden Sozialstaats‹ aus der Wahrnehmung verschwunden ist. Keines der Wahlprogramme der ehemaligen Regierungsparteien aus den Hochzeiten der Aktivierungspolitik (SPD, Bündnis 90/Die Grünen und CDU/CSU) verwendet auch nur einmal noch das Wort ›Aktivierung‹. Selbst die genauere Recherche in den Ausführungen zur Arbeitsmarktpolitik in den Wahlprogrammen zeigt: Von ›Aktivierung‹ ist hier auch indirekt oder implizit fast nicht mehr die Rede. Alle drei Parteien wollen zwar weiterhin zum Beispiel eine verstärkte Integration in den Arbeitsmarkt realisieren, aber die Begriffswahl, die konzeptionelle Blickrichtung und die vorgeschlagene Vorgehensweise sind nun nicht mehr diejenigen, wie wir sie vom Anfang der 2000er Jahre kennen.[1] Damals propagierten nicht nur die

1 Die CDU schreibt von einer deutlichen Verbesserung der »Qualifizierung, Vermittlung und Re-Integration in den Arbeitsmarkt« (2017: 12); die SPD davon, dass sie »die individuelle Förderung der Arbeitsuchenden in den Jobcentern verbessern [wolle]. Im Vordergrund muss der Erhalt und der Ausbau von Beschäftigungsfähigkeit gegenüber der schnellen Vermittlung stehen« (2017: 27); Bündnis 90/Die Grünen formulieren schließlich: »Wir wollen Arbeit statt Arbeitslosigkeit finanzieren, damit auch Arbeitslose mit besonders vielfältigen Problemen wieder Zugang zum Arbeitsmarkt bekommen – schrittweise und nachhaltig« (2017: 219). Die SPD fordert sogar eine Reduktion der Sanktionsmöglichkeiten, die immerhin während ihrer Regierungszeit unter massivem Protest von diversen Akteuren zurückgewiesen wurden (siehe z.B. *Sanktionen gegen Hartz-*

Wahlprogramme ›Aktivierung‹, sondern auch in der öffentlichen Debatte wurden, zum Beispiel im Umfeld der damaligen Regierungspartei SPD, Muster des passiven, unterstützungsverwöhnten Hilfeempfängers und dessen notwendigerweise zu aktivierendem Verhalten aufgerufen[2] und als Legitimation politischer Intervention und Steuerung benannt, die zur Implementierung der Aktivierungslogik im Sinne des Aktivierenden Sozialstaats geführt haben (Kessl 2006). Wie ist dieses Verschwinden der Rede vom ›Aktivierenden Sozialstaat‹ zu erklären?

Meines Erachtens lassen sich zwei Gründe dafür anführen:

1. Das entsprechende politische Programm einer Aktivierung wurde faktisch durchgesetzt. Insofern ist dessen Implementierung und Etablierung gar nicht mehr notwendig, denn die Aktivierungslogik und damit verbundene pädagogisierende Strategien und Maßnahmen sind *selbstverständlich* geworden. Wir leben längst in einem Aktivierenden Sozialstaat – oder zumindest in einer gesellschaftlichen Konstellation, die das entsprechende Programm in sich aufgenommen hat.
2. Das politische Programm einer Aktivierung selbst ist auch deshalb nicht mehr explizit erkennbar, weil es in ein umfassenderes Programm der radikal liberalisierten »Aktivgesellschaft« (Lessenich 2008: 16) überführt worden ist. Es geht nicht mehr nur darum, Hilfeempfänger*innen aus einer vermeintlichen Passivität herauszuholen, durch eine entsprechende »fürsorgliche Belagerung« (Laumann 2001), sondern die Gesellschaft als Ganzes soll ihre zivilgesellschaftlichen, nahräumlichen und familiären Vergemeinschaftungs- und Fürsorgepotenziale mobilisieren, und der entsprechenden Bürgerpflicht soll jede*r Gesellschaftsangehörige nachkommen.[3]

Vergewissern wir uns der entsprechenden Entwicklungen, wird klar, dass es keineswegs überholt ist, von einer Logik des Aktivierenden Sozialstaats zu sprechen. Ganz im Gegenteil. Allerdings müssen wir die Veränderungen der vergangenen Jahre berücksichtigen und von einer Einmündung der

---

IV-Beziehende aussetzen! Aufruf für ein Sanktionsmoratorium (Bündnis für ein Sanktionsmoratorium 2009).

2 Ein Beispiel dafür sind die medialen Debatten um den sogenannten »Florida-Rolf« aus dem Jahr 2003 (*Bildzeitung online* vom 17. August 2003 oder *kurier.at* vom 20. Oktober 2003).

3 Die Korrespondenz zu anderen europäischen Positionen soll an dieser Stelle mit Verweis auf das Programm der ›Big Society‹ in Großbritannien wenigstens vermerkt werden (Jordan 2010).

Aktivierungslogik und entsprechender Strategien und Maßnahmen in die etablierten Strukturen sprechen. Vor dem Hintergrund dieser Diagnose geht es im Folgenden um die Position Sozialer Arbeit im etablierten Aktivierenden Sozialstaat.

Zur Etablierung der Pädagogisierung im wohlfahrtsstaatlichen Arrangement

›Soziale Arbeit‹ beschreibt einen bestimmten Typus personenbezogener sozialer Dienstleistungen. Neben den sozialen Sicherungsleistungen, die menschliche Notlagen in Form von monetären Transferleistungen aus den Fonds der Sozialversicherungen (Arbeitslosen-, Renten-, Unfall-, Invaliden- und Pflegeversicherung) oder in Form öffentlicher Versorgungsleistungen (zum Beispiel BAFöG) zu verhindern oder auszugleichen suchen, bildet die personenbezogene soziale Dienstleistung immer schon das zweite Standbein des wohlfahrtsstaatlichen Arrangements. Schließlich stellt die personenbezogene Bearbeitung der alltäglichen Lebensführung eine passende Erweiterung der monetären Regulationsinstrumente alltäglicher Lebensführung (Sozialversicherungs- und Versorgungsleistungen) bereit. Lange Zeit wurde Soziale Arbeit entsprechend als sekundäre Integrationsleistung betrachtet, die in Bezug auf die primären Versicherungs- und Versorgungsleistungen einen nur nachrangigen und zugleich substitutiven Charakter annimmt: Die Sozialpolitik schiebe der Sozialen Arbeit »immer wieder Probleme zur pädagogischen Betreuung und Verwaltung zu« (Böhnisch 1982: 6). Mit der Transformation des bisherigen »wohlfahrtsstaatlichen Arrangements« (Kaufmann 1997: 9) seit den 1980er Jahren ist diese Verhältnisbestimmung in Frage gestellt. Spätestens mit der Etablierung eines Aktivierenden Sozialstaatsmodells seit Ende des 20. Jahrhunderts rückt dessen personenbezogene, pädagogische Dimension zunehmend in den Vordergrund der (sozial-)staatlichen Regulation. Damit findet sich nicht nur die Soziale Arbeit als personenbezogene soziale Dienstleistung in einem veränderten Kontext wieder, sondern die sozialstaatliche Funktionslogik selbst wird der sozialpädagogischen und sozialarbeiterischen Logik in spezifischer Weise angepasst. Der Sozialstaat wird *pädagogisiert* (Atzmüller 2014: 165ff.; Behrend u.a. 2006; Kessl 2011; Lessenich 2012).

Was ist damit gemeint? Die Rede von der ›Pädagogisierung‹ beschreibt zum einen die skizzierte Verschiebung in der wohlfahrtsstaatlichen Regulationslogik: Pädagogische Logiken werden gegenüber Versicherungs- und Versorgungslogiken in den Vordergrund gerückt. Zum anderen macht die Rede von der Pädagogisierung auf eine programmatisch-konzeptionelle Verschiebung aufmerksam: Programme der Aktivierung individueller und gemeinschaftlicher Eigenverantwortung ersetzen zunehmend Programme der (teil-)kollektiven Verantwortungsübernahme. Diese Transformation hin zu einem aktivierenden und als solchem *pädagogisierten Wohlfahrtsstaat* wird im weiteren Text in Bezug und aus Sicht der personenbezogenen sozialen Dienstleistungsinstanz ›Soziale Arbeit‹ reflektiert und diskutiert.

Dazu wird im Folgenden die konstitutive pädagogische Dimension Sozialer Arbeit verdeutlicht. In gewisser Weise erweist sich Soziale Arbeit als Gewinnerin der Transformation der vormaligen wohlfahrtsstaatlichen Versicherungs-, Versorgungs- und Dienstleistungsstrukturen, weil sie als pädagogische Instanz per se die Dimension der Aktivierung umfasst – und im Unterschied zu anderen pädagogischen Instanzen diese aber personenbezogen justiert, was sich als passgenau zu den Aktivierungsstrategien im Aktivierenden Sozialstaat erweist, wie im Weiteren noch zu zeigen sein wird. Zugleich erweist sich das Programm des Aktivierenden Sozialstaats nicht als deckungsgleich mit jener Idee der Aktivierung als grundlegender Bestandteil einer Pädagogik in modernen Gesellschaften. Ganz im Gegenteil: Unter Rückgriff auf die konstitutive Pädagogisierungsdimension lässt sich das Spezifische der Aktivierung im Aktivierenden Sozialstaatsprogramm herausarbeiten. Nach der Ausführung dieser These kann im dritten und letzten Schritt auf die Widersprüche und Brüche, die Soziale Arbeit als Instanz des Aktivierenden Sozialstaats ausmachen, geschaut, und somit das Potenzial für die Möglichkeiten von dessen Veränderung ausgelotet werden.

Soziale Arbeit als pädagogische Instanz

Soziale Arbeit stellt immer auch eine *pädagogische Instanz* dar. Grundlegend kommt ihr, wie allen sozialen Sicherungsleistungen des Sozialstaats, die Aufgabe zu, die alltägliche Lebensführung der Gesellschaftsangehörigen nicht dem Zufall zu überlassen. Vielmehr ist diese mit Bezug auf bestimmte politische Vereinbarungen und/oder historisch-kulturelle Vorstellungen zu regulieren. Die Natur des modernen Menschen wird eben vom (Sozial-)Staat »gemacht« (Balibar 2012: 201). Abweichendes Verhalten soll vermieden werden, die alltägliche Lebensführung der Bevölkerungsmitglieder normalisiert, das heißt einer bestimmten Normalitätsvorstellung angepasst werden, deren Bestimmung in Bezug auf eine nationalstaatlich verfasste Bevölkerung vollzogen wird (Foucault 2004). Diese Logik (sozial-)staatlicher Integration steht im Zentrum wohlfahrtsstaatlicher Gouvernementalität, wie sie sich zum Beispiel in den mittel- und nordeuropäischen Staaten seit dem 19. Jahrhundert etabliert hat.

Zur kategorialen Bestimmung Sozialer Arbeit – im Rahmen des wohlfahrtsstaatlichen Arrangements

Zur Realisierung der sozialstaatlichen Integrationsfunktion ist also die Regulation der menschlichen Lebensführung eine entscheidende Bedingung. Die spezifische Aufgabe Sozialer Arbeit stellt in diesem Zusammenhang eine personenbezogene Normalisierung alltäglicher Lebensführung, also der menschlichen Entwicklung, dar. Sozialstaatliche Agenturen, Versicherungs-, Versorgungs- *und* Fürsorgeleistungen, reagieren auf die »Entwicklungstatsache« (Bernfeld 1973 [1925]: 119) des Menschen im *öffentlichen Auftrag.* Und diese institutionalisierte Reaktion meint nichts anderes als eine *Einflussnahme* auf die Entwicklung des Menschen. Pädagogik ist insgesamt als Ausdruck und Reflexion der Überzeugung zu bestimmen, dass der Einzelne beeinflussbar ist (ebd.: 145). Soziale Arbeit gestaltet diese Beeinflussung der alltäglichen Lebensführung in einer bestimmten Art und Weise. Das bringt ihr als Teil der sozialstaatlich verfassten Regulationsstrukturen, des wohlfahrtsstaatlichen Arrangements, die Aufgabe der Sozialisation von Gesellschaftsangehörigen ein. Soziale Arbeit erweist sich als sozialstaatliche Sozialisationsagentur.

Somit lässt sich Soziale Arbeit kategorial als öffentlich verfasste Instanz der *aktiven Unterstützung und geplanten Beeinflussung subjektiver Lebensführungsweisen* bestimmen. Allerdings wirft eine solche systematische Bestimmung Sozialer Arbeit mindestens zwei Fragen auf: 1. Was unterscheidet Soziale Arbeit von anderen pädagogischen Instanzen, wie der Schule? und 2. in welcher Weise konkretisiert sich diese Funktion zu bestimmten historischen Zeitpunkten? Die erste Frage ermöglicht eine weitere Spezifizierung der Funktion Sozialer Arbeit; die zweite Frage wird im vorliegenden Beitrag anhand der Reflexion und Diskussion der Position und Gestalt(ung) Sozialer Arbeit im Aktivierenden Sozialstaat gegenwartsanalytisch bearbeitet.

Funktionstheoretisch bietet die kategoriale Bestimmung Sozialer Arbeit als Instanz der *aktiven Unterstützung und geplanten Beeinflussung subjektiver Lebensführungsweisen* zuerst einmal keine ausreichende Differenzierungsmöglichkeit zur Funktion der Regelschule an. Wie die Soziale Arbeit will die Regelschule, mit dem Ziel der Integration in die vorherrschende Gesellschaft, Einfluss auf die Lebensführung von Kindern und Jugendlichen nehmen (Fend 1980). Im Unterschied zur Schule nimmt Soziale Arbeit allerdings in den Fällen Einfluss und unterstützt subjektive Lebensführungsweisen, die für die Betroffenen als *schädigend* betrachtet werden (Intervention) oder in den Fällen, in denen eine solche Schädigung in Zukunft befürchtet wird, und daher durch gegenwärtige Maßnahmen *verhindert* werden soll (Prävention). Die vorgeschlagene Bestimmung Sozialer Arbeit ist also um einen Nebensatz zu ergänzen: Sie kommt in den Fällen zum Einsatz, in denen subjektive Lebensführungsweisen als *(potenziell) sozial problematisch bestimmt werden.* Mit dieser Ergänzung ist eine ausreichende Differenz zur Regelschule markierbar, da sie diese (pädagogische) Ausrichtung auf spezifische Personen(-gruppen) nicht teilt, wie im bundesdeutschen Kontext die allgemeine Schulpflicht in zugespitzter Art und Weise verdeutlicht. Aber auch in den Wohlfahrtsregimen, in denen private Beschulungskonstellationen (*home schooling/home education*) erlaubt sind, bleibt dieser Unterschied erhalten. Die Identifizierung einer (potenziell) schädigenden Lebenslage und einer damit verbundenen schädigenden Lebensführung, für einzelne Menschen (zum Beispiel Kind) respektive für eine bestimmte Gruppe (zum Beispiel Familie), bildet den Ausgangspunkt sozialpädagogischer/sozialarbeiterischer Angebote, während eine Bildungspflicht für alle Kinder und Jugendlichen besteht, auch wenn sie sich nicht in einer allgemeinen Schulpflicht niederschlägt.

Doch nicht nur das: Soziale Arbeit materialisiert sich im Unterschied zur Schule – und hier nun vor allem im vergleichenden Blick auf die Regelschule – auch in einem sehr viel stärkeren *Personenbezug*. Das Angebot der Schule ist im Prinzip ein generalisiertes der Qualifikation und Selektion, das erst als solches auch auf den*die einzelne*n Schüler*in zielt: zum Beispiel unter dem Filter kognitiver Wissensstufen und damit verbundener Lernstände. Soziale Arbeit denkt dagegen konzeptionell von der*dem einzelnen Adressat*innen als Person aus, und richtet von hier aus ihr Tun wiederum auf die Gesellschaft (zum Beispiel in der Einzelfallarbeit mit personenbezogenen Hilfeplänen).[4] Das Prinzip des fokussierten Personenbezugs beschreibt also ein zweites Spezifikum Sozialer Arbeit und damit ein Differenzkriterium zur Schule.

Hinsichtlich der in diesem Beitrag fokussierten Frage nach Aktivierung im Kontext des Aktivierenden Sozialstaats ermöglicht eine kategoriale Bestimmung Sozialer Arbeit also zuerst einmal eine Klärung in Bezug auf den konstitutiven Anteil der Aktivierung, wie er allen pädagogischen Instanzen inhärent ist. Von dort aus lässt sich anschließend eine gegenwartsanalytisch informierte Betrachtung Sozialer Arbeit im Kontext des Aktivierenden Sozialstaats unternehmen.

Der konstitutive Anteil der Aktivierung im Pädagogischen

Dem Pädagogischen ist als Moment bürgerlicher Gesellschaften Aktivierung grundlegend inhärent, insofern das pädagogische Tun immer in einer bestimmten Art und Weise auf die Beeinflussbarkeit der Menschen verweist respektive von einer solchen ausgeht: Ziel ›pädagogischer Aktivierung‹ ist die potenzielle Selbstbestimmung des Menschen. Idealiter gelingt es pädagogischen Organisationen also, das Subjekt dahingehend zu beeinflussen, dass es in die Lage kommt, »über sich selbst zu verfügen, seine eigenen Perspektiven zu fassen und zu verfolgen«; ja, es »wird imstande, sich selbst zu erziehen« (Winkler 1988: 335).[5] In diesen Worten beschreibt Michael Winkler am Ende seiner *Theorie der Sozialpädagogik* das Ergebnis einer gelungenen (sozial-)pädagogischen Aktivierung im Sinne der Beeinflussung der menschlichen Entwicklung und damit als Einflussnahme auf

4 Das wird gerade auch in den Fällen deutlich, in denen Soziale Arbeit auf Gruppen und Gemeinschaften abstellt, was traditionell ein zentrales sozialpädagogisches Muster darstellt: Gemeinschaft wird sozialpädagogisch aktiviert, so die Idee, indem den Einzelnen zur Eigentätigkeit verholfen wird. Demgegenüber geht Schule strukturell von der gegebenen staatlichen Gemeinschaft als kultureller Orientierungsgröße aus, z.B. für Lerninhalte (Curricula). Die Diskussionen um die Etablierung eines ›individuellen Unterrichts‹ verweisen gerade auf die Prägungskraft dieser Strukturgröße: Die Etablierung eines Personenbezugs in der Regelschule erweist sich als extrem schwierig.

5 Alle aufklärungspädagogischen Bemühungen lassen sich dahingehend als aktivierungsorientiert bestimmen, insofern sie auf die Entwicklung und Stabilisierung einer subjektiv-autonomen Reflexionsweise abzielen.

die alltägliche Lebensführung durch pädagogische Organisationen und Fachkräfte. Der Mensch soll, so lässt sich machtanalytisch formulieren, im Kontext bürgerlicher Gesellschaften durch einen bestimmten Anteil an Fremdführung (Aktivierungsinstanz) zur Selbstführung (aktivierte Person) mobilisiert werden. So lautet die grundlegende pädagogische Hoffnung im Kontext moderner Gesellschaftskonstellationen. Zu aktivieren ist dabei der einzelne Mensch (zum Beispiel als Rezipient*in sozialstaatlicher Leistungen im Bereich des SGB II) ebenso wie die menschliche Gemeinschaft (zum Beispiel als Rezipient*in einer personenbezogenen sozialen Dienstleistung, wie einer sozialpädagogischen Familienhilfe).

Aktivierung als pädagogisches Prinzip unterstellt also die Möglichkeit einer *relativ unabhängigen Eigen- und Selbsttätigkeit* des Gegenübers. Mit dieser Vorannahme ist allerdings die Ausgestaltung des jeweiligen pädagogischen (Aktivierungs-)Programms noch nicht konkretisiert. Denn aktiviert werden kann das Gegenüber, um diese Eigen- und Selbsttätigkeit in Kraft zu setzen oder um eine bereits vorhandene Eigen- und Selbsttätigkeit pädagogisch freizusetzen, ihr Raum zu verschaffen. Zugleich präsentiert sich Aktivierung in beiden Fällen als progressive Strategie. Das wird spätestens dann deutlich, wenn man sich die Alternative von konservativ ausgerichteten pädagogischen Programmen vor Augen führt: Während Letztere auf die Tradierung bestehender politisch-ökonomischer und sozial-kultureller Verhältnisse setzen, verspricht Aktivierung die Überwindung des jetzigen Zustands auf Basis des Engagements der Einzelnen wie der Gemeinschaften. Konservative pädagogische Programme fallen daher immer wieder hinter Grundeinsichten der Aufklärung zurück.[6]

Gerade weil ›(sozial-)pädagogische Aktivierung‹ als Moment der Moderne nicht gleich Aktivierung an sich ist, gibt uns der Blick auf die historische Konkretisierung (inhaltlich-konzeptionell wie in der formalen Gestalt(ung)) eine *Bestimmungsgröße* in die Hand, um zu klären, mit welcher Art von pädagogischen Programmen und Konzepten wir es jeweils zu tun haben.[7] Die Frage nach Konzeption und Gestalt(ung) (sozial-)pädagogi-

6 Das Ziel konservativer Programme ist die Vererbung eines bestimmten kulturell-sozialen Ordnungsmusters. Sie gehen dabei von einem defizitären, also unentwickelten Wesen aus, dass es erst einmal in einer bestimmten Weise zu formen gilt, um ihm einen Platz in der bestehenden Gesellschaft zuzuweisen (Meves 1970 oder fürsorgetheoretisch Scherpner 1962).

7 Am Beispiel bestimmter pädagogischer Programme lässt sich diese Bestimmungsmöglichkeit illustrieren: ›Freiheitspädagogische‹ Programme, die gerne auch als ›reformpädagogisch‹ kategorisiert werden, repräsentieren z.B. eine Vorstellung von Aktivierung, die

scher Aktivierung kann uns somit als *analytisches Instrument* dienen, sowohl unterschiedliche (sozial-)pädagogische Programme und Konzepte systematisch zu ordnen und zu differenzieren als auch ihre Positionierung im Kontext des jeweiligen staatlichen Arrangements auszuloten – zum Beispiel in Bezug auf die veränderte Wohlfahrtsstaatlichkeit der vergangenen Jahrzehnte (*Aktivierender Sozialstaat*). Mit Blick auf die historisch-spezifische Konstellation, die unter dem Titel ›Aktivierender Sozialstaat‹ verhandelt wird, können wir zum einen fragen, inwieweit Soziale Arbeit hier eine prägende Agentin darstellt; und zum anderen können wir fragen, ob es bei der ›Sozialen Arbeit im aktivierenden Staat‹ tatsächlich um Aktivierung auf der pädagogischen Ebene geht – und wenn ja – wie sich diese ausgestaltet.

Soziale Arbeit auf dem Weg in den Aktivierenden Sozialstaat

Wenn wir über den ›Aktivierenden Sozialstaat‹ sprechen, sprechen wir über ein in bestimmter Weise *qualifiziertes* Sozialstaatsmodell. Formal heißt das. Wir unterstellen erstens, dass der ›Aktivierende‹ Sozialstaat von anderen Sozialstaatsmodellen unterscheidbar ist, und zweitens gehen wir davon aus, dass diese Differenz auf einen Transformationsprozess verweist, einen historischen Wandel also. Es gibt, so unsere Annahme, eine Vergangenheit des Aktivierenden Sozialstaats und eine Gegenwart des Aktivierenden Sozialstaats – und aller Voraussicht nach auch eine Zukunft, in der dieses Programm der Wohlfahrtsstaatlichkeit wieder überwunden sein wird.

Bevor ich ganz knapp einige Charakteristika dieses vielfach diskutierten und auch empirisch weithin vermessenen Transformationsprozesses der vormaligen sozialstaatlichen Konstellation rekapituliere, möchte ich für eine Unterscheidung in Bezug auf diese Transformation plädieren. Inhaltlich sollten wir von einer ›doppelten Transformation‹ sprechen, oder viel-

---

von einem subjektiven Potenzial des Menschen ausgeht, das durch pädagogische Begleitung zu aktivieren sei. So wird das Kind von Maria Montessori oder Adolphe Ferrière als zentraler Ausgangspunkt jeder pädagogischen Intervention betrachtet, dessen Lern- und Bildungsaktivitäten anzuregen und zugleich in ihrer Eigenständigkeit zu respektieren sind. Ein historisch jüngeres Beispiel stellen psycho-physiologische Forschungsperspektiven im Kontext pädagogisch-psychologischer Arbeiten dar, die die Frage der Aktivierung von Lern- und Verhaltensmustern als organismische Aktivität ins Zentrum ihres Interesses stellen (z.B. Wie lassen sich bestimmte Hirnregionen aktivieren und welchen Einfluss haben unterschiedliche Aktivierungsniveaus?).

leicht besser: von einer *politisch-programmatisch angestrebten* und einer *faktisch vollzogenen* Dimension dieser Transformation. Die politisch-programmatisch angestrebte Transformation ist diejenige, auf die die Protagonist*innen eines Aktivierenden Sozialstaatsmodells *zielen*. Dieses Modell ist im bundesdeutschen Kontext bekanntlich angesichts der Regierungsübernahme durch die rot-grüne Bundesregierung 1998 (Hombach 1998; Kommission für Zukunftsfragen Bayern-Sachsen 1997) in die öffentliche Debatte getreten – mit expliziten Anlagen aus und Bezügen auf andere europäische Programme, nicht zuletzt auf das englische Konzept eines »social investment state« (Giddens 1998; Blair/Schröder 1999).

Seinen wirkmächtigsten Ausdruck hat das veränderte Sozialstaatskonzept, und damit wenden wir uns schon einmal kurz der Dimension der faktisch vollzogenen Transformation zu, in den Reformen des zweiten und dritten Sozialgesetzbuches (SGB II + III), den sogenannten Hartz-Gesetzen, gefunden (2003–2005). Hier wurde und wird seither die Umstellung von einem eher fürsorgenden Sozialstaatsmodell (zum Beispiel durch eine aktive Arbeitsförderungspolitik) hin zu einem aktivierenden, eben sozialinvestiv denkenden Sozialstaat zumindest an einigen Stellen greifbar – es realisiert sich also das politische Programm der Transformation des vormaligen wohlfahrtsstaatlichen Arrangements. Transformation meint dabei eine grundlegende Veränderung des Vormaligen (Diskontinuität), allerdings auf dessen Basis, und damit auch unter Weiterführung bestimmter vorheriger Entwicklungslinien (Kontinuität). Das zeigt sich unter anderem darin, dass die Transformation des vormaligen Sozialstaatsmodells nicht erst Ende der 1990er Jahre einsetzt, sondern ihren Anfang bereits in den 1970er und 1980er Jahren nimmt – im bundesdeutschen Kontext wie in der Mehrheit anderer OECD-Staaten.[8] Seither ist eine durchaus grundlegende Veränderung des sozialstaatlichen Kontextes auszumachen, wie er seit dem 19. Jahrhundert in der Mehrheit der heutigen OECD-Staaten entwickelt und etabliert wurde (Castel 2005; Clarke 2004; Lessenich 2008).

Bevor wir uns dem damit verbundenen faktischen Veränderungsvollzug, den das Aktivierende Sozialstaatsmodell auf der Ebene Sozialer Arbeit mit sich gebracht hat, zuwenden, soll im Folgenden, wenigstens stichwortartig, zusammengefasst werden, was mit diesem Modell politisch-programmatisch angestrebt wird.

---

8 Politische Programme, die hierzu anstifteten, waren z.B. diejenigen zur volkswirtschaftlichen Deregulierung unter der schwarz-gelben Bundesregierung in den frühen 1990er Jahren.

Von der inhaltlich-konzeptionellen Ausrichtung der Aktivierung im Aktivierenden Sozialstaat

Versucht man die konzeptionelle Stoßrichtung des Aktivierenden Sozialstaatsmodells zusammenzufassen, lässt sich mit Nancy Fraser formulieren, dass mit der Etablierung entsprechender Regulationslogiken »die Ansprüche auf egalitäre Umverteilung viel von ihrer Bestimmtheit eingebüßt haben« (Fraser/Honneth 2003: 16). Während der sozialstaatliche Kontext bis in die frühen 1970er Jahre hinein, also der (kurze) »hohe Mittag« des Wohlfahrtsstaats (Vogel 2004: 36), von einer öffentlich regulierten alltäglichen Lebensführungssicherheit geprägt war, kennzeichnet die sich seither etablierende post-sozialstaatliche Phase (der *Nachmittag des Wohlfahrtsstaates* (Vogel 2004)) »eine tiefgreifende und krisenhafte Verunsicherung der Gesellschaft« (Aulenbacher/Riegraf 2009: 1; Riegraf 2005). Für Robert Castel (2005) ist die Frage nach der gesellschaftlichen Reproduktion für die Einzelnen wie für die Gesellschaft neu aufgeworfen. Das Ideal der wohlfahrtsstaatlichen »Gemeinschaft der Ähnlichen« (unter anderem Hegemonie der heteronormativen, familial organisierten Lebensführungsmuster) wird zunehmend von einem neo-sozialen Modell der »Gemeinschaft der Unähnlichen« abgelöst (unter anderem formale Teilanerkennung heterogener Lebensführungsmuster wie der Lebenspartnerschaften)[9] (Castel 2005) – und genau dafür stellt Aktivierung einen passenden Katalysator bereit.

Der Einzelne soll, so die Überzeugung des Aktivierungsmodells im Aktivierenden Staat, zu seiner relativ unabhängigen Eigentätigkeit motiviert und diese soll dadurch mobilisiert werden, dass er »persönliche Verantwortung« übernimmt, so zum Beispiel der Politikwissenschaftler Wolfgang Merkel in der *Frankfurter Rundschau* vom 4. Juni 2013.

Bis hierhin korrespondiert das Aktivierende Sozialstaatsmodell konzeptionell mit modernen pädagogischen Programmen. Es geht hier um eine relativ unabhängige Eigen- und Selbsttätigkeit des Gegenübers als Ziel der aktivierenden Intervention. Allerdings fügt sich das Aktivierende Sozialstaatsmodell konzeptionell noch in einen ganz anderen Rahmen ein, was auch die Rede von der »persönlichen Verantwortung« in einen anderen Kontext rückt (Hayek 1991 [1960]: 102). Einer der zentralen Neoliberalis-

9 Dieser Hinweis bildet auch eine Erklärungsfolie, warum die sogenannte »Ehe für alle« 2017, kurz vor der Bundestagswahl, in einem fraktionsübergreifenden Beschluss durchgesetzt werden konnte. Er steht keineswegs im Widerspruch zu vorherrschenden Regulationsideen.

mus-Vordenker, Friedrich Hayek, bestimmt persönliche Verantwortung nämlich als die einzig »wirkungsvoll[e]« Verantwortung (ebd.). In »einer freien Gesellschaft«, so Hayek, könne »es keine kollektive Verantwortlichkeit der Mitglieder einer Gruppe als solcher geben. [...] So wie jedermanns Eigentum niemandes Eigentum ist, so ist auch jedermanns Verantwortung niemandes Verantwortung« (ebd.). Auch wenn, vor allem aus der verwaltungswissenschaftlichen Perspektive, auf das Innovationspotenzial der angestrebten Staatsmodernisierung insistiert (Blanke 2009: 121) und die Neoliberalisierung des Aktivierenden Sozialstaatsmodells als dessen ›Diskreditierung‹ zurückgewiesen wird, ist die Anschlussfähigkeit des, gerade im Umfeld der SPD entwickelten veränderten Wohlfahrtsstaatlichkeitsprogramms ›Aktivierender Sozialstaat‹, nicht von der Hand zu weisen. Dieses schmiegt sich inhaltlich-konzeptionell an neoliberale Denkweisen an, ja konvergiert teilweise mit diesen oder grenzt sich zumindest nicht gegen eine Vereinnahmung von dieser Seite ausreichend ab.

Denn gerade der zugespitzte Liberalismus à la Hayek konnte sich wie ein politisch-philosophisches Passepartout für das Aktivierende Sozialstaatsmodell anbieten, als Plädoyer für eine Gemeinschaft der Unähnlichen, die gerade auch soziale Ungleichheit als notwendiges Moment einer erfolgreichen ›Evolution‹ der modernen Gesellschaft betrachtet. Ein Beispiel hierfür ist die Strategie der Aktivierung von »Humanvermögen« (Olk 2007): Allzu leicht ist diese Figur humankapitaltheoretisch zu imprägnieren. Effektive Investitionen, so die entsprechende Grundüberzeugung, können immer nur Investitionen in die einzelne Person und ihre Bildung sein. Welch Geistes Kind eine solche Argumentation ist, zeigt die humankapitaltheoretische Grundierung, wie sie Gary S. Becker anbietet: »[...] most (if not all!) deaths are to some extent ›suicides‹ in the sense that they could have been postponed if more resources had been invested in prolonging life« (1976: 10; siehe auch Bröckling 2003: 21). Aktiviert man die Leute nicht – und das so frühzeitig wie möglich (vergleiche dazu in jüngerer Vergangenheit die vielfachen Modelle der sogenannten Frühförderung und frühen Hilfen) – nimmt man ihnen quasi die Überlebenschance, so lässt sich die Formel der Aktivierung humankapitaltheoretisch zuspitzen.[10]

---

10 Der Zynismus, ja der Anti-Humanismus, derartiger Positionen, die Menschen zur Übernahme »subjektiver Lebensgestaltungsverantwortung« (Kessl 2005: 81) drängen wollen, liegt darin, dass sie sozial-strukturelle Ermöglichungs- und Ausschließungsbedingungen fast durchgehend außer Acht lassen. Schließlich ist bekannt, dass die soziale Position ei-

Aber nicht nur in Perspektiven und Strategien auf die Aktivierung von Humanvermögen allgemein wird das spezifische der sozialstaatlichen Aktivierungsprogrammatik greifbar, sondern auch in deren Überführung in das Feld der personenbezogenen sozialen Dienstleistungen, wie die Soziale Arbeit, wenn argumentiert wird, die neue Handlungsmaxime müsse nun die folgende Ausrichtung bekommen: »Handlungsdruck statt Übernahmegarantie« (Esch u.a. 2001: 522). Denn nur so komme man auch der institutionellen Verantwortung nach, den Einzelnen zur Übernahme seiner persönlichen Verantwortung zu bringen. Komme er dieser also nicht in dem Maße nach, wie dies von ihm verlangt wird, muss er gezwungen werden – oder er muss sich in einem ungemütlichen sozial marginalisierten Leben einrichten.

Solche »aktivierungspädagogischen« (Kessl 2006) Haltungen spiegelten sich in den Jahren ihrer Implementierung in spontanen Äußerungen von politisch Verantwortlichen oder medial präsenten Akteur*innen wider, wenn zum Beispiel der damalige rheinland-pfälzische Ministerpräsident in einem Interview 2006, also kurz nach Inkrafttreten der letzten Hartz-Gesetze, formuliert, dass es »zu viele Menschen in Deutschland [gebe], die keinerlei Hoffnung mehr haben, den Aufstieg zu schaffen. Sie finden sich mit ihrer Situation ab« (*Spiegel-Online* vom 7. Oktober 2006). So weit, so sozialdemokratisch. Doch die aktivierungspädagogische Pointe folgte einige Monate später: Auf die situative Kritik eines Mannes an der neuen Arbeitsmarktpolitik, die ihn selbst betraf, reagiert Beck mit dem Satz: »Wenn Sie sich waschen und rasieren, dann haben Sie in drei Wochen einen Job!« (*Focus-Online* vom 13. Dezember 2006).

Hier konkretisiert und symbolisiert sich die Neuformatierung des bisherigen wohlfahrtsstaatlichen Arrangements als »Erziehungsagentur« (Lessenich 2012). Becks Intervention zielt auf die alltägliche Lebensführung seines Gegenübers, um dessen Eigentätigkeit anzuregen, und konkretisiert dabei, was »persönliche Verantwortung« meint: Ein Verhalten aufseiten des Betroffenen, das sein Engagement zur Veränderung seiner Selbst dokumentiert. Selbst wenn Beck mit seiner Intervention gar keine explizite pädagogische Absicht verfolgte, bildet sie damit die Logik der Pädagogisierung sozialstaatlicher Maßnahmen ab, nicht zuletzt der arbeitsmarktbezogenen (Behrend u.a. 2006) – also einer Arbeitsmarktpolitik, die ein Jahr

nes Gesellschaftsangehörigen einen deutlichen Einfluss auf die faktische Lebenserwartung hat (z.B. Groh-Samberg 2014).

vorher als Ergebnis von Entscheidungen einer SPD-geführten Regierung, der Beck seit Mai 2006 vorsaß, in Kraft getreten waren.

Doch in welcher Weise realisiert sich die Pädagogisierung des vormaligen Sozialstaats tatsächlich, wie vollzieht sich also die Aktivierung? Das wird im Weiteren, wie angekündigt, am Beispiel der Sozialen Arbeit gezeigt.

Von der faktisch-vollzogenen Gestalt(ung) der Aktivierung im Aktivierenden Sozialstaat

Die eingangs diagnostizierte Selbstverständlichkeit von Aktivierendem Sozialstaat und Aktivgesellschaft, zeigt sich in den Feldern Sozialer Arbeit in zweifacher Weise: 1. Im alltäglichen Vollzug aktivierungspädagogischer Maßnahmen, wie der arbeitsmarktbezogenen, aber auch von Angeboten in anderen Arbeitsfeldern. Dort wird sehr schnell deutlich: Die Logik der Aktivierung ist etabliert. 2. Der faktische Vollzug von Aktivierungsstrategien und -maßnahmen weist dabei gleichzeitig keine eindimensionale und monolineare Gestalt auf, ganz im Gegenteil: Aktivierung verweist auf Widersprüchliches und Brüchiges. Doch – zumindest bisher – haben diese Widersprüche und Brüche nicht zu einer umfassenden Infragestellung respektive Delegitimation der Aktivierungslogik des Aktivierenden Sozialstaats geführt. Insofern bestätigen sie indirekt eher die Selbstverständlichkeit des Aktivierenden Sozialstaatsmodells als sie zu widerlegen.

Die expliziten empirischen Befunde zum Vollzug der Aktivierung im Sinne des Aktivierenden Sozialstaats, die für die Soziale Arbeit vorliegen, sind überschaubar. Deutlich zeigen diese aber eine Präsenz der Aktivierungslogik in den Feldern Sozialer Arbeit. So identifiziert zum Beispiel Annette Plankensteiner (2013: 15) ein »Aktivierungsdispositiv«, also eine bestimmende Macht-Wissens-Formation (ebd.: 24ff.; dazu auch Kessl 2005), mit dem auf den »gesellschaftlichen Notstand […] der Vereinbarkeit von Sozialstaatlichkeit und Wettbewerb« reagiert werde (Plankensteiner 2013: 26). Dies führe, so ein zentraler Befund ihrer Rekonstruktion klienteler Subjektivierungsweisen im Feld der Hilfen zur Erziehung, zur Etablierung des Aktivierungsziels einer »erwünschten Selbststeuerung« (ebd.: 275). Auch Peter Schallberger und Bettina Wyer gehen von einem veränderten »Paradigma der Aktivierung« aus, das sich »ab Mitte der 1990er Jahre in fast allen westeuropäischen Staaten parallel« etabliert (2010: 17; auch Ott

2011: 23ff.). Für den Bereich der arbeitsbezogenen Angebote, den sie mit Fokus auf die Arbeitsgelegenheiten am Schweizer Beispiel untersucht haben, analysieren sie eine Realität des kontinuierlichen »Konformitätstest« des Nutzer*innenverhaltens (ebd.: 118). Der Nutzen von Beschäftigungsprogrammen reduziere sich aus Sicht der Nutzer*innen deshalb nur auf den Nachweis, »dass sie trotz Arbeitslosigkeit ›normal‹ funktionieren« (ebd.), also die vorherrschende Lohnarbeitsnorm internalisiert haben. Da der bestehende Arbeitsmarkt die Lohnarbeitsmöglichkeiten für viele erwachsene Personen aber strukturell einschränkt und eine aktive Arbeitsmarktpolitik mit gesetzlichen Entscheidungen, wie den sogenannten Hartz-Gesetzen im bundesdeutschen Kontext, gerade überwunden werden soll, ist es in dieser Logik nur konsequent, dass nicht mehr die Berufsprofile von Erwerbslosen als Ausgangspunkt von arbeitsmarktbezogenen Bildungsmaßnahmen herangezogen werden, sondern »Tätigkeitsprofile« der einzelnen Teilnehmer*innen konstruiert respektive deren Konstruktion den Erwerbslosen als Aufgabe aufgegeben wird (Ott 2011: 278). So sollen erwerbslose Menschen aktiviert werden, »sich selbst ihren eigenen gesellschaftlichen (tendenziell marginalen) Platz zu schaffen – zum Beispiel über eine Existenzgründung oder in der existenziellen Abhängigkeit vom persönlichen Umfeld« (ebd.).

Welche Konsequenzen das auf Nutzer*innenseite hat, zeigen unter anderem die Befunde von Figlestahler u.a. (2015: 377), die am Beispiel von jungen Menschen im Berufsförderungsbereich zeigen, wie die aktivierungsorientierte Programmdynamik zu einer faktischen Überschreibung »subjektiver Tätigkeitsambitionen« führt. Jugendliche passen sich an die Gegebenheiten der Berufsförderung an. Ihre eigenen Bildungsziele, also ihre Tätigkeitsambitionen, geben sie dafür auf, ohne dass ihnen ein Berufsförderungserfolg gewährleistet wäre. Ganz im Gegenteil: Sie müssen sich eher mit der Dynamik eines tendenziellen Verstärkungseffekts sozialer Ungleichheiten auseinandersetzen, die ihre Einpassung in die Aktivierungslogik mit sich bringt (ebd.). Andreas Walther arbeitet vor dem Hintergrund seiner eigenen, auch europäisch-vergleichenden, Studien heraus, was diesen Perspektivwechsel hin zur Aktivierungslogik auszeichnet: »Der aktivierende Wohlfahrtsstaat suggeriert, junge Frauen und Männer würden sich angesichts der veränderten Anforderungen und Möglichkeiten passiv verhalten« (2012: 16). Eine Annahme, die nicht nur die Eigensinnigkeit übersieht, wie sie eben gerade die aktive Nutzung sozialstaatlich verfasster Angebote auszeichnet (zum Beispiel Herzog 2015; van Rießen 2016; Gille im Erscheinen), sondern auch die biografisch-lebensgeschichtlichen Anforderungen, die sich in der konkreten Fallarbeit abhängig von sozialstrukturellen Bedingungen und sozialkulturellen Prägungen in unterschiedlicher Art und Weise für Nutzer*innen ausprägen.

Weshalb sich die Aktivierungslogik im Sinne des Aktivierenden Sozialstaats dennoch durchsetzen kann, lässt sich im Anschluss an Nadai u.a. (2015: 227) mit der, von Meyer und Rowan vorgeschlagenen Figur des »Rationalitätsmythos« fassen. Denn obwohl ein Wirkungsnachweis für den Erfolg aktivierungspädagogischer Strategien und Maßnahmen fehlt, ja ganz im Gegenteil, die zitierten Befunde eher deren Misserfolg ausweisen, ist der Glaube an die Notwendigkeit dieser Deutungs- und Vorgehensweisen stabil. Und das hat Gründe: Das aktivierungspolitische Paradigma, die Aktivierung subjektiver Lebensgestaltungsverantwortung könne die Eigen- und Selbsttätigkeit der Gesellschaftsangehörigen anregen, ist allzu verführerisch – schließlich ist damit nicht weniger als die Umsetzung eines zentralen Versprechens der Moderne verbunden. Und dazu den Weg einer Pädagogisierung der bisherigen bürokratischen Regulierung menschlicher Lebensführung einzuschlagen, also dessen personenbezogene Neugestaltung, könnte als Konsequenz durchaus nahe liegen.[11] Vorausgesetzt wir vergewissern uns nicht der aufgezeigten ›Nebenfolgen‹. Insofern ist nicht nur für die Diskussion um Soziale Arbeit im Aktivierenden Sozialstaat, sondern auch um Sinn und Unsinn von aktivierungspolitischen und aktivierungspädagogischen Strategien und Maßnahmen insgesamt, deren Differenzierung von der pädagogischen Aktivierung als Grundprinzip des

11 Auf der Ebene der Organisation Sozialer Arbeit lässt sich die Aktivierungsdynamik ebenfalls sehr deutlich zeigen: Vor allem die Etablierung von marktförmigen Logiken, also eine »Ökonomisierung« der Sozialen Arbeit, ist Ausdruck dessen (Otto/Schnurr 2000). Denn damit wird spätestens seit Anfang der 1990er Jahre eine (Markt-)Konkurrenz, insbesondere zwischen den freien Trägern als Erbringer sozialpädagogischer/sozialarbeiterischer Leistungen (Hilfen), etabliert sowie eine Konkurrenz zwischen privat-gewerblichen und freien sowie gegenüber anderen privat-gewerblichen Trägern hergestellt (privat-gewerbliche Träger haben bis dahin eine nur marginale Rolle in der bundesdeutschen Sozialen Arbeit gespielt). Die einzelnen Träger – freie und privat-gewerbliche – sehen sich insofern ›aktiviert‹, als sie sich in der Konkurrenz behaupten und platzieren müssen. Doch nicht nur die freien und privat-gewerblichen Träger, sondern auch die öffentlichen Träger bekommen die Aktivierungslogik zu spüren. Mit der Etablierung von Managementsstrategien (z.B. Kontraktmanagement) und damit verbundener Steuerungslogiken (z.B. standardisierte Fallsteuerung) wird sowohl die Arbeit des öffentlichen Trägers gegenüber dem freien Träger (Auftraggeber – *purchaser/provide-split*) als auch die Arbeit innerhalb des öffentlichen Trägers (z.B. Etablierung von Qualitätsmanagementsystemen im Jugendamt) neu justiert (Otto/Ziegler 2010).

modernen (sozial-)pädagogischen Tuns von hoher Aufklärungskraft notwendig. Ja, mehr noch: Erst das Wissen um diese Differenz könnte einen Perspektivenwechsel, weg von der Aktivierungslogik im Sinne des Aktivierenden Staates ermöglichen. Das soll abschließend mit Bezug auf die dargestellten Veränderungen im faktischen Vollzug personenbezogener Dienstleistungen, und vor allem mit Blick auf die dabei sichtbar werdenden Widersprüche und Brüche, verdeutlicht werden.

›Wohin ist die Aktivierung?‹: Soziale Arbeit im Aktivierenden Sozialstaat

Eine alternative, eben (sozial-)pädagogische Aktivierung sollte die Professionalität der Fachkräfte organisational unterstützen. Wird der Personenbezug nämlich in dieser Weise betont, lässt sich mit dem fachlichen Verständnis einer pädagogischen Aktivierung der vorherrschenden aktivierungspolitischen Logik begegnen: Das programmatische Ziel der Eigen- und Selbsttätigkeit der Gesellschaftsangehörigen könnte ernst genommen und die Aktivierungslogik, und damit verbundene Strategien und Maßnahmen, vom Kopf auf die Füße gestellt werden. Eine solche (pädagogische) Professionalisierung (dazu auch Ludwig-Mayerhofer u.a. 2009: 290ff.; auch dies. 2006) ist in den Feldern Sozialer Arbeit dort auch tatsächlich beobachtbar, wo sie organisational, also zum Beispiel durch eine fachlich ausgewiesene Leitung (Evans/Harris 2004; Messmer 2007) unterstützt wird – und die Fachkräfte sie anstreben.

In mehreren Studien wird am Beispiel der arbeitsmarktbezogenen Angebote (unter anderem Böhringer u.a. 2012; Ludwig-Mayerhofer u.a. 2006; Dörre u.a. 2013) das Bemühen der Fachkräfte herausgearbeitet, trotz starker institutioneller Vorgaben »handlungsfähig« zu bleiben (Karl 2015: 167). Die institutionell für Aktivierung verantwortlichen Akteur*innen im Aktivierenden Sozialstaat legen zum Beispiel Vorgaben fallspezifisch aus und wenden die ihnen zur Verfügung gestellten Instrumente je nach Fall durchaus unterschiedlich an. So werden vorhandene Zwangsmittel, die mit den sogenannten Hartz-Gesetzen verstärkt und zum Teil neu etabliert wurden, von fallverantwortlichen Mitarbeiter*innen in den Jobcentern keineswegs durchgehend angewendet (Dörre u.a. 2013); und Instrumente, wie die Mobilitätsverpflichtungen für erwerbslose Personen, werden von diesen keineswegs durchweg eingefordert (Ludwig-Mayerhofer u.a. 2006). Im Gegenteil: Fachkräfte sind um ihre Handlungsfähigkeit bemüht, und diese erreichen sie zu einem gewissen Grad auch, weil die vorherrschende Aktivierungslogik in den konkreten Handlungsvollzug übersetzt werden muss, und damit diese Übersetzungs- und Konkretisierungsarbeit eine Möglichkeit bereitstellt, Widerspruch anzumelden und Bruchlinien auszumachen und zu bearbeiten.

Allerdings stehen die bestehenden institutionellen Bedingungen einer weiteren Dynamisierung dieser Widersprüche und Brüche hin zu einer potenziellen Revision der vorherrschenden Aktivierungslogik doch deutlich im Weg. Denn trotz der fachlichen Bemühungen um Handlungsfähigkeit erweist sich Aktivierung im Aktivierenden Sozialstaat mit Blick auf den Anspruch einer professionellen Gestaltung des Erbringungsverhältnisses, also die Gewährleistung einer professionellen Fallarbeit, wie es für die Soziale Arbeit an sich zum fachlichen Selbstverständnis gehört, aus zwei Gründen als Hindernis. Die Aktivierungslogik fördert, erstens, ein *creaming* (zum Beispiel Ludwig-Mayerhofer u.a. 2009: 135), das heißt ein Abschöpfen derjenigen Fälle, in denen es die fallzuständigen Mitarbeiter*innen mit gut zu vermittelnden Personen zu tun haben. Hier ist Aktivierung relativ leicht möglich, und somit die Intervention erfolgversprechend. Schwer oder nicht in den bestehenden Arbeitsmarkt zu vermittelnde Menschen (»Kunden«) fallen damit aber leicht durchs Raster oder rücken zumindest in der Aufmerksamkeit nach hinten. Dieser Prozess der Stratifizierung von Fällen wird, zweitens, durch die Etablierung standardisierter Einordnungsinstrumente, wie sie insbesondere von der sogenannten Wirkungsforschung angeboten werden, noch verstärkt, und dynamisiert somit eine Ungleichbehandlung der Nutzer*innen (Polutta 2014). Das Bemühen der Fachkräfte um die eigene Handlungsfähigkeit kann diese Tendenzen zwar abmildern oder temporär und situativ unterbrechen, denn ihr Engagement für eigene Ermessensspielräume (*discretion*) kann als Ausdruck eines fachlichen Selbstverständnisses gelesen werden, die spezifische und situative Bearbeitung des jeweiligen ›Falles‹ als prioritäre Aufgabe zu begreifen, und nicht das Einhalten institutioneller Vorgaben und den Einsatz vorgegebener Instrumente. Dennoch ist ohne eine institutionelle Transformation eine Überwindung der vorherrschenden Aktivierungslogik nicht absehbar.

Das zeigt sich nicht zuletzt darin, dass die vorherrschende Aktivierungslogik mit falschen Unterstellungen arbeitet, die dazuhin das professionell notwendige Bemühen, dem Einzelfall gerecht zu werden, behindern.

Den potenziell zu aktivierenden Personen wird tendenziell eine Passivität, also ein Nicht- oder zumindest unzureichendes Engagement für ihre Rückkehr in den (ersten) Arbeitsmarkt unterstellt. Und das, obwohl diese Unterstellung den faktischen Einstellungen der (potenziellen) Nutzer*innen aktivierungspädagogischer Angebote widerspricht – und eben auch der professionell (sozial-)pädagogischen Haltung entgegensteht, Menschen in ihrem Alltag, ihrem Denken und Tun ernst zu nehmen.

Der Befund, was die angebliche Passivität der Leute angeht, ist eindeutig: Die starke gesellschaftliche »Erwerbsnorm« (Dörre 2014; Ludwig-Mayerhofer u.a. 2009: 174ff.) prägt gerade auch die Einstellungen erwerbsloser und armer Menschen (Dörre u.a. 2013; Schoneville 2016). Erwerbslose nehmen, entgegen der Passivitätsunterstellung, ihre fehlende Teilhabe an der Erwerbsarbeit als »Abweichung von der Norm [wahr], *aktives* Mitglied der *Arbeitsgesellschaft* zu sein« (Ludwig-Mayerhofer u.a. 2009: 172, Herv. i. Orig.). Diesem Befund korrespondiert auch der Sachverhalt, dass der Nutzen, den Teilnehmende aus arbeitsmarktbezogenen Fortbildungsveranstaltungen offensichtlich ziehen, der »Nachweis« ist, »trotz Arbeitslosigkeit ›normal‹ [zu] funktionieren und in diesem Sinne ›beschäftigungsfähig‹ [zu sein]« (Schallberger/Wyer 2010: 118). Trotz dieser starken Erwerbsarbeitsorientierung steht für diejenigen Nutzer*innen aktivierungspädagogischer Angebote, die schwer oder nicht in den bestehenden Arbeitsmarkt zu integrieren sind, aber am Ende der Aktivierungsmaßnahmen eine Überführung in die ›Sonderzonen‹ des Aktivierenden Sozialstaats. Nutzer*innen, deren Transfereinkommen nicht ausreichen, werden zum Beispiel vom Jobcenter direkt an die lokale Tafel mit dem Verweis weitergeleitet, dort könnten sie eine (materielle) Unterstützung erhalten, um mit ihrem beschränkten Transfereinkommen klarzukommen. Der jüngste Boom dieser »mitleidsökonomischen« Angebote, unter anderem Tafeln, Suppenküchen, Kleiderkammern, Sozialkaufhäuser, (Kessl u.a. 2019, im Erscheinen) ist daher nicht zufällig historisch parallel mit der Etablierung aktivierungspolitischer und -pädagogischer Strategien und Maßnahmen. Eine andere solche Sonderzone für die Nicht-Aktivierbaren ist der ›dritte Arbeitsmarkt‹, zum Beispiel in Form der sogenannten betreuten Werkstätten für Menschen mit Behinderungen. Auch dieser Bereich hat in den vergangenen Jahren deutlich zugenommen und dabei in auffälliger Weise andere Gruppen, als die bisher dort versorgten, mit aufgenommen: zum Beispiel psychisch kranke

Menschen.[12] Für die nicht-mehr aktivierbaren Gesellschaftsangehörigen werden mit diesen Sonderzonen Strukturen der Armutslinderung aufgebaut, die zu einem beträchtlichen Teil von Freiwilligenarbeit abhängig sind, also einerseits jenseits professioneller Erbringung angesiedelt sind, und zugleich mit dem formalisierten Sozialstaat vielfältig und eng verknüpft sind, ja, dessen Schatten bilden. Tafeln werden häufig von Wohlfahrtsverbänden unterhalten oder sind an diese organisational angekoppelt.

Diesen Tendenzen wird grundlegend nur durch veränderte gesellschaftspolitische Entscheidungen zu begegnen sein. Aber in den Feldern Sozialer Arbeit kann auch bereits eine (Teil-)Professionalisierung einen Ansatzpunkt bilden, um einen alternativen Weg zur vorherrschenden Aktivierung einzuschlagen, und somit die weitere Reproduktion von Ungleichheit, die die dominierende Aktivierungslogik befördert, möglichst zu vermeiden.

Literatur

Atzmüller, Roland (2014), *Aktivierung der Arbeit im Workfare-Staat. Arbeitsmarktpolitik und Ausbildung nach dem Fordismus*, Münster.

Aulenbacher, Brigitte/Riegraf, Birgit (2009), *Postfordistische Reproduktionsweise und soziale Ungleichheiten. Über die Erklärungspotenziale von Regulationstheorie, feministischer Gesellschaftsanalyse und Intersektionalitätsforschung*, Vortrag am 25.04.2009 auf der Gemeinsamen Tagung »Kapitalismustheorien« der DVPW-Sektion »Politik und Ökonomie« und der ÖGPW am 24./25.04.2009, Wien, letzter Zugriff: 30.07.2010, http://www.oegpw.at/tagung09/papers/AG1b_aulenbacher.pdf.

Balibar, Étienne (2012), *Gleichfreiheit: Politische Essays*, Berlin.

Becker, Gary S. (1976), *The Economic Approach to Human Behavior*, Chicago.

Behrend, Olaf/Ludwig-Mayerhofer, Wolfgang/Sondermann, Ariadne/Hirseland, Andreas (2006), »Reform der Arbeitsverwaltung: Im Schatten der Aufmerksamkeit – die Arbeitsvermittler«, IAB-Kurzbericht, No. 21, Nürnberg: Institut für Arbeitsmarkt- und Berufsforschung (IAB), in: *Leibniz-Informationszentrum Wirtschaft*, letzter Zugriff: 09.09.2018, http://hdl.handle.net/10419/158228.

---

12 Mit der Rede von »Sonderzonen« möchte ich darauf aufmerksam machen, dass im Fall der Menschen, die als nicht-aktivierbar eingestuft werden, das Ziel der Aktivierung von vornherein als nur bedingt erreichbar oder sogar als unerreichbar eingestuft wird. Beide genannten Sonderzonen bilden teilweise auch Schnittfelder, z.B. in Form von Arbeitsgelegenheiten (»Ein-Euro-Jobs«) in einer Tafel für Menschen, die als psychisch krank kategorisiert werden.

Bernfeld, Siegfried (1973 [1925]), *Sisyphos oder die Grenzen der Erziehung*, Frankfurt am Main.

Blair, Tony/Schröder, Gerhard (1999), »Europe: The Third Way/Die Neue Mitte. A Joint Declaration by Tony Blair and Gerhard Schröder«, London, 8. Juni, letzter Zugriff: 09.09.2018, http://library.fes.de/pdf-files/bueros/suedafrika/02828.pdf.

Blanke, Bernhard (2009), »Erzählungen zum aktivierenden Staat«, in: *Verwaltung und Management*, Jg. 15, H. 3, S. 115–125.

Böhnisch, Lothar (1982), *Der Sozialstaat und seine Pädagogik. Sozialpolitische Anleitungen zur Sozialarbeit*, Neuwied/Darmstadt.

Böhringer, Daniela/Karl, Ute/Müller, Hermann/Schröer, Wolfgang u.a. (2012), *Den Fall bearbeitbar halten. Gespräche in Jobcentern mit jungen Menschen*, Opladen/Berlin/Toronto.

Bröckling, Ulrich (2003), »Eine Kritik der biopolitischen Ökonomie«, in: *Mittelweg 36*, Jg. 12, H. 1, S. 3–22.

Bündnis für ein Sanktionsmoratorium (2009), »Sanktionen gegen Hartz-IV-Beziehende aussetzen! – Aufruf für ein Sanktionsmoratorium«, in: *sanktionsmoratorium.de*, letzter Zugriff: 09.09.2018, http://www.sanktionsmoratorium.de/pdfs/aufruf_lang_web.pdf.

Bündnis 90/Die Grünen (2017), »Zukunft wird aus Mut gemacht. Bundestagswahlprogramm 2017«, in: *gruene.de*, letzter Zugriff: 09.09.2018, https://www.gruene.de/fileadmin/user_upload/Dokumente/BUENDNIS_90_DIE_GRUENEN_Bundestagswahlprogramm_2017.pdf.

Castel, Robert (2005), *Die Stärkung des Sozialen: Leben im neuen Wohlfahrtsstaat*, Hamburg.

Clarke, John (2004), *Changing Welfare, Changing States. New Directions in Social Policy*, London.

CDU/CSU (2017), »Für ein Deutschland, in dem wir gut und gerne leben. Regierungsprogramm 2017–2021«, in: *CDU.de*, letzter Zugriff: 09.09.2018, https://www.cdu.de/system/tdf/media/dokumente/170703regierungsprogramm2017.pdf?file=1.

Dörre, Klaus (2014), »Stigma Hartz IV. Für- und Selbstsorge an der Schwelle gesellschaftlicher Respektabilität«, in: Brigitte Aulenbacher/Maria Dammayr (Hg.), *Für sich und andere sorgen. Krise und Zukunft von Care in der modernen Gesellschaft*, Weinheim/Basel, S. 40–52.

Dörre, Klaus/Scherschel, Karin/Booth, Melanie/Haubner, Tine u.a. (2013), *Bewährungsproben für die Unterschicht? Soziale Folgen aktivierender Arbeitsmarktpolitik*, Frankfurt am Main/New York.

Esch, Karin/Hilbert, Josef/Stöbe-Blossey, Sybille (2001), »Der aktivierende Staat – Konzept, Potentiale und Entwicklungstrends am Beispiel der Jugendhilfe«, in: Rolf Heinze/Thomas Olk (Hg.), *Bürgerengagement in Deutschland: Bestandsaufnahmen und Perspektiven*, Opladen, S. 519–547.

Evans, Tony/Harris, John (2004), »Street-Level Bureaucracy, Social Work and the (Exaggerated) Death of Discretion«, in: *British Journal of Social Work*, Jg. 34, H. 6, S. 871–895.

Fend, Helmut (1980), *Theorie der Schule*, München.

Figlestahler, Carmen/Yashodhara Haller, Lisa/Marko Tapia, Perels/Wéber, Júlia u.a. (2015), »Subjektive Verarbeitungen von Aktivierung in prekären Lebenslagen«, in: *Soziale Passagen*, Jg. 7, H. 2, S. 369–377.

Foucault, Michel (2004), *Geschichte der Gouvernementalität II: Die Geburt der Biopolitik. Vorlesung am Collège de France 1978–1979*, Frankfurt am Main.

Fraser, Nancy/Honneth, Axel (2003), *Umverteilung* oder *Anerkennung. Eine politisch-philosophische Kontroverse*, Frankfurt am Main.

Giddens, Anthony (1998), »Equality and the Social Investment State«, in: Ian Hargreaves/Ian Christie (Hg.), *Tomorrow's Politics. The Third Way and Beyond*, London, S. 25–40.

Gille, Christoph (im Erscheinen), *Junge Erwerbslose in Spanien und Deutschland. Alltag und Handlungsfähigkeit in wohlfahrtskapitalistischen Regimen*, Wiesbaden.

Groh-Samberg, Olaf (2014), »No Way Out – Dimensionen und Trends der Verfestigung der Armut in Deutschland«, in: *Sozialer Fortschritt*, Jg. 63, H. 12, S. 307–315.

Hayek, Friedrich A. (1991 [1960]), *Die Verfassung der Freiheit*, Tübingen.

Herzog, Kerstin (2015), *Schulden und Alltag. Arbeit mit schwierigen finanziellen Situationen und die (Nicht-Nutzung) von Schuldner-Beratung*, Münster.

Hombach, Bodo (1998), *Aufbruch: die Politik der neuen Mitte*, München.

Jordan, Bill (2010), *Why the Third Way Failed. Economic, Morality and the Origins of the »Big Society«*, Bristol.

Karl, Ute (2015), »Praktiken der Ein- und Ausschließung im Jobcenter/U25. Zur Rekonstruktion von Rationalitäten als Beitrag zur kritischen Institutionenforschung«, in: Kommission Sozialpädagogik (Hg.), *Praktiken der Ein- und Ausschließung in der Sozialen Arbeit*, Weinheim/Basel, S. 157–172.

Kaufmann, Franz-Xaver (1997), *Herausforderungen des Sozialstaats*, Frankfurt am Main.

Kessl, Fabian (2005), *Der Gebrauch der eigenen Kräfte. Eine Gouvernementalität Sozialer Arbeit*, Weinheim/München.

Kessl, Fabian (2006), »Aktivierungspädagogik statt wohlfahrtsstaatlicher Dienstleistung?«, in: *Zeitschrift für Sozialreform*, Jg. 52, H. 2, S. 217–232.

Kessl, Fabian (2009), »Marked Silence, Neo-Feudalistic Reactions and the Stabilized Moral Regime – The Current De- and Reformation of ›the Social‹«, in: *Social Work & Society*, Jg. 7, H. 1, S. 122–127.

Kessl, Fabian (2011), »Pädagogisierungen – eine vernachlässigte Dimension in der Geschlechterforschung zur gegenwärtigen Transformation von Sozial-, Bildungs- und Erziehungspolitik«, in: Rita Casale/Edgar Forster (Hg.), *Jahrbuch Frauen- und Geschlechterforschung in der Erziehungswissenschaft*, Folge 7/2011: *Unglei-*

che Geschlechtergleichheit. Geschlechterpolitik und Theorien des Humankapitals, Opladen/Farmington Hills, S. 61–76.

Kessl, Fabian/Oechler, Melanie/Schoneville, Holger (2019/im Erscheinen), »Mitleidsökonomie und soziale Ausschließung«, in: Roland Anhorn/Johannes Stehr (Hg.), *Handbuch Soziale Ausschließung und Soziale Arbeit*, Wiesbaden.

Kommission für Zukunftsfragen der Freistaaten Bayern-Sachsen (1997), »Erwerbstätigkeit und Arbeitslosigkeit in Deutschland: Entwicklung, Ursachen und Maßnahmen. Teil III: Maßnahmen zur Verbesserung der Beschäftigungslage«, Bonn, letzter Zugriff: 09.09.2018, www.bayern.de/wp-content/uploads/2014/09/Bericht-der-Kommission-f%C3%BCr-Zukunftsfragen-der-Freistaaten-Bayern-und-Sachsen-Teil-3.pdf.

Lessenich, Stephan (2008), *Die Neuerfindung des Sozialen. Der Sozialstaat im flexiblen Kapitalismus*, Bielefeld.

Lessenich, Stephan (2012), »Der Sozialstaat als Erziehungsagentur«, in: *Aus Politik und Zeitgeschichte* (APuZ), Nr. 49–50, S. 55–61.

Ludwig-Mayerhofer, Wolfgang/Behrend, Olaf/Sondermann, Ariadne (2006), »Arbeitsvermittler und ihre ›Kunden‹ – Der Beginn einer wunderbaren Freundschaft? Discussion Paper No. 2«, Siegen: Universität, letzter Zugriff: 09.09.2018, www.uni-siegen.de/phil/sozialwissenschaften/soziologie/mitarbeiter/ludwig-mayerhofer/forschungsprojekte/arbeitsverwaltung/discussion_paper_2_p.pdf.

Ludwig-Mayerhofer, Wolfgang/Behrend, Olaf/Sondermann, Ariadne (2009), *Auf der Suche nach der verlorenen Arbeit. Arbeitslose und Arbeitsvermittler im neuen Arbeitsmarktregime*, Konstanz.

Messmer, Heinz (2007), *Jugendhilfe zwischen Qualität und Kosteneffizienz*, Wiesbaden.

Meves, Christa (1970), *Mut zum Erziehen*, Hamburg.

Nadai, Eva/Canonica, Alan/Koch, Martina (2015), *… und baute draus ein großes Haus. Interinstitutionelle Zusammenarbeit (IIZ) zur Aktivierung von Erwerbslosen*, Konstanz/München.

Olk, Thomas (2007), »Kinder im ›Sozialinvestitionsstaat‹«, in: *Zeitschrift für Soziologie der Erziehung und Sozialisation*, Jg. 27, H. 1, S. 43–57.

Ott, Marion (2011), *Aktivierung von (In-)Kompetenz: Praktiken im Profiling – eine machtanalytische Ethnographie*, Konstanz.

Otto, Hans-Uwe/Schnurr, Stefan (Hg.) (2000), *Privatisierung und Wettbewerb in der Jugendhilfe: Marktorientierte Modernisierungsstrategien in internationaler Perspektive*, Neuwied.

Otto, Hans-Uwe/Ziegler, Holger (2010), »Managerialismus«, in: Hans-Uwe Otto/Hans Thiersch (Hg.), *Handbuch Soziale Arbeit. Grundlagen der Sozialarbeit und Sozialpädagogik*, München, S. 916–926.

Plankensteiner, Annette (2013), *Aktivierende Sozialstaatlichkeit und das Praxisfeld der Erziehungshilfen. Eine qualitative Untersuchung klienteler Subjektivierungsweisen*, Weinheim/Basel.

Polutta, Andreas (2014), *Wirkungsorientierte Transformation der Jugendhilfe. Ein neuer Modus der Professionalisierung Sozialer Arbeit?*, Wiesbaden.

Riegraf, Birgit (2005), »Staat, Geschlecht und Gerechtigkeit. Theoretische Annäherungen an ein Spannungsverhältnis im Umbruch«, in: *Femina Politica*, Jg. 14, H. 2, S. 21–31.

Rießen, Anne van (2016), *Zum Nutzen Sozialer Arbeit. Theaterpädagogische Maßnahmen im Übergang zwischen Schule und Erwerbsarbeit*, Wiesbaden.

Schallberger, Peter/Wyer, Bettina (2010), *Praxis der Aktivierung: eine Untersuchung von Programmen zur vorübergehenden Beschäftigung*, Konstanz.

Scherpner, Hans (1962), *Theorie der Fürsorge*, Göttingen.

Schoneville, Holger (2016), *Armut, Ausgrenzung und die Neugestaltung des Sozialen. Der Fall der Lebensmittelausgaben ›Die Tafeln‹ in Deutschland*, Universität Kassel: Dissertationsschrift.

SPD (2017), »Zeit für mehr Gerechtigkeit. Unser Regierungsprogramm für Deutschland«, in: SPD.de, letzter Zugriff: 09.09.2018, https://www.spd.de/fileadmin/Dokumente/Bundesparteitag_2017/Es_ist_Zeit_fuer_mehr_Gerechtigkeit-Unser_Regierungsprogramm.pdf.

Vogel, Berthold (2004), »Der Nachmittag des Wohlfahrtsstaates. Zur politischen Ordnung gesellschaftlicher Ungleichheit«, in: *Mittelweg 36*, Jg. 13, H. 4, S. 36–55.

Walther, Andreas (2012), »Prekäre Konstruktionen. Zu den Lebenslagen junger Erwachsener im Kontext entstandardisierter Lebensläufe«, in: *Sozial Extra,* Jg. 36, H. 11–12, S. 13–18.

Winkler, Michael (1988), *Eine Theorie der Sozialpädagogik*, Stuttgart.

II. Feldanalysen

Ökonomisierung des Elementarbereichs oder: Das Ökonomische und der Elementarbereich

Johanna Mierendorff

Der Elementarbereich in Deutschland hat in den vergangenen zwei Jahrzehnten einen grundlegenden, im 20. Jahrhundert kaum erwartbaren Wandel erfahren. Diese Transformation hat sich auf der Ebene seiner symbolischen Anerkennung sowie auf der Ebene seiner faktischen Expansion, Ausgestaltung und Organisation vollzogen. Der globale und deutsche wirtschaftliche Wandel, der spätestens seit dem Systemumbruch in der Sowjetunion und in Deutschland seit den 1980er Jahren unübersehbar war, hat die etablierten wohlfahrtsstaatlichen Bedingungen der Organisation von Hilfe, Betreuung und Bildung verändert und ist damit konsequenzenreich für die alltägliche Hervorbringung von Bildung und Betreuung. Diese Prozesse werden teilweise unter dem Begriff der Ökonomisierung gefasst (Höhne 2018; Ptak 2018; Buestrich u.a. 2010), wenngleich das Konzept oder besser der Begriff der Ökonomisierung – beispielsweise die ihm unterstellte Unschärfe – auch kritisiert wird (zum Beispiel Ptak 2018: 39).

Theoretischer Ausgangspunkt der folgenden Auseinandersetzungen ist die Feststellung, dass die ökonomischen Verhältnisse einer Gesellschaft vom Grundsatz her zentrale Bedeutung für das (Elementar-)Pädagogische, das pädagogische Handeln und die Organisationen des Bildungs- und Sozialwesens haben. Ausgehend hiervon verfolge ich die Frage, inwiefern der aktuell beobachtbare politische, wohlfahrtsstaatliche und ökonomische Wandel Konsequenzen für die Bedingungen und Organisation des Elementarbereichs und damit für das Elementarpädagogische hat und als Fortschreiten des permanenten Prozesses der Ökonomisierung des Sozialen gefasst werden kann. Grundlegende These für diesen Beitrag ist, dass es keinesfalls eine spontane Überformung des Elementarbereichs durch ein diffuses Ökonomisches gegeben hat, sondern dass dieser vielmehr stets in das Ökonomische der Gesellschaft eingewoben war – die derzeit dennoch offensichtlichen Ökonomisierungsprozesse werden als fortlaufende, wenngleich spezifische Ausformung verstanden. In diesem Sinne hat der Beitrag zwei Ziele: Zum einen eine Auseinandersetzung mit den Konzepten des Ökonomischen und der Ökonomisierung und deren bislang mehr oder weniger ausstehende Produktivität für eine elementarpädagogische Forschung (vgl. Mierendorff im Erscheinen), zum anderen aber eine Darstellung der ökonomischen Prozesse, die den Elementarbereich in den vergangenen 25 bis 30 Jahren verändert und neu justiert haben. Die Annäherung erfolgt zunächst über die Deskription des Elementarbereichs in seiner wohlfahrtsstaatlichen Verwobenheit und seines allgemeinen Wandels. Darauf werden die Konzepte des Ökonomischen und der Ökonomisierung als analytische Forschungsperspektiven entfaltet und unterschieden, um im Anschluss daran den Wandel des Elementarbereichs in Bezug auf seine Ökonomisierung einzuschätzen. Im Fazit werden Überlegungen zu einer Forschungsperspektive entfaltet, in der das Ökonomische analytisch seinen Platz findet.

Besonderheit des Elementarbereichs

Wenn es um die ökonomischen Bedingungen von Bildung und Betreuung oder aber um Ökonomisierung als einen permanenten und in seinem aktuellen Vollzug kritisierbaren Prozess geht, dann ist das Verständnis der Gestalt des Elementarbereichs in seiner wohlfahrtsstaatlichen Verfasstheit, ein Verständnis seiner Normativität, seiner Politiken und seiner Administration notwendig. Die Darstellung der wohlfahrtsstaatlich verfassten Struktur des Elementarbereichs in ihrer spezifischen institutionellen Ausformung ist also der Ausgangspunkt für die Analyse von Kontinuität und Wandel der ökonomischen konstitutionellen »Eingewobenheit« des Elementarbereichs. Dabei wird in diesem Beitrag von einem grundsätzlichen Verhältnis von Wohlfahrtsstaat und Ökonomie ausgegangen (vgl. Lenhardt/Offe 1977).

Um die Besonderheiten des Feldes des Elementarbereichs bezogen auf die Diagnose der Ökonomisierung herauszuarbeiten, wird er im Folgenden mit dem Feld der Schule kontrastiert. Hier wäre als Erstes festzustellen, dass der Elementarbereich *Teil des Sozialwesens* und damit rechtlich im Sozialgesetzbuch (SGB VIII – Kinder- und Jugendhilfegesetz) verankert sowie administrativ in der Regel in den Sozialministerien und Sozialverwaltungen angesiedelt ist. Mit dieser Verankerung im Sozialwesen geht einher, dass eine Trennung zwischen Gewährleistung der Bereitstellung der Leistungen auf der einen Seite und der konkreten Erbringung des Angebots auf der anderen Seite besteht. Das Jugendamt ist verpflichtet, Kindertagesbetreuung bereitzustellen, überträgt diese Aufgabe aber zu einem großen Teil an nichtstaatliche, in der Regel freie gemeinnützige, zumeist anerkannte Träger der Kinder- und Jugendhilfe. Städte und Kommunen sind nur dann in der Pflicht, Kindertagesbetreuung selbst anzubieten, wenn der Bedarf nicht gedeckt ist. Der im Schulbereich kontrovers geführte Diskurs um die Konsequenzen der Privatisierung von Schulen spielt im Bereich der Kinder- und Jugendhilfe derzeit kaum eine Rolle – insbesondere der Bereich der Kindertagesbetreuung ist seit Beginn seiner wohlfahrtsstaatlichen Organisation umfassend privatisiert.[1]

Aus dieser Organisationsform des Elementarbereichs hat sich eine große *Trägervielfalt* ergeben. Trägervielfalt und damit »Privatisierung«, die im Schulbereich stark kritisiert wird (vgl. Graßl 2018: 24), ist im Sinne des Sozialgesetzbuches und des Subsidiaritätsprinzips ein wohlfahrtsstaatlicher, weithin geteilter Wert an sich. Ein weiteres zentrales Merkmal ist die *Mischfinanzierung* des Elementarbereichs: Städte und Kommunen, Träger und auch die Eltern finanzieren die elementarpädagogischen Organisationen, wenngleich alle 16 Bundesländer hier unterschiedlichen Regularien folgen. Im Gegensatz zur Schule werden in vielen Bundesländern, zum Teil einkommensabhängige, Elternbeiträge erhoben. Lediglich in sieben Bundesländern ist der Besuch inzwischen beitragsfrei (siehe dazu Bertelsmann Stiftung 2018). Das letzte Jahr vor Schuleintritt, das bildungspolitisch als besonders wichtig erachtet wird, ist in fast allen Bundesländern inzwischen von der Pflicht zur Beitragszahlung entbunden.

Die durch den Staat finanzierte und gewährte tägliche oder wöchentliche Betreuungszeit ist in der Regel bedarfsgeprüft, sobald der gewünschte Betreuungsumfang mehr als fünf Stunden umfasst. Aus ungleichheitstheoretischer Perspektive wird der Elternbeitrag vor allem hinsichtlich der Zugänglichkeit zu und der Inanspruchnahme von Bildungsangeboten kontrovers diskutiert. So verlieren Kinder trotz Rechtsanspruchs ihren Platz in einer elementarpädagogischen Organisation, zahlen Eltern längerfristig den Elternbeitrag nicht. Wird die frühe Bildung als notwendiges Regelangebot angesehen und von der Notwendigkeit einer stabilen Bin-

1 Nach Daten des Statistischen Bundesamtes bis zu 70 Prozent (2017); vgl. hierzu auch das im Rahmen des Subsidiaritätsstreits der Länder gefällte Bundesverfassungsgerichtsurteil von 1967 zum Vorrang freier Träger im Sozialwesen (Sachsse 1990: 37).

dung zu den ErzieherInnen ausgegangen, dann ist eine Verweigerung von Bildung und Betreuung aufgrund des Zahlungsverhaltens der Eltern paradox.

Abschließend wird auf die *Doppelfunktion* des Kindergartens eingegangen, die Jürgen Reyer (2006) in seinen Schriften zur Geschichte der Schule und des Kindergartens herausgearbeitet hat. Diese doppelte Ausrichtung ist bereits in den Einrichtungen des frühen 19. Jahrhunderts, auch in den in der Geschichtsschreibung diskreditierten sogenannten Bewahranstalten, systematisch verankert. In den ersten Einrichtungen für die Kinder erwerbstätiger Proletarierinnen ging es um spezifische, standesgemäße Erziehung und Bildung, nämlich um die Vorbereitung auf Fabrik- oder Manufakturarbeit und die dafür als notwendig erachtete Grundlegung einer sittlichen Arbeitshaltung. Und es ging um die Bewahrung von Kindern, um einen pädagogischen Raum für eine zielgerichtete alters- und standesgemäße Erziehung und Bildung überhaupt erst zu schaffen. Friedrich Fröbel war derjenige, der die universelle Idee frühkindlicher, angeleiteter Bildung an einem Ort namens Kindergarten als unerlässlich für alle Kinder im Vorschulalter formulierte (vgl. Franke-Meyer 2011). Franke-Meyer (2011) zeigt, dass in der Durchsetzung einer am bürgerlichen Ideal der Normalfamilie orientierten Arbeitsmarkt-, Familien-, Bildungs- und Sozialpolitik, die Fröbel'sche Idee im Volkskindergarten des späten 19. und frühen 20. Jahrhunderts etabliert wurde. Ein generelles außerfamiliales, kollektives schichtübergreifendes Bildungsangebot für alle Kinder im Vorschulalter war allerdings politisch nicht durchsetzbar. Faktisch waren Kinderkrippen und Kindergärten in Westdeutschland bis in die 1970er Jahre Betreuungs- und Bildungseinrichtungen für Kinder, deren Eltern nicht in der Lage waren, eine angemessene Versorgung und Erziehung der Kinder zu gewähren (aufgrund Erwerbsarbeit beider Elternteile oder der alleinerziehenden Mutter sowie aufgrund erzieherischem Unvermögen). Und auch im (fach-)politischen Diskurs wurden diese, trotz interessanter Initiativen frühkindliche Bildung für alle Kinder durchzusetzen, als explizit der Familie nachgeordnete Notfalleinrichtungen be- und verhandelt (Mierendorff 2010: 134ff.).

Insbesondere über diese Doppelfunktion war das ›elementarpädagogische Kindertagesbetreuungssystem‹ stets offensichtlich eng mit der Wirtschaft und ihren konjunkturellen und ideologischen Entwicklungen verbunden und Teil eines umfassenden arbeitsmarktbezogenen (ordnungspolitischen) Steuerungsgeschehens. In diesem Steuerungsgeschehen stand a) die Bildung der zukünftigen Arbeitskraft durch die Ermöglichung von institutionell organisierten Bildungsprozessen sowie b) die Freistellung von Müttern und Vätern von privater Sorgetätigkeit im Mittelpunkt, damit diese ihre Arbeitskraft dem Markt zur Verfügung stellen können. Im deutschen konservativ korporatistischen Wohlfahrtsstaat war bislang die Ausgestaltung an einem bürgerlichen Familienmodell ausgerichtet, das die Möglichkeit eines Normalarbeitsverhältnisses voraussetzt. Dieses Modell hatte vom Grundsatz her ein traditionelles Geschlechterrollenmodell zum Maßstab – dem (Ehe-)Mann ist die Rolle des ›Ernährers‹ zugewiesen (vgl. Walgenbach 2015).

Wandel des Elementarbereichs – Fakten und Ereignisse

Im Folgenden wird der bereits angesprochene Wandel des Elementarbereichs in seiner grundsätzlichen Ausrichtung knapp skizziert, ohne konkrete Aussagen zu Prozessen der Ökonomisierung zu machen. Die Beschreibung verbleibt dabei zunächst auf der Ebene statistischer Entwicklungstrends.

Seit den frühen 1990er Jahren ist der elementarpädagogische Kindertagesbetreuungsbereich verstärkt in die öffentliche Aufmerksamkeit gelangt und kritisiert worden. Die Kritiken (vgl. Kreyenfeld u.a. 2002; Spieß 2008; BMFSJ 2008) setzten an der als unzureichend bewerteten Realisierung dieser wirtschafts- und wohlfahrtsstaatsrelevanten Doppelfunktion an. In der kontroversen Debatte um den Wirtschaftsstandort Deutschland vor dem Hintergrund der Feststellung, dass das wohlfahrtsstaatliche System der sozialen Sicherung gefährdet sei, wurden sowohl die frühe Bildung der zukünftigen SchülerInnen und Erwerbstätigen (aus armuts- und arbeitsmarktpolitischer Perspektive vgl. Esping-Andersen 2002) sowie die unzureichende Versorgung mit Betreuungsplätzen für Kinder unter drei Jahren und die nicht ausreichende Anzahl von Ganztagsplätzen, um die Freistellung von Müttern für den Arbeitsmarkt zu garantieren, kritisiert (vgl. BMFSFJ 2002 und 2006). Arbeitsmarkt-, armuts- und bildungspolitische Argumentationen, Analysen und Konzepte flossen in diesem Diskurs ineinander. Seit etwa 2000 ist ein ausdifferenziertes parlamentarisches Diskussionsgeschehen (vgl. Klinkhammer 2014) und eine für den Elementarbereich historisch höchst erstaunliche Dichte der staatlichen Regulierungsakte (vgl. Mierendorff 2013) in den unterschiedlichen Steuerungsbereichen erkennbar, was in der Geschichte des elementarpädagogischen Kindertagesbetreuungssystems bisher seinesgleichen sucht.

Fünf zentrale Ereignisse sind zu benennen:

(1) Rechtsanspruch auf einen Kindergartenplatz

1996 wurde der Rechtsanspruch auf einen Kindergartenplatz für Kinder ab dem vollendeten dritten Lebensjahr im SGB VIII verankert. Dies vollzog sich im Kontext der verfassungsrechtlichen Diskussion um den Paragraf 218 StGB und die Straffreiheit eines Schwangerschaftsabbruches. Vorrangig war hier eine demografische Argumentation. 2013 wurde der Rechtsanspruch ausgedehnt auf Kinder ab dem vollendeten ersten Lebensjahr – zu diesem Zeitpunkt setzte eine nun ausschließlich arbeitsmarktbezogene Argumentation im weitesten Sinne ein.

(2) Ausbau des Betreuungsangebots

Mit dem Inkrafttreten des Tagesbetreuungsausbaugesetzes im Jahre 2005 sowie des Kinderförderungsgesetzes im Jahre 2008 hat ein massiver Ausbau von Plätzen in Kindertagesstätten, insbesondere im Krippenbereich stattgefunden, den man vor allem vor dem Hintergrund von EU- und OECD-Politiken verstehen muss. Klinkhammer (2014) arbeitet die Bedeutung der im Rahmen der im Jahr 2000 verabschiedeten Lissabon-Strategie vereinbarten Anhebung der Betreuungsquoten in den Mitgliedsstaaten der EU bis zum Jahre 2010 für das politische Steuerungsgeschehen in Deutschland heraus. Als Weiteres wurde das Ganztagsangebot ausgeweitet. 93 Prozent aller Kinder zwischen drei und sechs Jahren besuchten 2016 eine elementarpädagogische Einrichtung, 20 bis 35 Prozent der Kinder waren unter drei Jahren, wobei in Städten und ostdeutschen Gemeinden nach wie vor wesentlich höhere Quoten als in Westdeutschland bestehen (Statistisches Bundesamt 2017: 117).

(3) Qualitätssicherung der Ausbildung im Elementarbereich

Mit dem Ausbau und der parallelen Diskussion um Kindertageseinrichtungen als Bildungsorte ist die Diskussion um die Qualität und Ausrichtung der Ausbildung von Fachkräften für den Elementarbereich vorangetrieben worden (exemplarisch BMFSFJ 2008). Dies ging mit der Veränderung von Ausbildungsinhalten sowie mit der Etablierung von sogenannten kindheitspädagogischen Studiengängen an Universitäten und vor allem an Fachhochschulen (Helm 2015) sowie mit erheblichen Investitionen in die Forschung einher (Fachkräfteinitiative des Bundes: WiFF oder Landes- und Bundesinvestitionsprogramme). Diese Entwicklung muss als eine beachtliche »Jobmaschine« im Bereich der Elementar- und Berufsbildung sowie in der Forschung bezeichnet werden. Es ist ein erheblich ausgeweiteter Arbeitsmarkt entstanden.

(4) Pluralisierung der Trägerlandschaft

Im Rahmen der Umbauprozesse der in öffentlichen Verwaltungen vollzogenen Sparmaßnahmen (Neue Steuerung/New Public Management) seit Ende der 1980er Jahre (vgl. Buestrich u.a. 2010) hat eine fortgesetzte offensive Übertragung staatlich betriebener Einrichtungen an freie, in der Regel gemeinnützige Träger stattgefunden. Damit setzten weitere Pluralisierungsprozesse in dem bereits stark ausdifferenzierten System ein. Festzustellen sind vor allem Trägerneugründungen durch Anbieter, die bisher nicht im Feld der Kindertagesbetreuung, sondern in anderen Feldern des Sozial- oder Bildungswesens tätig waren. Deutlich erkennbar sind marktähnliche Expansions- und Innovationsaktivitäten, das heißt dass Träger im Bereich der elementarpädagogischen Kindertagesbetreuung inzwischen in dieser Hinsicht wie Betriebe, die ihr Überleben sichern müssen, funktionieren.

(5) Einsetzung von Bildungsprogrammen

Ein fünftes Ereignis war die Einsetzung von Bildungsprogrammen, die auf spezifische Weise Verbindlichkeit für die Träger erlangten (vgl. Diskowski 2005). Die staatliche Finanzierung einer Kindertageseinrichtung wird in der Regel an das Vorhandensein eines Konzeptes gebunden, das an das jeweilige Landesprogramm anknüpft, sowie häufig am Nachweis interner wie externer Evaluation (evidenzbasierte Steuerung und Finanzierung, vgl. Bellmann/Müller 2011 oder Buestrich u.a. 2010) festgemacht. Damit setzen Kommunen über Finanzierungsmodelle und Kontrolle ihre Steuerungsinteressen durch.

Bevor nun ausgehend von dieser knappen Bestandsaufnahme der Frage nach neuen Ökonomisierungsprozessen im elementarpädagogischen Kindertagesbetreuungsbereich nachgegangen wird und einige Konsequenzen für pädagogisches Handeln herausgearbeitet werden, werden zunächst zwei analytische Perspektiven – die der Wohlfahrtsstaatlichkeit und die des Ökonomischen – entfaltet.

Analytische Perspektiven

Erste Perspektivierung: Wohlfahrtsstaatlichkeit

Das System der elementarpädagogischen Kindertagesbetreuung ist zutiefst von dem Prinzip der Wohlfahrtsstaatlichkeit durchdrungen. Der Elementarbereich kann nicht außerhalb des Wohlfahrtsstaates und der Wohlfahrtsstaatlichkeit gedacht werden. Die überregionale Durchsetzung von Kindertagesbetreuung und früher Bildung ist in Deutschland unter den Bedingungen des Wohlfahrtsstaates geschehen (Mierendorff 2010: 134f.). Wohlfahrtsstaatlichkeit wird als Modus moderner Vergesellschaftung gefasst. Mit diesem Prinzip der Wohlfahrtsstaatlichkeit sind vom Grundsatz her Leistungen für jedermann, für jederkind, verbunden. Als Weiteres unterliegt der Sozial- und Bildungsbereich explizit staatlicher Steuerung und Kontrolle und ist nicht der Marktregulierung überlassen. Beide Bereiche sind im weitesten Sinne an einer normativen wohlfahrtsstaatlichen Grundausrichtung orientiert, die Lessenich (2008) mit den Begriffen Solidarität, Verteilung, Gleichheit oder Gerechtigkeit charakterisiert.

Da sich der Wohlfahrtsstaat nicht außerhalb der ökonomischen Reproduktionsbedingungen herausgebildet und etabliert hat, ist seine Funktionsweise immer auch eingewoben in die ökonomischen Entwicklungen, was man beispielsweise in der immer wiederkehrenden Diskussion um die Regulierung des Arbeitskräftebedarfs über Bildungspolitiken oder aber an der Debatte um die Wettbewerbsfähigkeit der deutschen Wirtschaft nachvollziehen kann. Lenhardt und Offe (1977) arbeiten die grundsätzliche Verwobenheit einer kapitalistischen Wirtschaftsweise und des Wohlfahrtsstaates heraus und verweisen auf die zentrale Funktion wohlfahrtsstaatlicher Sicherungssysteme für die Möglichkeit des Kapitalismus. Die Funktion sehen sie in der kontinuierlichen Ermöglichung der Transformation des Nicht-Lohnarbeiters in einen Lohnarbeiter, die sich auf drei Ebenen durch

Wohlfahrtsstaatlichkeit realisiere: auf der Ebene der Motivation, die eigene Arbeitskraft zur Verfügung zu stellen, auf der Ebene der institutionalisierten Ermöglichung von auf Produktionsprozesse gerichteter Bildung sowie auf der Ebene der Regulierung der Quantität der zur Verfügung stehenden Arbeitskräfte.

Zweite Perspektivierung: das Ökonomische und die Ökonomisierung

Bis zu diesem Punkt sollte bereits allein durch die empirische Annäherung an Veränderungen im Elementarbereich sowie die Feststellung der wohlfahrtsstaatlichen Verfasstheit der Gesellschaft und eines spezifischen Verhältnisses von Wohlfahrtsstaat und Ökonomie die Einlagerung des elementarpädagogischen Kindertagesbetreuungsbereichs in die ökonomischen Verhältnisse einer Gesellschaft erkennbar geworden sein. Bevor die vielfach ausgesprochene Annahme verhandelt wird, dass der Bereich einen umfassenden Prozess der Ökonomisierung vollzogen habe und alte wohlfahrtsstaatliche Prinzipen an Geltung verlieren, folgt zunächst eine theoretische Auseinandersetzung mit den Begriffen ›Ökonomisierung‹ und ›das Ökonomische‹. Diese Differenzierung dient der analytischen Schärfung einer solchen Untersuchung.

Höhne (2015: 9f.) eröffnet eine sehr umfassende Perspektive auf den Begriff und den Prozess der Ökonomisierung: Er beschreibt diesen als einen von Beginn der nationalstaatlichen Entwicklung und der Formierung eines modernen kapitalistischen Wirtschaftssystems fortschreitenden Prozess, in dem ökonomische Rationalität, arbeitsteilige Organisationsstrukturen und Regulierungen verallgemeinert werden. Es kann von einer fortschreitenden Ökonomisierung des Sozialen gesprochen werden. Vor dem Hintergrund einer solchen Feststellung sind die derzeit beobachtbaren Prozesse keine neu einsetzenden, sondern vielmehr eine spezifische Form unter veränderten Bedingungen und Konstellationen. Ptak (2018) arbeitet den Begriff der Ökonomisierung ebenfalls als ein analytisches Instrument zur Untersuchung der Veränderung des Verhältnisses von Ökonomie, Politik und Gesellschaft heraus. Er identifiziert zwei Ökonomisierungsschübe: Nach dem ersten im 19. Jahrhundert sieht er in der umfassenden Struktur- und Wirtschaftskrise der 1970er Jahre, die das Ende des Fordismus einläuteten, den zweiten umfassenden Schub. In den 1970er Jahren sei die Erschließung »außerökonomischer Bereiche« (ebd.: 50) für Wettbewerb sowie zweitens die »betriebswirtschaftliche Umstrukturierung« von Organisationen, die bisher außerhalb von Märkten agierten (ebd.: 51), Antwort auf die Strukturkrise kapitalistischer Produktion gewesen.

Aus einer sozialpädagogischen Perspektive beschreiben Buestrich u.a. (2010) das Eindringen konkreter betriebswirtschaftlicher Steuerungsmodi sowohl in die Administration des Sozialwesens wie auch in die konkrete Organisation der Sozialen Arbeit der ausführenden Einrichtungen als Ökonomisierung. Die von Höhne und Ptak formulierte Annahme eines permanenten Ökonomisierungsprozesses denken sie nicht, sondern bezeichnen ausschließlich die Bewegungen der 1980/1990er Jahre als Ökonomisierung. Kessl (2002) hat darauf verwiesen, dass die Organisationen der Sozialen Arbeit explizit in diesen Prozess involviert seien und man nicht von einem Determinismus sprechen könne. Radtke spricht vom Einsickern betriebswirtschaftlicher sprachlicher Codes und Rationalitäten in die Entscheidungsroutinen und Selbstdarstellungen der Institutionen des Bildungswesens. Ökonomisierung drückt sich hier in der Übernahme systemfremder Rationalitäten – wie betriebswirtschaftswissenschaftlicher Semantiken und Modelle – für die Lösung der durch andere Systeme – hier das Wirtschaftssystem – auferlegten Relevanzen und Probleme aus (vgl. Radtke 2016: 65). Auf etwas andere Weise, aber ebenfalls differenztheoretisch argumentiert Graßl (2018: 19), dass »Ökonomisierungsprozesse [...] auf 1) die Übernahme von betriebswirtschaftlichen Managementstrategien in Bildungseinrichtungen, 2) die Ökonomisierung der sozialen Koordination zwischen den am Bildungsprozess beteiligten Akteuren durch die Implementation von Quasi-Märkten und 3) die Auflösung des Sinnsystems Bildung durch die Übernahme eines neuen Begriffs- und Sinnsystems aus dem ökonomischen Subsystem der Gesellschaft [...]« zielt.

Ich möchte neben dem Begriff der Ökonomisierung, der den permanenten, empirisch fassbaren Prozess der spezifischen, durchaus antagonistischen Vollzüge einer ökonomischen Rationalisierung gesellschaftlicher Organisation des Sozialen (wohlfahrtsstaatlicher Verfasstheit) beschreibt, den des Ökonomischen einführen, um nicht nur die sich verändernden Prozesse der Steuerung und Rationalisierung, sondern vor allem die generellen ökonomischen Verhältnisse, also das Verhältnis von Ökonomie, Politik und Gesellschaft denken zu können, in die der Elementarbereich eingelagert ist. Mit dem Begriff des Ökonomischen fasse ich die *Gesamtheit* der in der Gesellschaft auffindbaren ökonomischen Prinzipien und Rationalitäten, die unter anderem auch das Betreuungs- und Bildungssystem durchziehen und dieses auf jene spezifische Weise mit hervorbringen.

Das Ökonomische sind kapitalistisch verfestigte Abläufe, Strukturen und allgemein kapitalistische Rationalitäten und Denkformen. Das Ökonomische im Sinne eines öffnenden und konfliktreichen Raumes beinhaltet dann die allgemeinen kontingenten Verfahrensweisen, wie Menschen sich bezüglich ihrer Reproduktionstätigkeiten relationieren sowie die Auseinandersetzungen zwischen verschiedenen sozialen Gruppen über diese Relationierung. Systematisch berücksichtigt werden damit die unterschiedlichen Dimensionen der Involviertheit ökonomischer Rationalitäten in pädagogische Organisationen, pädagogische Ordnungen oder pädagogisches Handeln. Chantal Mouffe hat, wie auch andere (vgl. auch Radtke 2016; Ptak 2018), die These aufgestellt, dass sich in einer zugespitzt kapitalistischen, neo-liberalen Gesellschaftsformation die Zentrierung um das Ökonomische in den vergangenen Jahrzehnten durchgesetzt habe (vgl. hierzu Mouffe 1988). Das Ökonomische hingegen war stets Teil des Wohlfahrtstaatlichen und damit konstitutiv für das Sozialwesen und den Elementarbereich. In vielen Studien wird das Ökonomische häufig als *externer Faktor* betrachtet, nicht aber in einem dialektischen Sinne als ins Pädagogische eingeschrieben. Das Ökonomische verbleibt damit auf der Ebene des Vorgelagerten und wird häufig nicht in seiner konstitutiven Bedeutung für das Pädagogische im kapitalistischen Wohlfahrtsstaat erkannt.

Unter Ökonomisierung werden sich permanent vollziehende konkrete administrative, politische und organisationale historische und aktuelle Prozesse der Durchsetzung wirtschaftlicher Regulierungsmodi und Rationalitäten beispielsweise im Sozial- und Bildungssektor sowie die daraus entstehenden Ordnungsstrukturen der an ökonomischen Rationalitäten ausgerichteten Regulative und Steuerungspraktiken verstanden. Ökonomisierungsprozesse sind als Teil eines Prozesses zu verstehen, welcher im Ökonomischen eingelagert ist und als konflikthafte Aushandlungsprozesse über die konkrete Gestaltung der ökonomischen und politischen Sphäre zu verstehen ist, welche sich zunehmend hegemonial verdichtet. Das Ökonomische hingegen ist die Gesamtheit der ökonomischen Verhältnisse, die das Handeln und das Organisationale generell durchziehen und die dieses alles auf diese spezifische Weise hervorbringen, also das Verhältnis von Ökonomie, Politik und Gesellschaft.

Die fortschreitende Ökonomisierung des Elementarbereichs

Im letzten Teil der Ausführungen werden die aktuellen Transformationen des elementarpädagogischen Kindertagesbetreuungssystems auf zugespitzte Ökonomisierungsprozesse hin analysiert. Dafür werden drei Ebenen der Betrachtung bestimmt. Diese drei Topoi basieren auf eigenen Forschungsarbeiten[2], sind also exemplarisch und kennzeichnen keineswegs den Transformationsprozess in allen Facetten. Die Analyse geht von der zu Beginn des Beitrages skizzierten Struktur und Verfasstheit des Elementarbereichs, von den bereits festgestellten Gesetzesänderungen und von veränderten Regulierungen aus. Diskutiert werden die davon ausgehenden Ökonomisierungsprozesse, die langfristig, so die Annahme, zu einer veränderten Verfasstheit des Elementarsystems führen.

(a) Wandel der Finanzierungsbedingungen des Elementarbereichs

In allen Bundesländern haben sich neue *Finanzierungsmodi* durchgesetzt. Eingeführt wurden Budgetierungsverfahren auf der Basis von Pro-Kopf-Berechnungen. Einrichtungen werden nicht mehr pauschal finanziert entlang der durchschnittlichen Kosten, die für den Betrieb einer Organisation mit einer vorab bestimmten Anzahl an Kindern veranschlagt werden, sondern auf der Basis der tatsächlich belegten Plätze und vertraglich zugesicherten Betreuungszeiten. Dies hat unterschiedliche Folgen. So werden Kinder unter Umständen nicht mehr dann aufgenommen, wenn die Eltern es aus beruflichen, familiären oder kindbezogenen Gründen für passend halten, sondern aus der Logik des Schuljahreszyklus heraus in der Regel zum Schuljahresbeginn. Eltern sind damit aufgefordert, die eigene Familienplanung an den Finanzierungsbedingungen der Organisation auszurichten. Nimmt eine Einrichtung auf die familiären Bedürfnisse Rücksicht, so entsteht phasenweise eine finanziell problematische Unterauslastung. Hinzu kommt, dass nach tatsächlich vorgehaltenen Betreuungsstunden abgerechnet wird. Eine Folge ist, dass ErzieherInnen in der größten Anzahl der Einrichtungen häufig nur halbtags beschäftigt werden, um im Verlauf des Kitajahres bei veränderlichen Belegzahlen Flexibilität zu erhalten. Eine weitere Folge ist, dass Kinder mit einem Ganztagsanspruch

2 DFG-Projekt »Elementare Bildung und Distinktion« im Rahmen der DFG-Forschergruppe 1612 »Mechanismen der Elitebildung«.

denjenigen Kindern vorgezogen werden, die lediglich über einen Betreuungsbescheid von fünf Stunden am Tag verfügen. Betroffen sind hier beispielsweise arbeitslose Familien.

(b) Bildungsmarkt und soziale Ungleichheit

Seit Inkrafttreten des Tagesbetreuungsausbaugesetzes im Jahr 2005, das zum Ziel hatte, den Platzausbau voranzutreiben, ist es möglich geworden, dass gewerbliche, gewinnorientierte Einrichtungen staatliche Unterstützung für die Bereitstellung von Plätzen erhalten. Die Finanzierung war zuvor an den Nachweis der Gemeinnützigkeit und teilweise an den Status eines anerkannten Trägers der Kinder- und Jugendhilfe gebunden.

Tatsächlich ist seitdem der Anteil an gewerblichen Anbietern, die ganz auf staatliche Unterstützung verzichten, auf zwei Prozent angestiegen und damit insgesamt eher gering (Ernst u.a. 2014). Es kann also nicht von einem echten Bildungs- und Betreuungsmarkt gesprochen werden, wie beispielsweise in Australien, in dem der Anteil rein gewerblich betriebener Einrichtungen über 67 Prozent beträgt (vgl. Press/Woodrow 2005).

Interessant ist, dass trotz der geringen Anzahl an hochpreisigen gewerblichen Einrichtungen die damals entflammte Diskussion über die Etablierung eines segregierenden und selektiven Bildungsmarktes und den mit der Einführung von Wettbewerb angenommenen Folgen nicht verstummt. Die Frage wurde gestellt, ob auf Gewinn und Expansion ausgerichtete Unternehmen Qualitätsstandards in Bezug auf das Fachkräftegebot oder die pädagogische Qualität einhalten sowie einen nichtdiskriminierenden Zugang für alle Kinder gewähren. Bisher liegen in Deutschland hierzu keine Studien wie in Großbritannien (vgl. Lloyd/Penn 2012) und in Australien (vgl. Press/Woodrow 2005) vor.

Eine zweite Frage, die um 2005 sehr kontrovers diskutiert wurde, ist die nach der Entstehung neuer sozialer Ungleichheit durch privatgewerbliche Anbieter (vgl. Ernst u.a. 2014). Offensichtlich sind neue Selektionsprozesse durch Einrichtungen, die auf staatliche Finanzierung verzichten: Die monatlichen Elternbeiträge betragen bis zu 1.700 EUR für einen Ganztagsplatz im U3-Bereich. Es kann nicht davon gesprochen werden, dass in den Jahrzehnten zuvor keine Selektionsmechanismen bestanden hätten – Selektion vollzog sich jedoch eher über lokale Segregationsprozesse (soziale Entmischung in Quartieren) oder über die weltanschauliche, inhaltliche Ausrichtung des Trägers. So haben die Studien von Hogrebe und Strietholt (Hogrebe 2016; Hogrebe/Strietholt 2016) gezeigt, dass die soziale Mischung je nach Trägertyp unterschiedlich ausfällt. Allerdings sind nach wie vor alle Träger, die staatliche Unterstützung erhalten, zumindest dem Gesetz nach, bis heute dazu angehalten, bei der Aufnahme von Kindern keine diskriminierenden Verfahren anzuwenden. Mit dem nun legitimen Selektionsmechanismus ›Geld‹ wird damit eindeutig gebrochen.

In unseren Interviews mit GeschäftsführerInnen und Leiterinnen hochpreisiger gewerblicher Einrichtungen wird deutlich, dass durchaus explizit auf ein finanzstarkes Publikum mit exklusiven Lebensstilen gezielt wird. Als Weiteres ist interessant, dass unsere Einrichtungen karriereorientierte Mütter ansprechen und diese von der »Schuld«, ganztags erwerbstätig zu sein, entlasten und die Vereinbarkeit einer hochgradig flexiblen und entgrenzten Erwerbsarbeit mit Familie und Sorgearbeit als möglich formulieren und die Bedingungen dafür bereitstellen. Thilo Ernst fasst diesen Prozess als eine systematische Entmoralisierung der bislang als problematisch erachteten mütterlichen Vollzeiterwerbsarbeit (vgl. 2018: 14; vgl. auch Mierendorff u.a. 2015: 81). Trotz des fachpolitischen Diskurses zur Vereinbarkeit von Beruf und Familie sei in vielen konventionellen Einrichtungen der Umgang mit ganztags erwerbstätigen Müttern durchaus ambivalent.

Ein weiteres ausgesprochen interessantes Ergebnis in diesem Zusammenhang ist, dass in gewerblichen Einrichtungen ein anderes Anerkennungssystem legitimer Bedarfe auf Leistungen besteht als in öffentlich finanzierten – so ist in den von uns untersuchten hochpreisigen Einrichtungen der formulierte Bedarf, eine exklusive Bildung für das Kind erhalten zu wollen, durchaus anerkennungswürdig (Ernst 2018: 6–14); der Nachweis eines besonderen Bedarfs wie Erwerbstätigkeit, des Status als Arbeitssuchende/r, Alleinerziehende/r oder aber der Nachweis umfassender sozialer Probleme sind nicht ausschlaggebend für die Vertragsschließung. Vor dem Hintergrund des Platzmangels sind in öffentlich finanzierten Einrichtungen die Sozialkriterien trotz inzwischen teilweise fehlender Rechtsgrundlage bei der Vergabe von Plätzen und der Bestimmung des Leistungsumfanges ausschlaggebend. In gewerblichen Einrichtungen bestimmen die finanziellen Ressourcen und das Passungsverhältnis die Vergabe von Plätzen.[3]

3 Ausführlich zu den moralischen Ökonomien des Betreuungssektors Ernst 2018.

(c) Semantiken und Positionierungen zum Wohlfahrtsstaat

Insbesondere Radtke hat in seinen Schriften die veränderten Semantiken und Narrative in einem ökonomisierten Bildungssystem herausgearbeitet (vgl. 2009; 2016). Dies trifft auch für das elementarpädagogische Kindertagesbetreuungssystem zu. So konnten wir in dem DFG-Projekt »Elementare Bildung und Distinktion« in der Auswertung von Gesprächen mit Geschäftsführungen gewinnorientierter hochpreisiger Einrichtungen herausarbeiten, dass eine deutliche Abkehr von wohlfahrtsstaatlichen Grundverständnissen zu beobachten ist (siehe Mierendorff 2015; vgl. auch Lessenich 2008; Vandenbroeck 2015: 112).

Die Befragten erkennen die Rolle ihrer Organisation im System der sozialen Ungleichheit, das heißt hinsichtlich der Reproduktion sozialer Ungleichheit, an. Sie bestreiten nicht, dass die eigene Einrichtung für viele Personengruppen unzugänglich ist. Als Drittes verweisen sie darauf, dass ihr Angebot wesentlich besser und hochwertiger sei als das öffentlich finanzierter Einrichtungen. Es sei offensichtlich, dass staatlich geförderte Einrichtungen nur unzureichend finanziell ausgestattet seien. Es sei aber vom Grundsatz her die Pflicht des Staates, eine bessere Versorgung bereit zu stellen. Diese Argumentationen bleiben bis hierhin der hergebrachten wohlfahrtsstaatlichen Logik verhaftet – der Wohlfahrtsstaat wird nach wie vor in die Pflicht genommen, die Versorgung eines *guten* Kindertagesbetreuungsangebots zu sichern. Ausgehend von einer so strukturierten Inszenierung des eigenen Angebots vor dem Hintergrund der prekären öffentlichen Situation wird der häufig an sie herangetragene Vorwurf, soziale Selektion bereits in der frühen Kindheit voranzutreiben, zurückgewiesen. Erstens sei die Gesellschaft hierarchisch strukturiert – Organisationen hätten generell nicht die Macht, das System sozialer Ungleichheit zu verändern. Soziale Hierarchie sei eine unveränderliche gesellschaftliche Realität. Zweitens sei es nicht die Pflicht von Kindertageseinrichtungen, soziale Ausschlüsse zu verhindern. Was wir in diesen Narrationen über Ökonomisierung und soziale Ungleichheit finden, ist ein Akt der Zurückweisung eines tief verwurzelten sozialpädagogischen Selbstverständnisses des Elementarbereichs (vgl. Vandenbroek u.a. 2014). Wird auch das System der Kindertagesbetreuung nach wie vor als durch den Wohlfahrtsstaat verantwortet und organisiert gesehen, so wird doch der eigene Betrieb hiervon ausgenommen. Im auf die eigene Einrichtung bezogenen Verständnis haben Kindertageseinrichtungen nicht länger bzw. nicht generell die

Pflicht, gleichen Zugang für alle Kinder herzustellen. Vielmehr werden die allein durch private Mittel finanzierten Kindertageseinrichtungen als individualisierte Bildungsinstitution und als individualisierter Dienstleister für Eltern mit heterogenen Bedarfen, die individueller Berücksichtigung bedürfen, inszeniert. Begründet wird dies damit, dass die Klientel, die bedient werde, eine mit exklusiven Ansprüchen und Bedarfen ausgestattete sei. In einer solchen marktbezogenen Rationalität entsteht kein Zweifel, dass die Wünsche des Kunden bedient werden müssen. Wohlfahrtsstaatliche Logiken finden hier keinen Platz.

Fazit – Forschungsperspektiven

Ein Ziel des Beitrages war es, eine Forschungsperspektive der Bedingungen und Möglichkeiten von Bildung und Betreuung, den Organisationen und deren Praktiken einzunehmen, die das Ökonomische darin aufzeigt und die es ermöglicht, aktuelle Ökonomisierungsprozesse als spezifische Entwicklung zu erkennen und in ihren Folgen zu fassen. Das System der elementaren Kindertagesbetreuung war nie und ist nicht außerhalb des Ökonomischen zu denken (Steuerung, Organisation und Funktion), dennoch sind fortschreitende Ökonomisierungsprozesse diagnostizierbar. Die meines Erachtens berechtigte Kritik an fortschreitenden Ökonomisierungsprozessen bliebe dann unbefriedigend, wenn angenommen würde, dass vor den 1990er Jahren eine reine wohlfahrtsstaatliche Logik im System der elementarpädagogischen Kindertagesbetreuung bestanden hätte. Wie aufgezeigt werden konnte, ist generell die Annahme eines Kindertagesbetreuungssystems, dass sich außerhalb des Ökonomischen konstituiert, nicht zu rechtfertigen.

Aktuelle Prozesse der Ökonomisierung im Kontext eines sich in seiner Organisation wandelnden Wohlfahrtsstaates haben, wie gezeigt werden konnte, deutliche Konsequenzen für das Feld und seine Spezifik, aber auch für das Pädagogische oder die sozialen Beziehungen im Feld. Alles das sind relevante Forschungsfragen, die die Erziehungswissenschaft und insbesondere die Elementarpädagogik allein möglicherweise nicht bearbeiten kann und die auch nicht immer unbedingt deren Hauptinteressen berühren. Dennoch stellen sie die Bedingungen des Pädagogischen dar, die in die theoretischen und methodologischen Anlagen von Studien und in Schlussfolgerungen gegenstandsangemessen einbezogen und reflektiert werden müssen.

Verbunden mit einer solchen Perspektive sind aber nicht nur solche notwendigen Kontextualisierungen empirischer Arbeiten, sondern auch ganz gezielte Untersuchungen konkreter politischer und administrativer Steuerungs- und Regulierungspraktiken – beispielsweise in Bezug auf den Betrieb von Einrichtungen, Finanzierungsmodelle zwischen Markt und Staat, die Durchsetzung von Effizienz- und Outcome-Kriterien bei der Vergabe öffentlicher Gelder – und deren Folgen für das Pädagogische. Alle diese Rationalitäten, (Regulierungs-)Mechanismen und Semantiken steuern die alltägliche pädagogische Arbeit *nicht* direkt, schaffen aber durch die konkreten Rahmungen und Sprachweisen implizit normative Räume, in denen sich Handeln vollzieht.

Literatur

Bellmann, Johannes/Müller, Thomas (2011), »Evidenzbasierte Pädagogik – ein Déjà-vu? Einleitende Bemerkungen zur Kritik eines Paradigmas«, in: dies. (Hg.), *Wissen, was wirkt. Kritik evidenzbasierter Pädagogik*, Wiesbaden, S. 9–28.

Bertelsmann Stiftung (2018), »Beitragsfreiheit für Kindertagesbetreuung«, in: *Ländermonitor Frühkindliche Bildungssysteme*, letzter Zugriff: 02.10.2018, https://www.laendermonitor.de/de/vergleich-bundeslaender-daten/kinder-und-eltern/rechtsanspruch-beitragsfreiheit-betreuungsbedarf.

BMFSFJ (2002), *Bericht die Lebenssituation junger Menschen und die Leistungen der Kinder- und Jugendhilfe in Deutschland. Elfter Kinder- und Jugendbericht*, Berlin.

BMFSFJ (2006), *Bericht die Lebenssituation junger Menschen und die Leistungen der Kinder- und Jugendhilfe in Deutschland. Zwölfter Kinder- und Jugendbericht*, Berlin.

BMFSFJ (2008), *Bildung, Betreuung und Erziehung für Kinder unter drei Jahren. Elterliche und öffentliche Sorge in gemeinsamer Verantwortung, Kurzgutachten des Wissenschaftlichen Beirats für Familienfragen beim Bundesministerium für Familie, Senioren, Frauen, und Jugend*, Berlin.

Buestrich, Michael/Burmester, Monika/Dahme, Heinz-Jürgen/Wohlfahrt, Norbert (2010), *Die Ökonomisierung Sozialer Dienste und Sozialer Arbeit*, 2. Aufl., Baltmannsweiler.

DFG-Projekt »Elementare Bildung und Distinktion« im Rahmen der DFG-Forschergruppe 1612 »Mechanismen der Elitebildung« (2018), in: *Martin-Luther-Universität, Halle-Wittenberg, Forschergruppe 1612 »Mechanismen der Elitebildung«*, letzter Zugriff: 02.10.2018, http://www.zsb.uni-halle.de/forschungs projekte/2503071_2617909/elementare_bildung_u_distinktion.

Diskowski, Detlef (2005), »Neuer Schwung für die Bildungsdebatte – Bildungspläne für den Kindergarten«, in: *unsere jugend*, H. 11, S. 450–462.

Ernst, Thilo (2018), *Parents and the moral economies of childcare access in Germany: struggling for places and legitimate selves*, EBD Working Paper 7, DFG-Projekt »Elementare Bildung und Distinktion«, Halle.

Ernst, Thilo/Mader, Marius/Mierendorff, Johanna (2014), »Gewerbliche Anbieter von Kindertagesbetreuung – eine Systematisierung der Trägerlandschaft«, in: *Zeitschrift für Soziologie der Erziehung und Sozialisation*, Jg. 34, H. 4, S. 373–388.

Franke-Meyer, Diana (2011), *Kleinkindererziehung und Kindergarten im historischen Prozess. Ihre Rolle im Spannungsfeld zwischen Bildungspolitik, Familie und Schule*, Bad Heilbrunn.

Graßl, Hans (2018), »Konservative Bildungsstaatlichkeit und Ökonomisierung«, in: Sigrid Hartong/Björn Hermstein/Thomas Höhne (Hg.), *Ökonomisierung von Schule? Bildungsreformen in nationaler und internationaler Perspektive*, Weinheim/Basel, S. 18–38.

Helm, Jutta (2015), *Die Kindheitspädagogik an deutschen Hochschulen. Eine empirische Studie zur Akademisierung einer pädagogischen Profession*, Opladen/Berlin/Toronto.

Hogrebe, Nina (2016), *Choice and equal access in early childhood education and care: The case of Germany*, paper presented at the ICMEC International Seminar Series, London.

Hogrebe, Nina/Strietholt, Rolf (2016), »Does non-participation in preschool affect children's reading achievement? International evidence from propensity score analyses«, in: *Large-Scale Assessment in Education*, Jg. 4, H. 1, S. 1–22.

Höhne, Thomas (2015), *Ökonomisierung und Bildung. Zu den Formen ökonomischer Rationalisierung im Feld der Bildung*, Wiesbaden.

Höhne, Thomas (2018), »Mechanismen und Dynamisierung der Ökonomisierung von Schule und Bildung. Abschließende Betrachtungen«, in: Sigrid Hartong/Björn Hermstein/Thomas Höhne (Hg.), *Ökonomisierung von Schule? Bildungsreformen in nationaler und internationaler Perspektive*, Weinheim/Basel, S. 315–334.

Kessl, Fabian (2002), »Ökonomisierung«, in: Wolfgang Schröer/Norbert Struck/Mechthild Wolff (Hg.), *Handbuch Kinder- und Jugendhilfe*, Weinheim/München, S. 1113–1128.

Klinkhammer, Nicole (2014), *Kindheit im Diskurs. Kontinuität und Wandel in der deutschen Bildung- und Betreuungspolitik*, Marburg.

Kreyenfeld, Michaela/Spieß, Christa Katharina/Wagner, Gert Georg (2002), »Kinderbetreuungspolitik in Deutschland. Möglichkeiten nachfrageorientierter Steuerungs- und Finanzierungssysteme«, in: *Zeitschrift für Erziehungswissenschaft*, Jg. 5, H. 2, S. 201–221.

Lenhardt, Gero/Offe, Claus (1977), »Sozialstaatstheorie und Sozialpolitik. Politische Erklärungsansätze für Funktionen und Innovationsprozesse der Sozialpolitik«, in: Christian von Ferber/Franz-Xaver Kaufmann (Hg.), *Soziologie und Sozialpolitik, Kölner Zeitschrift für Soziologie und Sozialpsychologie* – Sonderheft 19, Opladen, S. 98–127.

Lloyd, Eva/Penn, Helen (Hg.) (2012), *Childcare Markets. Can they deliver an equitable service?*, Bristol.

Lessenich, Stephan (2008), *Die Neuerfindung des Sozialen. Der Sozialstaat im flexiblen Kapitalismus*, Bielefeld.

Mierendorff, Johanna (2010), *Kindheit im Wohlfahrtsstaat. Über die Bedeutung des Wohlfahrtsstaates für die Entstehung und Veränderung des Musters moderner Kindheit – eine theoretische Annäherung*, Weinheim/München.

Mierendorff, Johanna (2013), »Frühe Kindheit und Wohlfahrtsstaat – Wandel des Musters früher Kindheit«, in: Sektion Sozialpädagogik und Pädagogik der frühen Kindheit (Hg.), *Konstellationen und Kontroversen. Sozialpädagogik und Pädagogik der frühen Kindheit im Dialog*, Weinheim/Basel, S. 58–72

Mierendorff, Johanna (im Erscheinen), »Die Frage nach einem politischen und einem ökonomischen Paradigma in der Pädagogik der frühen Kindheit – Diskussion eines neuen Zugangs«, in: Cornelie Dietrich/Ursula Stenger/Claus Stieve (Hg.), *Theoretische Zugänge zur Pädagogik der frühen Kindheit. Eine kritische Vergewisserung*, Weinheim/Basel.

Mierendorff, Johanna/Ernst, Thilo/Mader, Marius (2015), »Ökonomisierung im Elementarbereich – Eltern als Kunden in hochpreisigen Kindertageseinrichtungen«, in: *Zeitschrift für Grundschulforschung. Bildung im Elementar- und Primarbereich*, Jg. 8, H. 2, S. 74–85.

Mouffe, Chantal (1988), »Hegemonie und neue politische Subjekte. Eine neue Konzeption der Demokratie«, in: *KulturRevolution*, H. 17/18, S. 37–41.

Press, Frances/Woodrow, Christine (2005), »Commodification, Corporatization, and Children's Spaces«, in: *Australian Journal of Education*, Jg. 49, H. 3, S. 278–291.

Ptak, Ralf (2018), »Von der Kritik am Ökonomismus zur permanenten Ökonomisierung. Eine sozioökonomische Analyse mit exemplarischen Blick auf das Schulwesen«, in: Sigrid Hartong/Björn Hermstein/Thomas Höhne (Hg.), *Ökonomisierung von Schule? Bildungsreformen in nationaler und internationaler Perspektive*, Weinheim/Basel, S. 39–61.

Radtke, Frank-Olaf (2009), »Ökonomisierung«, in: Sabine Andresen/Rita Casale/Thomas Gabriel/Rebekka Horlacher u.a. (Hg.), *Handwörterbuch Erziehungswissenschaft*, Weinheim/Basel, S. 621–636.

Radtke, Frank-Olaf (2016), »Das Bruttobildungsprodukt. Politische Arithmetik im Erziehungssystem«, in: Rita Casale/Hans-Christoph Koller/Norbert Ricken (Hg.), *Das Politische und das Pädagogische. Zu einem Topos der Erziehungs- und Bildungsphilosophie*, Paderborn, S. 61–86.

Reyer, Jürgen (2006), *Einführung in die Geschichte des Kindergartens und der Grundschule*, Bad Heilbrunn.

Sachsse, Christoph (1990), »Zur aktuellen Bedeutung des Subsidiaritätsstreits der 60er Jahre«, in: Johannes Münder/Dieter Kreft (Hg.), *Subsidiarität heute*, Münster, S. 32–43.

Spieß, Christa Katharina (2008), »Early Childhood Education and Care in Germany: The Status Quo and Reform«, in: *Zeitschrift für Betriebswirtschaft*, Sonderheft 1, S. 1–20.

Statistisches Bundesamt (2017), »Zahl der Kinder unter 3 Jahren in Kindertagesbetreuung um 5,7 % gestiegen«, Kindertageseinrichtungen, Tagespflegepersonen und Kinder unter 3 Jahren in Kindertagesbetreuung am 1. März 2017, in: *destatis.de*, letzter Zugriff: 02.10.2018, https://www.destatis.de/DE/PresseService/Presse/Pressemitteilungen/2017/07/PD17_255_225.html.

Vandenbroeck, Michel (2015), »Ethnic diversity and social inclusion in ECCE in Europe«, in: Priscilla Toka Mmantsetsa Marope/Yoshie Kaga (Hg.), *Investing against Evidence. The Global State of Early Childhood Care and Education*, Paris, S. 105–118.

Vandenbroeck, Michel/Geens, Naomi/Berten, Hans (2014), »The impact of policy measures and coaching on the availability and accessibility of early child care: A longitudinal study«, in: *International Journal of Social Welfare*, Jg. 23, H. 1, S. 69–79.

Walgenbach, Katharina (2015), Geschlecht in gesellschaftlichen Transformationsprozessen, in: Katharina Walgenbach/Anna Stach (Hg.), *Geschlecht in gesellschaftlichen Transformationsprozessen*, Opladen, S. 21–51.

Lebenslanges Lernen als Katalysator der Modernisierung des Bildungssystems: Über den Kollateralnutzen neoliberaler Bildungspolitik

Uwe Elsholz

»Alles Ständische und Stehende verdampft […]« prophezeite Marx im Kommunistischen Manifest angesichts der Industrialisierung und des beginnenden Kapitalismus (1987 [1848]: 16). Nun hat allerdings das deutsche Bildungssystem ein lang anhaltendes Beharrungsvermögen gezeigt und trägt noch teilweise ständische Züge. Die im 19. Jahrhundert sich entwickelnde Dreigliedrigkeit des Schulwesens zielte nicht zuletzt auf Bildungsbegrenzung im unteren Schulsegment und ermöglichte den Zugang zu akademischen Karrieren nur über das Gymnasium (van Ackeren u.a. 2015; Wolter 1987). Die traditionelle Dreigliedrigkeit beginnt sich erst seit einem guten Jahrzehnt langsam aufzulösen (AG Bildungsberichterstattung 2018: 87f.) – wobei allerdings das Gymnasium weiter nahezu unantastbar bleibt. Für die Strukturen jenseits der Sekundarstufe I ist vor allem die scharfe Abgrenzung zwischen beruflicher und allgemeiner Bildung charakteristisch, wofür Martin Baethge den Begriff »deutsches Bildungs-Schisma« (2006) geprägt hat. Diese Trennung gilt als wichtiges Moment für die geringe Durchlässigkeit und den hohen Grad der Stratifizierung des deutschen Bildungssystems (Busemeyer 2015).

Im vorliegenden Beitrag werden nun einige neuere Entwicklungen in der Bildungspolitik des tertiären Bereichs diskutiert und in einer alternativen Lesart präsentiert, insbesondere im Hinblick auf das Konzept des lebenslangen Lernens. Lebenslanges Lernen ist programmatisch besonders im Rahmen der Lissabon-Strategie der EU erneut auf die (bildungs-)politische Agenda gelangt. (Weiter-)bildung wurde damit stark individualisiert und Pflicht jedes und jeder Einzelnen und insofern wurde hier das lebenslange Lernen eng mit einer neoliberalen Agenda verknüpft. Dies hat sich nicht zuletzt in politischen Dokumenten der EU manifestiert, die stark ökonomisch argumentieren (Hof 2009: 39ff.).

Im Beitrag wird nun nachgezeichnet, wie diese ökonomisch begründeten Motive letztlich zu höherer Durchlässigkeit im Bildungssystem beitragen; eine Entwicklung, die bis dato allein mit emanzipatorischen Begründungsmustern in der Bundesrepublik nicht zu erreichen war. Dies geschieht einerseits durch den Ausweis und die Deutung neuerer bildungspolitischer Entwicklungen zum Hochschulzugang und andererseits mit besonderem Verweis auf den Deutschen Qualifikationsrahmen (DQR). Hier wird gezeigt, wie der neoliberal geprägte Europäische Qualifikationsrahmen (EQR) in seiner Umsetzung in Deutschland von nationalen Diskussionslinien überlagert wurde und somit zu einer – ursprünglich nicht intendierten – Aufweichung des deutschen Bildungs-Schismas beigetragen hat. Insofern hat die Hegemonie des Neoliberalismus in den Nuller-Jahren zur – zumindest partiellen – Aufweichung eines strukturkonservativen Bildungssystems beigetragen. In diesem ›Kollateralnutzen‹ des Neoliberalismus besteht die Grundthese des Beitrags. Vor der weiteren Entfaltung dieser Argumentation werden jedoch einführend Begriff und Begründung des Bildungs-Schismas nachgezeichnet und das Konzept des lebenslangen Lernens in seiner Ambivalenz skizziert.

Das deutsche Bildungs-Schisma

Die Bezeichnung »deutsches Bildungs-Schisma« zielt auf die starke Separierung zwischen allgemeiner und beruflicher Bildung (Baethge 2006). Die in der Berufsbildungsforschung und -politik intensiv diskutierte Trennung, die mit Forderungen nach erhöhter Durchlässigkeit zwischen den Bildungssegmenten verbunden ist (Frommberger 2012), wird vielfach auf Wilhelm von Humboldt und dessen idealistische Vorstellung von zweckfreier Bildung zurückgeführt. Zwar gilt eine Bildungsbegrenzung nicht als genuine Intention Humboldts, doch war seine sogenannte Ausschlussthese, nach der Allgemeinbildung und Berufsbildung zwei deutlich zu unterscheidende Bildungsarten seien, äußerst wirkungsmächtig. Nach der ebenfalls von Humboldt vertretenen Abgrenzungsthese sind beide voneinander zu separieren, um die zweckfreie allgemeine Bildung nicht durch anwendungs- und verwertungsorientierte berufliche Inhalte zu kontaminieren (Arnold u.a. 2016: 122). »Was das Bedürfnis des Lebens oder eines einzelnen seiner Gewerbe erheischt, muss abgesondert, und nach vollendetem

Unterricht erworben werden. Wird beides vermischt, so wird die Bildung unrein […]« (Humboldt 1920 [1809]: 276). Diese Position war auch als Kritik an den zur damaligen Zeit sich verbreitenden Industrieschulen zu verstehen, die der ausschließlichen Arbeitserziehung und damit der Vorbereitung auf Ausbeutung im Frühkapitalismus dienten. Humboldts von aufklärerischem Gedankengut geprägten Vorstellungen von allgemeiner Menschenbildung wurden jedoch nur für das humanistische Gymnasium umgesetzt, während die Real- und vor allem die Volksschulen zunächst lediglich grundlegende Kulturtechniken vermittelten und auf die Erwerbsarbeit vorbereiten sollten (van Ackeren u.a. 2015).

Ohne direkten Bezug zu den Entwicklungen in der Allgemeinbildung bildeten sich die Grundstrukturen des Systems der dualen Berufsausbildung ebenfalls im 19. Jahrhundert (Greinert 2017). Vorbild war hier die handwerkliche Ausbildung im Mittelalter mit den bis heute sichtbaren Leitfiguren Lehrling, Geselle und Meister. Bei der Ausgestaltung des Ausbildungssystems waren vielfach ökonomische Fragen, zum Beispiel hinsichtlich der Gewerbefreiheit, relevant, und es dominierte der Arbeitsmarktbezug; Fragen der Bildung wurden erst ab dem 20. Jahrhundert diskutiert. So manifestierte sich schon früh das folgenreiche »Schisma zwischen einer praxisfernen höheren Allgemeinbildung und einer bildungsfernen Berufsbildungspraxis« (Baethge 2006: 20).

Die Berufsbildungstheorie – allen voran der als ›Vater der Berufsschule‹ geltende Georg Kerschensteiner – hat seit Beginn des 20. Jahrhunderts gegen die diesem Schisma immanente Nachrangigkeit beruflicher Bildung argumentiert und sich bemüht, den Bildungsgehalt beruflicher Bildung herauszuarbeiten. Dies zeigt sich insbesondere im folgenden Diktum Kerschensteiners: »Berufsbildung steht an der Pforte zur Menschenbildung« (1966 [1904]: 94ff.). Dieser Gedanke war leitend hinsichtlich der Begründung für die Errichtung sogenannter Fortbildungsschulen als Vorläufer der heutigen Berufsschulen. Diese Schulen sollten die Einbindung der männlichen Jugendlichen in die Gesellschaft gewährleisten und dienten nicht zuletzt der Prävention gegenüber sozialistischem bzw. sozialdemokratischem Gedankengut. Die Entwicklung beruflicher Qualifikationen und die staatsbürgerliche Erziehung zur gesellschaftlichen Einbindung sind nach Kerschensteiner eng miteinander verbunden.

Trotz dieser Anstrengungen um eine bildungstheoretische Aufwertung beruflicher Bildung blieben die Abgrenzungs- und die Ausschlussthese Humboldts gesellschaftlich und kulturell dominant. Sie dienten in den vergangenen 200 Jahren letztlich vielfach der Distinktion und der Legitimation gesellschaftlicher Disparitäten. Die Separierung hat zu unabhängig voneinander gewachsenen Strukturen geführt, die wiederum je einer eigenen Logik unterliegen. Dies manifestiert sich in divergenten Bildungskulturen, Organisationsformen und Zertifizierungssystemen der Bildungssektoren.

	Allgemeinbildung an Gymnasien	*Berufsbildung*
Dominante Zielperspektive	gebildete Persönlichkeit	berufliche Handlungskompetenz
Bezugspunkte für Curricula	Kanon repräsentativen systematisierten Wissens/Wissenschaftsorie ntierung	Arbeitsmarkt und Beschäftigungsstruktur
Politische Steuerung	staatlich (demokratische Kontrolle) durch die Bundesländer	Korporatistische Selbstverwaltung auf Basis bundesstaatlicher Regulierung
Finanzierung	öffentlich (Länder, Kommunen)	primär privat (Wirtschaft)
Organisation der Lernprozesse	praxisenthoben(-fern) in eigenen Organisationen	praxisintegriert (Verbindung von Arbeit und Lernen)

Tabelle 1: Institutionalisierung der Trennung von Berufs- und Allgemeinbildung

Quelle: Eigene Darstellung nach Baethge (2006: 17).

Als Folge dieser Trennung konnten frühe Bildungsentscheidungen für einen Bildungsweg in der bundesrepublikanischen Vergangenheit nur schwer revidiert werden. Für Lernende in der beruflichen Bildung, aber auch Studierende an der Hochschule, wurde es sehr schwer und nur mit hohen individuellen Risiken möglich, zwischen den Bildungssektoren zu wechseln. Spätestens im Laufe der 2000er Jahre hat jedoch eine gewisse Wandlung eingesetzt, die nicht zuletzt mit dem Konzept des lebenslangen Lernens in Verbindung steht.

Lebenslanges Lernen als neoliberales Konzept?

Lebenslanges Lernen als Modell und Konzept erlebte zunächst in den 1970er Jahren und dann wieder Anfang der 2000er Jahre eine Hochphase (Kraus 2001; Hof 2009). In beiden Perioden gab es jeweils unterschiedlich konnotierte Ansätze, die entweder stärker emanzipatorisch motiviert waren und auf eine breitere Bildungsbeteiligung abzielten oder aber vornehmlich ökonomisch argumentierende Positionen. Im internationalen Kontext gab es auch in den 1970er Jahren schon Positionen, die eine Notwendigkeit lebenslangen Lernens angesichts der aufkommenden Wissensgesellschaft aus wirtschaftlichen Gründen für notwendig hielten (OECD 1973). Gleichwohl ist für diese Zeit – auch in Folge der gesellschaftlichen Veränderungen durch die Ereignisse des Jahres 1968 – ein durchaus größeres Gewicht im Hinblick der erstgenannten Position festzuhalten, prominent vor allem durch den sogenannten Faure-Report (1972). Diese von der UNESCO in Auftrag gegebene Studie machte die Forderung nach einer größeren Teilhabe an Bildung unter anderem durch Ausbau institutionalisierter Bildungsangebote für alle Menschen in allen Lebensphasen, und damit über den Schulbesuch hinaus, prominent. Er weitete damit den Blick deutlich über das rein schulische Lernen im Klassenzimmer hinaus und plädierte zudem für die Einbeziehung neuer Lernorte. Es wurde darin auch für die Aufhebung der Trennung zwischen Schule und Lebenswirklichkeit geworben. Vierzig Jahre später konstatierte Hanf: »Der Bericht war radikal und visionär, mit einem Blick weit in die Zukunft dieses Jahrhunderts. Die Radikalität besteht darin, dass er Bildung von allen partikularen Zwecken löst, denen sie unterworfen ist und rückbindet an das Leben als letzten Grund und höchstes Ziel« (2011: 59).

In der Bundesrepublik gab es in dieser Zeit insbesondere in der sozialliberalen Ära unter Willy Brandt mit dem Strukturplan für das Bildungswesen und dem 1973 verabschiedeten Bildungsgesamtplan der Bund-Länder-Kommission für Bildungsplanung und Forschungsförderung (BLK) ebenfalls weitreichende Reformvorhaben (Friedeburg 1982: 415). Diese umfassten alle Bildungsinstitutionen und Bildungsbereiche inklusive der betrieblichen Berufsausbildung, die Hochschulen, die Fort- und Weiterbildung sowie die außerschulische Jugendarbeit. Die angestrebte Verknüpfung von allgemeiner und beruflicher Bildung war ambitioniert, jedoch bestand zwischen den Volksparteien kein gesellschaftlicher Konsens und es wurden daher letztlich auch nur wenige der Maßnahmen nachhaltig umgesetzt (Friedeburg 1982: 405).

Nachdem es in der 1980er Jahren wenige Diskussionen um das lebenslange Lernen gab, kehrte sich in den 1990er Jahren die Gewichtung der Begründungen für lebenslanges Lernen um, ohne dass jedoch die beiden unterschiedlich konnotierten Argumentationslinien verschwanden. Dominant wurde nun jedoch vor allem die ökonomische Begründung, die zudem einen Imperativ lebenslangen Lernens enthielt. Dies wird etwa deutlich im Vorwort des BMBF zu einer Publikation zum Europäischen Jahr des lebensbegleitenden Lernens:

> »An der Schwelle zum 21. Jahrhundert stehen wir vor Herausforderungen, die auch im Bildungswesen neue Antworten erfordern. [...] Die neuen Informations- und Kommunikationstechnologien gilt es ebenso zu beherrschen wie die alten Kulturtechniken. Das alles kann nur gelingen, wenn sich in Deutschland eine breite Bereitschaft zum lebenslangen Lernen durchsetzt.« (BMBF 1996: o.S.)

Mit der Lissabon-Strategie der EU aus dem Jahr 2000 wurde angestrebt, »die Union zum wettbewerbsfähigsten und dynamischsten wissensbasierten Wirtschaftsraum der Welt zu machen« (Europäischer Rat 2000: 1). Im selben Jahr wurde von der Europäischen Kommission das *Memorandum zum Lebenslangen Lernen* (2000) publiziert. Darin wird zunächst konstatiert »[...] dass sich Europa *unbestreitbar* auf dem Weg in das Zeitalter des Wissens befindet« (ebd.: 3, Herv. U.E.). Und weiterhin wird dekretiert: »Das bedeutet nicht nur, dass sich einzelne an den Wandel *anpassen*, sondern auch, dass sich ›eingefahrene‹ Handlungsmuster ändern *müssen*« (ebd., Herv. U.E.). Die *Entschließung des Rates der Europäischen Gemeinschaft vom 27. Juni 2002 zum lebensbegleitenden Lernen* folgt einem ähnlichen Duktus der Unausweichlichkeit.

Vor diesem hier skizzierten Hintergrund unterschiedlichster bildungspolitischer Verlautbarungen sowohl auf nationaler als auch auf europäischer Ebene wurde das Konzept des lebenslangen Lernens in einer an Foucault orientierten Theorietradition als neues Dispositiv interpretiert und gilt als Ausdruck neoliberaler Politik (Pongratz 2006; Spilker 2013). Lernen wird als Imperativ wahrgenommen, der/die Einzelne wird zum Unternehmer seiner selbst, was entsprechend problematisiert wurde: »Der Begriff des lebenslangen Lernens [...] verweist auf einen bestimmten Handlungstypus, einen bestimmten Identitätsentwurf, eine bestimmte Form der Selbstmobilisierung innerhalb eines marktförmigen Bildungsraums« (Pongratz 2010: 154).

Diese Lesart des lebenslangen Lernens, das in der Art seiner Thematisierung ab den 1990er Jahren weniger als Freiheit denn als Zwang wahrgenommen wurde, ist durchaus plausibel und soll nicht in Abrede gestellt werden – doch zugleich wird hier eine andere Perspektive eingenommen und quasi ein ›Kollateralnutzen‹ der neoliberalen Hegemonie in den Nuller-Jahren dieses Jahrhunderts konstatiert. Dabei wird ein Modernisierungsschub im Bildungssystem in den Vordergrund gestellt, der sich mit dem Konzept lebenslangen Lernens verbindet und insbesondere auf die Durchlässigkeit zwischen beruflicher und hochschulischer Bildung fokussiert.

Neuere Entwicklungen: Mehr Durchlässigkeit trotz oder wegen Ökonomisierung

Die Frage der Durchlässigkeit zwischen beruflicher und allgemeiner Bildung ist seit vielen Jahrzehnten Thema bildungspolitischer Forderungen und Debatten und wurde nicht zuletzt auch durch den Deutschen Bildungsrat adressiert. In der Bundesrepublik[1] wurden vor allem seit den 1970er Jahren verschiedene – vorrangig sozialdemokratisch motivierte – Versuche unternommen, die Trennung zwischen Allgemeinbildung und Berufsbildung zu überwinden oder zumindest zu verringern (Friedeburg 1982). Dazu gehören zum einen der Aufbau beruflicher Gymnasien, von Fach- und Berufsoberschulen und der Kollegschulmodellversuch in Nordrhein-Westfalen. Zum anderen sind Zugänge erleichtert worden durch die Einrichtung eines ›Zweiten Bildungsweges‹, den Fachhochschulzugang für Techniker oder die Gleichsetzung der Meisterprüfung mit der Fachoberschulreife.

All diesen Vorhaben war jedoch nur ein begrenzter Erfolg beschieden und es kam bis zur Jahrtausendwende weder in qualitativer noch in quantitativer Hinsicht zu wesentlichen Veränderungen (vgl. Bernhard 2017; Büchter/Dehnbostel 2012). Hierfür waren einerseits starke Abwehrmechanismen seitens der Allgemeinbildung, insbesondere vertreten durch die

1 In der DDR gab es durchaus eine größere Durchlässigkeit mit längerem gemeinsamem Lernen und auch Bildungswegen zur Verbindung allgemeiner und beruflicher Bildung wie die Berufsausbildung mit Abitur – doch verschwanden diese Strukturen mit der Wende vollständig. Vergleichbare Ansätze hierzu in der deutschen Bildungsgeschichte etwa in der Weimarer Republik blieben marginal (Büchter/Dehnbostel 2012).

KMK, verantwortlich, die beispielsweise Beruflich Qualifizierten den Zugang zu einem Hochschulstudium erschwerten. Zudem fürchtete die Wirtschaft einen Mangel an beruflich qualifizierten Facharbeitern und sah bis in die 1990er Jahre keinen Bedarf an einer hohen Zahl praxisfern ausgebildeter Akademiker (Wolter u.a. 2014: 11). Auch die Vertreterinnen und Vertreter der beruflichen Bildung hatten nur ein bedingtes Interesse an einer Verminderung der Grenzlinien; insbesondere die um ihren Einfluss besorgten korporativen Akteure der Arbeitgeber und – in geringerem Ausmaß – der Gewerkschaften.

Insgesamt ist damit zwar bis zum Ende des 20. Jahrhunderts eine leichte Öffnung zu verzeichnen – Bildungsentscheidungen wurden stärker reversibel, Abschlüsse konnten über den Zweiten Bildungsweg verstärkt nachgeholt werden – die grundlegenden Strukturen blieben jedoch weitgehend unangetastet. »Offensichtlich ist das deutsche Bildungs-Schisma so stark sowohl im deutschen Produktionsmodell als auch in der Sozialstruktur der deutschen Gesellschaft verankert, dass alle Reformanstrengungen im 20. Jahrhundert es nicht zum Einsturz bringen konnten« (Baethge 2006: 23). Erst in den vergangenen Jahren zeichnen sich Entwicklungen ab, die für eine zunehmende Konvergenz sprechen und nachfolgend betrachtet werden.

Erleichterter Hochschulzugang

Die Frage des Zugangs zu Hochschulen diente historisch stets auch der Abgrenzung und dem Ausschluss von Bevölkerungsschichten. »Abitur, Studierfähigkeit und Studienzulassung [sind] immer auch Instrumente im gesellschaftspolitischen Kampf um die Verteilung der Bildungs- und Studierchancen gewesen« (Wolter 1987: 307).

Doch gab es hier in den letzten Jahren einen deutlichen Wandel. Mehrere bildungspolitische Entscheidungen und Aktivitäten zur Erhöhung der Durchlässigkeit zwischen beruflicher und akademischer Bildung dokumentieren dies, die insbesondere mit den Themen Anrechnung und Zugang verbunden sind. So gab und gibt es einerseits Anstrengungen für eine erleichterte Anrechnung beruflich erworbener Qualifikationen und Kompetenzen, um den Übertritt zu akademischer Bildung zu erleichtern. Hier wurden im Rahmen der sogenannten ANKOM-Initiative (ANKOM steht für Anrechnung von Kompetenzen) in unterschiedlichen Berufsfeldern und Fachbereichen Anerkennungsmöglichkeiten ausgelotet und erprobt (Freitag u.a. 2015), um Übergänge von der beruflichen in die hochschulische Bildung zu erleichtern. Im Rahmen einer Vielzahl von Projekten des Bund-Länder-Wettbewerbs ›Offene Hochschulen‹ setzen sich Aktivitäten zur Anrechnung fort (Cendon u.a. 2015).

Vor allem aber stellt der Beschluss der Kultusministerkonferenz aus dem Jahr 2009 zum *Hochschulzugang für beruflich qualifizierte Bewerber ohne schulische Hochschulzugangsberechtigung* (KMK 2009) bildungspolitisch einen wichtigen Meilenstein dar. Die Frage des Zugangs zu Hochschulen wird seit dem Preußischen Abiturreglement 1788, in dessen Folge die gymnasiale Reifeprüfung als Hochschulzugangsberechtigung diente, immer wieder kontrovers verhandelt. Die Studienzulassung galt schon im 19. Jahrhundert als »gesellschaftlicher Versperrungsmechanismus« (Wolter 1987: 126) und diente im Weiteren auch zur Etablierung der Trennung zwischen allgemeiner und beruflicher Bildung. »Das Berechtigungswesen verwandelte sich in eine Barriere zum Ausschluss derjenigen Bevölkerungsteile und Sozialgruppen, die mit Volks- oder Realschulbildung in die Institutionen der praktischen Berufsbildung eintraten« (ebd.: 294f.).

Noch in den 1990er Jahren sorgte sich die Wirtschaft vorrangig um eine ausreichende Zahl an beruflich ausgebildeten Beschäftigten. Sie konnte daher keinen Bedarf an einer höheren Zahl vermeintlich praxisfern ausgebildeter Akademikerinnen und Akademikern erkennen, sondern sah dies sogar als Problem an (vgl. Wolter u.a. 2014: 11). Emanzipatorisch und mit sozialer Durchlässigkeit argumentierende Positionen, nicht zuletzt der Gewerkschaften, wurden regulatorisch nicht wirkmächtig.

Erst mit der Änderung der Haltung der Wirtschaft konnten Fortschritte erreicht werden. Dieser Positionswandel ist auch vor dem Hintergrund der demografischen Entwicklung und des von der Politik befürchteten Fachkräftemangels zu sehen – ist also vorrangig ökonomisch motiviert. Die Veröffentlichungen der ebenfalls primär ökonomisch argumentierenden OECD und nicht zuletzt deren PISA-Studien trugen ebenfalls dazu bei, dass sich ein gesellschaftlicher Konsens entwickelte, die Zahl der Studierenden zu erhöhen und auch den Zugang zu Hochschulen zu erleichtern. Die Öffnung der Hochschulen für Beruflich Qualifizierte, die erst durch die Veränderung der Position der Wirtschaft mehrheitsfähig wurde, hat damit letztlich zu einer höheren Durchlässigkeit zwischen den Bildungsbereichen beigetragen.

Vom Europäischen zum Deutschen Qualifikationsrahmen

Noch deutlicher als im Hinblick auf die Frage des Hochschulzugangs wird jedoch die Grundthese dieses Beitrags untermauert im Prozess der Umdeutung des neoliberal geprägten Europäischen Qualifikationsrahmens für das lebenslange Lernen im Rahmen seiner nationalen Umsetzung. Der EQR stellt einen europapolitisch angelegten Metarahmen dar, auf den sich national zu erstellende Qualifikationsrahmen beziehen sollen (Europäische Kommission 2008). Er ist Teil des Kopenhagen-Prozesses in der beruflichen Bildung, der analog zum Bologna-Prozess in der Hochschulbildung zu verstehen ist. Mit dem EQR als einem der wichtigsten bildungspolitischen Dokumente seit der Jahrhundertwende wird das Ziel verfolgt, einen gemeinsamen Bezugsrahmen zur Transparenz und Anerkennung von Qualifikationen und Kompetenzen zu schaffen. Der EQR wurde insbesondere von gewerkschaftsnahen Vertreterinnen und Vertretern anfangs als neoliberaler Angriff auf das deutsche System der dualen Ausbildung gedeutet, das durch Beruflichkeit und den Korporatismus wesentliche Standards enthält und sicherstellt (vgl. Drexel 2005). »Rettet den Facharbeiter!« war hierzu der populäre Slogan von Rauner (2005).

Auch Busemeyer vertrat 2009 in einem Gutachten für die Friedrich-Ebert-Stiftung die These, dass insbesondere Vertreter der Wirtschaft und zum Teil der Bundesregierung die europäische Berufsbildungspolitik in ihrem Sinne instrumentalisieren wollten, um auf nationaler Ebene vermeintliche Reformhindernisse – insbesondere auf Seiten der Gewerkschaften – zu überwinden. Ziele seien eine stärkere Modularisierung dualer Ausbildung und die Flexibilisierung beruflicher Bildung (Busemeyer 2009).

Im Rahmen der nationalen Umsetzung veränderte sich jedoch die Diskussionslage. »Ursprünglich ging es dabei [bei der Entwicklung des Europäischen und Deutschen Qualifikationsrahmens; U.E.] vor allem um die Durchlässigkeit zwischen den verschiedenen Bildungssystemen in Europa, inzwischen hat sich die Debatte mehr auf die Durchlässigkeit innerhalb des nationalen Bildungswesens verschoben« (Weiß 2012: 42). In diesem Prozess wurden gerade die unterschiedlichen Perspektiven zwischen beruflicher und allgemeiner Bildung deutlich, das Bildungs-Schisma trat insofern deutlich zu Tage. Dies zeigte sich etwa an der Diskussion um einen angemessenen Kompetenzbegriff und in noch stärkerem Maße bezogen auf die Zuordnung nationaler Bildungsabschlüsse.

Im Hinblick auf den Kompetenzbegriff stand dem EQR zunächst ein angelsächsisch geprägtes Verständnis Pate, das als recht kleinteilig gilt und stark beeinflusst ist von behavioristischen Grundgedanken (Brockmann u.a. 2009: 790ff.). Dieses enge Verständnis hat dann auch wesentlich dazu beigetragen, dass es in Deutschland eine verbreitete Skepsis gegenüber dem EQR gab. Kritikerinnen und Kritiker befürchteten, dass mit der Übernahme des angelsächsischen Kompetenzverständnisses auch das Leitziel beruflicher Handlungskompetenz und damit das gesamte Berufskonzept in Deutschland in Frage stünden. »Konsequenz [der Umsetzung des EQR; U.E.] wäre die Eliminierung des Berufsprinzips, des darauf aufbauenden Dualen Systems und seiner Funktionalitäten für Wirtschaft und Gesellschaft« (Drexel 2007: 34). Die Fragen, welches Kompetenzverständnis im Rahmen des DQR zugrunde gelegt wird, war im Erarbeitungsprozess inhaltlich umstritten – waren doch Akteure aus der Allgemeinbildung sowie der beruflichen Bildung vertreten, deren Kompetenzverständnis sich aus unterschiedlichen Traditionen speist (Elsholz 2014). Im Ergebnis hat sich ein Kompetenzverständnis im DQR manifestiert, das dem handlungsorientierten Verständnis aus der beruflichen Bildung sehr nahe kommt. Vertreter der Allgemeinbildung hatten sich eher gegen eine solch starke Handlungsorientierung positioniert (vgl. Eckelt 2016: 186). Im Glossar zum DQR wurde schließlich festgelegt: »Kompetenz bezeichnet im DQR die Fähigkeit und Bereitschaft des Einzelnen, Kenntnisse und Fertigkeiten sowie persönliche, soziale und methodische Fähigkeiten zu nutzen und sich durchdacht sowie individuell und sozial verantwortlich zu verhalten. Kompetenz wird in diesem Sinne als *umfassende Handlungskompetenz* verstanden« (BMBF/KMK 2018, Herv. U.E.).

Noch kontroverser war die Frage der Zuordnung nationaler Bildungsabschlüsse zum achtstufigen Qualifikationsrahmen. Weitgehend einig war man sich in Bezug auf die Einordnung von Ausbildungsabschlüssen des dualen Systems, so dass mindestens dreijährige Berufsausbildungen der Stufe 4 zugeordnet wurden. Vor allem aber die Frage, ob das Abitur auf der Niveaustufe 4 oder 5 angesiedelt werden sollte, blieb bis zur Verabschiedung des DQR heftig umstritten. Die KMK hatte sich vehement für eine Zuordnung auf Stufe 5 eingesetzt und stieß auf heftigen Widerstand der Vertreter der beruflichen Bildung, die damit eine Entwertung dualer Berufsausbildung verbanden (Klenk 2014: 173ff.; Eckelt 2016: 228ff.). Hieran wäre eine Einigung und Verabschiedung des DQR fast gescheitert und so wurde als Kompromiss – der außerhalb der offiziellen Gremien verhandelt wurde – letztlich die Zuordnung allgemeinbildender Abschlüsse für fünf Jahre vertagt. Diese erfolgte dann im Jahr 2017 und das Abitur wurde der Stufe 4 zugeordnet (sowie die weiteren allgemeinbildenden Abschlüsse den Stufen 2 und 3) (DQR 2017) – mithin trat genau das ein, was die KMK ursprünglich hatte verhindern wollen.

Die Berufsbildungsakteure – und hier haben Gewerkschaften *und* Arbeitgeber nach Ausräumung strittiger Punkte in der Anfangsphase des DQR-Prozesses gemeinsam und in Absprache agiert – haben sich im Prozess der DQR-Entwicklung damit letztlich an mehreren entscheidenden Punkten durchgesetzt (Klenk 2014: 175). »Mit dem DQR ist den Vertretern der Berufsbildung eine symbolische Revolution gelungen, indem sie eine offiziell legitimierte Gleichwertigkeit der Bildungsbereiche festschreiben konnten« (Eckelt 2016: 328).

Klenk bilanziert mit Blick auf den Prozess der nationalen Umsetzung von Qualifikationsrahmen in Österreich, Dänemark und Deutschland in ähnlicher Weise: »Zusammenfassend kann über den Entwicklungsprozess des DQR festgehalten werden, dass dieser im Vergleich zu den beiden anderen Prozessen den höchsten Innovationsgrad erreicht hat« (2014: 175). Für diese Bewertung werden vor allem »die generelle Gleichwertigkeit von Qualifikationen aus verschiedenen Teilen des Bildungssystems« sowie der eigenständige »Kompetenzbegriff mit dem Schwerpunkt auf dem Konzept der Handlungskompetenz« angeführt (ebd.).

Übereinstimmend mit den angeführten Belegen lautet daher die hier angebotene Lesart, dass insbesondere die gewerkschaftsnahen Berufsbildungsakteure, die die schärfste Kritik gegen eine als neoliberal betrachtete europäische Berufsbildungspolitik vorgetragen haben (u.a. Drexel 2007; Rauner 2005), letztlich durch die nationale Umsetzung mehr erreicht haben, als dies zuvor möglich war. »Der DQR leistet […] einen wertvollen Beitrag zur Gleichwertigkeit von allgemeiner und beruflicher Bildung«, so Georg Spöttl (2012: 236f.), der als Berufsbildungsexperte auch in den Anhörungen des Bundestags zum DQR beteiligt war. Und er fährt geschichtsbewusst fort: »Gelingt es, in den nächsten Jahren diesen Entwicklungsprozess zu stabilisieren und durch die Bildungsinstitutionen abzusichern, dann wäre erreicht, was in den großen Reformansätzen der 1970-er Jahre nicht gelungen ist« (ebd.).

Diese aufgeführten Entwicklungen waren möglich, da sich – in den Termini von Bernhard (2017) – strukturkritisch universalistische Positionen (wie sie etwa von den Gewerkschaften vertreten wurden und werden) mit strukturkritisch funktionalistischen Positionen der Wirtschaft verbündet haben gegen die strukturkonservativ funktionalistischen Positionen von KMK und HRK. »Der funktionalistische strukturkonservative Diskurs hat zum Ziel, einerseits Durchlässigkeit zu begrenzen und den traditionell geltenden Maßstab der höheren Allgemeinbildung für die Regelungen des Hochschulsystems zu festigen sowie die traditionell bestehenden gesellschaftlichen Hierarchien [...] zu erhalten« (Bernhard 2017: 288). Dieses Ziel wurde jedoch nicht erreicht.

Am Beispiel der Umsetzung des EQR zeigt sich, dass hier nationale Traditions- und Qualifikationsrahmen für das lebenslange Lernen zu einer – ursprünglich nicht intendierten – Aufweichung des deutschen Bildungs-Schismas beigetragen haben. Der als neoliberal und quasi als Trojanisches Pferd – so die Lesart von Busemeyer 2009 – wahrgenommene Europäische Qualifikationsrahmen hat letztlich als Katalysator für mehr Durchlässigkeit im deutschen Bildungssystem fungiert.

Fazit

Beim Thema Durchlässigkeit hinsichtlich des Hochschulzugangs und ebenso im Prozess der Erarbeitung des Deutschen Qualifikationsrahmens zeigt sich, dass die Lesart, lebenslanges Lernen als Ausdruck einer neoliberalen Ideologie zu betrachten, zwar nicht falsch ist, aber für ein vollständiges Bild zumindest auch in seinen Ambivalenzen betrachtet werden sollte. So sind dem Konzept durchaus Reformen zu verdanken, die zuvor in Deutschland nicht möglich waren. Das Konzept des lebenslangen Lernens kann damit aus heutiger Sicht in seinem Beitrag zu einer Modernisierung des vorindustriell geprägten deutschen Bildungssystems noch einmal anders gewürdigt werden als dies noch vor zehn Jahren der Fall war. Die mit den neueren Entwicklungen verbundene höhere Durchlässigkeit kann – mit aller Vorsicht gegenüber der sich weitgehend reproduzierenden gesellschaftlichen Ungleichheit – einen Beitrag zu weniger Ungerechtigkeit im Bildungssystem leisten.

Das Bildungs-Schisma und das Problem ungleicher Chancen sind damit allerdings noch nicht überwunden. Vielmehr geht der Konflikt zwischen allgemeiner und beruflicher Bildung in der bildungspolitischen Arena weiter, beispielsweise im Hinblick auf die Reichweite und die weitere Umsetzung des Deutschen Qualifikationsrahmens. Auch hier haben die konservativen Kräfte ein Interesse an einer möglichst geringen Reichweite und Verbindlichkeit des DQR.

Neben den bildungspolitischen Aspekten gilt es in diesem Zusammenhang abschließend auch auf ein bildungstheoretisches Desiderat zu verweisen. So macht Wolter nicht zuletzt den deutschen Idealismus für die »typisch deutsche« Trennung zwischen beruflicher und akademischer Bildung verantwortlich. »[…] der Bildungsidealismus [hat] mindestens indirekt dazu beigetragen, der institutionellen Trennung von Berufsausbildung und verschulter Allgemeinbildung eine höhere bildungstheoretische Legitimation zu verschaffen und damit den Auf- und Ausbau berufsbezogener Wege zur Hochschulreife zu blockieren« (1987: 289). Eine solche Interpretation legen auch die eingangs dieses Beitrags aufgeführten Zitate Humboldts – und vor allem deren Wirkungen – nahe. Nida-Rümelin tritt in seinem umstrittenen Werk zum Akademisierungswahn ebenfalls für die Überwindung dieser Trennung ein: »[…] plädiere ich für einen Bruch mit der idealistischen Tradition: Praxis und Theorie, Handwerk, Lebenswelt und Wissenschaft bilden eine Einheit, ein Kontinuum mit graduellen, aber nicht kategorialen Unterschieden« (2014: 74). In einem Vorläuferwerk legt er dar, dass er den Pragmatismus als alternativen theoretischen Zugriff empfiehlt für ein zeitgemäßes, nicht-dezisionistisches Bildungsverständnis (Nida-Rümelin 2013). Dieser Überlegung weiter nachzugehen erscheint lohnenswert.

Zumindest mittelbar hängen – dies sollte mit diesem letzten Absatz angedeutet werden – theoretische Grundlegungen und bildungspolitische Entwicklungen zusammen. Eine weitere theoretische Befassung mit einem bildungsbereichsübergreifenden Bildungsverständnis steht daher aus (vgl. Elsholz 2015). Marx als scharfer Kritiker des Idealismus würde dem sicher zustimmen.

Literatur

Ackeren, Isabell van/Klemm, Klaus/Kühn, Svenja Mareike (2015), »Die historische Perspektive: Wie haben sich grundlegende Strukturmerkmale des Bildungswesens herausgebildet?«, in: Isabell van Ackeren/Klaus Klemm (Hg.), Entstehung, Struktur und Steuerung des deutschen Schulsystems, Wiesbaden, S. 13–46.

AG Bildungsberichterstattung (2018), *Bildung in Deutschland 2018. Ein indikatorengestützter Bericht mit einer Analyse zu Bildung und Migration*, Bielefeld.

Arnold, Rolf/Gonon, Philipp/Müller, Hans-Joachim (2016), *Einführung in die Berufspädagogik*, 2., überarb. Aufl., Opladen/Toronto.

Baethge, Martin (2006), »Das deutsche Bildungs-Schisma: Welche Probleme ein vorindustrielles Bildungssystem in einer nachindustriellen Gesellschaft hat«, in: *SoFi-Mitteilungen 34*, S. 13–27, letzter Zugriff: 10.09.2018, http://www.sofi-goettingen.de/fileadmin/SOFI-Mitteilungen/Nr._34/Baethge.pdf.

Bernhard, Nadine (2017), *Durch Europäisierung zu mehr Durchlässigkeit? Veränderungsdynamiken des Verhältnisses von beruflicher Bildung zur Hochschulbildung in Deutschland und Frankreich*, Opladen.

Brockmann, Michaela/Clarke, Linda/Winch, Christopher (2009), »Competence and competency in the EQF and in European VET systems«, in: *Journal of European Industrial Training*, Jg. 33, H. 8/9, S. 787–799.

Büchter, Karin/Dehnbostel, Peter (2012), »Der lange bildungspolitische Weg zu Durchlässigkeit und Gleichwertigkeit – die Hypothek des Deutschen Qualifikationsrahmens«, in: Karin Büchter/Peter Dehnbostel/Georg Hanf (Hg.), *Der Deutsche Qualifikationsrahmen (DQR): Ein Konzept zur Erhöhung von Durchlässigkeit und Chancengleichheit im Bildungssystem?*, Bielefeld, S. 61–80.

BMBF (1996), »Vorwort«, in: Günther Dohmen, *Das Lebenslange Lernen. Leitlinien einer modernen Bildungspolitik*, Bonn.

BMBF/KMK (2018), »Kompetenz«, in: *Glossar des DQR*, letzter Zugriff: 10.09.2018, https://www.dqr.de/content/2325.php#Kompetenz

Busemeyer, Marius (2009), »Die Europäisierung der deutschen Berufsbildungspolitik. Sachzwang oder Interessenpolitik?«, in: *Friedrich-Ebert-Stiftung, Internationale Politikanalyse, Abteilung Internationaler Dialog*, letzter Zugriff: 10.09.2018, library.fes.de/pdf-files/id/ipa/06512.pdf.

Busemeyer, Marius (2015), *Bildungspolitik im internationalen Vergleich*, Konstanz.

Cendon, Eva/Eilers-Schoof, Anja/Flacke, Luise B./Hartmann-Bischoff, Monika u.a. (2015), »Handreichung Anrechnung Teil 1. Ein theoretischer Überblick«, Handreichungen der wissenschaftlichen Begleitung des Bund-Länder-Wettbewerbs »Aufstieg durch Bildung: offene Hochschulen«, in: *Fachportal Pädagogik, pedocs.de*, letzter Zugriff: 10.09.2018, http://www.pedocs.de/frontdoor.php?source_opus=12988.

DQR (2017), »Allgemeinbildende Abschlüsse und weitere berufliche Fortbildungsqualifikationen zugeordnet«, in: *bmbf.de*, letzter Zugriff: 10.09.2018, https://www.dqr.de/content/2781.php.

Drexel, Ingrid (2005), *Das duale System und Europa. Ein Gutachten im Auftrag von ver.di und IG Metall*, Berlin/Frankfurt am Main.

Drexel, Ingrid (2007), »Europäische Berufsbildungspolitik: Deregulierung, neoliberale Reregulierung und die Folgen – für Alternativen zu EQR und ECVET«, in: Philipp Grollmann/Georg Spöttl/Felix Rauner (Hg.), *Europäisierung Beruflicher Bildung – eine Gestaltungsaufgabe*, Münster, S. 13–34.

Eckelt, Marcus (2016), *Zur sozialen Praxis der Berufsbildungspolitik. Theoretische Schlüsse aus der Rekonstruktion der Entwicklung des Deutschen Qualifikationsrahmens*, Bielefeld.

Elsholz, Uwe (2014), *Der Kompetenzentwicklungsdiskurs in der beruflichen Bildung*, Hagen.

Elsholz, Uwe (2015), »Überwindung der Trennung zwischen beruflicher und akademischer Bildung? Bildungstheoretische, bildungspolitische und didaktische Herausforderungen«, in: ders. (Hg.), *Beruflich Qualifizierte im Studium. Analysen und Konzepten zum Dritten Bildungsweg*, Bielefeld, S. 245–259.

Europäische Kommission (2000), *Memorandum zum Lebenslangen Lernen*, Brüssel.

Europäische Kommission (2008), »Der europäische Qualifikationsrahmen für Lebenslanges Lernen«, Amt für amtliche Veröffentlichungen der Europäischen Gemeinschaften, Luxemburg, letzter Zugriff: 10.09.2018, https://ec.europa.eu/ploteus/sites/eac-eqf/files/brochexp_de.pdf.

Europäischer Rat (2000), »Schlussfolgerungen des Vorsitzes aus den Konsultationen am 23. und 24. März 2000 in Lissabon«, letzter Zugriff: 10.09.2018, http://www.europarl.europa.eu/summits/lis1_de.htm.

Europäischer Rat (2002), *Entschließung des Rates vom 27. Juni 2002 zum lebensbegleitenden Lernen*, Brüssel.

Faure, Edgar (1972), *Learning to be. The world of education today and tomorrow*, Paris.

Freitag, Walburga/Buhr, Regina/Danzeglocke, Eva-Maria/Schröder, Stefanie u.a. (Hg.) (2015), *Übergänge gestalten – Durchlässigkeit zwischen beruflicher und hochschulischer Bildung erhöhen*, Münster.

Friedeburg, Ludwig von (1982), *Bildungsreform in Deutschland. Geschichte und gesellschaftlicher Widerspruch*, Frankfurt am Main.

Frommberger, Dietmar (2012), »Mainstream Durchlässigkeit – Relevanz, Begründungen und Konzepte zur Förderung von Übergängen in Bildung und Berufsbildung«, in: Karin Büchter/Peter Dehnbostel/Georg Hanf (Hg.), *Der Deutsche Qualifikationsrahmen (DQR). Ein Konzept zur Erhöhung von Durchlässigkeit und Chancengleichheit im Bildungssystem?*, Bielefeld, S. 81–97.

Greinert, Wolf-Dietrich (2017), *Berufsqualifizierung in Europa. Ein Vergleich von Entstehung und Entwicklung der drei klassischen Modelle*, 2., überarb. Aufl., Baltmannsweiler.

Hanf, Georg (2011), »›Wieder entdeckt – neu gelesen‹. Georg Hanf erinnert an ›Learning to be. The world of education today and tomorrow‹«, in: *Berufsbildung in Wissenschaft und Praxis* (BWP), H. 4, S. 59–60.

Hof, Christiane (2009), *Lebenslanges Lernen. Eine Einführung*, Stuttgart.

Humboldt, Wilhelm von (1920 [1809]), *Gesammelte Schriften*, Bd. XIII, Berlin.

Kerschensteiner, Georg (1966 [1904]), *Berufsbildung und Berufsschule: Ausgewählte Pädagogische Schriften*, Bd. 1, Paderborn.

Klenk, Johannes (2014), *Nationale Qualifikationsrahmen in dualen Berufsbildungssystemen. Akteure, Interessen und politischer Prozess in Dänemark, Österreich und Deutschland*, Bielefeld.

KMK (Ständige Konferenz der Kultusminister der Länder in der Bundesrepublik Deutschland) (2009), »Hochschulzugang für beruflich qualifizierte Bewerber ohne schulische Hochschulzugangsberechtigung. Beschluss der Kultusministerkonferenz vom 06.03.2009«, letzter Zugriff: 10.09.2018, http://www.kmk.org/fileadmin/veroeffentlichungen_beschluesse/2009/2009_03_06-Hochschulzugang-erful-qualifizierte-Bewerber.pdf.

Kraus, Katrin (2001), *Lebenslanges Lernen – Karriere einer Leitidee*, Bielefeld.

Marx, Karl/Engels, Friedrich (1987 [1848]), *Manifest der Kommunistischen Partei*, Berlin (Ost).

Nida-Rümelin, Julian (2013), *Philosophie einer humanen Bildung*, Hamburg.

Nida-Rümelin, Julian (2014), *Der Akademisierungswahn. Zur Krise beruflicher und akademischer Bildung*, Hamburg.

OECD (1973), Recurrent Education. A Strategy for Lifelong Learning, Paris.

Pongratz, Ludwig A. (2006), »Lebenslanges Lernen«, in: Agnieszka Dzierzbicka/Alfred Schrilbauer (Hg.), *Pädagogisches Glossar der Gegenwart*, Wien, S. 162–171.

Pongratz, Ludwig A. (2010), *Kritische Erwachsenenbildung. Analysen und Anstöße*, Wiesbaden.

Rauner, Felix (2005), »Rettet den Facharbeiter!«, in: *Die Zeit* 49/2005, letzter Zugriff: 17.09.2018, https://www.zeit.de/2005/49/Rettet_den_Facharbeiter_.

Spilker, Niels (2013), *Lebenslanges Lernen als Dispositiv. Bildung, Macht und Staat in der neoliberalen Gesellschaft*, Münster.

Spöttl, Georg (2012), »Der DQR-Vorschlag im Stresstest – Pragmatismus versus Powerplay bei der experimentellen Zuordnung von Qualifikationen«, in: Karin Büchter/Peter Dehnbostel/Georg Hanf (Hg.), *Der Deutsche Qualifikationsrahmen (DQR). Ein Konzept zur Erhöhung von Durchlässigkeit und Chancengleichheit im Bildungssystem?*, Bielefeld, S. 225–242.

Weiß, Reinhold (2012), »Der Deutsche Qualifikationsrahmen. Schlüssel für mehr Durchlässigkeit oder Muster ohne Wert?«, in: Karin Büchter/Peter Dehnbostel/Georg Hanf (Hg.), *Der Deutsche Qualifikationsrahmen (DQR). Ein Konzept zur Erhöhung von Durchlässigkeit und Chancengleichheit im Bildungssystem?*, Bielefeld, S. 41–57.

Wolter, Andrä (1987), *Das Abitur. Eine bildungssoziologische Untersuchung zur Entstehung und Funktion der Reifeprüfung*, Oldenburg.

Wolter, Andrä/Banscherus, Ulf/Kamm, Caroline/Otto, Alexander u.a. (2014), »Durchlässigkeit zwischen beruflicher und akademischer Bildung als mehrstufiges Konzept: Bilanz und Perspektiven«, in: *Beiträge zur Hochschulforschung*, Jg. 36, H. 4, S. 8–39.

Transformationen der modernen Schule in einer postmodernen Gesellschaft

Jürgen Budde

Transformationen von Gesellschaft und Schule

Ausgangspunkt des Beitrags ist die bereits häufig vorgebrachte Feststellung, dass Schule immer im Rahmen gesellschaftlicher Praktiken kontextualisiert sei. Schule reflektiert stets gesellschaftliche Verhältnisse, wie auch umgekehrt gesellschaftliche Verhältnisse sich unter anderem in und vermittelt über Schule überhaupt erst (mit)konstituieren. Insofern liegt es eigentlich nahe, Diskussionen über umgreifende gesellschaftliche Transformationen parallel zu den Transformationen von Schule zu führen. Strukturtheorien würden argumentieren, dass Schule gesellschaftliche Qualifikations-, Integrations-, Enkulturations- und Allokationsfunktionen erfülle und diese nie losgelöst von den gesellschaftlichen Erwartungen und gesellschaftlicher Praxis existieren können, sondern auf diese verweisen (Luhmann 1993; Fend 2006; Veith 2018). Denn so wie ›die Gesellschaft‹ einen Rahmen für ›die Schule‹ bereitstellt, so gestaltet ›die Schule‹ durch die Bildung und Erziehung der nachwachsenden Generationen zukünftige gesellschaftliche Bedingungen. Dies bedeutet jedoch nicht, dass Schule ein bloßes Abbild gesellschaftlicher Praxis ist. Ihr kommen innerhalb eines gewissen Handlungsspielraumes eigene Möglichkeiten der Gestaltung zu. Gerade auf diesen Punkt weisen ja so unterschiedliche Theorien wie etwa zur Schulkultur (Helsper u.a. 2001), zur Schulentwicklung (Rahm 2005; Altrichter/Maag Merki 2010) oder zur Schulautonomie (Altrichter/Rürup 2010) immer wieder hin. Foucault (2005) wiederum spricht von Schule als einer Heterotopie, als bestimmbaren Ort mit festgelegter Funktion, der dennoch außerhalb des gesellschaftlichen Raums lokalisiert ist. Als Bildungsinstitution bilden deshalb die Verhältnisse in der Schule eine Art eigenständige ›pädagogische Resonanz‹ in Relation zu gesellschaftlichen Ordnungen. Poststrukturalistische Ansätze oder Praxistheorien perspektivieren den Zusammenhang zwischen Ordnung und Bildungsinstitution(alisierung) ebenfalls als aufeinander verweisendes Zusammenspiel (Reckwitz 2003).

Wenn sich die Thesen der gesellschaftlichen Transformation im Zeichen einer *neoliberalen Umgestaltung* sowie eines Übergangs von einer, im Zuge der Aufklärung entstandenen, modernen Gesellschaft hin zu einer (wie auch immer theoretisch im einzelnen begründeten) *post-modernen Gesellschaft* bewahrheiten (und sich damit ein Epochenbruch andeutet, der die Selbstverständlichkeiten der Moderne ihre Glaubwürdigkeit verlieren lässt), und wenn weiter diese Entwicklungen in Richtung *Ökonomisierung* und *Individualisierung* als zentrale Kennzeichen, bzw. als gegenseitig aufeinander verweisende ›Basisbewegungen‹ beschrieben werden können und diese mit Differenzierung und Dynamisierung des Sozialen verknüpft sind, dann stellt sich vor diesem Hintergrund gleichsam notgedrungen die Frage, welche Bedeutung dies für die Schule haben könnte. In welcher Weise transformiert sich Schule innerhalb aktueller Gesellschaftsformierungen und welche Impulse, bzw. welche Widerstände werden darin deutlich?

Pfad- wie Strukturtheorien würden an dieser Stelle – sicher nicht zu Unrecht – auf die generelle Beharrungskraft von Organisationen verweisen (North 1990). Allerdings würde diese Position kaum ausreichen, die ›Reichweite‹ aktueller Transformationen auszuloten. Nicht in jedem Falle ist jede Ausdrucksgestalt nur Variation des Immergleichen. Denn auf der Ebene pädagogischer Organisationen und Praxis kristallisieren sich in der Gesamtheit ebenfalls zentrale Transformationen heraus. Dies ist zum Beispiel die zunehmende Dezentrierung und Individualisierung des Fachunterrichts (Pongratz 2009; Breidenstein/Rademacher 2016) vor dem Hintergrund einer »Heterogenitätsorientierung« (Budde 2015) und einem fortschreitenden Inklusionsgedanken, oder etwa die ebenso zunehmende Etablierung von außerfachunterrichtlichen Angeboten, die im weitesten Sinne den Anspruch von ›sozialem Lernen‹ und ›Persönlichkeitsbildung‹ und damit eine Tendenz zur Familialisierung, bzw. Sozialpädagogisierung von Schule beinhalten (Budde/Weuster 2018b). Dazu zählen aber ebenso schulstrukturelle Transformationen der Schullandschaft oder die Standardisierung im Zuge der Kompetenzausrichtung, welche sich unter anderem in den weitgehend durchgesetzten bundeslandspezifischen Vergleichsarbeiten oder der sukzessiven Etablierung eines ›Zentralabiturs‹ zeigen.

Gleichzeitig hat Bildung eine privilegierte Rolle bei der gesellschaftlichen Positionierung wie auch als zentrale Subjektivierungspraktik einer postmodernen Gesellschaft inne (zum Beispiel Ricken 2015). Die Rede von der ›Bildungs-‹ oder der ›Wissensgesellschaft‹ inklusive der Aufforderung zum lebenslangen Lernen (siehe Elsholz in diesem Band) verdeutlicht schlaglichtartig den besonderen Stellenwert, der Bildung zukommt. Dies gilt in mindestens zweierlei Weise. Denn zum einen ist Bildung mit und seit Humboldt zentrales Moment der Subjektwerdung, bzw. der Subjekt*bildung*. Das Subjekt bildet sich – so könnte formuliert werden – im Medium der Bildung, die zu Fähigkeiten wie Kritik, Reflexion, Autonomie oder Verantwortung führt, welche notwendige Elemente eines modernen Subjektverständnisses darstellen (Koller 2001). Ein modernes Subjekt ist immer ein im wahrsten Sinne des Wortes gebildetes Subjekt. Zum anderen erhält in der gegenwärtigen Gesellschaft Bildung als ›Haltung‹, als Habitus, eine immer höhere Bedeutung für soziale Platzierung, soziale Differenzierung und damit für die Reproduktion sozialer Ungleichheit.

Der vorliegende Beitrag verdeutlicht Bezüge zwischen gesellschaftlicher und schulischer Transformation. In der Zusammenschau lässt sich dabei nicht einfach von einem ›neoliberalen Zugriff‹ ›der Gesellschaft‹ oder ›der Ökonomie‹ auf ›die Schule‹ sprechen, nicht zuletzt aufgrund der Tatsache, dass »Initiativen und Formen […] primär von Staat, Politik und Verwaltung ausgehen und umgesetzt werden« (Hartong u.a. 2018: 9). Allerdings kann ebenso wenig von einer besonders großen Distanz zwischen gesellschaftlicher und schulischer Transformation ausgegangen werden. Verfolgt wird die These, dass die Transformationen auf eine Erosion einiger Grundannahmen der modernen Schule hinauslaufen, sodass ihre Verfasstheit in einer – wie auch immer verstandenen – postmodernen Gesellschaft in zugespitzte Widersprüche eingespannt ist, die dazu führen, dass gewohnte Bestimmungen von Schule nicht mehr vollumfänglich tragfähig sind.

Neoliberale Formierung der postmodernen Gesellschaft

Wenn dafür argumentiert wird, Relationen zwischen Schule und Gesellschaft zu analysieren, dann impliziert dies, eine Vorstellung von gesellschaftlichen Verhältnissen zu entwickeln, wenngleich dies – zumal in Form eines Artikels, der primär die Transformationen von Schule zum Thema hat, und damit ein erziehungswissenschaftliches und kein politikwissenschaftliches Interesse verfolgt – ein ebenso notwendiges wie, ob der Verkürzungen gleichsam prinzipiell zum Scheitern verurteiltes Ansinnen darstellt. Aus einer erziehungswissenschaftlichen Perspektive, die sich insbesondere für soziale Ungleichheit interessiert, scheinen aktuelle gesellschaftliche Entwicklungen von Widersprüchen gekennzeichnet zu sein, die sich in der Parallelität von unterschiedlichen Perspektivierungen zeigen.

Denn zum einen scheinen sich grundlegende gesellschaftliche Ordnungen als ausgesprochen stabil zu erweisen: Kapitalistische, rassistische und patriarchale Strukturen wandeln sich kaum. Zugleich scheinen sich aber ebenfalls plausible Argumente für eine fortschreitende Demokratisierung der Gesellschaft finden zu lassen. So werden beispielsweise Zugangsbarrieren für Menschen mit Behinderungen abgebaut; Gesetze, die aufgrund geschlechtlicher oder sexueller Orientierung benachteiligende Wirkungen zeigen, werden zunehmend ersetzt durch diversitätsfördernde Perspektiven. Dabei verschieben sich ebenfalls die Formen der politischen Repräsentation. An die Stelle formaler Partizipation tritt die Figur des ›zivilgesellschaftlichen Engagements‹, Parteien werden tendenziell durch temporäre soziale Bewegungen ergänzt oder abgelöst (zum Beispiel Boltanski/Chiapello 2006). Im Kontrast dazu stehen Positionen, die von einer neuen Qualität der Verschärfung gesellschaftlicher Herrschaftsverhältnisse und sozialer Ungleichheiten ausgehen und auf globale Krisen sowie die Verschärfung von sozialer Ungleichheit hinweisen (zum Beispiel Hardt/Negri 2002; Rosa 2005; Han 2016). Meist wird unter dieser Perspektive die These einer neoliberalen Formierung in einer globalisierten Welt artikuliert, nach der sich das Primat der Ökonomie auf sämtliche soziale Bereiche ausweitet, sodass sich soziale Bezüge und wohlfahrtsstaatliche Arrangements auflösen und Entsolidarisierung sowie allgemeine Konkurrenz voranschreitet (zum Beispiel Butterwegge u.a. 2008). Diese Ökonomisierung zeigt sich sowohl in Bezug auf reale Prozesse der ›In-Wert-Setzung‹ (zum Beispiel im Gesundheits- oder Bildungsbereich; siehe Walgenbach sowie Höhne in diesem Band) als auch mit Blick auf diskursive Formationen, die von Marktrhetoriken gekennzeichnet sind (zum Beispiel Heitmeyer/Endrikat 2008). Weiter existiert ein hohes Wohlstandsniveau bei gleichzeitiger Dethematisierung der Ausbeutung des globalen Südens und der Verschärfung der Kluft zwischen privilegierten und benachteiligten Milieus (zum Beispiel Brand/Wissen 2017). Auch wären zunehmende Differenzierung, Individualisierung, Flexibilisierung und Beschleunigung als zentrale Orientierungsfolien gesellschaftlicher Transformation zu beschreiben (Rosa 2005; Höhne 2015). Nicht zuletzt verändern sich durch technologischen

Fortschritt und Digitalisierung sowohl die Möglichkeiten zur Kommunikation, wie auch zur Kontrolle, sodass eine Tendenz zur impliziten wie expliziten Normierung als eine gesellschaftliche Entwicklung angenommen werden kann. In der Summe kommt es zu einem Konglomerat höchst unterschiedlicher Entwicklungen: Gesellschaftliche Desintegrationsprozesse, Verschärfung sozialer Ungleichheit durch fortschreitende Ökonomisierung und zunehmende soziale Inklusion vollziehen sich gleichzeitig und bedingen einander.

Dieser knappe Überblick soll auf zweierlei hinweisen. So kann erstens nicht von einer einzigen gesellschaftlichen Entwicklung gesprochen werden, sondern gesellschaftliche Transformationen sind an sich als Spannungsverhältnis zu verstehen. Diese Spannungsverhältnisse scheinen sich zweitens in der Gesamtheit aus einer verstärkten individuellen Freiheit unter dem machtförmigen Postulat der Ökonomie vor dem Hintergrund sich verschärfender sozialer Spaltung zu bilden. Den gemeinsamen Fluchtpunkt bildet das Konzept des modernen, sprich *bürgerlichen Subjektes*. Die bereits in ihrer historischen Genese seit der Aufklärung angelegte Autonomie und Rationalität bilden – so könnte man zugespitzt formulieren – die Grundannahmen der aktuellen Transformationen und befördern damit die weitest mögliche Entfaltung des Subjektes, dessen Biografie – dem ideologischen Anspruche nach – eben nicht von Unvernunft, Zufall, Solidarität, Stand oder Würde, sondern von der ›eigenen Fähigkeit‹ konturiert werden soll. Dies ist die Grundlage des Freiheitsversprechens der Moderne. So betont bereits das Kant'sche Credo der Aufklärung den »Mut, sich des *eigenen Verstandes* zu bedienen« (Kant 1784: 481, Herv. J.B.). Rosa schreibt in diesem Zusammenhang:

»D[a]s Grundversprechen der Moderne […] ist die Vorstellung individueller (und kollektiver) Autonomie: das Versprechen, ein selbstbestimmtes Leben nach eigenen Maßstäben führen zu können, das sich nicht dem heteronomen Diktat von Kirche, König oder Tradition, von Armut oder Ressourcenknappheit, von Unwissenheit oder mangelnden Alternativen und noch nicht einmal den Zwängen der Natur beugen muss.« (2009: 95)

Ziel ist die Herausbildung einer eigenständigen und stabilen Identität. Ihre Steigerung findet diese ›selbstidentische‹ Vorstellung in einer sich transformierenden neoliberalen, postmodernen Ordnung, in der das Subjekt zunehmend als eigenverantwortlich und unabgeschlossen verstanden wird, welches aus dauerhaften sozialen Bezugssystemen tendenziell freigesetzt und anstatt dessen in die Logik des Markes eingespannt ist. Dies zeigt sich beispielsweise in der sukzessiven Auflösung der traditionellen bürgerlichen Familie als ideologische Orientierungsfolie oder im tendenziellen Bedeutungsverlust von gesellschaftlichen Institutionen wie etwa den Kirchen. Das neoliberale Steuerungsmodell adressiert das Subjekt als eigenverantwortlichen »Unternehmer seiner Selbst« (Bröckling 2007) und nimmt es in die volle und lebenslängliche Selbstoptimierungs- und Selbststeuerungsverantwortung. »Anders als die modernen Identitätsvorstellungen kennt die postmoderne weder einen zeitlichen Abschluss noch eine endgültige Form. Entscheidend ist vielmehr, dass es sich um ein lebenslanges Projekt der Selbstorganisation und Selbstreflexivität handelt« (Schroer 2016: 52).

Diese – wie Schroer sagt – Selbstorganisation und Selbstreflexivität des Individualisierungsparadigmas geht nicht notwendigerweise mit einem ›Abbau‹ von Macht oder Ungleichheit einher, sondern verschiebt diese als Selbstzwang in die Subjekte hinein – ein Prozess, den Foucault (2000) als »Gouvernementalität« beschrieben hat und der subtiler wirkt als der Fremdzwang. Die radikale Freiheit der Subjekte ist gleichzeitig Bedingung ihrer Unterwerfung. Damit gerät gewissermaßen das mit der Aufklärung verbundene Konzept des bürgerlichen ›selbstidentischen‹ Subjektes zu seiner vollen Entfaltung und gleichzeitig zu seiner tendenziellen Aufhebung innerhalb einer postmodernen Gegenwart, indem es von der Idee einer ›projektförmigen‹ Subjektivität abgelöst wird.

> »Wir glauben heute, dass wir kein unterworfenes Subjekt, sondern ein freies, sich immer neu entwerfendes, neu erfindendes Projekt sind. Dieser Übergang vom Subjekt zum Projekt wird vom Gefühl der Freiheit begleitet. Nun erweist sich dieses Projekt selbst als eine Zwangsfigur, sogar als eine effizientere Form der Subjektivierung und Unterwerfung. Das Ich als Projekt, das sich von äußeren Zwängen und Fremdzwängen befreit zu haben glaubt, unterwirft sich nun inneren Zwängen und Selbstzwängen in Form von Leistungs- und Optimierungszwang.« (Han 2016: 9)

Die Entwicklung aus Individualisierung, Differenzierung und Dynamisierung führt in der Summe zu einer Parzellierung, in der sich die ›Sphäre des Sozialen‹ ihrer ursprünglichen Haltekräfte entledigt und dadurch eine Singulärstellung des Subjektes privilegiert wird. In gewisser Hinsicht vollendet sich darin die Idee des modernen autonomen Subjektes – die Moderne schafft sich im Übergang zur Postmoderne sozusagen im Prozess ihrer annähernd vollständigen Realisierung tendenziell ab.[1]

---

1 Allerdings wäre vor dem bereits angedeuteten Hintergrund des gesellschaftlichen wie politischen Erstarkens nationaler, autoritärer und identitärer Vorstellungen auch zu fra-

Transformationen und Spannungslinien der modernen Schule

Nach dieser Perspektivierung soll im Folgenden der Blick auf die Schule gerichtet werden und anhand hier stattfindender zentraler Transformationslinien sowohl die ›binnenschulische‹ Perspektive erarbeitet, als auch deren Relation zu den skizzierten gesellschaftlichen Transformationen diskutiert werden. In Bezug auf die Schule wiederholen sich die bereits auf der gesellschaftlichen Ebene skizzierten Widersprüchlichkeiten.

So könnte sicher mit guten Argumenten behauptet werden, dass sich auf lange Sicht gesprochen die Schule kaum verändert habe. Nach wie vor kommt sie – zwar in je unterschiedlicher Ausdrucksgestalt – dem gesellschaftlichen Doppelauftrag der Allokation und Enkulturation nach, sie normiert und diszipliniert Kinder und Jugendliche innerhalb der funktionalen Schüler*innenrolle (Fend 2006). Auch ›große Reformen‹ der letzten Jahrzehnte (wie etwa Kompetenzorientierung, Ganztagsbildung, Inklusion oder aktuell Digitalisierung) scheinen die Schule zwar zu verändern, das tatsächliche Ausmaß dieser Veränderung ist allerdings unklar. In dieser Perspektive wird auf die Kontinuität der traditionellen universalistischen und homogenisierenden *Einheitsorientierung* im modernen Schulsystem abgestellt und diese gleichzeitig als ihr zentrales Merkmal bestimmt (Tillmann 2008a), welches aus demokratietheoretischer Perspektive auch ein Versprechen der Gleichheit darstellt (Osterwalder 2011). Die Annahme der traditionellen Einheitsorientierung bezieht sich auf ganz unterschiedliche Bereiche wie etwa die jahrgangshomogene Klasse, die im gleichschrittigen Fachunterricht von genau einer*em Fachlehrer*in im lehrer*innenzentrierten Unterricht unterrichtet wird. Die Zuweisung aller Kinder und Jugendlichen als Schüler*innen auf einheitliche Schulformen innerhalb eines viergliedrigen Schulsystems, die Bemessung von Leistung an Durchschnittswerten, all diese Phänomene gleichen sich darin, dass sie durch einheits- und gleichheitsstiftende Praktiken geprägt sind und damit den Werten der bürgerlichen Moderne folgen, die auf dem Anspruch formaler Gleichbehandlung aufruhen. Im Gegenzug wird aber auch immer wieder darauf hingewiesen, dass Schule zunehmend »humaner geworden« (Fend/Berger 2016) sei und sich demokratisiere (Edelstein 2011). Eine Begründung fin-

---

gen, ob die Vorstellung einer quasi-automatischen gesellschaftlichen Transformation im Sinne dessen, was hier grob verkürzt als Postmoderne bezeichnet wird, überhaupt eine zulässige Analyse ist, oder ob wir uns dies nicht viel intensiver als ein umkämpftes Feld vorstellen müssen.

det diese Sichtweise zum Beispiel in ihrem Verweis auf eine Sozialpädagogisierung der Schule und die damit einhergehende zunehmende Betonung sozialer Kompetenzen, Demokratiepädagogik und/oder Persönlichkeitsbildung (Kolbe u.a. 2009; Idel 2018; Budde/Weuster 2018a; 2018b). Eine weitere Begründung lässt sich in der aktuellen »Heterogenitätsorientierung« (Budde 2015) von Schule finden, mit der Phänomene wie Inklusion, *Pädagogik der Vielfalt* (Prengel 2006) oder etwa eine diskriminierungssensible Erziehung sowie eine Orientierung an Diversität beschrieben werden. Allerdings könnte ebenfalls argumentiert werden, dass sich – analog zu den gesellschaftlichen Transformationen – Machtverhältnisse in der Schule eher verschärfen und die aktuelle Heterogenitätsorientierung und Individualisierung kein alleiniger Ausdruck von Emanzipation und Autonomiegewinn sei, sondern vielmehr ungleichheitsverschärfend wirken könne (zum Beispiel Budde 2011; Rabenstein/Steinwand 2013). Die für gesellschaftliche Ordnungen beschriebene Ökonomisierung hält auch in die Schule Einzug; sei es in Form einer prosperierenden Bildungsindustrie, sei es in Form diskursiver Figuren wie Output-Steuerung oder Effizienzsteigerung. In dieser widersprüchlichen Gemengelage laufen die Transformationen von Schule auf eine zunehmende Ausdifferenzierung, Diffundierung und Dezentrierung der traditionellen universalistischen, allgemeinen und öffentlichen Form der modernen Schule hinaus.[2]

Im Folgenden werden Schlaglichter auf die Bereiche Schulstruktur, individualisierter Unterricht und Heterogenität, Inklusion und Leistung sowie Sozialpädagogisierung und Persönlichkeitsbildung geworfen, in denen sich anhand einiger Beispiele aktuelle *Transformationen der schulischen Einheitsorientierung* in Richtung Differenzierung der vormaligen Einheitsvorstellung

2 Diese Überlegung lässt sich beispielsweise in einem ersten Zugriff anhand der räumlichen Arrangements plausibilisieren: Inklusions-, Differenzierungs-, bzw. Nebenräume, aber auch verhaltensregulierende sogenannte ›Trainings-‹ oder ›Auszeiträume‹ (z.B. Budde/Blasse 2017; Budde 2014a; Herzmann u.a. 2017) ebenso wie flexible Klassenzimmer prägen zunehmend den heutigen Schulbau. Weiter werden zusätzliche Regenerationsplätze sowie ›Inseln‹ geschaffen, die in der Summe neben der räumlichen Einheit auch die Einheit von Bildungs- und Erziehungspraktiken im Fachunterricht als Kennzeichen des modernen Schulunterrichtes dezentrieren. Diese räumlichen Pluralisierungen und Dezentrierungen dienen vornehmlich dazu, den Klassenverband im Klassenzimmer zugunsten weiterer verstreuter Bildungsplätze auszudifferenzieren. Mit diesen neuen Arrangements pluralisieren und diversifizieren sich die pädagogischen Praktiken und es kommt zu einer »Dezentrierung von Unterricht und einer Aufspaltung von Erziehung und Bildung« (Budde/Weuster 2018b).

der modernen Schule und individualisierender Subjektivierung zeigen, die auf eine Dezentrierung der modernen Schule hinauslaufen.

Entdifferenzierung und Differenzierung von Schulen im Zwei-Säulen-Modell

Auf der schulstrukturellen Ebene lässt sich neben der Etablierung von Ganztagsangeboten eine Tendenz zum sogenannten ›Zwei-Säulen-Modell‹ identifizieren (Zymek 2013). Hier zeigt sich eine Transformation, die bestehende institutionelle Differenzen qua Schulform stärker in die Einzelschule hineinverlagert, die ›äußere Differenzierung‹ wird sozusagen durch die ›innere Differenzierung‹ innerhalb der gleichen Schulform, bzw. auf der Ebene der Einzelschulen bearbeitet. Diese sukzessive Zusammenführung von Real- und Hauptschule sowie Gesamtschule innerhalb einer Organisationsform unter Hinzuziehung einiger Förderschulsparten[3] ist nicht zuletzt als Reaktion auf die Legitimationskrise von Haupt- und Förderschulen zu verstehen. Während in der DDR traditionell mit der Polytechnischen Oberschule noch ein Einheitsschulsystem existierte, wurde in den meisten ostdeutschen Bundesländern ab 1990 ein zweigliedriges Regelschulsystem mit Gymnasium und Sekundarschule ohne Oberstufe etabliert (Wacker 2017). Die westdeutschen Bundesländer folgten dann ab circa 2010 dieser Entwicklung (Rösner 2007), wobei der zweite Schultyp neben dem Gymnasium oftmals auch zum Abitur führen kann, dies aber nicht notwendigerweise als Option in jedem Bundesland oder für jede Schule vorgesehen ist. Während sich beispielsweise in Hamburg und Schleswig-Holstein flächendeckend Stadtteil-, bzw. Gemeinschaftsschulen mit Oberstufenoption als einzige Regelschulform neben dem Gymnasium etabliert haben, existieren in anderen Bundesländern noch vielfältige Schulen nebeneinander. Als Vorteile des zweiten Schultyps gegenüber dem Gymnasium wird immer wieder auf das subjektorientiertere pädagogische Profil, das vergleichsweise gute Ganztagsangebot sowie die Möglichkeit, durch eine neunjährige Verweildauer bis zum Abitur eine längere Lernzeit anzubieten, verwiesen.[4]

3 Dies sind vor allem Förderschulen mit dem Schwerpunkt Sozial-Emotionale Entwicklung oder Lernbehinderung.

4 Durch neue politische Konstellationen kann es allerding dazu kommen, dass dieser Vorteil langsam an Bedeutung verliert, da u.a. unter dem Druck von Gymnasialeltern-

Wenngleich die Tendenz zum ›Zwei-Säulen-Modell‹ zwar auf schulstruktureller Ebene eine Homogenisierung im Sinne der angesprochenen Einheitsorientierung darzustellen scheint, so führt dies deswegen nicht notwendigerweise zu einer homogeneren oder ›gleicheren‹ Schule, da sich die Stratifizierungs- und Differenzierungseffekte nun innerhalb einer Schulform herausbilden. Die vormals schulstrukturelle, offensichtlich hierarchische Differenzierung im viergliedrigen Schulsystem wird durch weniger offensichtliche, sprich subtilere Differenzierungen innerhalb der gleichen Schulform ersetzt. Praktischer Ausdruck sind Schulprofile, mit denen Schulen sich innerhalb einer wettbewerbsorientierten Schullandschaft verorten und die auch als Instrument der Distinktion im Bourdieu'schen Sinne verstehbar sind. Die auf Konkurrenz unter Schulen verweisende Profilbildung führt in der Binnenperspektive zu einer sehr viel differenzierteren Schullandschaft (Helsper 2012). Die Differenzierungsmöglichkeiten und -notwendigkeiten werden dadurch potenziert. Die auch in Deutschland zunehmende Tendenz zu Privatschulen stellt in diesem Zusammenhang die schulstrukturelle Absetzbewegung bildungsambitionierter Schichten dar. Entsprechend ist die Anzahl von Privatschulen, die in der Regel exklusives und finanzstarkes Klientel ansprechen, von weniger als 2.000 im Schuljahr 1992/1993 auf knapp 6.000 im Schuljahr 2016/2017 gestiegen (Statistisches Bundesamt 2017: 10). Privatschulen passen sich von ihrer Organisationsstruktur zwar nominell in die bestehenden Schulformtypen ein, gleichzeitig etabliert sich hier eine Parallelstruktur jenseits des öffentlichen Schulsystems.

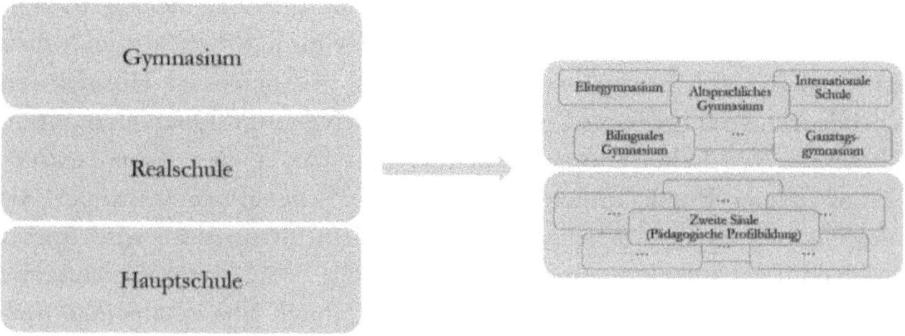

Abbildung 1: Schulstrukturelle Differenzierungen (eigene Darstellung)

protesten in einigen Bundesländern (wie z.B. Schleswig-Holstein oder Niedersachsen) die Gymnasialzeit wieder auf neun Jahre verlängert wird.

Zusätzlich wäre nach der Zukunft des ›Zwei-Säulen-Modells‹ zu fragen. Denn während die nicht-gymnasialen Schulformen bundesweit in den letzten Jahren kontinuierlich Schüler*innen verlieren, kann das Gymnasium seine Zahlen ungefähr halten. Der Attraktivitätsverlust der nicht-gymnasialen Schulformen ist dabei in der Regel unbeschadet von deren schulstruktureller Organisationsform, sodass beklagt wird, dass die nicht-gymnasiale Schulform zukünftig zur ›Restschule‹[5] verkomme und sich eine Entwicklung abzeichne, die vor circa 40 Jahren in ähnlicher Weise für die Hauptschulen einsetzte (Rösner 1989). So haben beispielsweise die schleswig-holsteinischen Gymnasien im Zeitraum von 2006/2007 bis 2016/2017 ihre Schüler*innenzahl insgesamt annähernd stabil halten, bzw. zwischenzeitlich sogar steigern können. Hingegen verloren die nicht-gymnasialen Schulformen kontinuierlich in der gleichen Zeitspanne circa jede*n sechste*n Schüler*in, obwohl im Jahr 2011 flächendeckend die Gemeinschaftsschule als einheitliche und einzige alternative Regelschule neben dem Gymnasium eingeführt wurde (Statistisches Amt für Hamburg und Schleswig-Holstein 2018: 15ff.). Sollte sich dieser Trend auch für andere Bundesländer abzeichnen, so könnte sich mittel- bis langfristig ein primär horizontal differenziertes Schulsystem herauskristallisieren, welches die Leistungsdifferenzierungen zunehmend ›unter ein Schuldach‹ verlagert und somit die Unterschiede subtiler und unter Gebrauch feinerer Differenzierungen wirksam werden.

Individualisierter Unterricht als Antwort auf Heterogenität

Die für die schulstrukturelle Ebene beschriebenen Differenzierungen von Binnenverhältnissen lassen sich in ganz ähnlicher Weise auch im Unterricht dokumentieren. Die Tendenz zu einem – wie auch immer – geöffneten Unterricht scheint zumindest auf der Ebene des Diskurses hohe Deutungskraft zu entfalten. Dabei lässt sich grob zwischen lehrer*innenzentriertem, ›klassischem‹ und schüler*innenorientiertem, ›geöffnetem‹ Unterricht unterscheiden (zum Beispiel Höke u.a. 2012), wenngleich die Trennung nicht eindeutig ist und in der Praxis oftmals eine Mischung unter-

5 https://www.welt.de/regionales/hamburg/article156474159/Hamburgs-Schulleiter-fordern-Schulen-fuer-alle.html; Schul-Studie: Ministerin spricht von Populismus in *Kieler Nachrichten* vom 20.04.2018.

schiedlichster Unterrichtsvarianten vorherrscht. Neben der Hoffnung, durch Reformen des Unterrichts in Richtung Individualisierung des Lernens eine Steigerung der Leistung der Schüler*innen zu erzielen, wie sie nach den Befunden internationaler Vergleichsstudien wie TIMSS und PISA geäußert wurden (Tillmann 2008b; Häcker 2017) sowie der Annahme, dass individualisierter Unterricht günstigere Lernmotivationen erzeuge, liegt die Hauptbegründung in der Vermutung, dass diese Form besonders geeignet für den Umgang mit der Heterogenität der Schüler*innenschaft sei (Bohl/Kucharz 2010). Dies bezieht sich ebenso auf Leistungsheterogenität wie auch auf soziokulturelle Heterogenität (Budde 2017).

Eine »Heterogenitätsorientierung« (Budde 2015) anstelle homogenisierender Vorstellungen eines Einheitsschülers kann dabei aktuell als eine dominierende *diskursive* »Leitkategorie« (Schroeder 2007) der Schule und als ›Gegenentwurf‹ zur universalisierenden Einheitsorientierung gesehen werden. Damit wird propagiert, dass Schule Differenz und Heterogenität in Zeiten von Inklusion und Migration wertschätzen solle, sodass alle Schüler*innen in ihrer je eigenen Individualität anerkannt werden. Die individualisierende Begleitrhetorik findet sich in dem Schlagwort, dass »alle verschieden«, bzw. »jeder Schüler anders« ist, die von der Qualitätsoffensive Lehrerbildung über sogenannte ›Benachteiligtenförderung‹ bis hin zu Programmen zur Hochbegabtenförderung breite Zustimmung findet und normativ aufgeladen wird (zum Beispiel Peschel 2014; Wocken 2011). Gefordert werden keine impliziten oder expliziten Homogenisierungsroutinen, sondern (zumindest von der Theorie her) explizite (Binnen-)Differenzierung, die darauf ausgerichtet ist, die Heterogenität der Schüler*innen ›wertzuschätzen‹ (Bohl/Kucharz 2010).

Aber auch auf der Ebene der pädagogischen Praktiken dominieren je nach Schulform unterschiedliche Varianten eines geöffneten Unterrichtes (Häcker 2017). Im Kern zielen sämtliche programmatische Vorschläge, Unterricht zu öffnen, darauf ab, die unterrichtliche Einheitsorientierung – sei es in Zielen, Medien oder Methoden – zugunsten selbsttätiger und individualisierter Lernformen zurückzustellen und dafür Differenzierungen beispielsweise nach Aufgabenniveau, nach Bearbeitungszeit, nach Aufgabentypus und vieles mehr systematisch und geplant einzupflegen. Dabei ist die praktische Durchführung nicht mit der programmatischen Ebene zu verwechseln. Legt man Klassifizierungen wie etwa die von Bohl und Kucharz (2010) an, so wird deutlich, dass Öffnungen insbesondere auf organisatorischer und methodischer Ebene stattfinden und der Unterricht selten im Sinne von Partizipation und Mitbestimmung umgestaltet wird. Diese real existierende »Zettelwirtschaft« (Budde 2013) ermöglicht den Schüler*innen oftmals lediglich, Reihenfolge und Bearbeitungszeit zu variieren und zwischen verschiedenen Schwierigkeitsstufen auszuwählen. Der zentrale Unterschied zum lehrer*innenzentrierten Unterrichtsgespräch liegt darin begründet, dass die klassenöffentliche Auseinandersetzung, der gemeinsame Diskurs, ausgesetzt ist und das Kollektiv der Klasse durch das Beisammensein individueller, selbstverantworteter Lernsubjekte ersetzt wird. Das Subjekt und dessen niemals abgeschlossene Kompetenzsteigerung stehen im Zentrum der pädagogischen Bemühungen (siehe auch Casale/Oswald in diesem Band). Anstelle gemeinsamen Diskurses um die Gegenstände des Unterrichts – oder der kollektiven Langeweile – tritt individualisierte Abarbeitungsmentalität, die auf die Einübung einer spezifischen Arbeitshaltung abzielt.

Auch Lernentwicklungsgespräche verdeutlichen beispielhaft diese subjektivierende Differenzierung, in der sich gesellschaftliche Transformationen in der Schule widerspiegeln. Insbesondere in Grundschulen verbreitet ist eine Tendenz dazu, traditionelle Elternsprechtage durch – aus der Wirtschaft entlehnte – Ziel-Leistungsvereinbarungsgespräche zwischen Lehrer*innen, Schüler*innen und Eltern zu ersetzen, in denen die Schüler*innen ihre vergangenen Lernprozesse reflektieren und Vorhaben für die kommende Zeit formulieren sollen. Da diese Ziel-Leistungsvereinbarungen vertraglich festgehalten werden, lässt sich dies als *Kontraktpädagogik* bezeichnen, die eine freie Aushandlungsoption einzelner Akteur*innen im Sinne von Selbststeuerung suggeriert, in der konkreten Handhabung jedoch aufgrund institutioneller wie generationaler Hierarchien als Mixtur aus Selbst- und Fremdsteuerung erscheint und sich die bereits beschriebene Tendenz zur subtileren Steuerung auf diese Weise hier widerspiegelt. Denn die Kontrakte werden nicht zwischen potenziell gleichberechtigten Partner*innen geschlossen, sondern innerhalb hierarchischer Beziehungen. Dieser Kontraktismus findet sich ebenfalls in der Wochenplanarbeit Montessori'scher Prägung wieder, in der sich Schüler*innen Ziele setzen, die in vertraglicher Form fixiert und dann eigenständig kontrolliert werden.

Mit Blick auf individualisierten Unterricht mehren sich kritische Stimmen, die beispielsweise den Bildungsgehalt hinterfragen und diesen als Abkehr von Bildungsprozessen interpretieren (Gruschka 2010; 2005) sowie aus gouvernementalitätstheoretischer Perspektive die Machtförmigkeit der

Aufforderung zur Selbststeuerung betonen (Rabenstein 2007; Pongratz 2013). Die Öffentlichkeit des Schulunterrichtes und die Sozialität der Schulklasse treten in den Hintergrund zugunsten einer »Individualpädagogik« (Rabenstein u.a. 2018). Entsprechend ändert sich auch das Vokabular und die Lernformen: Arbeitszeit statt Unterricht, Lernvereinbarungen statt Aufgaben, Portfolios statt Klassenarbeiten (Breidenstein/Rademacher 2016). Die hier aufgerufene Rhetorik erinnert nicht zufällig an moderne Managementliteratur (Bröckling 2000). Die reformpädagogische Semantik der Orientierung am individuellen Lernen ist in ihren theoretischen Basisannahmen nicht weit entfernt vom eingangs skizzierten neoliberalen Subjektverständnis des ›Unternehmers seiner selbst‹. Das Lernbüro ist sozusagen die Vorwegnahme späterer flexibler Computerarbeitsplätze. Hergestellt wird die praktische Einübung der Schüler*innen in die Anforderungen neoliberaler Arbeitsverhältnisse, die sich auch mit Rosa als »Beschleunigung« oder als »Austreibung des Müßiggangs« (2005) sowie als performative Herstellung permanenter Leistung(sbereitschaft) beschreiben lassen und die zunehmend ausdifferenzierte Schüler*innenpositionen emergieren lässt (Rabenstein/Reh 2013: 95). Das traditionelle, aufeinander aufbauende und fremdregulierte Spiralcurriculum (also der systematische Aufbau von Fachwissen über die Schuljahre hinweg) wird zunehmend abgelöst durch temporär begrenztes und projektbezogenes Arbeiten und der Bildungserfolg des Subjektes durch die Abarbeitung des Projektes, in welchem das Subjekt aufgeht. Unterricht erscheint als eine Abfolge von Projekten, in seiner Logik den Arbeitsweisen digitaler Freelancer nicht unähnlich.

In diesem Zusammenhang wird ebenfalls darauf hingewiesen, dass die in geöffneten Unterrichtsarrangements notwendigen Fähigkeiten zur Selbststeuerung je nach Milieuzugehörigkeit unterschiedlich zugänglich sind (Budde 2011; Rabenstein/Steinwand 2013) und insbesondere Schüler*innen aus bildungsaffinen und privilegierten Elternhäusern von dieser Unterrichtsform profitieren. Auch andere soziale Differenzkategorien (wie Geschlecht, Migrationshintergrund, aber auch Geschwindigkeit oder Souveränität) sind in ihrer Bedeutung keineswegs außer Kraft gesetzt, sondern evozieren über feinere Differenzierungen weiterhin Bildungsungleichheiten.

Inklusionsversprechen und meritokratische Leistungsideologie

Seinen besonderen Ausdruck findet der Umgang mit Heterogenität in der aktuellen Diskussion um die sogenannte Inklusion, die – entgegen der Bestrebungen, Inklusion als sozialwissenschaftliches Phänomen von Ein- und Ausschluss zu fassen und als intersektionales Phänomen in den Blick zu nehmen (Budde/Hummrich 2015) – aktuell als die praktische Umsetzung der bildungspolitischen Initiative zur gemeinsamen Beschulung von Schüler*innen mit und ohne Förderbedarf innerhalb des gleichen Klassenverbandes ausbuchstabiert wird. Ähnlich wie bei der bereits skizzierten schulstrukturellen Entwicklung zielt die praktische Umsetzung von Inklusion auf die Schaffung ›inklusiver Klassen‹, in denen – so die Rhetorik – alle Schüler*innen gemeinsam beschult werden. Gleichwohl weisen die meisten vorliegenden Studien darauf hin, dass die kategoriale Unterscheidung zwischen sogenannten ›I-Schüler*innen‹ und ›Regelschüler*innen‹ das Sonderschulwesen auf der Ebene der einen Klasse sozusagen als Binnendifferenzierung wiederholt (Budde/Blasse 2017; auch Beiträge in Budde u.a. 2017). Die Differenzen werden also gleichsam subtiler, vielfältiger und in einem ›kleineren sozialen Aggregierungszustand‹ (nämlich der Schulklasse) konstruiert. Anstelle der schulstrukturell angelegten horizontalen Aufteilung zur Etablierung homogener Klassenverbände dreht sich dies zu einer vertikalen Differenzierung innerhalb des gleichen Klassenverbandes (Blasse 2015; Budde u.a. 2016). Damit wird deutlich, dass der Umgang mit Heterogenität in inklusiven Klassen kein dekategorisierender ist (Walgenbach 2018), sondern soziale Differenzkategorien wirkmächtige Etikettierungs- und Platzierungsfunktion haben. Wie bereits für den individualisierten Unterricht angedeutet, geschieht die Bearbeitung von Differenz und Heterogenität, indem soziale Differenzkategorien verwendet werden. Das Schüler*innensubjekt wird auf diese Weise als ein Bestimmtes subjektiviert. Diese Etikettierungen – sei es ›I-Schüler*in‹, ›Regelschüler*in‹, aber auch als Junge oder Mädchen, Schüler*in mit Migrationshintergrund oder Hochbegabte*r – bilden eine Grundlage für die Differenzierungsprozesse, die zu einer Diffundierung des Klassenverbandes führen.

Darüber hinaus geht mit der Umsetzung von Inklusion eine Transformation der meritokratischen Leistungsideologie der Schule einher. Galt traditionell – bei aller theoretischen wie praktischen Unzulänglichkeit (Becker/Hadjar 2009) – das universalistische Prinzip ›gleicher Lohn für gleiche

Leistung‹ als zentrale Legitimation für die Selektionsfunktion von Schule, so gerät dieses Prinzip in Widerstreit zu einem inklusiven Leistungsverständnis, welches erstens darauf abzielt, dass ›jede*r Lerner*in in seinem*ihrem Tempo auf seinem*ihrem Niveau lernen‹ möge und den Leistungsbegriff zweitens über die Fachleistung hinweg in Richtung *Performance* und ›ganzer Person‹ ausdehnt. Dies lässt sich beispielhaft an Aufgabenkulturen dokumentieren, die neben der fachlichen Leistung die Performance (beispielsweise bei Posterpräsentationen) oder die Qualität des emotionalen Erlebens (beispielsweise bei der Reflexion von Portfolios) als Leistung aufrufen (Bossen 2015). Hier wird das ›Überfachliche‹ zum Prinzip erhoben. Als Leistung gilt nicht nur das fachlich Erbrachte, sondern der*die Schüler*in in seiner*ihrer Gesamtheit. Bewertungen werden entsprechend nicht nur von den Lehrpersonen, sondern von den Schüler*innen selbst, den Mitschüler*innen oder etwa den Eltern vorgenommen (ebd.). Resultat ist ein veränderter Leistungsbegriff, der Leistung breiter definiert und überfachliche Aspekte explizit in die Bewertung mit aufnimmt. Rabenstein u.a. (2015) zeigen, dass sich im individualisierenden Unterricht im Unterschied zum lehrer*innenzentrierten Unterrichtsgespräch das Verständnis dessen, »was als Leistung erwartet, gezeigt und bewertet wird, verschiebt und damit auch differenziertere Positionierungen ›guter/schlechter‹, ›schulisch erfolgreicher/nicht erfolgreicher‹, ›leistungsbereiter/versagender‹ Schüler/innen entstehen« (ebd.: 247; auch Geßner 2015; Budde/Geßner 2016; Zaborowski u.a. 2011).

Auch hier liegt die ideologische Nähe zu gouvernementalen Selbststeuerungsrhetoriken auf der Hand. Das meritokratische Gleichheitsprinzip wird in ein Spannungsverhältnis zur individuellen Leistungsfähigkeit gesetzt. Zwar ist bei beiden Prinzipien das leistungsfähige und autonome Subjekt der zentrale Ansatzpunkt; während jedoch im meritokratischen Prinzip (zumindest theoretisch) allgemeingültige Maßstäbe als sogenannte kategoriale Bezugsnorm gelten, so werden diese im ›inklusiven Unterricht‹ durch subjektorientierte Maßstäbe herausgefordert. Zusätzlich werden diese mit einer Steigerungslogik ausgestattet, da die Lernsubjekte zu dauerhaftem Selbstlernmanagement verpflichtet werden. In dieser Perspektive weisen einige Arbeiten auf eine theoretische Nähe von Inklusion und Neoliberalismus hin (Boban/Hinz 2017; Walgenbach 2018). So argumentiert Dammer mit Blick auf die »Verabsolutierung des Selbst« (2015: 25) in der Inklusionsdebatte und verweist damit auf die Nähe zwischen Neoliberalismus und Inklusion, denn in »beiden Ansätzen verschwindet […] die

Gesellschaft hinter einer absolut gesetzten Individualität« (ebd.: 24). Beide suchen »ihr Heil gerade im dezidierten Verzicht auf Allgemeinheit« (ebd.: 32) und unterlaufen in diesem Sinne die universalistische, allgemeine und öffentliche Ausrichtung der modernen Schule.

Sozialpädagogisierung im Zeichen des Persönlichkeitsbildungsdispositivs

Ein letzter Aspekt der Transformation der Schule im Zeichen postmoderner Subjektivierungen ist mit dem Stichwort »Sozialpädagogisierung von Schule« (Hummrich/Graßhoff 2011; Idel 2018; Budde/Weuster 2018b) zu beschreiben. Beschleunigt durch die Ganztagsschulentwicklung einerseits sowie durch eine generelle Pädagogisierung kindlicher und jugendlicher Lebenswelten andererseits lässt sich in Schulen ein Phänomen beobachten, welches – analog zum Leistungsbegriff – darauf hinausläuft, zunehmend ›überfachliche‹ soziale Aspekte in der Schule zu thematisieren und die Schüler*innen als ›ganze Person‹ in pädagogische Praktiken einzuspannen (siehe dazu die Beiträge in Budde/Weuster 2018a). Von Projekten wie ›Gesunde Schule‹ über Berufsorientierung bis hin zu Anti-Aggressionstraining ist die Palette breit, in der Schulen Aktivitäten entfalten, die sich unter einem »Persönlichkeitsbildungsdispositiv« (Budde/Weuster 2018b) fassen lassen und die im weitesten Sinne die Thematisierung und Ausbildung sozialer Kompetenz zum Ziel haben. Schule wird als Ort identifiziert, an welchem soziales Lernen zur Bildung der Persönlichkeit auch jenseits des Fachunterrichtes stattzufinden habe. Hier betrifft dies die Dezentrierung insbesondere der traditionellen Einheit von Erziehung und Bildung im Unterricht durch die Etablierung außerfachunterrichtlicher Angebote.

Ein solches Angebot ist der Klassenrat, der von der Programmatik dafür gedacht ist, Belange der Klasse zu klären und Konflikte zwischen Schüler*innen zu lösen (Edelstein 2008). Im Klassenrat werden mithin vor allem disziplinarisch regulative Fragen bearbeitet und dafür aus ihrem sozialen Kontext (dem Fachunterricht, der Pause, der Spielzeit) herausgelöst. In reform- und demokratiepädagogischer Tradition stehend werden erzieherische Fragen zum Thema gemacht und Eigenverantwortung und Partizipationsfähigkeit der Schüler*innen angerufen, die im Rahmen unterschiedlicher Verfahren verschiedene Rollen im Klassenrat einnehmen und diese im Sinne der bereits thematisierten Kontraktpädagogik regeln sollen. Der schulische Anspruch wird über den Fachunterricht auf die ›ganze Schülerperson‹ ausgeweitet und im Sinne gouvernementaler Verhaltensregulierung als expliziter Lerngegenstand an die Schüler*innen delegiert. (Fehl-)Verhalten wird zum Thema peeröffentlicher Auseinandersetzung und somit subjektiviert. In der sozialen Praxis führt dies nicht nur zur Reproduktion von Ausgrenzung und Beschämung, sondern damit wird einer Dezentrierung des Fachunterrichtes Vorschub geleistet, indem erzieherische und fachunterrichtlich-bildende Thematisierungen voneinander abgetrennt werden. Die damit einhergehende Subjektivierung der Schüler*innen kann bezogen werden auf eine Figur, die sich als Ineinanderfallen des didaktischen Dreiecks bezeichnen lässt (Budde/Weuster 2018b). Denn während die allgemeine Didaktik auf die bildungsstiftende Differenz von Lehrer*in, Schüler*in und Gegenstand hinweist, so agieren Schüler*innen sowohl als Lehrer*innen (indem sie den Klassenrat leiten) wie auch als Gegenstand, an und über den etwas gelernt werden soll. Die für den Fachunterricht markierte fehlende Öffentlichkeit kehrt sich hier in ihr Gegenteil um, das Schüler*innensubjekt wird im Sinne einer pädagogischen »totale[n] Mobilmachung« als eigenverantwortliches adressiert (Bröckling 2000). Die Öffentlichkeit der Aushandlung im Klassenrat ersetzt in der Konstruktion sozialer Gemeinschaft den gemeinsamen öffentlichen Fachdiskurs und pädagogisiert das Soziale.

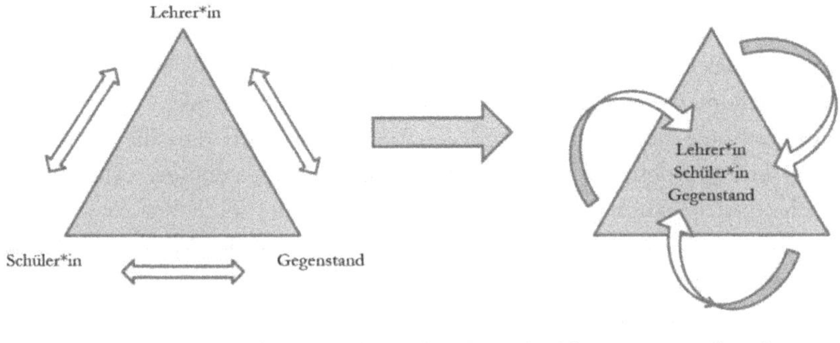

Abbildung 2: Ineinanderfallen des didaktischen Dreiecks (eigene Darstellung)

Ein etwas anders gelagertes Beispiel ist der Trainingsraum als eine weitere Maßnahme aus dieser Angebotspalette. Dieser separierte Raum dient dazu, dass Schüler*innen, die den Unterricht stören, auf der Basis eines formalbürokratischen Prozederes den Grund der Störung selbstreflexiv bearbeiten sollen und anschließend mit den dort anwesenden Pädagog*innen einen Vertrag abschließen, der Maßnahmen zur Reduktion von Störungen umfasst (Budde 2014b). Die je konkrete Handhabung des Trainingsraums variiert zwar erheblich, Einheitlichkeit besteht jedoch insofern, als dass eine Konzentration auf individuelle Lerner*innen dominiert. Erzieherisch-disziplinarisches Handeln wird wie beim Klassenrat im Rahmen der Sozialpädagogisierung an andere Orte ausgelagert. Wirksam wird auch hier das Moment des Kontraktismus. In der Summe läuft dies auf den Versuch einer Aufspaltung von Erziehung und Bildung sowie eine subjektzentrierte Vorstellung von Unterrichtsstörungen hinaus. Die Schüler*innen erhalten die volle Verantwortung, der soziale, interaktive und prozesshafte Charakter von Unterrichtsstörungen tritt auf diese Weise zurück hinter die Vorstellung selbstregulierter Schüler*innensubjekte. Die Selbststeuerung im Trainingsraum wird erreicht durch eine Fremdsteuerung, die gerade auf jenen subjektivierenden Perspektivwechsel zielt und die als gouvernementale Machtstrategie die selbstgesteuerte Anpassung des Verhaltens der Schüler*innen beabsichtigt (siehe auch Budde 2014a).

Fazit

In der Gesamtschau laufen die skizzierten Transformationen auf eine Differenzierung und Dezentrierung der Einheitsorientierung der modernen Schule hinaus, die neue Notwendigkeiten zur Selbststeuerung evozieren (wie sich beispielhaft im offenen Unterricht oder der Kontraktpädagogik zeigt) und die – entgegen der reformpädagogischen Hoffnung – keine Opposition zur Gesellschaft noch eine tatsächliche Option zur Reduzierung von Macht darstellen. Denn deutlich ist, dass sich in diesem Zuge auch die in Schule prozessierten Differenzkategorien verschieben und vervielfältigen mögen, Bildungsungleichheiten allerdings dadurch keineswegs obsolet werden, sondern sich im Kontext veränderter gesellschaftlicher Bedingungen in Schule produzieren und durch sie reproduziert werden. Denn die Fähigkeit, die Selbststeuerungsimperative zu bewältigen, fällt – wenig erstaunlich – entlang sozialer Differenzkategorien unterschiedlich aus. Wird in der Reformpädagogik oftmals ein machtkritischer Duktus angeschlagen, so verweisen die Transformationen eher auf eine Multiplizierung und Ausdifferenzierung der Machteffekte. Dieses ist in hohem Maße anschlussfähig an neoliberale Subjektivierungen.

Diese Transformationen vollziehen sich sowohl auf schulstruktureller wie auch auf unterrichtlicher Ebene über eine Auflösung äußerer Differenzierung zugunsten ›kleinerer‹, subtilerer und vielfältigerer Differenzen, die in einem ›kleineren sozialen Aggregierungszustand‹ (nämlich der Schulklasse) konstruiert werden und dabei die traditionelle universalistische und homogenisierende Einheitsorientierung der modernen Schule durch vielfältigere Differenzierungen ersetzt. Dabei zeigt sich, dass relevante Elemente der traditionellen modernen Schule wie etwa die Öffentlichkeit des Fachdiskurses, die Homogenisierung der Schüler*innen oder das meritokratische Prinzip durch die Ausdifferenzierung und Auflösung sozialer und fachlicher Bezugssysteme ersetzt werden. Die gesamte Entwicklung verläuft konträr zur universalistischen, allgemeinen und öffentlichen Ausrichtung der modernen Schule und ersetzt tendenziell Universalismus durch Individualismus. Damit werden zwar einerseits tradierte Herrschaftsverhältnisse umgestaltet, andererseits aber in der Folge kein machtfreier Raum kreiert. Darüber hinaus wird – bei allen berechtigten machtkritischen Einwänden gegen die traditionelle homogenisierende moderne Schule – auch ein universalistischer und damit demokratischer Anspruch, der sich auf alle in gleichem Maße und in Absehung vom Einzelfall bezieht, zurückgefahren.[6]

In der Gesamtschau wird deutlich, dass das individuelle Subjekt den zentralen Fluchtpunkt der schulischen Transformationen darstellt, an dem die Machteffekte ansetzen.[7] Die Öffentlichkeit und die Sozialität der Schulklasse treten in den Hintergrund zugunsten einer auf das individuelle, unabgeschlossene Subjekt zentrierten Pädagogik, die dieses zur selbstgesteuerten Daueroptimierung des Selbst auffordert. In diesem Kontext zeigt sich eine Diffundierung des Pädagogischen. Denn der Mangel an Einheit wird durch Angebote zur Persönlichkeitsbildung substituiert, in denen Schüler*innen als ›ganze Personen‹ adressiert werden. Das Soziale wird zum Fall für die Pädagogik erklärt und damit als steuerungs- und

6 Ähnliche Entwicklungen zeigen sich beispielsweise in politischer Steuerung, die zunehmend weniger auf Rechte, sondern auf Teilhabe setzt und das Leitbild des mündigen Bürgers durch den des zivilgesellschaftlichen Aktiven ersetzt (Budde/Weuster 2018b: 353f.).

7 Dies zeigt sich ebenfalls in der konsequenten Ausrichtung bildungspolitischer Steuerungsimpulse im Nachgang von PISA, die Unterrichtsqualität ausschließlich anhand des Kompetenzaufbaus der individuellen Lerner*innen fokussieren.

optimierbar verstanden. Diese diffundierende Pädagogisierung des Sozialen nimmt das Subjekt als Kompetenzsteigerungsprojekt in einer Weise in die lebenslängliche Selbstverantwortung, die Vorstellungen eines auf Selbstbestimmung, Solidaritätsfähigkeit und Kritik abzielenden Bildungssubjektes obsolet erscheinen lässt. Dies verspricht entsprechend nicht nur Potenzial für Autonomie oder Anerkennung, sondern führt gleichzeitig zu einer ausgeweiteten Pädagogisierung des Sozialen, einer Verwischung institutioneller Grenzen und einer Verabsolutierung des Selbst, welches den zentralen Subjektivierungsmodus der Schule darstellt und den Anspruch der Schule weit über den Fachunterricht hinaus ausdehnt. Die Schüler*innen werden mit Selbstregierungsadressierungen überzogen, die das Subjekt in allen Facetten mobilisieren und in Verwertungs- und Optimierungspraktiken einspannen.

Zwar gehorchen die skizzierten Transformationen von Schule keinem eindimensionalen klaren Entwicklungspfad, sondern sie sind eingespannt zwischen zunehmender individueller Freiheit und dem machtförmigen Postulat der Ökonomie vor dem Hintergrund sich verschärfender sozialer Spaltung. Gleichwohl scheint die Entwicklung in der Summe auf eine sukzessive ›neoliberale‹ Formierung hinzudeuten. Die Schule wäre somit kein Gegenort, keine Heterotopie, sondern ›pädagogisches‹ Spiegelbild ohnehin stattfindender gesellschaftlicher Transformationen. Denn die Annahme, dass Schule ›Spiegel von‹ und ›Vorbereitung auf‹ gesellschaftliche(n) Ordnungen ist, würde in dieser Lesart ja genau bedeuten, dass Schulen Schüler*innen in der Art erziehend subjektivieren, dass diese anschlussfähig an (post)moderne Gesellschaftsordnungen werden. Offener Unterricht, Inklusion und Persönlichkeitsbildung wären dann als jene Bewegungen zu verstehen, welche gerade Schule als pädagogischen Ort der Einsozialisation in neoliberale Selbststeuerungs- und Selbstregierungstechniken adressieren und somit als gleichsam notwendiges Modernisierungsprogramm für die gesamtgesellschaftliche Etablierung gouvernementaler und neoliberaler Machtstrukturen zu verstehen. Die steigenden Freiheitsgrade auf den unterschiedlichen Ebenen sind nicht nur ebendies (Freiheit), sondern ebenso fremdgesteuerte Aufforderung zur Selbststeuerung, die mit der Etablierung marktförmiger Diskurse und Praktiken einhergeht. Das Problem der Ökonomisierung von Bildung wäre damit nicht nur der direkte Zugriff der zunehmend transnational agierenden Bildungsindustrie, sondern vielmehr in besonderer Weise die Durchsetzung der Idee der Brauchbarkeit als Zweck individueller Kompetenzsteigerung. Mit dieser Form des ›Bildungs‹auftrags würde die Schule ihre gesellschaftlichen Aufgaben im Sinne einer Einübung in postmodern-neoliberale Gesellschaftsverhältnisse geradezu zeitgemäß erfüllen.

Da der Schule die skizzierte Form der postmodernen Subjektivierung als universalistische Masseneinrichtung kaum noch möglich sein könnte, scheinen ihre Transformationen in bestimmter Weise geradezu notwendig, selbst wenn oder gerade weil die traditionellen Bestimmungen von Gesellschaft wie Schule an Deutungskraft verlieren. Die *moderne* Schule scheint damit starken Transformationstendenzen ausgesetzt, bzw. bringt sie diese selber hervor, die nicht lediglich ›an der Oberfläche‹ kleiner Reformen verbleiben, sondern mittelfristig zwar nicht ihre Funktionen, gleichwohl aber ihre Grundannahmen, verändern, sodass die moderne, öffentliche und äußerlich differenzierende Schule auf längere Sicht an ihr Ende geraten könnte und sich neue Formen schulischer Unterrichtung herausbilden, die von Individualisierung, Effizienzsteigerung und Dezentrierung geprägt sein dürften.

Die Tatsache allerdings, dass unterschiedliche empirische Befunde bislang zusammenfassend darauf hindeuten, dass die Durchsetzungskraft der skizzierten Transformationen aktuell noch begrenzt ist und sich eher auf schulische ›Randbereiche‹ oder Nischen erstreckt, lässt weiter vermuten, dass traditionelle Beharrungskräfte einen schnellen und radikalen Wandel eher behindern. Die Durchsetzung neoliberaler Selbstregierungstechniken vollzieht sich im Schulsystem nicht ungebrochen, sondern die gouvernementalen Subjektivierungen stehen parallel und bisweilen spannungsreich neben traditionellen hierarchischen Machtverhältnissen, Selbst- und Fremdregierung formen Subjekte im Widerstreit. Zwar etabliert sich ein Zwei-Säulen-Modell, finden sich Ansätze geöffneten Unterrichts, wird die gemeinsame Beschulung von Kindern mit und ohne sonderpädagogischen Förderbedarf ebenso vorangebracht wie die Sozialpädagogisierung der Schule, gleichwohl scheinen diese Entwicklungen von Bildungspolitik wie Bildungspraxis in der Breite weder mit großer Geschwindigkeit noch mit besonderer Tiefenwirkung vorangetrieben zu werden. Schulstruktur und Unterrichtspraxis weisen gemeinsam und in ähnlicher Weise eine Tendenz zur Beharrung und zur Reproduktion des althergebrachten Schulsystems innerhalb sich transformierender Ordnungen auf. Gerade der Bezug auf die lange Tradition des deutschen Bildungssystems – so die Annahme –, die Bildung als Selbstzweck im Dienste der Persönlichkeitsbildung stilisiert, und die lange Zeit als ein ebenso implizites wie zentrales Argument für das ungleichheitsreproduzierende Schulsystem identifiziert wurde, erweist sich ironischerweise aktuell als eine relevante Blockade bei der Durchsetzung ihrer Ökonomisierung.

Sollte dieses zutreffen, so schließen sich hier weitere machtkritische Überlegungen an. Denn dann könnte zum einen vermutet werden, dass in der Zurückweisung der Zumutung »derart regiert zu werden« (Foucault 1992) das eigentliche Widerstandspotenzial liegen könnte, welches sich den gouvernementalen Subjektivierungsadressierungen entzieht. Die implizite Verweigerung von Transformationen zur Beibehaltung tradierter Strukturen (die in gewisser Hinsicht an ›Dienst nach Vorschrift‹ erinnert) allerdings würde aber weiterführend kein innovatives oder utopisches Potenzial bereithalten, sondern eines, was der neoliberalen Subjektivierung traditionelle Beharrungen entgegensetzt. Der Postmoderne wird die Reminiszenz an die ›gute alte Zeit‹ der Moderne entgegengesetzt, die aber wiederum kaum weniger machtvoll wirkte. Egal welche der beiden Perspektiven sich durchsetzen wird, gesellschaftliche Innovation scheint von der Schule aktuell trotz oder wegen der Transformationen kaum erwartbar zu sein.

Literatur

Altrichter, Herbert/Maag Merki, Katharina (Hg.) (2010), *Handbuch neue Steuerung im Schulsystem*, Wiesbaden.

Altrichter, Herbert/Rürup, Matthias (2010), »Schulautonomie und die Folgen«, in: Herbert Altrichter/Katharina Maag Merki (Hg.), *Handbuch neue Steuerung im Schulsystem*, Wiesbaden, S. 111–144.

Becker, Rolf/Hadjar, Andreas (2009), »Meritokratie. Zur gesellschaftlichen Legitimation ungleicher Bildungs-, Erwerbs- und Einkommenschancen in modernen Gesellschaften«, in: Rolf Becker (Hg.), *Lehrbuch der Bildungssoziologie*, Wiesbaden, S. 35–59.

Blasse, Nina (2015), »Die heterogene Lehrgruppe im Anspruch inklusiven Unterrichts«, in: Jürgen Budde/Nina Blasse/Andrea Bossen/Georg Rißler (Hg.), *Heterogenitätsforschung – Empirische und theoretische Perspektiven*, Weinheim, S. 275–301.

Boban, Ines/Hinz, Andreas (2017), »Inklusion zwischen Menschenrechten und Neoliberalismus – eine Problemskizze«, in: Birgit Lütje-Klose/Mai-Anh Boger/Benedikt Hopmann/Phillip Neumann (Hg.), *Leistung inklusive? Inklusion in der Leistungsgesellschaft*, Bad Heilbrunn, S. 39–47.

Bohl, Thorsten/Kucharz, Diemut (2010), *Offener Unterricht heute. Konzeptionelle und didaktische Weiterentwicklung*, Weinheim/Basel.

Boltanski, Luc/Chiapello, Ève (2006), *Der neue Geist des Kapitalismus*, Konstanz.

Bossen, Andrea (2015), »Die heterogene Beurteilungsgruppe – Ein praxistheoretisch-ikonologischer Zugang zur ›Neuen Leistungskultur‹ bei der Portfolioarbeit«, in: Jürgen Budde/Nina Blasse/Andrea Bossen/Georg Rißler (Hg.), *Heterogenitätsforschung – Empirische und theoretische Perspektiven*, Weinheim, S. 302–329.

Brand, Ulrich/Wissen, Markus (2017), *Imperiale Lebensweise. Zur Ausbeutung von Mensch und Natur in Zeiten des globalen Kapitalismus*, München.

Breidenstein, Georg/Rademacher, Sandra (2016), *Individualisierung und Kontrolle. Empirische Studien zum geöffneten Unterricht in der Grundschule*, Wiesbaden.

Bröckling, Ulrich (2000), »Totale Mobilmachung. Menschenführung im Qualitäts- und Selbstmanagement«, in: Ulrich Bröckling/Susanne Krasmann/Thomas Lemke (Hg.), *Gouvernementalität der Gegenwart. Studien zu Ökonomisierung des Sozialen*, Frankfurt am Main, S. 131–167.

Bröckling, Ulrich (2007), *Das unternehmerische Selbst – Soziologie einer Subjektivierungsform*, Frankfurt am Main.

Budde, Jürgen (2011), »Geöffneter Unterricht und Heterogenität. Lernbezogene und soziale Effekte von fächerübergreifendem Projektunterricht in der Sekundarstufe I«, in: Michaela Artmann/Petra Herzmann/Kerstin Rabenstein (Hg.), *Das Zusammenspiel der Fächer beim Lernen. Fächerübergreifender Unterricht in den Sekundarstufen I und II: Forschung, Didaktik, Praxis*, Immenhausen, S. 88–94.

Budde, Jürgen (2013), »Didaktische Regime – Zettelwirtschaft zwischen Differenzstrukturen, Homogenisierung und Individualisierung«, in: Jürgen Budde (Hg.), *Unscharfe Einsätze: (Re-)Produktion von Heterogenität im schulischen Feld*, Wiesbaden, S. 169–186.

Budde, Jürgen (2014a), »Ausweitung aktueller Professionalisierungsanforderungen am Beispiel der Analyse des Trainingsraum-Konzepts in Lehrforschungsprojekten«, in: *Zeitschrift für qualitative Forschung*, Jg. 15, H. 1–2, S. 207–225.

Budde, Jürgen (2014b), »Spannungsfelder pädagogischer Praktiken im Umgang mit Störungen. Der Trainingsraum als unterrichtsergänzende Maßnahme«, in: *Der pädagogische Blick*, Jg. 67, H. 1, S. 103–118.

Budde, Jürgen (2015), »Heterogenitätsorientierung. Zum problematischen Verhältnis von Heterogenität, Differenz und sozialer Ungleichheit im Unterricht«, in: Jürgen Budde/Nina Blasse/Andrea Bossen/Georg Rißler (Hg.), *Heterogenitätsforschung – Empirische und theoretische Perspektiven*, Weinheim, S. 19–37.

Budde, Jürgen (2017), »Differenzierungspraktiken im Unterricht«, in: Matthias Proske/Kerstin Rabenstein (Hg.), *Unterricht beobachten – beschreiben – rekonstruieren. Kompendium qualitativer Unterrichtsforschung*, Bad Heilbrunn, S. 137–152.

Budde, Jürgen/Blasse, Nina (2017), »Forschung zu inklusivem Unterricht«, in: Birgit Lütje-Klose/Susanne Miller/Susanne Schwab/Bettina Streese (Hg.), *Inklusion: Profile für die Schul- und Unterrichtsentwicklung in Deutschland, Österreich und der Schweiz*, Münster, S. 239–252.

Budde, Jürgen/Blasse, Nina/Johannsen, Svenja (2016), »Praxistheoretische Inklusionsforschung im Schulunterricht«, in: *Zeitschrift für Inklusion*, Jg. 11, H. 4, online verfügbar unter: http://www.inklusion-online.net/index.php/inklusion-online/article/view/358/310.

Budde, Jürgen/Dlugosch, Andrea/Sturm, Tanja (Hg.) (2017), *(Re-)Konstruktive Inklusionsforschung. Differenzlinien – Handlungsfelder – Empirische Zugänge*, Leverkusen.

Budde, Jürgen/Geßner, Johanna (2016), »Ethnographie der Hausaufgabenkontrolle«, in: Timo Burger/Nicole Miceli (Hg.), *Empirische Forschung im Kontext Schule. Einführung in theoretische Aspekte und methodische Zugänge*, Wiesbaden, S. 235–253.

Budde, Jürgen/Hummrich, Merle (2015), »Intersektionalität und reflexive Inklusion«, in: *Sonderpädagogische Förderung heute*, Jg. 60, H. 2, S. 164–175.

Budde, Jürgen/Weuster, Nora (Hg.) (2018a), *Erziehung in Schule – Persönlichkeitsbildung als Dispositiv*, Wiesbaden.

Budde, Jürgen/Weuster, Nora (2018b), *Erziehungswissenschaftliche Perspektiven auf Persönlichkeitsbildung und Soziales Lernen in der Schule. Angebote – Theorien – Analysen*, Wiesbaden.

Butterwegge, Christoph/Lösch, Bettina/Ptak, Ralf (2008), *Kritik des Neoliberalismus*, 2., verb. Aufl., Wiesbaden.

Dammer, Karl-Heinz (2015), »Gegensätze ziehen sich an. Gemeinsamkeiten und Synergieeffekte zwischen Inklusion und Neoliberalismus«, in: *Jahrbuch für Pädagogik*, H. 1, S. 21–39.

Edelstein, Wolfgang (2008), »Überlegungen zum Klassenrat. Erziehung zu Demokratie und Verantwortung«, in: *Die Ganztagsschule*, Jg. 48, H. 2/3, S. 93–101.

Edelstein, Wolfgang (2011), »Education for Democracy: Reasons and Strategies«, in: *European Journal of Education*, Jg. 46, H. 1, S. 127–137.

Fend, Helmut (2006), *Neue Theorie der Schule: Einführung in das Verstehen von Bildungssystemen*, Wiesbaden.

Fend, Helmut/Berger, Fred (2016), »Ist die Schule humaner geworden?«, in: *Zeitschrift für Pädagogik*, H. 6, S. 861–885.

Foucault, Michel (1992), *Was ist Kritik?*, Berlin.

Foucault, Michel (2000), »Die Gouvernementalität«, in: Ulrich Bröckling/Susanne Krasmann/Thomas Lemke (Hg.), *Gouvernementalität der Gegenwart. Studien zur Ökonomisierung des Sozialen*, Frankfurt am Main, S. 41–67.

Foucault, Michel (2005), *Die Heterotopien*, Frankfurt am Main.

Geßner, Johanna (2015), »Hausaufgabenkontrolle im Unterricht«, in: Jürgen Budde/Nina Blasse/Andrea Bossen/Georg Rißler (Hg.), *Heterogenitätsforschung – Empirische und theoretische Perspektiven*, Weinheim, S. 136–159.

Gruschka, Andreas (2005), »Das Kreuz mit der Vermittlung«, in: Peter Stadtfeld/Bernhard Dieckmann (Hg.), *Allgemeine Didaktik im Wandel*, Bad Heilbrunn, S. 13–37.

Gruschka, Andreas (2010), *An den Grenzen des Unterrichts*, Opladen.

Häcker, Thomas (2017), »Individualisierter Unterricht«, in: Thorsten Bohl/Jürgen Budde/Markus Rieger-Ladich (Hg.), *Umgang mit Heterogenität in Schule und Unterricht*, Bad Heilbrunn, S. 275–290.

Han, Byung-Chul (2016), *Psychopolitik. Neoliberalismus und die neuen Machttechniken*, Frankfurt am Main.

Hardt, Michael/Negri, Antonio (2002), *Empire. Die neue Weltordnung*, Frankfurt am Main.

Hartong, Sigrid/Hermstein, Björn/Höhne, Thomas (2018), »Einleitung«, in: dies. (Hg.), *Ökonomisierung von Schule? Bildungsreformen in nationaler und internationaler Perspektive*, Weinheim, S. 7–17.

Heitmeyer, Wilhelm/Endrikat, Kirsten (2008), »Die Ökonomisierung des Sozialen. Folgen für ›Überflüssige‹ und ›Nutzlose‹«, in: Wilhelm Heitmeyer (Hg.), *Deutsche Zustände*, Folge 6, Frankfurt am Main, S. 55–72.

Helsper, Werner (2012), »Distinktion in der gymnasialen Schullandschaft«, in: Susanne Lin-Klitzing/David-Samuel Di Fuccia/Gerhard Müller-Frerich (Hg.), *Aspekte gymnasialer Bildung*, Bad Heilbrunn, S. 116–134.

Helsper, Werner/Böhme, Jeanette/Kramer, Rolf-Thorsten/Lingkost, Angelika (2001), *Schulkultur und Schulmythos. Gymnasien zwischen elitärer Bildung und höherer Volksschule im Transformationsprozeß. Rekonstruktionen zur Schulkultur I*, Opladen.

Herzmann, Petra/Merl, Thorsten/Panagiotopoulou, Argyro/Rosen, Lisa/Winter, Julia (2017), »›Auszeit‹ vom inklusiven Unterricht«, in: Jürgen Budde/Andrea Dlugosch/Tanja Sturm (Hg.), *(Re-)Konstruktive Inklusionsforschung*, Leverkusen (Studien zu Differenz, Bildung und Kultur, 5), S. 261–271.

Höhne, Thomas (2015), *Ökonomisierung und Bildung. Zu den Formen ökonomischer Rationalisierung im Feld der Bildung*, Wiesbaden.

Höke, Julia/Hille, Katrin/Kansteiner-Schänzlin, Katja (2012), »Lehrerzentrierter versus schülerorientierter Unterricht. Erweiterung eines differenzierten Blicks auf das Lernverhalten von Schüler/innen in offenen Lehr-Lernformen«, in: *Unterrichtswissenschaft*, Jg. 40, H. 4, S. 371–384.

Hummrich, Merle/Graßhoff, Gunther (2011), »Lieben, Zeigen, Helfen – eine Verhältnisbestimmmung von Familie, Schule und Jugendhilfe«, in: Jörg Fischer/Thomas Buchholz/Roland Merten (Hg.), *Kinderschutz in gemeinsamer Verantwortung von Jugendhilfe und Schule*, Wiesbaden, S. 17–34.

Idel, Till-Sebastian (2018), »Wozu ist die Schule da?«, in: Jürgen Budde/Nora Weuster (Hg.), *Erziehung in Schule – Persönlichkeitsbildung als Dispositiv*, Wiesbaden, S. 33–51.

Kant, Immanuel (1784), »Beantwortung der Frage: Was ist Aufklärung?«, in: *Berlinische Monatsschrift*, Dezember-Heft, S. 481–494.

Kolbe, Fritz-Ulrich/Fritzsche, Bettina/Idel, Till-Sebastian/Rabenstein, Kerstin/Reh, Sabine (Hg.) (2009), *Ganztagsschule als symbolische Konstruktion*, Wiesbaden.

Koller, Hans-Christoph (2001), »Bildung und Dezentrierung des Subjekts«, in: Bettina Fritzsche/Jutta Hartmann/Andrea Schmidt/Anja Tervooren (Hg.), *Dekonstruktive Pädagogik*, Opladen, S. 35–48.

Luhmann, Niklas (1993), »System und Absicht der Erziehung«, in: ders./Karl Eberhard Schorr (Hg.), *Zwischen Absicht und Person: Fragen an die Pädagogik*, Frankfurt am Main, S. 102–124.

North, Douglass Cecil (1990), *Institutions, Institutional Change, and Economic Performance*, Cambridge/New York.

Osterwalder, Fritz (2011), *Demokratie, Erziehung und Schule*, Bern.

Peschel, Falko (2014), »Soziale, emotionale und kommunikative Kompetenzen zulassen – ein konsequentes Modell der Öffnung von Unterricht«, in: Carsten Rohlfs (Hg.), *Kompetenz-Bildung*, Wiesbaden, S. 261–273.

Pongratz, Ludwig A. (2009), »Pädagogische Gouvernementalität und neoliberale Regierungsweise – Gewinn und Grenze pädagogischer Gouvernementalitäts-Studien«, in: Sven Kluge/Gerd Steffens/Edgar Weiß (Hg.), *Jahrbuch für Pädagogik. Entdemokratisierung und Gegenaufklärung*, Frankfurt am Main, S. 187–199.

Pongratz, Ludwig A. (2013), »Selbstführung und Selbstinszenierung. Der ›Trainingsraum‹ als gouvernementales Strafarrangement«, in: Ralf Mayer/Christiane Thompson/Michael Wimmer (Hg.), *Inszenierung und Optimierung des Selbst. Zur Analyse gegenwärtiger Selbsttechnologien*, Wiesbaden, S. 75–88.

Prengel, Annedore (2006), *Pädagogik der Vielfalt. Verschiedenheit und Gleichberechtigung in Interkultureller, Feministischer und Integrativer Pädagogik*, 3. Aufl., Wiesbaden.

Rabenstein, Kerstin (2007), »Das Leitbild des selbstständigen Schülers. Machtpraktiken und Subjektivierungsweisen in der pädagogischen Reformsemantik«, in: Kerstin Rabenstein/Sabine Reh (Hg.), *Kooperatives und selbstständiges Arbeiten von Schülern*, Wiesbaden, S. 39–60.

Rabenstein, Kerstin/Idel, Till-Sebastian/Reh, Sabine/Ricken, Norbert (2018), »Funktion und Bedeutung der Schulklasse im individualisierten Unterricht. Beobachtungen zu Selbst-Anderen-Verhältnissen aus ethnographischen Fallstudien«, in: *Zeitschrift für Pädagogik*, Jg. 64, H. 2, S. 179–197.

Rabenstein, Kerstin/Idel, Till-Sebastian/Ricken, Norbert (2015), »Zur Verschiebung von Leistung im individualisierten Unterricht«, in: Jürgen Budde/Nina Blasse/Andrea Bossen/Georg Rißler (Hg.), *Heterogenitätsforschung – Empirische und theoretische Perspektiven*, Weinheim, S. 234–251.

Rabenstein, Kerstin/Reh, Sabine (2013), »Von ›Kreativen‹, ›Langsamen‹ und ›Hilfsbedürftigen‹. Zur Untersuchung von Subjektpositionen im geöffneten Grundschulunterricht«, in: Fabian Dietrich/Martin Heinrich/Nina Thieme (Hg.), *Bildungsgerechtigkeit jenseits von Chancengleichheit*, Wiesbaden, S. 239–257.

Rabenstein, Kerstin/Steinwand, Julia (2013), »Heterogenisierung – Subjektkonstruktionen im Heterogenitätsdiskurs in Deutschland«, in: Jürgen Budde (Hg.), *Unscharfe Einsätze: (Re-)Produktion von Heterogenität im schulischen Feld*, Wiesbaden, S. 81–97.

Rahm, Sibylle (2005), *Einführung in die Theorie der Schulentwicklung*, Weinheim.

Reckwitz, Andreas (2003), »Grundelemente einer Theorie sozialer Praktiken«, in: *Zeitschrift für Soziologie*, Jg. 32, H. 4, S. 282–301.

Ricken, Norbert (2015), »Bildung als Dispositiv. Bemerkungen zur (Macht-)Logik eines Subjektivierungsmusters«, in: Julius Othmer/Andreas Weich (Hg.), *Medien – Bildung – Dispositive*, Wiesbaden, S. 41–58.

Rosa, Hartmut (2005), *Beschleunigung. Die Veränderung der Zeitstrukturen in der Moderne*, Frankfurt am Main.

Rosa, Hartmut (2009), »Kapitalismus als Dynamisierungsspirale – Soziologie als Gesellschaftskritik«, in: Klaus Dörre/Stephan Lessenich/Hartmut Rosa (Hg.), *Soziologie – Kapitalismus – Kritik: Eine Debatte*, Frankfurt am Main, S. 87–123.

Rösner, Ernst (1989), *Abschied von der Hauptschule*, Frankfurt am Main.

Rösner, Ernst (2007), *Hauptschule am Ende. Ein Nachruf*, Münster/New York/München/Berlin.

Schroeder, Joachim (2007), »Heterogenität – Überlegungen zu einer pädagogischen Leitkategorie«, in: Dieter Katzenbach (Hg.), *Vielfalt braucht Struktur*, Frankfurt am Main, S. 33–55.

Schroer, Markus (2016), »Selbstthematisierung: Von der (Er-)Findung des Selbst und der Suche nach Aufmerksamkeit«, in: Günter Burkart (Hg.), *Die Ausweitung der Bekenntniskultur – neue Formen der Selbstthematisierung?*, Wiesbaden, S. 41–72.

Statistisches Bundesamt (2017), »Bildung und Kultur. Private Schulen. Schuljahr 2016/2017«, Statistisches Bundesamt, Fachserie 11, Reihe 1.1, 2016/2017, in: *destatis.de*, letzter Zugriff: 06.09.2018, https://www.destatis.de/DE/Publikationen/Thematisch/BildungForschungKultur/Schulen/PrivateSchulen.html.

Statistisches Amt für Hamburg und Schleswig-Holstein (2018), »Schulen in Schleswig-Holstein im Schuljahr 2016/2017«, letzter Zugriff: 06.09.2018, https://www.statistik-nord.de/zahlen-fakten/bildung-rechtspflege/schulen.

Tillmann, Klaus-Jürgen (2008a), »Die homogene Lerngruppe – oder: System jagt Fiktion«, in: Hans-Uwe Otto/Thomas Rauschenbach (Hg.), *Die andere Seite der Bildung*, 2. Aufl., Wiesbaden, S. 33–39.

Tillmann, Klaus-Jürgen (2008b), »Viel Selektion – wenig Leistung. Der PISA-Blick auf Erfolg und Scheitern in deutschen Schulen«, in: Karin Böllert (Hg.), *Von der Delegation zur Kooperation. Bildung in Familie, Schule, Kinder- und Jugendhilfe*, Wiesbaden, S. 47–66.

Veith, Herrmann (2018), »Wozu ist die Schule da? Eine Antwort aus sozialisationstheoretischer Perspektive«, in: Jürgen Budde/Nora Weuster (Hg.), *Erziehung in Schule – Persönlichkeitsbildung als Dispositiv*, Wiesbaden, S. 53–71.

Wacker, Albrecht (2017), »Schulstruktur und Zweigliedrigkeit: Umbau des Bildungssystems«, in: Thorsten Bohl/Jürgen Budde/Markus Rieger-Ladich (Hg.), *Umgang mit Heterogenität in Schule und Unterricht*, Bad Heilbrunn, S. 191–206.

Walgenbach, Katharina (2018), »Dekategorisierung – Verzicht auf Kategorien?« in: Oliver Musenberg/Judith Riegert/Teresa Sansour (Hg.), *Dekategorisierung in der Pädagogik*, Bad Heilbrunn, S. 11–41.

Wocken, Hans (2011), »Rettet die Sonderschulen? – Rettet die Menschenrechte!«, in: *Zeitschrift für Inklusion*, letzter Zugriff: 06.09.2018, http://www.inklusion-online.net/index.php/inklusion-online/article/view/81/81.

Zaborowski, Katrin Ulrike/Meier, Michael/Breidenstein, Georg (2011), *Leistungsbewertung und Unterricht. Ethnographische Studien zur Bewertungspraxis in Gymnasium und Sekundarschule*, Wiesbaden.

Zymek, Bernd (2013), »Die Zukunft des zweigliedrigen Schulsystems in Deutschland«, in: *Zeitschrift für Pädagogik*, Jg. 59, H. 4, S. 469–481.

III. Bildung und Erziehung in Zeiten von (Post-)Neoliberalismus und Rechtspopulismus

Projektion, Selbstaufwertung, Delegitimierung – zur Funktionalität von Rassismus in neoliberalen Verhältnissen

Astrid Messerschmidt und Paul Mecheril

Einleitung

Das Verhältnis von »Rasse« und Kapital ist vielschichtig, diachron und synchron verzweigt und kann in unterschiedlichen Traditionen und mit unterschiedlichen Erkenntnisinteressen untersucht werden (vgl. Wood 2002). Mit Bezug auf die kapitalistische Regulation von Migration sind spezifische Ausbeutungsverhältnisse und Widersprüche wirksam, wie der Widerspruch zwischen kapitalistischer Expansion und Zerstörung der Lebensgrundlage vieler Menschen, die Verelendung und Flucht, also erzwungene Migration, nach sich ziehen, um sich dann am Zielort in ebenfalls kapitalisierten Verhältnissen wiederzufinden, die zuvor zur Auswanderung beigetragen haben (vgl. Georgi 2016). Es handelt sich um Widersprüche, die im Rahmen der je bestehenden Lebensform bzw. des sozialen Zusammenhangs nicht gelöst werden können.

Rassekonstruktionen sind hierbei ein wesentliches Instrument in der Geschichte der Legitimation und Durchsetzung imperialer Gewalt gewesen. So betrachtete John Locke den Zugriff der Engländer auf die Ressourcen der in der Logik der Eroberer sogenannten *Neuen Welt* als legitim, da sich diese noch im »Naturzustand«, im Zustand von Gemeingut, einem Zustand der »statelessness« (Lentin 2008: 25) befunden habe. Das Fehlen staatlicher Strukturen (Locke 1967 [1689]: 230) hat es ermöglicht, die *Neue Welt* zum *Gemeingut* zu erklären. Den ansässigen Bewohner_innen sind damit Eigentumsrechte auf die Ressourcen der *Neuen Welt* abgesprochen worden, die diese vor dem Zugriff durch die Europäer_innen geschützt hätten, wodurch es möglich wurde, Ausbeutung und Unterdrückung nunmehr rational begründet und legitimiert stattfinden zu lassen (ausführlicher Korooshy u.a. 2018). Die Erfindung der »Rasse« ist hierfür grundlegend, weil sie die Möglichkeit bietet, eine Spaltung im Begriff des Menschen vorzunehmen und die dann nicht mehr als Menschen Angesehenen der

Unmenschlichkeit auszusetzen oder die als weniger menschlich Angesehenen einer weniger menschlichen Behandlung zu unterwerfen.

Hinsichtlich gegenwärtiger globaler Ungleichheitsverhältnisse, die nicht zuletzt auch als Resultate neoliberaler Politiken und der »imperialen Lebensweise« vor allem westlicher Gesellschaften (vgl. Brand/Wissen 2017) anzusehen sind, wird auch heute deutlich, dass rassistische Unterscheidungen dazu dienen, den Zugang von bestimmten Menschen und Menschengruppen im Hinblick auf materielle oder auch symbolische Ressourcen zu beschränken und diese Beschränkung zu legitimieren (vgl. Hall 2000). Die Verwobenheit von Rassismus und Kapitalismus ist hierbei nicht zuletzt geprägt durch die Geschichte des transatlantischen Sklavenhandels und damit durch die rassistischen wie kapitalistischen Gewaltpraktiken der Kolonialmächte. Achille Mbembe analysiert in seinem Buch *Kritik der Schwarzen Vernunft* die Erzeugung von rassifizierten Subjekten als »Produkt einer sozialen und technischen Maschine, die untrennbar mit dem Kapitalismus, seiner Entstehung und Globalisierung verbunden war […]« (2014: 22).

Eine Kritik der Neoliberalisierung von Migration muss auf die rassistische Strukturierung von Ausbeutungsverhältnissen eingehen. Der US-amerikanische Essayist Ta-Nehisi Coates wendet sich gegen ein Entweder-Oder zwischen der »Benennung des Weißseins und der Benennung der Entwürdigung, die ein ungebremster Kapitalismus mit sich bringt« (2018: 414). In seiner Analyse des Scheiterns der Demokratischen Partei in den USA und des darauf folgenden Aufstiegs von Donald Trump macht er auf die Bedeutung der »Ideologie der *white supremacy*« in diesem Prozess aufmerksam (ebd.: 386, Herv. i. Orig.). Wesentlich für die Durchsetzung eines neo-nationalistischen Diskurses in den USA war der Erfolg des ersten schwarzen Präsidenten, der feststellen musste, dass »die Republikaner-Basis seine Person als toxisch empfand« (ebd.: 410). Trump wurde von Teilen der US-Medien als »Produkt der weißen Arbeiterklasse« ausgegeben (ebd.: 392). Coates sieht ihn dagegen als »Produkt des Weißseins insgesamt« (ebd.). Seine »Dominanz unter Weißen« geht über Klassengrenzen hinweg (ebd.: 391) und lässt sich nicht mit der Not ausgebeuteter und von der Politik vernachlässigter Arbeiter_innen erklären. Die Vernachlässigung der Auseinandersetzung mit Rassismus, »der das Leben dieses Landes seit 1776 kontinuierlich bestimmt« (ebd.: 392), führt zu Fehldeutungen der gegenwärtigen Verschiebungen in der politischen Landschaft der USA.

Vor einem anderen historischen Hintergrund, der aber nicht weniger vom Kolonialismus strukturiert ist, lässt sich das auch für Europa sagen. In den Analysen zu den gegenwärtigen politisch-kulturellen Krisen kommt eine Auseinandersetzung mit Rassismus kaum vor. Doch zwingen die aktuellen Entwicklungen eines Aufstiegs des Neo-Nationalismus und des Rechtspopulismus dazu, diese Auseinandersetzung zu führen und sie als Bestandteil für eine gesellschaftspolitische Debatte aufzunehmen.

Gegenwärtig erlebt die Bundesrepublik Deutschland wirtschaftliche Stabilität trotz Krisen in der europäischen Nachbarschaft. Die bürgerliche Mitte hat hier immer noch viel zu verlieren, und das zeigt sich an neueren populistisch-rassistischen Artikulationen in der Abwehr verarmter Einwanderergruppen, deren Armut zu einem kulturellen Zeichen gemacht wird. Zunehmend prägen ein »Wohlstandschauvinismus« (vgl. Held 1991) sowie die öffentliche Diffamierung derer, die einwandern, um ihre Lebensbedingungen zu verbessern, die gesellschaftlichen Thematisierungen von Migration. Der erreichte Wohlstand wird dabei nationalistisch beansprucht und als legitimes nationales Gut aufgefasst, an dem national Nichtzugehörige nicht zu partizipieren haben. In einer globalisierten Ökonomie ist diese Auffassung unzeitgemäß und spiegelt das Bedürfnis nach gemeinschaftlicher Besitzstandwahrung wider. Ein Unbehagen an globalisierter Produktion und Vermarktung kommt darin zum Ausdruck, dass dieses sich sozusagen die falschen Gegner_innen aussucht. Anstatt die ungerechten und Ungleichheit verschärfenden Wirtschaftsstrukturen und Vermögensverhältnisse in Frage zu stellen, richtet sich die Aggression gegen diejenigen, die selbst Opfer dieser Verhältnisse sind. Eingewanderte und Geflüchtete werden sowohl ökonomisch wie kulturell als Bedrohung dargestellt, wenn es darum geht, den nationalen Innenraum gegen Migration abzusichern. In der Kombination von ökonomischer Sorge und kultureller Abgrenzung werden abwertende Stereotype artikuliert. Die »Arbeitsflexibilität« von Migrant_innen und Geflüchteten, wie sie von einheimischen Arbeitslosen eingefordert wird, fördert nicht ihre Akzeptanz, sondern wird im Modus einer »Unterstellung ökonomischer Motive« (Bauman 2008: 66) sogar gegen sie eingesetzt. Die in den neoliberalisierten Ökonomien so hoch gehaltene Arbeitsbereitschaft wird paradoxerweise im Falle der als fremd Markierten zu einem potenziell betrügerischen Motiv. Die Arbeitsbereitschaft der als national zugehörig Angesehenen gilt dagegen als tugendhaft.

Im vorliegenden Beitrag wird das Verhältnis von Rassismus und neoliberal-kapitalistischen Verhältnissen hinsichtlich der (dominanz-)kulturellen Funktionalität rassistischer Deutungen und Selbstbilder im und für den Kapitalismus behandelt. Wir unterscheiden idealtypisch drei funktionale Modi: die Projektion eigener Schwächen und Unzulänglichkeiten, Belastungen und ungelöste Probleme auf rassifizierte Andere, die Selbstaufwertung durch die systematische Abwertung dieser Anderen und die Delegitimierung von materiellen Ansprüchen zur Sicherstellung einer würdigen Existenz. Bevor wir darauf genauer eingehen, zunächst einige Anmerkungen zum Rassismusbegriff.

Rassismus – begriffliche Einordnungen

Das Fundament des Rassismus ist ein flexibles, historisch und kontextuell variables System von Erklärungen für die Angemessenheit und Rechtschaffenheit von *natio-ethno-kulturell* kodierten, hierarchisch angelegten Unterscheidungen zwischen Menschen mit Auswirkungen für deren Ansehen und deren Zugang zu materiellen und symbolischen Ressourcen. Das ideologische (etwa Miles 1991: 93ff.) oder diskursive (etwa Hall 1994: 137ff.) Ensemble der Sinndeutungen und Rechtfertigungen des Rassismus ist in der Lage, die Welt und die Erfahrungen, die Einzelne in ihr machen, zu erklären. Es operiert mit dem Code der »Rassen«, wobei es wichtig ist, »Rassen« als diskursive Konstruktionen, nicht als gewissermaßen natürliche, vor-diskursive Gegebenheiten zu verstehen.

Mit der Praxis des Rassismus wird ein auf die Körper gerichteter Machtmechanismus wirksam, den Michel Foucault mit dem Begriff »Bio-Macht« in seiner historischen Entwicklung analysiert hat. Mit der »Steigerung und Etablierung der bürgerlichen Vorherrschaft« im 18. Jahrhundert findet eine »Aufwertung des Körpers« statt (Foucault 1983: 150). Der Körper stellt einen politischen und ökonomischen »Repräsentationswert« für die Gegenwart und Zukunft des Bürgertums dar (vgl. ebd.). »Die Bio-Macht war eine der zentralen Strategien der Selbstkonstitution des Bürgertums« (Dreyfus/Rabinow 1987: 218). Foucault sieht in dieser Entwicklung einen Zusammenhang zwischen der Sorge um den Körper, den Sex und dem Rassismus (vgl. 1983: 151). Die Bio-Macht ist ein Element des Kapitalismus, sie passt die Menschenakkumulation der Kapitalakkumulation an (vgl. ebd.: 168). Dreyfus und Rabinow verstehen Foucaults »Bio-Macht« als einen Begriff, »der die verschiedenen politischen Körpertechnologien, die

Diskurse der Humanwissenschaften und die in den letzten 250 Jahren (und besonders seit Beginn des 19. Jahrhunderts) artikulierten Herrschaftsstrukturen verbindet« (1987: 216). Die »Produktion nützlicher und fügsamer Individuen« wird mit der »Produktion kontrollierter und leistungsfähiger Bevölkerungen« verknüpft (ebd.: 225).

Für Foucault findet der Aufstieg der Bio-Macht gleichzeitig mit der »Geburt des Rassismus« statt (1993: 27). Der Rassismus bildet den Einschnitt, der es ermöglicht, im Modus der Bio-Macht zu töten, er fragmentiert das biologische Feld. Der Tod, der im Lebenmachen ins Außen verbannt wurde, braucht eine Lebensbegründung – töten, um zu leben. In das »biologische Kontinuum« wird mit der Unterscheidung der »Rassen« eine Zäsur eingeführt (ebd.: 42). Der Rassismus etabliert eine vitale Begründung des Tötens.

Kennzeichnend für die unterschiedlichen Spielarten des älteren und neueren Rassismus sind herkunftsbezogene Mechanismen des Fremdmachens, die sich auf national definierte Abstammung, äußeres Erscheinungsbild und kulturelle Zuschreibungen beziehen. In der Kombination dieser Elemente zu einem *natio-ethno-kulturellen* Dispositiv wird eine Gruppe imaginiert und als nicht zugehörig zum inneren Raum der Gesellschaft adressiert. Dem Rassismus ist dabei immer eine Vorstellung abstammungsbezogener und kultureller Reinheit eingeschrieben. In den Wellen nationaler Identitätssehnsüchte lässt sich das in der deutschen politischen Öffentlichkeit an den Proklamationen einer »Leitkultur«, den Beschwörungen einer »Schicksalsgemeinschaft« und an der Abwehr von Mehrstaatlichkeit festmachen. Immer geht es darin um Ausschließlichkeit und Einheitlichkeit (vgl. Mecheril 2011).

Positionen, in denen sich die Überzeugung von der kulturellen Überlegenheit einer national definierten Gruppe gegenüber einer anderen artikulieren, sind auch schon für die koloniale Wissensproduktion kennzeichnend (vgl. Said 2003). Die Kulturalisierung des Rassismus ist insofern kein neues Phänomen und hat die Vorstellungen genetisch bedingter Ungleichwertigkeit nicht zum Verschwinden gebracht (vgl. Balibar 1990). ›Kultur‹ erweitert den diskreditierten Rassebegriff und vermittelt in ähnlicher Weise wie das Erbgut die Merkmale einer statischen Gemeinschaft und einer althergebrachten Zugehörigkeit. Rassismus modernisiert sich immer wieder bei gleichzeitiger Kontinuität seiner Grundmuster (vgl. Fredrickson 2004). Ähnlich sieht es beim Nationalismus aus. Albert Scherr macht darauf aufmerksam, dass »Varianten des gewöhnlichen Nationalismus unter Bedingungen globaler Ungleichheit« (2018: 52) geeignet sind, an die Interessenlagen der Staatsbürger_innen zu appellieren, ohne sich dafür explizit auf einen abstammungsbezogenen Rassismus beziehen zu müssen. Nationalismus kann damit akzeptabel gemacht und Rassismus ausgeübt werden, bei gleichzeitiger Behauptung, dieser sei Vergangenheit.

Die Unterscheidung von »Rassen« stellt eine soziale Praktik dar, die von insbesondere administrativen und politischen Interessen und Auseinandersetzungen abhängig ist. »Rasse« ist eine Unterscheidungsdimension, die mit der modernen Wissenschaft entsteht. Die Kategorie der »Rasse« fand dafür Verwendung, vermeintliche Erkenntnisse über wesenhafte Unterschiede der in Gruppen eingeteilten und fantasierten Menschen zu gewinnen und gruppenbezogene Überlegenheitsansprüche zu legitimieren. Weil das Entstehen des rassistischen Denkens ohne die wissenschaftliche Ordnungspraxis nicht möglich gewesen wäre, geht mit Rassismuskritik (erstmalig Mecheril 2004), als einer wissenschaftlichen Kritikform, immer auch ein (selbst-)kritischer Bezug auf die Interessen und Wirkungen wissenschaftlicher Praktiken (etwa im Bereich der Migrationsforschung oder der Pädagogiken der Migrationsgesellschaft) einher. Das Sprechen über *natio-ethno-kulturell* kodierte Andere ist aus Sicht der rassismuskritischen Perspektive darauf zu untersuchen, wo es Rassekonstruktionen aufruft (ohne dass dieser Wiederholung der Rasseordnung notwendig Absichten zugrunde liegen müssen).

»Rassismus ist besonders mächtig und seine Wirkung auf das Alltagsbewusstsein besonders prägend, weil er in solchen ›Rasse‹-Merkmalen wie Hautfarbe, ethnische Herkunft, geographische Position etc. etwas entdeckt, was andere Ideologien erst aufbauen müssen: eine offenbar ›natürliche‹ oder universelle Basis in der Natur selbst« (Hall 1994: 135). Die Historisierung rassistischer Herrschafts- und Gewaltphänomene sowie das Nachzeichnen ihrer spezifischen Wandlungen durch die Zeit und die Kontexte hindurch (etwa vom biologischen Rassismus zum Kulturrassismus oder auch Klassenrassismus) ist ein zentrales Anliegen rassismuskritischer Perspektiven.

»Rasse« als Ressource zur projektiven Bewältigung der subjektivierenden Zumutungen des Kapitalismus

Rassistische Deutungs- und Empfindungsmuster bieten den darin Superiorisierten die Möglichkeit, nicht über ungelöste Probleme von sozialer Ungleichheit und wachsendem Reichtum, nicht über Anforderungen an sich selbst nachdenken zu müssen. Die Aufmerksamkeit wird stattdessen auf (fremd gemachte) Andere verlagert. Das Maß ihrer Akzeptanz hängt neben der Markierung kultureller, nationaler oder am Aussehen festgemachter Fremdheit von ihrem Nutzen für den nationalen Innenraum ab, zu dem sie zwar nicht wirklich gehören können, in dem sie aber prekär, auf Widerruf also, geduldet sind, solange ihr ökonomischer und demografischer Nutzen wahrscheinlich ist.

Hinter der hegemonial gewordenen Unterscheidung von nützlichen und weniger nützlichen Eingewanderten steht eine Arbeitsideologie, in die kritische Wissenschaft selbst eingebunden ist, weil die Subjekte der gegenwärtigen Wissenschaftslandschaft über Leistung subjektiviert sind und dieses Prinzip selbst verinnerlichen, solange es nicht problematisierend thematisiert wird. Normative Besetzungen von Arbeit sind in der Kombination mit Bildung zu einem Synonym für wertvolles Leben (vgl. Butler 2010) geworden und bleiben unhinterfragt, solange nicht explizit Widersprüche eingelegt werden. Der innere Widerspruch von Emanzipation und Herrschaft in der Bildung (vgl. Messerschmidt 2009) zeigt sich eben auch daran, dass Bildung in ihrer gegenwärtigen hegemonialen Form der Leistungsfähigkeit und Leistungsbereitschaft für die Reproduktion von Ungleichwertigkeit eingesetzt werden kann. Beobachtbar ist, dass eine populistische Arbeits- und Anständigkeitsideologie gegenüber verarmten Geflüchteten und gegenüber als national fremd markierten Arbeitsuchenden in Stellung gebracht wird. Eine Leerstelle in der Auseinandersetzung mit der NS-Arbeitsideologie und die unzureichend betriebene Aufarbeitung der Zwangsarbeit begünstigen diese Auffassungen und Äußerungen (vgl. Wildt 2014).

An der Geschichte und Gegenwart des Antiziganismus lässt sich die Doppelbödigkeit ökonomischer und herkunftsbezogener Wertvorstellungen verdeutlichen. Auf der Suche nach einer Selbstbestätigung bürgerlicher Identität und Lebensform sind als abweichend wahrgenommene Lebensformen zur von Rassekonstruktionen vermittelten Kennzeichnung bestimmter Gruppen gemacht worden. In der Folge werden diese zu einer

Gruppe Zugeordneten allein in dieser Zuordnung betrachtet, als unterschiedslose Masse. In der Geschichte des Antiziganismus wird das Zigeunerstereotyp zum maßgeblichen gruppenherstellenden Faktor. Zigeunerbilder betrachtet Franz Maciejewski als »Selbstzeugnisse«, die Momente der »eigenen Fremdheit« enthalten. Sie ermöglichen, die Wut gegen die Zumutungen bürgerlicher Existenz auf Andere zu richten, was Maciejewski auf der Grundlage psychoanalytischer Reflexion als »Selbstverfolgung im Anderen« kennzeichnet (1996: 17). Sinti und Roma werden zu Repräsentant_innen der untergegangenen Welt der Vormoderne gemacht. Indem sie als Fremde positioniert und ausgegrenzt werden, gelingt es den frühbürgerlichen Subjekten, die eigenen inneren Wünsche abzuwehren und dafür eine Gegenfigur zu finden, die angesichts ihrer Verarmung und Verelendung zugleich als Warnung dient, den Neigungen zur Ungezwungenheit nicht nachzugeben. Das Zigeunerstereotyp ermöglicht es, nicht über eigene Unzulänglichkeiten gegenüber den Zumutungen einer rationalisierten Existenzform nachdenken zu müssen und sich nicht in Widerstand gegen die disziplinierenden Machtpraktiken der kapitalisierten bürgerlichen Gesellschaft und ihrer Industrien zu begeben. Sich dagegen zu wehren, verlangt eine komplexe Analyse der Vergesellschaftungsform und ihrer Wertsetzung und wohl auch Mut. Das alles kann ersetzt werden durch die Verlagerung der Aufmerksamkeit auf eine Gruppe, die als anders, fremd und unangepasst wahrgenommen und deren Zugehörigkeit zur Nation bestritten wird (vgl. Messerschmidt 2016).

Spezifische Muster antiziganistischer Gruppenkonstitution liegen in der Vorstellung, dass die Anderen nicht nur als fremd, sondern zugleich auch als ungebunden und »müßiggängerisch« markiert werden (Engbring-Romang 2001: 28). So entsteht das Gegenbild zum »Wertekodex, der ›Arbeitsamkeit um ihrer selbst willen und Gebundenheit‹ verlangte« (ebd.). Der Zwang zu permanenter Arbeit erzeugt ein Unbehagen, das sich nicht bei sich selbst bearbeiten lässt, weil die Verhältnisse der frühindustriellen Bürgerlichkeit machtvoll sind und es schwer ist, sich diesen zu entziehen, will man nicht die eigene Existenz gefährden. Deshalb richtet sich dieses Unbehagen nach außen auf eine fremd gemachte Gruppe und macht dabei gerade das zum obersten Wert, was das größte Unbehagen erzeugt: die permanente Bereitschaft zu arbeiten. Zigeunerbilder spiegeln die eigene Fremdheit in der frühbürgerlichen Gesellschaft und gehören zum gesellschaftlichen Konstruktionsprozess des bürgerlichen Subjekts. Territoriale Eingrenzung, kulturelle Integration, soziale Anpassung werden in der frühbürgerlichen Geschichte und im Übergang zur Industrialisierung verlangt und erzeugen einen projektiven Hass gegen alle als ›herrenlos‹ wahrgenommenen Anderen. Udo Engbring-Romang beschreibt die frühbürgerliche Gesellschaft als eine, »die sich vor allem über abhängige, fremdbestimmte Erwerbsarbeit, Fleiß und Disziplin, die von außen bestimmt wurden, definierte« (ebd.: 29). Das antiziganistische Gegenbild steht für eine »nicht mehr erlaubte, nicht mehr erwünschte Lebensart« (ebd.), es eröffnet die Möglichkeit, »sich über eine Gruppe von Menschen zu stellen« (ebd.: 35).

Der moderne Antisemitismus bietet eine anders gelagerte ideologische Plattform, auf der die Machtmechanismen des modernen Kapitalismus fetischisiert und personifiziert werden können (vgl. Postone 2005: 192), um den Hass auf das Abstrakte mit einer konkreten Figur auszustatten. Die antisemitische Projektion macht die Juden zu allem, »was im modernen Kapitalismus als ›international‹, ›verschwörerisch‹, ›allmächtig‹, als ›ungeheure und abstrakte Bedrohung‹ erscheint« (Kistenmacher 2007: 71). Die Juden werden zu »Personifikationen der unfaßbaren, zerstörerischen, unendlich mächtigen, internationalen Herrschaft des Kapitals« (Postone 2005: 190). Die unbeherrschbare Macht des undurchschauten Kapitalismus findet in der projektiven Figur des Juden eine beherrschbare, ausgrenzbare und letztlich tilgbare Konkretion. Zugleich bietet sich die Gelegenheit, den Kapitalismus von sich selbst abzuspalten und nicht als eigenes Problem bearbeiten zu müssen. »Durch die Rassifizierung wurde der Kapitalismus zu einer ›fremden‹ Ausbeutungsform gemacht, in der ›die Arbeiter‹ von ›Fremden‹, von ›Ausländern‹, vom ›internationalen Schacher‹ unterdrückt und ausgebeutet würden« (Kistenmacher 2007: 72). Wo im Antiziganismus ein Zuwenig an kapitalistischer Anpassung projiziert und abgespalten wird, ist es im Antisemitismus ein Zuviel, nämlich die Identifikation von Juden und Kapital, die es ermöglicht, sich selbst außerhalb der Verwerfungen des Kapitalismus positionieren zu können – außerhalb von Ausbeutung und Ungerechtigkeit, auf der Seite der Ehrlichkeit und der Arbeit, die keinem schadet.

Das paranoide Symptom, das Horkheimer und Adorno in ihrer Antisemitismusanalyse als »fixe Idee« herausarbeiten (Horkheimer/Adorno 1994 [1947]: 199), besteht im Antiziganismus nicht in der Angst, von einem übermächtigen und hinterhältigen Gegner verfolgt zu werden, sondern eher in einem dem Ekel gleichkommenden Unbehagen. Der Antisemitismus enthält die Vorstellung einer Figur des Juden, der klug und in der Lage ist, Einfluss auszuüben. Demgegenüber beinhaltet der Antiziganismus eher die Vorstellungen von Minderwertigkeit und Unanständigkeit. Beide ideologischen Muster bauen Gegenbilder zum Eigenen auf, die genutzt werden können, um sich selbst als ehrlich, anständig und leistungsbereit zu repräsentieren.

»Das heißt, in der antiziganistischen Vorstellung lebt ›der Zigeuner‹ von dem, was andere Menschen sich erarbeiten und was er sich aneignet, weil er Arbeit und Eigentumsverhältnisse nicht anerkennt« (End 2012: 5). Die nicht zu dieser Minderheit Gehörenden können im Kontrast dazu ein Selbstbild von Fleiß und Rechtmäßigkeit pflegen. Das macht den Antiziganismus bis heute so attraktiv. Der Verdacht, dass die als fremd in Szene gesetzten Anderen nicht zu harter Arbeit bereit seien, durchzieht den Antisemitismus wie den Antiziganismus. Bei Letzterem ist dieser Verdacht von Kriminalisierungsmotiven begleitet und unterstellt einen Mangel an Leistungsbereitschaft. Schließlich werden antiziganistisch Markierte bis heute als unwillig und unfähig zu »ehrlicher« Arbeit betrachtet und dadurch fremd gemacht und abgewertet. Zugleich kommt eine Analogie zum Antisemitismus ins Spiel, schließlich wird in antisemitischen Äußerungen den Juden unterstellt, nicht durch »echte Arbeit«, sondern durch Spekulation zu Vermögen gekommen zu sein. Das Selbstbild des Fleißes und der Ehrlichkeit ergibt sich logisch aus diesem Gegenbild.

»Rasse« als Ressource zur Selbstaufwertung in kapitalisierten Verhältnissen

In den sozialen und politischen Umbauprozessen der westlichen Demokratien verknüpfen sich nach Ulrich Brand neoliberale und neokonservative Strategien. Der marktliberale Individualismus wird begleitet von Ordnungs- und Normalitätsvorstellungen, die Identitäten und Zugehörigkeiten regulieren und gleichsam die Auflösung sozialer Bindungen abfedern (vgl. 2010: 3). Beide Strategien wirken sich auf den Umgang mit Migrationsphänomenen aus. Den Marktliberalen verspricht Migration nahezu grenzenlos zur Verfügung stehende und unter Nützlichkeitserwägungen auswählbare Arbeitskräfte, den Neokonservativen offeriert Migration Objekte der Integration, auf die sich konservative Werte erzieherisch anwenden lassen, während dieselben Werte für die Marktverwertung wertlos geworden sind.

Die neoliberalisierte Form des Kapitalismus bringt das Unbestimmte lebendiger Arbeit immer mehr zum Verschwinden, wenn »die Arbeit in der Form der Arbeitskraft mit Kapital identifiziert wird« (Oswald 2011: 41), wie es in der »sogenannten Theorie des Humankapitals« (ebd.) bestimmt wird. Es handelt sich um eine Fantasie totaler Integration, die alles dem Prinzip der Verwertung unterwirft. Verloren geht also genau das, worauf Arbeitende ihr Selbstbewusstsein aufbauen. Das Identisch-Setzen von Kapital und Arbeit suspendiert jeden Widerspruch. Für die Arbeitskräfte wird daraus ein »ökonomischer Imperativ der Identifikation nicht mehr mit dem Vater, auch nicht mit der Nation, sondern mit der abstrakten Verwertung des Werts« (ebd.: 59). Die Erfahrung der Selbstausbeutung, die damit verbunden ist und die alle Bereiche der Arbeit – von der industriellen Produktionsarbeit bis zu den Care-Tätigkeiten – betrifft, erzeugt Gefühle der Wut und Frustration. Diese finden jedoch keine_n konkrete_n Gegner_in vor, die Ursachen sind systemisch und damit abstrakt. Es bleibt eine Leerstelle unbearbeiteter Gefühlslagen, die dem Aufstieg neo-nationalistischer und rechtspopulistischer Strömungen zuträglich ist.

Der Rechtspopulismus popularisiert Elemente aus dem rechtsextremen Spektrum und besetzt diese positiv (vgl. Decker/Lewandowsky 2009). Seine intellektuellen Vertreter_innen plädieren für die *natio-ethno-kulturelle* Schließung des Nationalstaates, für die Verhinderung von Immigration und für den Ausschluss des Islam aus Europa (vgl. Attia u.a. 2014). Sie wenden sich gegen die Menschenrechte, die sie als Einfallstor für eine liberale und multikulturelle Gesellschaft betrachten (vgl. Brumlik 2016). Sie setzen sich gegen den Verlust des ›kulturellen Erbes‹ einer national bestimmten Gemeinschaft ein, das sie von Massenmigration bedroht sehen. Dass dies populär werden kann, liegt vor allem daran, dass hier eine Art viktimisiertes Selbstbild angeboten wird, das unschuldig ist, weil es in dieser Denkweise dominierenden Tendenzen ausgeliefert ist, die darauf hinarbeiten, die Bevölkerung Europas durch Masseneinwanderung auszutauschen (vgl. Messerschmidt 2018). Sich dagegen aufzulehnen, dazu ruft beispielsweise Renaud Camus auf, ein Vordenker der französischen *Identitären Bewegung*. Mit dem programmatischen Buchtitel *Revolte gegen den großen Austausch* (Camus 2016), der über Frankreich hinaus zu einer vielfach beanspruchten Parole geworden ist, spricht er das verbreitete Gefühl an, bedroht zu sein von der Übermacht illegitimer Migration, die von etablierter Politik legitimiert werde. Das kulturrassistische Projekt der Reinhaltung *natio-ethno-kulturell* imaginierter Innenräume wird als Bewegung von unten repräsentiert, als Widerstand gegen Bedrohungen, die von außen kommen. Nationale Gemeinschaftsvorstellungen versprechen Übersichtlichkeit, Geordnetheit und eindeutige Zugehörigkeiten. Der national-kulturalistische Populismus gibt sich auch in der Ablehnung dessen, was Globalisierung genannt wird, nicht gewaltsam und zerstörend, sondern bewahrend und schützend. Diese Denkmuster und die damit verbundenen Aktionsformen beanspruchen, im Namen einer Mehrheit zu sprechen, die zur Minderheit zu werden droht. Das nationale Volk, das sie zu verteidigen behaupten, ist durch Kultur und Abstammung definiert und wird als schützenswert repräsentiert. Es gilt als kulturell und zivilisatorisch überlegene Gemeinschaft, die über andere verfügen, ihnen Einlass gewähren oder sie ausschließen kann und der es erlaubt ist, andere nach ihrem wohlstandssichernden Nutzen zu beurteilen. Doch steht diese ökonomistische Sichtweise nicht für sich. Sie wird auffällig begleitet von kulturalistischen Zuschreibungen, mit denen Bedrohungsszenarien verbunden werden (vgl. Groß/Hövermann 2018). Eine ausschließlich ökonomische Rahmung des Sprechens über Migration würde niemals das Erregungslevel bieten, das mit kulturrassistischen Äußerungen erreicht wird.

Das Ausmaß, in dem in Deutschland und in Europa abfällig über geflüchtete Menschen, nordafrikanische Männer, über Muslime gesprochen wird, die Intensität, in der gefährliche Andere inszeniert werden, erklärt sich, wenn wir uns klarmachen, dass es etwas zu verlieren gibt, nämlich den Status materieller Privilegiertheit und ihre Selbstverständlichkeit, aber auch die Vorstellung einer Vorrangstellung eines *natio-ethno-kulturell* kodierten Wir (vgl. Hark/Villa 2017). Es ist – psychoanalytisch gesprochen – nicht allein so, dass an den, nicht zuletzt über Medienbilder vielfach imaginierten Anderen (»arabisch«, »nordafrikanisch«, »muslimisch«), auch das bekämpft wird, was ich an mir selbst nicht zulassen darf – als Mann schimpfe ich so maßlos über den Chauvinismus des vermeintlich muslimischen Mannes, weil ich das, was ich an mir selbst nicht zulassen kann und darf, projektiv an ihm bekämpfe. Vielmehr ist der rassistische Affekt gegenwärtig so intensiv und das von Rassekonstruktionen vermittelte und dieses stärkende Handeln so ausgeprägt, weil es in ihm darum geht, das Eigene, vor allem in der Figur *Europa* in Überhöhung zu konservieren, es zu sakralisieren. Europa hat eine widersprüchliche Geschichte. Europa ist ein Ort und Projekt der Barbarei, des Sklavenhandels, der Shoah, der ökologisch-ökonomischen Ausbeutung der Welt, des Kolonialismus; und Europa ist Ort und Projekt der Aufklärung, der Menschenrechte und des Strebens nach einem guten Leben für alle (vgl. Dhawan 2016). Dieser Widerspruch wird im Sprechen über die Anderen aufgelöst und unterschlagen. Die Selbstüberhöhung Europas ist Kennzeichen und Bestandteil des Projekts Europa und zeigt darin (wie für »Großimaginationen«, insbesondere solche mit ausgeprägtem Überlegenheitsanspruch, üblich) Europas konstitutive Vulnerabilität und Krisenhaftigkeit an. Diese grundlegende Krisenhaftigkeit wird in spezifischen historischen Konstellationen besonders virulent und darin zu einer konkreten Krise. Europa befindet sich aus mehreren Gründen in einer grundlegenden Bedrängnis und inszeniert sich, konfrontiert mit tausenden Toten im Mittelmeer, die dort ihr Leben als direkte Folge europäischer Grenzpolitik verloren haben, als Ort des auserwählt Guten, der Werte, als Hort der Geschlechteregalität, der Menschenrechte und angesichts einer ausgeprägten und zunehmenden sozialen Ungleichheit paradoxerweise als Raum der Gerechtigkeit. Für diese Inszenierung brauchen wir die Anderen, ihre Hässlichkeit, ihre Gefährlichkeit, ihre Unzivilisiertheit (vgl. Mecheril/van der Haagen-Wulff 2016).

»Rasse« als Ressource zur Abwehr der (Legitimität der) materiellen Ansprüche Anderer

Zunehmend prägen Wohlstandskonkurrenz sowie die öffentliche Diffamierung derer, die einwandern, um ihre Lebensbedingungen zu verbessern, die gesellschaftlichen Thematisierungen von Migration. Eingewanderte und Geflüchtete werden sowohl ökonomisch wie kulturell als Bedrohung dargestellt. In der Kombination von ökonomischen Abstiegsängsten (vgl. Nachtwey 2016) und kultureller Identitätsbehauptung werden abwertende Stereotype artikuliert. Das Selbstbild, rechtmäßig zum eigenen Wohlstand gekommen zu sein, stellt alle unter Verdacht, die Grenzen überschreiten und einen Lebensort suchen, an dem sie sich erhoffen, mit eigener Arbeit und entsprechenden Sozialabgaben an dem dort vorhandenen Wohlstand zu partizipieren. Aufklärende empirische Studien über den realen Beitrag von Eingewanderten zu den Sozialversicherungskassen irritieren diese Haltungen kaum, da Überzeugungen, aus denen Selbstbilder erwachsen sind, den Tatsachen überlegen bleiben. Die Popularität neo-rassistischer und völkischer Auffassungen lässt sich nicht ursächlich mit wirtschaftlichen Notlagen erklären, wirkt sich aber auf ökonomische Strukturen aus, weil die Affirmation derartiger Ungleichwertigkeitsvorstellungen die Ausbeutung der als fremd betrachteten Bevölkerungsgruppen legitimiert. Zugleich können ökonomische Privilegien in der als national zusammengehörig imaginierten Bevölkerung abgesichert werden – zumindest ist das die von Verlustängsten begleitete Hoffnung, die der Neonationalismus verbreitet.

Begünstigt werden die Illusionen einer Nationalökonomie, die den qua Abstammung Zusammengehörigen zugutekäme, wenn ein »ethnischer Volksbegriff« beansprucht wird (vgl. Holz/Weyand 2014: 216), der in einer zeitgeschichtlichen Beziehung zum nationalsozialistischen Konzept der »Volksgemeinschaft« steht, das offensichtlich unzureichend aufgearbeitet worden ist. Rassismus und Nationalismus sind dabei verbunden worden und haben ein völkisches Selbstbild und eine »politische Ethik der Arbeit« vermittelt (ebd.: 203). Von beidem finden sich Spuren in der Gegenwart. Doch ist diese spezifische politische Kombination unzureichend reflektiert worden, und es lohnt sich, das nachzuholen, um geschichtsbewusst mit den Phänomenen der gegenwärtigen Abwehr von globalen Wirklichkeiten umzugehen. Schließlich stellte der »Begriff der Arbeit einen wesentlichen Bestandteil nationalsozialistischer Ideologie und Praxis dar« (Bach 2016: 52). Arbeit galt darin nicht mehr lediglich als notwendige praktische Tätigkeit zur materiellen Reproduktion. Vielmehr avancierte das Arbeitsideal zu einem »zentralen Element des normativen Selbstverständnisses« (ebd.: 53), das über Einschluss oder Ausschluss aus der »Volksgemeinschaft« entscheiden konnte. Dabei konnte auf eine lange Geschichte zurückgegriffen werden, in der das »Konstrukt ›deutscher Arbeit‹ als Ausdruck moralischer Gesinnung mit dem Gegenbild ›jüdischer Nicht-Arbeit‹« einherging (ebd.). Auf der »Grundlage von Krisen- und Entfremdungserfahrungen einer warenproduzierenden Gesellschaft« (ebd.: 55) wurde »das Narrativ der ›ehrlichen deutschen Arbeit zum Wohle der Gemeinschaft‹« (ebd.) zu einem Teil des Selbstbildes, dessen Einfluss bis in die Gegenwart reicht.

Wie bereits angesprochen, bewirkt das Arbeitsideal in seiner Geschichte eine Spaltung, die antisemitisch konnotiert ist, antiziganistisch benutzt worden ist und gegenwärtig gegen Migration und gegen Migrant_innen eingesetzt wird. Sein semantischer Kern ist die Unterscheidung von ehrlicher und betrügerischer Arbeit. Durch die Fokussierung der Aufmerksamkeit auf »illegale Migration« können Fragen nach Arbeitsbedingungen und

Lohnverhältnissen verdrängt werden zugunsten des Sprechens über bedrohliche und betrügerische Migrant_innen. Sie bieten eine Projektionsfläche für das Unbehagen an den globalisierten Arbeitsmärkten und deren Konkurrenzstruktur. Doch es muss bereits eine Bereitschaft vorhanden sein, diese Fläche zu nutzen. Rassistische und nationalistische Überzeugungen werden nicht einfach durch ökonomische Verhältnisse erzeugt. Eher treffen ökonomische Entwicklungen auf vorhandene Denkmuster, die in der Geschichte des modernen Nationalismus und des völkischen Rassismus geformt worden sind und an die sich anknüpfen lässt. Wachsende Einkommens-, Wohlstands- und Vermögensungleichheiten begünstigen offensichtlich die Tendenzen zur Reaktivierung rassistischer Muster, doch können sie nicht als gewissermaßen mechanischer Auslöser derselben aufgefasst werden. Wirtschaftliche Schieflagen alleine verursachen nicht einen derart übergreifenden, von verschiedensten sozialen Gruppen getragenen Alltagsrassismus. Sie tragen aber zum konjunkturellen Manifest-Werden (vgl. die Beiträge in: Demirović/Bojadžijev 2002) des latent kontinuierlich geltenden Unterschiedsschemas bei, das zwischen *natio-ethno kulturell* kodiertem Wir und Nicht-Wir unterscheidet.

Mit der fortschreitenden kapitalisierten Globalisierung werden immer größere Teile der Weltbevölkerung als überflüssig betrachtet. Sie werden zu »Abfall« in einer Ordnung, die nur noch Raum für diejenigen bietet, die in ihr als nützlich gelten (vgl. Bauman 2005: 14f.). Die »Produktion menschlichen Abfalls« erfolgt in der fortgeschrittenen Globalisierung nicht intentional, sondern »ist nur eine Nebenhandlung des wirtschaftlichen Fortschritts« (ebd.: 59). Damit unterscheidet Bauman systematisch die aktuellen Ausgrenzungsprozesse marginalisierter und verelendeter Bevölkerungen von den Verfolgungspraktiken der Nationalstaaten im 19. und 20. Jahrhundert. Anhand des Diskurses um »Überbevölkerung« diskutiert er, wie sich eine spaltende Sichtweise von wertvollem und wertlosem Leben entwickelt. Als nutzlos geltende Menschen können dennoch nützliche Funktionen ausfüllen, sei es in den globalisierten Dienstleistungsindustrien oder in der Entsorgung und Verwertung von Müll. Doch mit ihren Tätigkeiten ist keine Anerkennung verbunden, weshalb auch ihr Nutzen nichts daran ändert, dass ihr Leben verworfen ist.

Bauman problematisiert die materiell-existenzielle Seite der Ordnung von legitimen und illegitimen Existenzen, durch die aber die rassistische und nationalistische Ordnung der Identitäten keineswegs aufgehoben wird, sie erfährt nur eine der kapitalisierten Logik angepasste Variation. Zu

Fremden werden auch Geflüchtete und papierlose Migrant_innen gemacht, denn es genügt nicht, dass sie ohne Einkommen und Pass leben, sie sollen zudem »fremd« sein, um die Grenze zu dem, was Bevölkerung genannt wird, symbolisch abzusichern und zu legitimieren. Die Ordnung der Nützlichkeit verschränkt sich mit rassistischen Ordnungen. Ausgesetzte Existenzen wie jene von Geflüchteten und Vertriebenen trifft diese Ordnung in besonderem Maße und macht sie abhängig von der Möglichkeit, durch Lohnarbeit ihren Aufenthalt zumindest temporär zu legitimieren. Abwertungen von sogenannten »Armutsmigrant_innen« oder »Wirtschaftsflüchtlingen« verstärken die bereits vorhandene Bereitschaft zur Feindlichkeit und geben ihr eine rationale Grundlage in Form realer Verteilungsfragen, deren Beantwortung jedoch auch ganz anders ausfallen könnte, beispielsweise in Form der Problematisierung des Niedriglohnsektors. Daraus ergeben sich allerdings keine einfachen Antworten, denn es geht um strukturelle Bedingungen, die sich nicht personalisieren lassen.

Christoph Butterwegge sieht in der Zustimmung zu dominierenden Normen wie ökonomischer Verwertbarkeit, Leistungsfähigkeit, Konkurrenz und Systemangepasstheit wesentliche Elemente für rechtsextreme Überzeugungen (vgl. 2006: 16). »Der modernisierte Rechtsextremismus verklammert Nationalismus und Wirtschaftsliberalismus in einer Weise miteinander, die populistische Anrufungen ermöglicht bzw. erleichtert« (ebd.: 17). Die Übergänge zwischen Rechtsextremismus und nationalem Populismus sind fließend, wenn »Forderungen nach einer Neukonturierung der ›nationalen Identität‹ als Brücke zwischen der ›liberalkonservativen Mitte‹ und der extremen Rechten« fungieren (ebd.: 18). In Deutschland lassen sich Stationen dieser Entwicklung seit den 1990er Jahren nachzeichnen. Dazu gehören die Asyldebatte 1991/1992, die unzureichende Reform des Staatsbürgerschaftsrechts im Jahr 2000, die Kampagne gegen den ›Doppelpass‹ im hessischen Landtagswahlkampf 1999 und die Leitkultur-Diskussion im Oktober 2000. Dies alles hat in der politischen Kultur dazu beigetragen, dass »Themen der Rechten zu Themen der Mitte« geworden sind (ebd.: 21). Butterwegge diagnostiziert eine »Kulturalisierung der Politik«, durch die sich politische Debatten auf die »Wahrung kollektiver Identitäten« fokussiert haben (ebd.: 22f.). Damit verbindet sich eine Ethnisierung des Politischen, die auch ökonomische Themen umfasst. Der neuere Nationalismus integriert völkisch-traditionalistische Elemente genauso wie den modernistischen Wettbewerbs- und Standortnationalismus und verbindet die soziale Frage mit der »Ausländerfrage« (ebd.: 29).

Klassenspezifische Verteilungskonflikte, die von Auseinandersetzungen, »die das Drinnen und Draußen regulieren«, überlagert werden, betrachtet Klaus Dörre im Zusammenhang der Prekarisierung von Arbeit (2006: 155). Prekär Beschäftigte befinden sich in einer »Schwebelage«, in der sie alle Energien mobilisieren müssen, um doch noch »den Sprung in sichere Verhältnisse« zu schaffen (ebd.). Auch bei den noch abgesichert Beschäftigten hat sich ein »permanentes Gefühl der Verunsicherung« eingestellt (ebd.). Doch neben der desintegrierenden Wirkung der Prekarität entfaltet diese eine »disziplinierende Kraft« (ebd.: 156). Vermittelt wird dadurch eine »Ideologie der imaginären Integration durch den Ausschluss anderer« (ebd.: 157). Prekarität wird somit nicht als globales Problem begriffen, sondern mobilisiert nationalistische Selbstbehauptungsmotive. In Betrieben beobachtet Dörre eine verbreitete »Konfliktverdrängung«, die fremdenfeindliche und rassistische Auffassungen im Verborgenen gedeihen lässt, verbunden mit einer Wut auf »kosmopolitische Orientierungen des Managements« (ebd.: 159). Zwischen Resignation und imaginärer Revolte richten sich prekär Beschäftigte und von Prekarität oder Arbeitsplatzverlust Bedrohte sowohl »gegen ›die da oben‹ wie gegen ›fremd‹ und ›anders‹ […] Dieser reaktive Nationalismus von Lohnabhängigen stellt eine sozialpopulistische Antwort auf die Entgrenzung der Märkte dar« (ebd.: 160). Um den Druck zu bewältigen, bringen die Zumutungen globalisierter Arbeitswelten »Techniken einer ressentimentgeladenen Selbstformung« hervor (ebd.: 163). Das Angebot rechtspopulistischer Orientierungen wird aufgegriffen, weil es Entlastung verspricht. Dies funktioniert allerdings nur unter der Voraussetzung einer Offenheit für rassistische Denkmuster, die nicht aus der Prekarität heraus erklärt werden können, sondern von dieser nur begünstigt und mobilisiert werden. Der Inhalt des Rassismus, das Denken in abstammungsbezogener, nationaler und kultureller Ungleichwertigkeit bleibt maßgeblich dafür, dass derartige Ressentiments aktivierbar sind.

Rassistische Muster werden somit aktiviert, wenn das *natio-ethno-kulturell* kodierte, geopolitisch privilegierte Wir seine Privilegiertheit gegenüber Ansprüchen anderer behauptet, seien diese nun explizit formuliert oder schlicht mit der Praxis der Grenzüberschreitung verbunden. Die Privilegierten werden in Europa schon lange und unübersehbar seit 2015 konfrontiert mit dem Abfall der Weltordnung (vgl. Bauman 2005), eine Ordnung, die nicht unwesentlich von westlichen Akteur_innen und Instanzen errichtet wurde und von der der Westen unermesslich profitiert. Diese Konfrontation wird von Teilen der europäischen Gesellschaften als Zumutung erlebt, und den Geflüchteten wird angelastet, dass sie mit ihrem Leid in den gut eingerichteten Regionen des europäischen Wohlstands sichtbar werden. Deshalb müssen sie dämonisiert, herabgewürdigt und letztlich entmenschlicht werden.

Die Dämonisierung der Anderen (vgl. die Beiträge in Castro Varela/Mecheril 2016) dient der Erhaltung einer globalen Ordnung. In dieser wurde der Wohlstand der privilegierten statistischen Minderheit auf Kosten der globalen Anderen errichtet und er wird auf ihre Kosten bewahrt. Das europäische Fischereiwesen, die globale Müllentsorgungsindustrie, Mobiltelefone, die ohne Coltan aus dem Kongo nicht funktionstüchtig wären – die Menschen in den an Bodenschätzen reichen Ländern in Afrika leben in bitterer Armut – nicht zuletzt auch aufgrund nationaler Lohnarbeitspolitik, auf die transnationale Unternehmen massiv, legal und illegal, Einfluss nehmen.

Die Bewahrung der »imperialen Lebensweise« (Brand/Wissen 2011) des Westens bedarf notwendig der Dämonisierung jener, deren leibliche Anwesenheit und deren narratives Vermögen (sie haben Geschichten über die Weltordnung zu erzählen) für die globale Minderheit wenig erträglich ist, weil es die Unerträglichkeit der Verhältnisse anzeigt, von denen diese Minderheit profitiert. Dem Kapitalismus geht somit (womöglich) nicht nur das für seine beständige Reproduktion notwendige Außen durch die ihm eigene zerstörerische Expansion und Totalisierung verloren (vgl. etwa Dörre 2013), der Kapitalismus schafft paradoxerweise auch die Voraussetzungen, dass die als Schattenwesen des Außen Erscheinenden ins Innere gelangen und die Innen-Außen-Trennung bewusst werden lassen. Einigermaßen erfolgreich verhindert werden kann die Formierung dieses individuellen wie öffentlichen Bewusstseins durch die Dämonisierung und symbolische wie faktische Rückführung der Anderen in das Außen.

Rassismuskritische Bildung im globalen Kapitalismus

Migrationsgesellschaftliche Bewusstseinsbildung ist in der Breite der Bildungsarbeit erforderlich, um die Tatsache der Migration in das gesellschaftliche Selbstbild aufzunehmen und um den neo-nationalistischen Bestrebungen in den europäischen Demokratien etwas entgegenzusetzen. Bildung – nicht zuletzt in Zeiten rassistischer Konjunktur – braucht theoretisch ausgewiesen und entschiedener als wir dies in der deutschsprachigen Tradition der Thematisierung von Bildung kennen, einen kritischen Bezug auf implizite und explizite »Rasse«-Kategorien, in und mit denen die Ungleichheit des Menschen durchgesetzt und legitimiert wird. Damit verbunden ist, was Zygmunt Bauman (2016) »Adiaphorisierung« nennt, also eine moralische Neutralisierung und die Alltagskultur einer buchhalterisch-administrativen Gleichgültigkeit, die die Anteilnahme an dem Schicksal und Leid Anderer verhindert und damit auch jene politische Einbildungskraft hemmt, die erforderlich ist, um Menschheit politisch wie pädagogisch nicht partikular, sondern allgemein zu denken.

Ein materialistisch-kritisches Bildungsverständnis verortet hierbei institutionalisierte Bildung im Prozess bürgerlich-kapitalistischer Vergesellschaftung. Bildung wird als in sich widersprüchlich verstanden. Sie basiert auf historischen Befreiungsprozessen von feudaler Herrschaft und beansprucht souveräne Selbstbestimmung für alle, was zugleich zu einem Zwang zur Selbstverwertung wird. Gernot Koneffke betont, dass die bürgerliche Herrschaft Befreiung notwendig mit sich führt, diese aber »herrschaftlich verkehrt« (2004: 244), wobei an dieser Verkehrung der Profit der bürgerlichen Subjekte hängt. »Die Pädagogik kann nicht anders, als dem Wertgesetz Geltung zu verschaffen« (ebd.: 251). Gleichzeitig werden aber durch organisierte Pädagogik und institutionalisierte Bildung Voraussetzungen geschaffen, diese Prozesse verstehen und kritisieren zu können.

»Pädagogik gehört zu den wesentlichen Elementen der Durchsetzung bürgerlicher Gesellschaft« (ebd.: 238), und die bürgerliche Gesellschaft braucht selbstbewusste Individuen, die ihre Selbsterhaltung eigenständig betreiben können. Der historische Prozess dieser Durchsetzung ist widersprüchlich – er bedeutet Befreiung von einem feudal-klerikalen Herrschaftszusammenhang und Unterwerfung unter ein Vernunftprinzip, das zugleich eine ökonomische Rationalität konstituiert. Koneffke beschreibt diesen Prozess in einem Text zum Zusammenhang von Globalisierung und Pädagogik als die »Verkehrung des individuellen Willens in die Verselbständigung des Wertgesetzes« (ebd.: 239). Dem Markt ist die »Freiheit der Individuen vorausgesetzt, wenn auch negativ, als Freiheit, die sich unablässig die Form der Selbstunterwerfung gibt« (ebd.: 240). Durch diese bildungstheoretisch-materialistische Analyse der Globalisierung wird das

Subjekt als in sich widersprüchlich und von den gesellschaftlichen Verhältnissen konstituiert gekennzeichnet. Als bürgerliches Subjekt ist es marktförmig, da über die Beteiligung am Marktgeschehen seine Vergesellschaftung und seine individuelle Selbsterhaltung verlaufen. Das bürgerliche Subjekt beteiligt sich an der Produktion des Mehrwertes und der privaten Aneignung gesellschaftlich erzeugten Reichtums, dem »das Maß politisch zugelassener öffentlicher Armut korrespondiert« (ebd.: 244).

Die Anrufung einer Bildungskonzeption jenseits der verwalteten Welt der Wirtschaft und ihrer ökonomischen Verzweckungen erscheint angesichts der strukturellen Verwicklungen von Bildung und kapitalisierter Ökonomie wie ein Wunsch der Bildungs_arbeiterinnen unschuldig zu sein. Verdrängt wird darin die eigene institutionelle Beteiligung an eben jener Besetzung von Bildung, die mit dem Funktionieren der bürgerlich-kapitalistischen Gesellschaft konform geht. Diese Gesellschaftsform kapitalisiert sich immer mehr, und es bedarf neuer Formen der Kritik, die die eigene Beteiligung an globaler (Selbst-)Kapitalisierung reflektieren, ohne sich dadurch handlungsunfähig zu machen. Eine auf globalisierte Verhältnisse bezogene ökonomische Reflexivität kann sich nicht im Antikapitalismus erschöpfen. Damit würde sie sich in die Nähe von Anti-Globalisierungs-Positionen begeben, die dem Neo-Nationalismus Vorschub leisten.

Eine selbstreflexive kritische Bildungstheorie und -praxis bietet Wege zur Auseinandersetzung mit der eigenen Bildungssozialisation an, in der die Denkmuster von Rassismus, Antisemitismus, klassenbezogene Abwertung oder Vorstellungen von mehr oder weniger wertvollem Leben vermittelt worden sind. Sie strukturieren die »Kontaktzonen« (Sternfeld 2013), in denen Bildungsprozesse erfolgen, die immer kontaminiert sind von den dominierenden Auffassungen ihrer Zeit und diese Auffassungen reproduzieren, solange keine Einsprüche dagegen erfolgen. Deshalb liegt dem Ansatz der rassismuskritischen Bildung ein Kritikbegriff zugrunde, der auf die Selbstkritik der Bildungstheorie und ihrer institutionellen Praxis angewiesen ist.

Die ökonomischen Bedingungen von Bildung sind in idealistischen und geisteswissenschaftlichen Traditionen lange vernachlässigt worden. Doch steht die materialistische Kritik der Bildung selbst in der Gefahr, komplexe Zusammenhänge zu reduzieren. Eine »ökonomisch-reduktionistische Perspektive auf das Weltsystem« (Grosfoguel 2010: 315) wird den weit verzweigten Machtstrukturen noch nicht wirklich gerecht. Auch in einer materialistisch-kritischen Bildungstheorie ist die globale Wirkung des kolonialen Rassismus weitgehend vernachlässigt worden. Ramón Grosfoguel plädiert dafür, die »Idee von Rasse und Rassismus« als das Ordnungsprinzip zu betrachten, »nach dem alle multiplen Hierarchien des Weltsystems strukturiert werden« (ebd.: 316). Rasse und Rassismus sind in seiner dekolonialen Analyse kein »Überbau«, sondern »Hauptbestandteil kapitalistischer Akkumulation« (ebd.: 317). Um dies anzuerkennen, müssen die Verwobenheiten von wirtschaftlichen, politischen, kulturellen und sozialen Feldern beachtet werden, anstatt zwischen diesen Feldern Bedeutungshierarchien aufzubauen (vgl. ebd.: 322). Die Tatsache globaler Migration verbindet alle diese Felder. Migrationsmotive sind nicht denkbar ohne die Berücksichtigung wirtschaftlicher Bedingungen, politischer und sozialer Verhältnisse sowie kultureller Dynamiken.

Rassismustheorie stellt ein (begriffliches) Instrumentarium der Analyse politischer, sozialer und kultureller Verhältnisse zur Verfügung. Mit dem Ausdruck »Rassismuskritik« geht es weniger um die Angabe von Kriterien, die es ermöglichen, Rassismus und »den Rassisten« empirisch exakt zu bestimmen. Vielmehr verbindet sich mit Rassismuskritik die Ambition zum Thema zu machen, in welcher Weise, unter welchen Bedingungen und mit welchen Konsequenzen Selbstverständnisse und Handlungsweisen von (rassistisch auf- oder abgewerteten) Individuen, Gruppen und Institutionen durch Rassismen vermittelt sind. Rassismuskritik als eine Haltung und als eine Praxis sucht nach Veränderungsperspektiven, nach Möglichkeiten, solchen Formen der Fremdbestimmung, der Kontrolle und des Gelenkt-Werdens Alternativen entgegenzustellen. Rassismuskritik zielt darauf ab, beeinträchtigende, disziplinierende und zuweilen auch gewaltvolle Formen des ethnisierenden und rassifizierenden Wissens abzuschwächen.

Rassismuskritik kann in diesem allgemeinen Sinne als kunstvolle, kreative, notwendig reflexive, beständig zu entwickelnde und unabschließbare, gleichwohl entschiedene Praxis verstanden werden, die von der Überzeugung getragen wird, dass es sinnvoll ist, nicht in dieser Weise auf rassistische Handlungs-, Erfahrungs- und Denkformen angewiesen zu sein. Im Rahmen rassismuskritischer Ambition wird die Möglichkeit der Kritik in erster Linie auf ihre sozialen und politischen Ermöglichungsbedingungen befragt und die Rolle erkundet und gestärkt, die politische Bildung hierbei spielen kann.

Das Konzept Rassismuskritik beinhaltet macht- und selbstreflexive Betrachtungsperspektiven auf Handlungen, Institutionen, Diskurse und

Strukturen. Gesellschaftliche Verhältnisse, die über Jahrhunderte hinweg von angewandten und in Erzählungen weitergeführten Rassismen beeinflusst sind, können zwar nicht durch singuläre Praxen verändert werden, doch kann eine rassismuskritische Bewusstseinsbildung dazu beitragen, lokale Veränderungsprozesse einzuleiten. Wichtig ist hierbei die kritische Reflexion auf die eigene (im biografischen wie historischen Sinn) Geschichte und gesellschaftliche Position. Das Bestreben, nicht mehr dermaßen auf Rassismen zurückgreifen zu müssen, bedarf einer Standpunktsensibilität und -reflexivität, die eigene Involviertheiten (vgl. Messerschmidt 2011) in einer von Rassismen und anderen Herrschaftsformen strukturell beeinflussten Gesellschaft berücksichtigt. Die empirisch ausgewiesene und standpunktreflexiv differenzierte Kritik rassistischer Handlungen und Strukturen zielt darauf, die Stabilität dieser Herrschaftsformen zu schwächen, um sie abzubauen. Diese Kritik bedarf zugleich einer erst noch auszubildenden ökonomischen Reflexivität, die Rassismus und Kapitalismus in Zusammenhängen zu denken in der Lage ist. Dabei bleibt es erforderlich, die spezifische Attraktivität herkunftsbezogener Behauptungen von Ungleichwertigkeit zu beachten, die letztlich nicht ökonomisch zu erklären ist.

Literatur

Attia, Iman/Häusler, Alexander/Shooman, Yasemin (2014), *Antimuslimischer Rassismus am rechten Rand*, Münster.

Bach, Johanna (2016), »Das Narrativ ›sittlicher Arbeit‹ im moralischen Verständnis der Deutschen«, in: Fritz Bauer Institut (Hg.), *Ethik und Ethiken im Nationalsozialismus*, Frankfurt am Main, S. 49–65.

Balibar, Étienne (1990), »Gibt es einen Neo-Rassismus?« in: Étienne Balibar/Immanuel Wallerstein (Hg.), *Rasse, Klasse, Nation. Ambivalente Identitäten*, Hamburg/Berlin, S. 23–38.

Bauman, Zygmunt (2005), *Verworfenes Leben. Die Ausgegrenzten der Moderne*, Bonn.

Bauman, Zygmunt (2008), *Flüchtige Zeiten. Leben in der Ungewissheit*, Hamburg.

Bauman, Zygmunt (2016), *Die Angst vor den anderen. Ein Essay über Migration und Panikmache*, Berlin.

Brand, Ulrich (2010), »Plädoyer für ein kritisch-weltgesellschaftliches Bildungsverständnis. Politische Bildung in Zeiten des (Post-)Neoliberalismus«, in: *Magazin erwachsenenbildung.at., Das Fachmedium für Forschung, Praxis und Diskurs*, Ausgabe 11/2010, S. 1–10.

Brand, Ulrich/Wissen, Markus (2011), »Sozial-ökologische Krise und imperiale Lebensweise. Zu Krise und Kontinuität kapitalistischer Naturverhältnisse«, in: Alex Demirović/Julia Dück/Florian Becker/Pauline Bader (Hg.), *VielfachKrise. Im finanzdominierten Kapitalismus*, Hamburg, S. 79–94.

Brand, Ulrich/Wissen, Markus (2017), *Imperiale Lebensweise. Zur Ausbeutung von Menschen und Natur im globalen Kapitalismus*, München.

Brumlik, Micha (2016), »Das alte Denken der neuen Rechten. Mit Heidegger gegen die offene Gesellschaft«, in: *Blätter für deutsche und internationale Politik*, H. 3, S. 81–92.

Butler, Judith (2010), *Raster des Krieges. Warum wir nicht jedes Leid beklagen*, Frankfurt am Main.

Butterwegge, Christoph (2006), »Modernisierter Rechtsextremismus in Europa, Zusammenhänge von Neoliberalismus und Rechtsextremismus«, in: Peter Bathke/Susanne Spindler (Hg.), *Neoliberalismus und Rechtsextremismus in Europa. Zusammenhänge – Widersprüche – Gegenstrategien*, Berlin, S. 15–33.

Camus, Renaud (2016), *Revolte gegen den Großen Austausch*, Steigra.

Castro Varela, María do Mar/Mecheril, Paul (Hg.) (2016), *Die Dämonisierung der Anderen. Rassismuskritik der Gegenwart*, Bielefeld.

Coates, Ta-Nehisi (2018), *We Were Eight Years in Power. Eine amerikanische Tragödie*, Berlin.

Decker, Frank/Lewandowsky, Marcel (2009), »Populismus. Erscheinungsformen, Entstehungshintergründe und Folgen eines politischen Phänomens«, in: *Bundeszentrale für politische Bildung*, www.bpb.de, letzter Zugriff: 11.09.2018, http://www.bpb.de/41192/was-ist-rechtspopulismus?p=all.

Demirović, Alex/Bojadžijev, Manuela (2002) (Hg.), *Konjunkturen des Rassismus*, Münster.

Dhawan, Nikita (2016), »Doch wieder! Die Selbst-Barbarisierung Europas«, in: María do Mar Castro Varela/Paul Mecheril (Hg.), *Die Dämonisierung der Anderen. Rassismuskritik der Gegenwart*, Bielefeld, S. 73–84.

Dörre, Klaus (2013), »Landnahme. Triebkräfte, Wirkungen und Grenzen kapitalistischer Wachstumsdynamik«, in: Maria Backhouse/Olaf Gerlach/Stefan Kalmring/Andreas Nowak (Hg.), *Die globale Einhegung. Krise, ursprüngliche Akkumulation und Landnahmen im Kapitalismus*, Münster, S. 112–140.

Dörre, Klaus (2006), »Prekarisierung der Arbeitsgesellschaft – Ursache einer rechtspopulistischen Unterströmung?«, in: Peter Bathke/Susanne Spindler (Hg.), *Neoliberalismus und Rechtsextremismus in Europa. Zusammenhänge – Widersprüche – Gegenstrategien*, Berlin, S. 153–165.

Dreyfus, Hubert L./Paul Rabinow (1987), *Michel Foucault: Jenseits von Strukturalismus und Hermeneutik*, Frankfurt am Main.

End, Markus (2012), »Bilder und Sinnstruktur des Antiziganismus. Begriff und Forschungsansatz«, in: *Überblick. Zeitschrift des Informations- und Dokumentationszentrums für Antirassismusarbeit in Nordrhein-Westfalen*, Jg. 18, H. 1, S. 3–8.

Engbring-Romang, Udo (2001), »Antiziganismus als Phänomen der bürgerlichen Gesellschaft«, in: ders., *Die Verfolgung der Sinti und Roma in Hessen zwischen 1870 und 1950*, Frankfurt am Main, S. 25–35.

Foucault, Michel (1983), *Der Wille zum Wissen. Sexualität und Wahrheit*, Bd. 1, Frankfurt am Main.

Foucault, Michel (1993), »Leben machen und sterben lassen. Die Geburt des Rassismus«, in: Duisburger Institut für Sprach- und Sozialforschung (DISS) (Hg.), *Bio-Macht*, DISS-Texte Nr. 25, 2. Aufl., Duisburg, S. 27–50.

Fredrickson, George M. (2004), *Rassismus. Ein historischer Abriß*, Hamburg.

Georgi, Fabian (2016), »Widersprüche im Sommer der Migration. Ansätze einer materialistischen Grenzregimeanalyse«, in: *Prokla. Zeitschrift für kritische Sozialwissenschaft*, Jg. 46, Nr. 2, H. 183, S. 183–203.

Grosfoguel, Ramón (2010), »Die Dekolonisation der politischen Ökonomie und der postkolonialen Studien: Transmoderne, Grenzdenken und globale Kolonialität«, in: Manuela Boatcă/Willfried Spohn (Hg.), *Globale, multiple und postkoloniale Modernen*, München, S. 309–337.

Groß, Eva/Hövermann, Andreas (2018), »Marktförmiger Extremismus. Abwertung, Ausgrenzung und Rassismus vor dem Hintergrund einer Ökonomisierung der Gesellschaft«, in: Mechtild Gomolla/Marlene Menk/Ellen Kollender (Hg.), *Rassismus und Rechtsextremismus in Deutschland. Figurationen und Interventionen in Gesellschaft und staatlichen Institutionen*, Weinheim, S. 110–126.

Hark, Sabine/Villa, Paula-Irene (2017), *Unterscheiden und herrschen. Ein Essay zu den ambivalenten Verflechtungen von Rassismus und Feminismus in der Gegenwart*, Bielefeld.

Hall, Stuart (1994), *Rassismus und kulturelle Identität*, Bd. 2, Hamburg.

Hall, Stuart (2000), »Rassismus als ideologischer Diskurs«, in: Nora Räthzel (Hg.), *Theorien über Rassismus*, Hamburg, S. 7–16.

Held, Josef/Horn, Hans/Leiprecht, Rudolf/Marvakis, Athanasios (1991), *»Du mußt so handeln, daß Du Gewinn machst …«. Empirische Untersuchungen und theoretische Überlegungen zu politisch rechten Orientierungen jugendlicher Arbeitnehmer*, Duisburger Institut für Sprach- und Sozialforschung (DISS), DISS-Texte Nr. 18, Duisburg.

Holz, Klaus/Weyandt, Jan (2014), »Arbeit und Nation. Die Ethik nationaler Arbeit und ihre Feinde am Beispiel Hitlers«, in: Sebastian Voigt/Heinz Sünker (Hg.), *Arbeiterbewegung – Nation – Globalisierung. Bestandsaufnahme einer alten Debatte*, Weilerswist, S. 202–228.

Horkheimer, Max/Adorno, Theodor W. (1994 [1947]), »Elemente des Antisemitismus«, in: dies., *Dialektik der Aufklärung. Philosophische Fragmente*, Frankfurt am Main, S. 177–217.

Kistenmacher, Olaf (2007), »Vom ›Judas‹ zum ›Judenkapital‹. Antisemitische Denkformen in der Kommunistischen Partei Deutschlands der Weimarer Republik, 1918–1933«, in: Matthias Brosch/Michael Elm/Norman Geißler/Brigitta Elisa Simbürger u.a. (Hg.), *Exklusive Solidarität. Linker Antisemitismus in Deutschland*, Berlin, S. 69–86.

Koneffke, Gernot (2004), »Globalisierung und Pädagogik – Bemerkungen zu einer alten, vertrackten Beziehung«, in: *Jahrbuch für Pädagogik 2004: Globalisierung und Bildung*, Frankfurt am Main, S. 237–254.

Korooshy, Shadi/Mecheril, Paul/Shure, Saphira (2018), »Rassismus in der Migrationsgesellschaft«, in: Christine Hunner-Kreisel/Jana Wetzel (Hg.), *Rassismuskritik als Querschnittsaufgabe innerhalb der Sozialen Arbeit*, Sonderheft von Neue Praxis, Lahnstein, S. 15–26.

Lentin, Alana (2008), *Racism: A Beginner's Guide*, London.

Locke, John (1967 [1689]), *Zwei Abhandlungen über die Regierung*, Frankfurt am Main.

Maciejewski, Franz (1996), »Elemente des Antiziganismus«, in: Jacqueline Giere (Hg.), *Die gesellschaftliche Konstruktion des Zigeuners. Zur Genese eines Vorurteils*, Frankfurt am Main, S. 10–25.

Mbembe, Achille (2014), *Kritik der Schwarzen Vernunft*, Berlin.

Mecheril, Paul (2004), *Einführung in die Migrationspädagogik*, Weinheim.

Mecheril, Paul (2011), »Wirklichkeit schaffen: Integration als Dispositiv«, in: *Aus Politik und Zeitgeschichte* (APuZ), Jg. 61, H. 43, S. 49–54.

Mecheril, Paul/van der Haagen-Wulff, Monica (2016), »Bedroht, angstvoll, wütend. Affektlogik der Migrationsgesellschaft«, in: María do Mar Castro Varela/Paul Mecheril (Hg.), *Die Dämonisierung der Anderen. Rassismuskritik der Gegenwart*, Bielefeld, S. 119–142.

Messerschmidt, Astrid (2009), »Verdrängte Dialektik. Zum Umgang mit einer widersprüchlichen Bildungskonzeption in globalisierten Verhältnissen«, in: Carsten Bünger/Peter Euler/Andreas Gruschka/Ludwig A. Pongratz (Hg.), *Heydorn lesen! Herausforderungen kritischer Bildungstheorie*, Paderborn, S. 121–135.

Messerschmidt, Astrid (2011), »Involviertes Forschen. Reflexionen von Selbst- und Fremdbildern«, in: Ines Breinbauer/Gabriele Weiß (Hg.), *Orte des Empirischen in der Bildungstheorie. Einsätze theoretischer Erziehungswissenschaft*, Würzburg, S. 81–95.

Messerschmidt, Astrid (2016), »Antiziganismuskritische Bildung in der nationalbürgerlichen Konstellation«, in: Wolfram Stender (Hg.), *Konstellationen des Antiziganismus. Theoretische Grundlagen, empirische Forschung und Vorschläge für die Praxis*, Wiesbaden, S. 95–110.

Messerschmidt, Astrid (2018), »Alltagsrassismus und Rechtspopulismus«, in: Mechtild Gomolla/Marlene Menk/Ellen Kollender (Hg.), *Rassismus und Rechtsextremismus in Deutschland. Figurationen und Interventionen in Gesellschaft und staatlichen Institutionen*, Weinheim, S. 80–92.

Miles, Robert (1991), *Rassismus: eine Einführung in die Geschichte und Theorie eines Begriffs*, Hamburg.

Nachtwey, Oliver (2016), *Die Abstiegsgesellschaft. Über das Aufbegehren in der regressiven Moderne*, Berlin.

Oswald, Christian (2011), »Über Humankapital und einige seiner Familienprobleme«, in: Rita Casale/Edgar Forster (Hg.), *Jahrbuch für Frauen- und Geschlechterforschung in der Erziehungswissenschaft: Ungleiche Geschlechtergleichheit. Geschlechterpolitik und Theorien des Humankapitals*, Jg. 7, H. 1, Opladen/Farmington Hills, S. 35–60.

Postone, Moishe (2005), »Antisemitismus und Nationalsozialismus«, in: ders., *Deutschland, die Linke und der Holocaust. Politische Interventionen*, Freiburg i. Br., S. 165–194.

Said, Edward (2003), *Orientalism*, London.

Scherr, Albert (2018), »Rassismus, Post-Rassismus und Nationalismus. Hinweise zu den Erfordernissen einer differenzierten Kritik«, in: Ansgar Drücker/Sebastian Seng (Hg.), *Made in Germany. Zur Kritik des Nationalismus*, Düsseldorf, S. 49–54.

Sternfeld, Nora (2013), *Kontaktzonen der Geschichtsvermittlung. Transnationales Lernen über den Holocaust in der postnazistischen Migrationsgesellschaft*, Wien.

Wildt, Michael (2014), »›Arbeit‹ im Nationalsozialismus. Zur Bedeutung des Begriffs in Ideologie und Praxis des NS-Staats«, in: *Einsicht 12, Bulletin des Fritz-Bauer-Instituts*, Jg. 6, S. 14–19.

Wood, Ellen Meiksins (2002), »Class, Race, and Capitalism«, in: Diane E. Davis (Hg.), *Political Power and Social Theory*, Bd. 15, Amsterdam, S. 275–284.

Von der antiautoritären zur autoritären Revolte: Familie, Kindheit, Geschlecht und Sexualität im Fokus

Meike S. Baader

Einleitung

Die erstarkenden neurechten und rechtspopulistischen Strömungen in Europa und den USA verfolgen eine Reihe gemeinsamer Themen und Strategien. Neben Re-Nationalisierungen, Migration und Flucht sind dabei auch stark affektiv besetzte Fragen wie die von Familie, Kindheit, Geschlecht und Sexualität im Fokus. Diese Themen, die auf Lebens- und Familienformen sowie auf den Erziehungs- und Bildungsbereich verweisen, werden zur Mobilisierung und zur Entwicklung und Herausbildung neuer Deutungshoheiten genutzt und zu Feldern des Kulturkampfes erklärt. Zu den Intentionen und Zielen der »autoritären Nationalradikalen« (Wilhelm Heitmeyer 2017, zitiert nach Rabe 2018), gehören dabei die Re-Etablierung des Autoritären und autoritärer Strukturen in den verschiedensten gesellschaftlichen Bereichen. Verbunden wird dies mit Angriffen auf gesellschaftliche Liberalisierungstendenzen seit den 1970er Jahren und auf die Bewegungen von 1968 sowie auf die damit verbundenen Dynamiken der Durchsetzung egalitärer und demokratischer Errungenschaften. Liberalisierungen, Enthierarchisierungen und der Abbau autoritärer Konstellationen haben seit den 1970er Jahren, so die These des Beitrages, insbesondere auch die Bereiche Familie, Kindheit, Geschlecht und Sexualität sowie die Bildungsinstitutionen tangiert und diese verändert. Dies lässt sich etwa für die Stärkung der Rechte von Kindern und Frauen zeigen, für die Aufhebung des Verbots von Homosexualität, für das Ende der Schule als besonderes Gewaltverhältnis, die Einführung von schulischem Sexualkundeunterricht oder die Stärkung der Rechte der sexuellen Selbstbestimmung. Liberalisierung und Liberalismus sind jedoch der Hauptfeind der Neuen Rechten, wie Volker Weiß herausgearbeitet hat, der zeigt, wie damit an den »Radikalnationalismus der Weimarer Republik« angeknüpft wird (2017: 21). Vor dem Hintergrund der Angriffe auf Errungenschaften der Liberalisierung und des Abbaus autoritärer Strukturen setzt sich der Beitrag mit den Diskursen um Autorität und mit der antiautoritären Kritik im Kontext von 1968 auseinander.

Zunächst werden die pädagogischen Dimensionen von 1968 benannt. Der zweite und dritte Teil zeichnen anschließend die Auseinandersetzungen um Autorität und die antiautoritäre Kritik um 1968 zwischen Erziehung und Politik nach, um genauer zu klären, warum der Begriff des Antiautoritären den Rahmen bzw. das Framing und damit einen zentralen Code für die antiautoritäre Studierendenbewegung bildete.[1] Mit der Frage nach dem Framing wird an die Forschung zu sozialen Bewegungen angeschlossen, die die Bedeutung von gemeinsamen Rahmungen und Gelegenheitsstrukturen für soziale Bewegungen herausgearbeitet hat (vgl. Roth/Rucht 2008). In meiner Rekonstruktion der Debatten um Autorität und antiautoritäre Kritik wird zudem eine geschlechtergeschichtliche Perspektive eingenommen, die in der existierenden Literatur zum Thema bisher so gut wie gar nicht erfolgt ist (vgl. Baader 2018c).[2] Im Kontext der antiautoritären Erziehung um und nach 68 nahm die Frage nach der kindlichen Sexualerziehung eine besondere Rolle ein, die sich unter anderem gegen die Sichtweise des »unschuldigen Kindes« positionierte und sich dabei auch auf die Psychoanalyse berief (vgl. Sager 2008; Baader/Sager 2010; Baader 2017a; Baader 2017b; Sager 2018). Mit der Kritik am Kind als asexuelles Wesen wurden Positionen aufgenommen, die Sigmund Freud schon zu Beginn des 20. Jahrhunderts entwickelt hatte (vgl. Freud 1905). Aus heutiger Sicht beinhaltete die Sexualaufklärung im Kontext von und nach 1968 mit ihrem Ruf nach »Befreiung der kindlichen Sexualität« durchaus auch problematische und irritierende Aspekte. Diese werden im Beitrag im vierten Teil angesprochen, sind aber an anderer Stelle bereits vertiefter thematisiert worden.[3] Im Anschluss wird in einem fünften Schritt der verstärkte Ruf nach Autorität in der Erziehung seit den 2000er Jahren beleuchtet. Im sechsten Teil wird die Neue Rechte unter Bezugnahme auf die Arbeiten von Volker Weiß als »68 von rechts« diskutiert. Zudem wird nach der Thematisierung von Erziehung und Bildung, von Familie, Kindheit, Geschlecht und Sexualität im Kontext der neuen »autoritären Revolte« ge-

1 Historisch ist von der Studentenbewegung die Rede, in der Forschung der letzten Jahre hat sich jedoch in geschlechtergeschichtlicher Perspektive der Begriff der Studierendenbewegung durchgesetzt.

2 Der 2. und 3. Teil des vorliegenden Beitrages decken sich teilweise mit Baader 2018c.

3 Siehe dazu insbesondere Baader u.a. 2017.

fragt, die sowohl in der Erziehung und der Familie als auch in der Politik eine Rückkehr von Autorität fordert. Dabei wird insbesondere auch auf das Konstrukt der »Frühsexualisierung« und das Kollektivsymbol des »unschuldigen Kindes« eingegangen. Abschließend erfolgen ein Fazit und ein Ausblick.

Insgesamt zeigt der Beitrag exemplarisch, dass die Kritik an 68 das Framing für eine transnational agierende Neue Rechte bildet. Die 68er werden von dieser Seite in einen Zusammenhang mit den »Etablierten« und »Eliten« gebracht.[4] Gegenpositionen zu 1968, die Skandalisierung von 1968 und eine obsessive Thematisierung von 1968 zeichnen aktuelle rechte populistische Strömungen aus. Auch jenseits dessen sind jedoch die Auseinandersetzungen um 1968, die von Anfang an durch »Deutungskämpfe« gekennzeichnet waren (vgl. Behre 2016), fünfzig Jahre nach den Ereignissen immer noch erstaunlich emotionalisiert und polarisierend. Auch dadurch sind Skandalisierungen von 1968, wie sie die populistischen Bewegungen betreiben, anschlussfähig.

In den Blick genommen wird, wie die populistischen und neurechten Bewegungen in besonderer Weise Fragen von Familie, Kindheit, Geschlecht und Sexualität – also den Bereich von Erziehung und Bildung – fokussieren. Die genannten Themen, die mit Lebens- und Familienformen zusammenhängen, so die zentrale These des Beitrages, sind emotional besetzt und lassen sich emotionalisieren. Deshalb funktioniert deren politische Emotionalisierung auch über nationalradikale Positionen hinaus. Dies hat mit ihren jeweiligen historischen Traditionen und scheinbaren Selbstverständnissen innerhalb bürgerlicher Ordnungen zu tun. Zugleich handelt es sich dabei um Themen, die auch 1968 zentral waren und auf die sich die antiautoritäre Kritik gerade aufgrund ihrer Bedeutung für die tradierte bürgerliche *Ordnung der Familie* (vgl. Donzelot 1980) und damit für die Gesellschaft richtete.

Der Beitrag zeigt, dass die genannten Themen für die »große Regression« (vgl. Geiselberger 2017) bedeutsam sind. Damit wird die Diagnose der »großen Regression« um die Dimensionen von Erziehung und Bildung, Familie, Kindheit, Geschlecht und Sexualität ergänzt, die bislang im Rahmen der Überlegungen zur »großen Regression« eine eher geringe Rolle

4 Nancy Fraser kritisiert, dass die 68er sich teilweise zu progressiven Neoliberalen gewandelt, sich nur auf LGBTQ und Diversity konzentriert hätten und soziale Ungleichheit sowie den Emanzipationsbegriff zugunsten einer Identifikation mit der meritokratischen Leistungsgesellschaft haben fallen lassen (vgl. Fraser 2017).

spielen. Der Beitrag knüpft zudem an Analysen zum »Anti-Genderismus« (vgl. Hark/Villa 2015) an und versucht diese weiter zu entwickeln, indem er auf die Funktion von 1968 als emotionalisiertem und emotionalisierenden Code, aber auch auf die Bedeutung von Erziehung und Bildung sowie auf diejenige von Kollektivsymbolen auf der Ebene der gesellschaftlichen Tiefenstrukturen hinweist und sich für Fragen und Strategien der Emotionalisierung interessiert.

Methodisch folgt der Beitrag einem diskursanalytischen Zugang, der an Foucault (2010) anschließt und sich auf dessen Weiterentwicklung zur Wissenssoziologischen (vgl. Keller 2010), zur Kritischen (vgl. Jäger 2012) und zur Historischen Diskursanalyse (vgl. Landwehr 2008) bezieht. Bedeutsam für die Analyse ist der Begriff des »Kollektivsymbols«. Er ist insbesondere von dem Literaturwissenschaftler Jürgen Link und in der Kritischen Diskursanalyse von Siegfried Jäger entwickelt worden. Kollektiv sind diejenigen Symbole, die nicht nur in einem Text vorkommen, sondern »kollektiv tradiert und benutzt werden« (Drews/Gerhard/Link 1985: 265). Sie stellen ein wichtiges »Bindeglied« zwischen unterschiedlichen Diskursen und ein Reservoir an kollektiv geteilten Bildern dar (vgl. Jäger 2012).

Für Foucault sind die Themen Familie, Kindheit, Geschlecht und Sexualität Teil des Sexualitätsdispositivs (vgl. 1995). Damit ist eine Matrix oder ein Netz gemeint, in der die Themen in der Moderne, also seit dem 18. Jahrhundert, im Diskurs in einer spezifischen Weise verbunden sind und in dessen Zentrum der intensivierte Körper und die heterosexuelle Reproduktivität und Generativität stehen (ebd.). Der Begriff des »Kollektivsymbols« stellt ein analytisches Instrument dar, um die »Bindeglieder« zwischen den Diskursen, die Bilder und kollektiv geteilte Muster und Ordnungsvorstellungen identifizieren zu können.

Einbezogen werden in die Analyse des Beitrages auch Aspekte der Begriffsgeschichte im Anschluss an diesen methodischen Zugang der Geschichtswissenschaft. Im Text bezieht sich dies insbesondere auf die Begriffe »Autorität« und »antiautoritäre Kritik«, deren Begriffsgeschichte rekonstruiert wird. Zugleich werden Anregungen aus der Soziologie der Emotionen von Eva Illouz aufgenommen, die sich in besonderer Weise dafür interessiert, warum etwas gesellschaftlich und im Diskurs funktioniert, wofür sie – in kritischer Auseinandersetzung mit Foucault – sich auf eine pragmatische Perspektive beruft (vgl. Illouz 2009).

Insgesamt richtet der Beitrag seinen Fokus somit auf die Tiefendimensionen der gesellschaftlichen Ordnung und Kultur und dort verankerte

Konzepte von Autorität, Familie, Kindheit, Geschlecht und Sexualität und misst dabei kollektiven Symbolen eine Bedeutung zu. Er bietet Deutungen dafür an, warum die Themen Familie, Kindheit, Geschlecht und Sexualität für aktuelle populistische Diskurse ein Mobilisierungspotenzial aufweisen und bezieht dabei auch eine historische Perspektive ein.

Die pädagogischen Dimensionen von 1968

68, verstanden als Chiffre, war eine globale Protestbewegung, die seit Ende der 1980er Jahre zunehmend vom Ereignis zum Gegenstand der Forschung wurde (vgl. Gilcher-Holtey 2001). Als gemeinsame Elemente in einer transnationalen Perspektive gelten in der Forschungsliteratur die Kritik am Vietnamkrieg, die Forderung nach Partizipation und Demokratisierung sowie die Bedeutung der Medien, das heißt für die 1960er Jahre, das Fernsehen (vgl. Kraushaar 2000). Siegfried (2018) akzentuiert insbesondere das Phänomen der Jugendrevolte. Zudem waren in den meisten Ländern die Universitäten Ausgangspunkte der Proteste. Baader und Casale schlagen darüber hinaus vor, den Wandel von Generationen- und Geschlechterverhältnissen, wie er für die westdeutsche 68er-Bewegung analysiert wurde (vgl. Baader 2008a), als weitere globale Dimension einzubeziehen (vgl. Baader/Casale 2018). Auch die grundsätzlich veränderte Perspektive auf das Politische im Kontext von 1968, die stark auf den Alltag und auf Lebensformen zielte, war mit kritischen Anfragen an das traditionelle Geschlechterverhältnis verbunden (vgl. Baader 2008b; Baader 2014a; Baader 2018a). Für die Bundesrepublik stellen diese kritischen Debatten innerhalb der 68er-Bewegung zugleich den Beginn der zweiten Frauenbewegung dar, die sich wesentlich durch die Auseinandersetzung mit den autoritären Strukturen in den verschiedenen Gruppen der Neuen Linken konstituierte (vgl. Baader 2018c). Das fünfzigjährige Jubiläum von 1968 im Jahre 2018 bringt insgesamt eine teilweise schon lange eingeforderte Akzentuierung der Beteiligung von Frauen mit sich (vgl. exemplarisch: von Hodenberg 2018), nachdem die Historiografie zu 1968 in den letzten dreißig Jahren auf männliche Akteure fokussiert war (vgl. Baader 2011).

Für die westdeutsche Protestbewegung war die kritische Bezugnahme auf den Nationalsozialismus zentral, auch wenn es in der Forschung der letzten Jahre eine kritische Diskussion über den Beitrag der 68er zu einer vertieften Auseinandersetzung mit dem Nationalsozialismus gibt, indem bezweifelt wird, dass die 68er-Bewegung viel zur Aufarbeitung des Nationalsozialismus beigetragen habe (vgl. Siegfried 2018). Für die Frage nach der Thematisierung des Nationalsozialismus in der westdeutschen 68er-Bewegung ist aus der Sicht von Forschungen zur pädagogischen Dimension zwischen der kritischen Bezugnahme auf den Nationalsozialismus einerseits und seiner vertieften Erforschung andererseits zu unterscheiden. Eine kritische Reflexion des Nationalsozialismus war der Hintergrund dafür, dass die westdeutsche Revolte eine dezidiert pädagogische Dimension aufwies und Bildung und Erziehung durchaus im Fokus standen (vgl. Baader 2008a). Diese gerieten zum einen durch Fragen nach dem Zusammenhang von Familie, Erziehung und der Unterstützung des Nationalsozialismus, insbesondere durch die Auseinandersetzungen mit »Autorität und Familie« und der »Autoritären Persönlichkeit«, in den Blick. Zum anderen resultierten sie aus Forderungen nach Partizipation, Demokratisierung und nach Modernisierung des Bildungssystems und verbanden sich mit Impulsen der Bildungsreform und Bildungsforschung (vgl. Baader 2008a; vgl. Baader/Hermann 2011; Baader 2014b). Die *Erziehung zur Mündigkeit* (Adorno 1969) als Reaktion auf die Erfahrungen von Auschwitz, die als Chiffre für die Vernichtungspolitik des Nationalsozialismus stand, wurde in diesem Kontext zu einem wichtigen Erziehungsziel erklärt.

Die pädagogische Dimension von 1968 ist in der Forschung lange übersehen worden (vgl. Baader 2008a). Dies ist erstaunlich, da die antiautoritäre Bewegung in der Pädagogik durchaus erfolgreich war, wie schon die Zeitgenossen der 1970er Jahre diagnostizierten (vgl. Baader 2014b). Eine Bedeutung für die Erziehungsgeschichte hat ihr retrospektiv auch Tenorth (2008) zugeschrieben. In den letzten Jahren ist die Verbindung von Pädagogik und 1968 stärker in den Blick genommen worden (vgl. Baader 2008a; Baader/Hermann 2011; Schäfer 2015; Baader/Casale 2018), auch wenn die Feststellung von Norbert Frei, 68 sei überkommentiert und untererforscht, auch weiterhin für die Pädagogik gilt. So gibt es immer noch wenig Forschung zur Schülerbewegung oder zu »68 und Schule« (vgl. Gass-Bolm 2006). Folgen und Nachwirkungen von 1968 lassen sich für den Bereich der Kindertageseinrichtungen, für die Sozialpädagogik und die Soziale Arbeit, die Schule und das Gymnasium sowie die Universitäten analysieren (vgl. Baader 2008a; Baader/Hermann 2011). Weitreichend sind auch die Auswirkungen auf die Erziehung in den Familien und die damit zusammenhängenden Erziehungskulturen (vgl. Müller u.a. 2018). Im gemeinsamen Fokus der Impulse in den verschiedenen Bereichen des Bildungssystems stand die Kritik an Autorität, die dazu führte, dass sich in Westdeutschland eine antiautoritäre Erziehungsbewegung herausbildete (vgl. Baader 2008a), so umstritten der Begriff des Antiautoritären auch war, wie im dritten Teil ausgeführt wird. Auch jenseits der antiautoritären Erziehungsbewegung verschwanden in den 1970er Jahren autoritäre und stark hierarchische Strukturen aus der Erziehung. Dies ist teilweise mit den Impulsen der antiautoritären Erziehung verbunden, hatte sie doch eine Reichweite, die über das Milieu der Akteurinnen und Akteure von 68 hinausreichte (vgl. Baader 2014b).

Autorität und antiautoritäre Kritik um 1968

Die westdeutsche Bewegung von 1968 hatte eine ausgeprägte pädagogische Dimension, die mit dem Schlagwort von der antiautoritären Erziehung in Verbindung gebracht wird, die die Proteste in Westdeutschland von der 68er-Bewegung in anderen Ländern unterscheidet (vgl. Baader 2008a). Der Begriff »antiautoritär« war unter anderem von Rudi Dutschke ins Spiel gebracht worden. Er beschrieb eine »antiautoritäre psychische Disposition« (1968: 68) der Studierenden seit dem Wintersemester 1965/66, die nicht mehr bereit seien, »irrationale, nur qua Amt als Autoritäten anerkannte Personen als Autoritäten zu akzeptieren« (ebd.: 68). Er bezog sich in seinen Ausführungen auf die Schriften von Horkheimer und sprach vom »heutigen Faschismus«, dieser liege in »der tagtäglichen Ausbildung der Menschen zu autoritären Persönlichkeiten. Er liegt in der Erziehung« (ebd.: 68). Damit wird der Begriff der Autorität zum einen unmittelbar mit dem Faschismus, zum anderen mit der autoritären Persönlichkeit, wie sie Adorno in den *Studien zum autoritären Charakter* (1973 [1949/1950]) identifiziert hatte, und drittens schließlich direkt mit der Erziehung in Verbindung gebracht. Mit seinem Verständnis von »autoritär« schloss Dutschke an dasjenige von Horkheimer an, der in den *Studien zu Autorität und Familie* aus dem Jahre 1936 geschrieben hatte, dass autoritär »im Sinne von ›autoritätsbejahend‹ (von Seiten des Autoritäts-Objektes aus)« gebraucht werde und diese Dimension vom Autoritätssubjekt, das heißt der Autorität verkörpernden Person, zu unterscheiden sei (1987: IX). Tatsächlich findet sich auch bei Horkheimer, der zwischen einem negativen und einem »positiven Autoritätsbegriff« unterscheidet, der Begriff »anti-autoritär«. Er diskutiert ihn als politischen Begriff im Zusammenhang mit dem »anti-autoritären« Anarchismus und bezieht sich dabei auf Friedrich Engels Aufsatz *Von der Autorität* (ebd.: 210). Engels setzt sich in diesem Text aus dem Jahre 1872/1873 mit dem Autoritätsverständnis der Anhänger des Anarchisten Bakunin auseinander und bezeichnet diese als »Antiautoritarier« (1968 [1873]: 202).

In der Geschichte der Erziehung setzte eine grundsätzlichere Kritik an Autorität bereits zu Beginn des 20. Jahrhunderts ein, etwa in Kafkas einschlägigem Text *Brief an den Vater*, der 1919 verfasst wurde, und wesentlich eine kritische Auseinandersetzung mit der Autorität und Erziehung seines Vaters darstellt (vgl. 1995 [1952]). Diese kritische Auseinandersetzung mit dem Phänomen »Autorität« wurde nach dem Nationalsozialismus in den 1950er und frühen 1960er Jahren wieder aufgenommen. Dazu gehörte etwa Theodor Eschenburgs Untersuchung *Über Autorität* aus dem Jahre 1965. Dieser Vorlauf einer Problematisierung von Autorität, die dann ins Zentrum der westdeutschen 68er-Bewegung gerückt wurde, passt in das Paradigma der »langen 1960er Jahre«, das besagt, dass die Ereignisse von 1968 ihre Vorgeschichten hatten und 1968 damit weniger als Zäsur, sondern eher als Kulminationspunkt zu sehen ist (vgl. Siegfried 2008: 13f.).

An den Universitäten von 1968 waren deren autoritäre Strukturen ein zentrales Thema der protestierenden Studierenden,[5] die Kritik hielt auch Einzug in die Lehrinhalte. So wurden beispielsweise Seminare zu »autoritären Kommunikationsstrukturen« veranstaltet (Arbeitskreis Kommunikationsstrukturen und autoritäre Fixierung 1969: 83) und im Kontext von Schule wurde die Autorität des (männlichen) Lehrers infrage gestellt,[6] der bis 1973 noch das Recht der körperlichen Züchtigung innehatte. Bis 1972/1973 unterlag – rechtlich gesehen – die Schule (wie das Militär, das Gefängnis, die Psychiatrie, Heime und Beamte) einem »besonderen Gewaltverhältnis«, welches besagte, dass Schüler_innen, Soldaten und Insas-s_innen nicht über Grundrechte verfügten. Für die Schule wurde dies 1972

5 Zu den autoritären Strukturen an den Universitäten der 1960er Jahre siehe die Studie *Hochschule in der Demokratie* von 1965, vgl. dazu auch Funke (2017: 11).

6 Dass sich die Schule bzw. das Gymnasium bis Mitte der 1960er Jahre, genau wie die Universität, durch ein spezifisch hierarchisches Verständnis der Autorität der Lehrpersonen auszeichnete, und dass die Bereitschaft sich der Autorität des Lehrers unterzuordnen seit Mitte der 1960er Jahre brüchig wurde, zeigt Gass-Bolm (2006).

partiell aufgelöst und das Recht auf Prügelstrafe in pädagogischen Institutionen 1973 abgeschafft. Dieses war rechtsgeschichtlich von der väterlichen Autorität und dem Recht des *pater familias* abgeleitet worden; es war in der Übertragung des väterlichen Züchtigungsrechtes auf die Person des Lehrers begründet.

Die antiautoritäre Erziehungsbewegung von 1968 rückte die Auseinandersetzung mit Autorität ins Zentrum ihrer Kritik, und mit den Kinderläden ab 1967/1968, mit den Schülerläden und den Gründungen von Reformschulen Anfang der 1970er Jahre sowie der Kampagne gegen Heimerziehung wurden diese Forderungen und Ansätze verstärkt in die Praxis getragen. Im Kontext der Kinderläden wurde die antiautoritäre Erziehung am stärksten diskutiert, weshalb diese in den folgenden Ausführungen fokussiert werden.[7] Auch in diesen Diskussionen stand der Begriff »antiautoritär« in engem Zusammenhang mit den Arbeiten des Instituts für Sozialforschung. Bezug genommen wurde, neben den Arbeiten zu *Autorität und Familie*, auf die *Studien zum autoritären Charakter* (1949/1950) von Adorno und anderen, auch wenn die Auseinandersetzung damit zum Teil recht oberflächlich blieb. Adorno selbst bemerkte in seinem Text *Erziehung zur Mündigkeit* (1969), dass man »mit dem Autoritätsbegriff einen gewissen Unfug anstiftet« (136), und bezog sich dabei auf die Studien des Instituts und deren Rezeption. Auf diese Untersuchung berief sich auch Monika Seifert, Tochter von Melitta und Alexander Mitscherlich, die Mitarbeiterin bei Adorno am Frankfurter Institut für Sozialforschung war und sich dort intensiv mit »Studien zur Validierung der A-Skala in Deutschland«, der Autoritarismus-Skala im Kontext der Studien des Institutes zur Faschismusanfälligkeit, befasst hatte (vgl. Aden-Grossmann 2015: 36). Sie gründete 1967 in Frankfurt den ersten antiautoritären Kinderladen in Deutschland und verwendete in ihrem Konzept die Ausdrücke »repressionsfreier Erziehungsstil« und »antiautoritäre Erziehungspraxis« (Seifert 1970: 45). Seifert berief sich auf die 1921 gegründete reformpädagogische Schule »Summerhill« von Alexander Neill. Auch dafür war eine Vorlage in den *Studien über Autorität und Familie* zu finden, denn Schriften Neills wurden dort als wenig autoritär diskutiert (vgl. Horkheimer 1987: 855). Seiferts starke Bezugnahme auf den psychoanalytischen Ansatz von Wilhelm Reich, dessen Begriff der »Selbstregulierung« (Seifert 1970: 49) im Zentrum ihres Programms

7 Auch für den Bereich der Kindertageseinrichtungen und Grundschulen zeigten Untersuchungen der 1960er Jahre, dass das Verhalten der Kindergärtnerinnen und Lehrer_innen stark autoritär war (vgl. Tausch 1973 und 1998).

stand, kann zudem als Akzentuierung gegen Adorno gelesen werden, aber auch gegen ihren eigenen Vater, Alexander Mitscherlich. Mit Reich maß Seiferts antiautoritäres Konzept der Sexualerziehung in den Kinderläden eine hohe Bedeutung bei (vgl. Baader 2008a; Sager 2015; Baader 2017a).

Sowohl in Frankfurt als auch in Berlin waren Frauen die Gründerinnen von antiautoritären Kinderläden. Diese stellten in den folgenden Jahren durchaus eine Erfolgsgeschichte dar, schließlich existieren in Berlin Mitte der 1970er Jahre über 300 Kinderläden, dabei ist jedoch von einer großen Heterogenität der Konzepte auszugehen (vgl. Baader 2014b).

Die Berliner Kinderladenbewegung wurde 1968 von Frauen des »Aktionsrates zur Befreiung der Frauen« ins Leben gerufen, beide Organisationsformen wurden zeitgleich gegründet. In der dominanten Geschichtsschreibung von 1968 wird der enge Zusammenhang von Frauen- und Kinderladenbewegung gerne übersehen. Dies hat einerseits mit einer stark auf männliche Akteure und bestimmte Narrative fokussierte Geschichtsschreibung von 1968 zu tun, die sich zugleich an ihren Übervätern und symbolischen Vätern abarbeiteten, wie etwa zuletzt Heinz Bude mit *Adorno für Ruinenkinder* (2018). Die vorherrschende 68er-Geschichtsschreibung folgte lange einer Orientierung an Gewalt sowie einer Kampfes- und Heroisierungslogik (vgl. Baader 2011; Baader 2012). Aber auch die Narrative zur Geschichte der westdeutschen Frauenbewegung und ihrer Entstehung weisen blinde Flecken gegenüber dem engen Zusammenhang von Frauen- und Kinderladenbewegung auf, die unter anderem mit der dominanten Bezugnahme auf den Kampf gegen den Paragrafen 218 als Anfangsnarrativ zusammenhängen (vgl. Baader 2011; Baader 2014a).

Helke Sander, Sprecherin und Begründerin des »Aktionsrates zur Befreiung der Frauen«, teilte in ihrer berühmten Rede auf der Delegiertenkonferenz des SDS (Sozialistischer Deutscher Studentenbund) im September 1968 in Frankfurt den SDS in drei Lager, die KP-Fraktion, die Antiautoritären[8] und die Frauen des Aktionsrates. Diese hätten beide Lager praktisch gegen sich, »wenn auch nicht dem theoretischen Anspruch nach« (Sander 2004 [1968]: 372). Die Frauen würden verlangen, dass ihre Themen diskutiert werden sollten. »Wir werden uns nicht mehr damit begnügen, dass den Frauen gestattet wird, auch mal ein Wort zu sagen, das man sich, weil man ein Antiautoritärer ist, auch mal anhört und dann zur Tagesordnung übergeht« (ebd.: 372). Der Vorwurf an die Männer im SDS laute-

8 Zur Charakterisierung eines Teiles der 68er-Bewegung als antiautoritär vgl. Funke 2017.

te, dass sie die gesellschaftlichen (Geschlechter-)Verhältnisse reproduzierten und sich der SDS in der Tabuisierung und Abspaltung bestimmter Themen, die dem Privatleben zuzuordnen seien, nicht von den traditionellen Gewerkschaften und Parteien unterscheide.

»Diese Tabuisierung hat zur Folge, dass das spezifische Ausbeutungsverhältnis, unter dem die Frauen stehen, verdrängt wird, wodurch gewährleistet wird, dass die Männer ihre alte, durch das Patriarchat gewonnene Identität noch nicht aufgeben müssen« (ebd.). Man gewähre zwar den Frauen Redefreiheit, aber keine wirkliche Definitionsmacht bei den Themen und Perspektiven, was letztlich auf eine »Gleichheit in der Ungerechtigkeit« ziele (ebd.: 372f.). In einer die Rede flankierenden »Erklärung des Aktionsrates zur Befreiung der Frauen« wurde die fehlende Anerkennung, Bezugnahme, Resonanz und damit Autorisierung des Sprechens und Handelns von Frauen im SDS beschrieben.

»Doppelt frustriert sind die Frauen im SDS, wenn sie versuchen, dort politisch aktiv zu werden, das heißt, wenn sie über die Beteiligung an Demonstrationen hinauswollen, wenn sie Referate, Reden halten, Diskussionsbeiträge liefern. Das Erfolgserlebnis ist ihnen versagt, weil auf ihre Beiträge niemals Bezug genommen wird.« (Erklärung des Aktionsrates zur Befreiung der Frauen 1970: 56)

Habitus, Identitätsentwürfe, das autoritäre Verhalten sowie die Autorisierungspraktiken der sich antiautoritär verstehenden Männer im SDS werden damit scharf kritisiert. Sander greift die Reproduktion des patriarchal strukturierten Geschlechterverhältnisses sowie das damit zusammenhängende Politikverständnis an, das die »Trennung zwischen Privatleben und gesellschaftlichem Leben« aufrechterhalte und einseitig sei. Die sich als antiautoritär gerierenden Männer würden sich nicht mit Fragen der Lebensformen, des Zusammenlebens von Männern, Frauen und Kindern, der Kindererziehung und ihren eigenen Schwierigkeiten befassen wollen, da es ihrem Politikverständnis widerspräche. In Sanders Rede ging es wesentlich um die Berliner Kinderladenprojekte und sie griff den autoritären, zentralistischen Zugriff des männlichen Zentralrates auf die Kinderläden scharf an. Dem in ihren Augen »konterrevolutionären« Politikverständnis der neulinken Männer setzte sie die Perspektive entgegen, dass auch das Private Teil des Politischen ist. Die Auseinandersetzung mit diesen Fragen sei nicht individuell zu lösen und könne nicht »auf die Zeit nach der Revolution warten« (Sander 2004 [1968]: 374). Damit nahm Sander eine grundlegende Neudefinition des Politischen vor (vgl. Baader 2012: 105). Indem Sander das Wort ergriff, dazu aufforderte, ihr zuzuhören, indem sie das Politische überhaupt definierte, es neu definierte und dabei auf eine radikal veränderte Sicht des Verhältnisses von Privatheit und Öffentlichkeit zielte, nahm sie eine wichtige Sprecherinnenposition ein. Ihre bedeutende Rede wurde in den folgenden Jahren immer wieder zitiert[9] – meist jedoch, ohne dass dabei auf die Kinderläden und die Kindererziehung verwiesen wurde, die den Kontext der Rede darstellten.[10] Ihre Perspektive auf die politische Bedeutung des Privaten und die Parole »Das Private ist politisch!« werden bis heute zitiert, als eine der oder gar die bedeutsamste Hinterlassenschaft von 1968 bezeichnet und mit aktuellen Fragen von Macht und Geschlecht in Verbindung gebracht (Vahland 2018: 4).[11] In ihrem Film *Der subjektive Faktor* von 1981 beschreibt Sander den Mut, den sie brauchte, um diese Rede zu halten.

Diskurse um antiautoritäre Erziehung

Der Begriff »antiautoritär« ist innerhalb der sogenannten antiautoritären Erziehungsbewegung so umstritten wie heterogen. Es gab eine umfangreiche und auch differenzierte Debatte darüber und zugleich ein breites Spektrum von alternativen Begriffen von nicht-autoritär – so etwa bei Erich Fromm (1969: 13) – über unautoritär, repressionsfrei, nicht-repressiv bis zu zwang- und gewaltlos oder frei. Seifert unterstrich den Aspekt, dass die antiautoritäre Erziehung ohne Manipulation auskomme. Im Rahmen der Debatten und Diskurse über das antiautoritäre Programm wurde zudem die Rolle der Psychoanalyse insgesamt, aber auch der verschiedenen Richtungen innerhalb der Psychoanalyse, kontrovers diskutiert.[12] Antiautoritäres Verhalten im Kontext von Erziehung wurde zuvorderst mit Zwang-

9 In der 2004 von Sievers herausgegebenen Enzyklopädie *1968* gehört die Rede von Sander neben Texten von Rosa Luxemburg und der Fotografin Abisag Tüllmann zu den drei Texten von Frauen in einer Anthologie mit 55 Beiträgen.

10 So zuletzt auch bei Corsten (2018). In den folgenden Jahren wird Sander auch das Konzept einer feministischen Mutterschaft entwickeln, in dem sie Mütter als politische Personen und als Subjekte, von denen Veränderungen ausgehen, bezeichnete (vgl. Baader 2018a).

11 Zur kritischen Perspektive auf den Zugriff auf das Privatleben im Neoliberalismus siehe Thon (2016).

12 Exemplarisch: Dermitzel (1969: 181), grundlegend siehe Bilstein (2011) und Kauders (2011).

losigkeit in Verbindung gebracht. Antiautoritäre Erziehung verstand sich negativ zur autoritären Erziehung, so dass sie wesentlich vor einem zeithistorischen Kontext zu sehen ist, in dem etwa die Gewaltanwendung in der Erziehung noch einen hohen Zuspruch in der Bevölkerung fand. So befürworteten nach einer Umfrage des *Kölner Stadtanzeigers* im Jahre 1968 über 80 Prozent der Bevölkerung Gewaltanwendung in der Erziehung, die, wie oben ausgeführt, dann erst 1973 in pädagogischen Institutionen und 2000 als Recht der Eltern abgeschafft wurde. Dass die antiautoritäre Kritik sich auf zeitgenössische Erziehungspraktiken bezog, wurde explizit formuliert: »Antiautoritäre Erziehung bestimmt sich vom Begriff her negativ an der herkömmlichen (autoritären) Erziehung« (Dermitzel 1969: 182), hieß es in den »Thesen zur antiautoritären Erziehung« aus dem Jahre 1969, die im *Kursbuch 17*, dem Selbstverständigungsorgan der Neuen Linken, publiziert wurden.

Keine Grenzen zu setzen oder *Laissez-faire* walten zu lassen, bildete keinesfalls den Kern der Prinzipien antiautoritärer Erziehung. In den Texten finden sich zahlreiche Ausführungen und Auseinandersetzungen mit diesem Vorwurf.

»In nahezu jedem Aufsatz über die Schlagwortthematik ›Autorität oder Antiautorität‹ wird über Verwahrlosung gesprochen, die Antiautorität mit sich bringe. Absolute Antiautorität gibt es in unserem System nicht, denn die Ausprägung des Kindes und mehr noch des Erwachsenen bringt ein gewisses Maß erfahrbarer Sozialgrenzen mit sich (erst die Verhärtung dieser Sozialgrenzen führt zu institutioneller Autorität in verschiedenen Formen).« (Kiefer 1970: 21)

Auch Seifert distanziert sich vom *Laissez-faire*-Vorwurf und betont dabei die Bedeutung stabiler Beziehungen:

»Ein selbstreguliertes Kind ist kein sich selbst überlassenes Kind im Sinne des ›laissez-faire-Stils‹. Das Kind kann seine Bedürfnisse nur dann regulieren und seine eigene Interessenvertretung lernen, wenn es sich in der Geborgenheit eines stabilen Bezugsrahmens (Elternhaus, Kinderkollektiv) befindet. Die Voraussetzung für Selbstregulierung ist ein liebevolles Klima, wo affektive Zuwendung möglich ist, in dem keine festen, rigiden Deutungsmuster von den erwachsenen Bezugspersonen vorgegeben sind, sondern der Erfahrungsspielraum für jedes Kind in jeder Hinsicht offen gehalten wird.« (1970: 50)

Im Rahmen der Überlegungen zum antiautoritären Erziehungsprogramm der Münchner »Aktion Kindergarten« aus dem Jahre 1969 wurde erklärt:

»Das Wort ›antiautoritär‹ ist für viele ein rotes Tuch. Antiautoritäre Erziehung: Soll das heißen, dass die Kinder tun und lassen dürfen, was sie wollen? Zu Ihrer Beruhigung: nein. ›Antiautoritär‹ erzogene Kinder wachsen nicht ohne jede Autorität auf. Wir unterscheiden zwischen zwei verschiedenen Arten von Autorität. Der institutionellen, die sich von einer Position gesellschaftlicher Macht ableitet und irrational und selbstzweckhaft erscheint. Und der sachlichen Autorität, die sich als einholbarer Vorsprung an Wissen und Erfahrung ausweist. Die erste lehnen wir ab. Antiautoritäre Erziehung bedeutet uns: Erziehung zur Kritik an der irrationalen, unausgewiesenen Autorität, am drohend erhobenen Zeigefinger. Erziehung zu rationalem Verhalten.« (Aktion Kindergarten München 1972)

Jürgen Zimmer unterstrich die Bedeutung der Interessen von Kindern, ihren Status als Verhandlungspartner_innen und damit ihre *Agency*[13] sowie die Wichtigkeit von rationalen Argumenten. Zudem stellte er eine Verbindung zu emanzipierten Persönlichkeitsstrukturen her (1972: 191). Er bezeichnete antiautoritäre Erziehung als Argumentationsverfahren, »in denen unter Anerkennung des Kindes als Partner die berechtigten Interessen von Kindern und Erwachsenen aufeinander abgestimmt werden« (ebd.: 192). Eine vergleichbare Akzentuierung, die auf diskursive Verfahren und Erklärungen sowie auf eine Vermeidung von Irrationalität und Willkür setzte, wurde in den *Thesen zur antiautoritären Erziehung* vorgenommen:

»Es folgt für die Eltern als weiteres idealtypisches Postulat antiautoritärer Erziehung: Erziehung der Kinder ohne irrationale, zusätzliche Unterdrückung (sondern Sachautorität, rationale Erklärung von Versagungen, Eindeutigkeit der Haltung dem Kind gegenüber im Unterschied zur diffusen Haltung, die die Ausbildung schizophrener Strukturen begünstigt).« (Dermitzel 1969: 186)

Deutlich wird an diesen Zitaten aus dem breiten Spektrum der antiautoritären Ansätze, dass Autorität durchaus auf verschiedenen Ebenen dimensioniert wurde, etwa wenn zwischen institutioneller, personaler und Sachautorität unterschieden wurde. Der Gegenentwurf zu Autorität lautete auf der Ebene der Kinder und der Erziehungsziele Selbstregulierung, Selbstbestimmung, Emanzipation, Autonomie und Ich-Stärke, auf der Ebene der Eltern hingegen Vermeidung von Zwang, von Manipulation, von Irrationalität und von Willkür (vgl. ebd.: 182; Bott 1970).

Trotz der zahlreichen Quellen, die sich mit Autorität im Kontext antiautoritärer Erziehungskonzepte auseinandersetzten, wurde in den Debatten oft betont, dass der Begriff »antiautoritär« schwer greifbar sei.

»Obwohl der Begriff ›antiautoritär‹ von uns so häufig benutzt wird, unterzieht sich kaum jemand der Mühe, ihn zu definieren und abzugrenzen

13 Zur kindlichen *Agency* im Kontext von 68 vgl. Baader/Sager (2010) und Baader 2018b.

gegen andere Begriffe wie etwa z.B. ›laisser-faire‹« (Przytulla 1972: 149). Der Begriff werde von allen verwendet, bliebe assoziativ und verschwommen. »Für mich ist antiautoritär zunächst ein Kennzeichen für eine bestimmte Art der Beziehung untereinander. Diese solle nicht so sein, wie man es am eigenen Leibe erfahren habe, geprägt durch ein ›bestimmendes Oben und ein rechtloses, gefügiges Unten‹« (ebd.). Der Begriff sei dilemmatisch, da er etwas Neues bezeichnen wolle, aber gebildet sei »aus der Bezeichnung für das, was überwunden werden soll« (ebd.). Dieses Dilemma, so der zeitgenössische Autor kritisch, beziehe sich auch auf einen gewissen Verlust der Fähigkeit, etwas zu gestalten, da dies sich möglicherweise an Ordnung und Sauberkeit orientiere und als brav interpretiert werde (vgl. ebd.).

Die hier vorgenommenen Rekonstruktionen lassen sich unter drei Aspekten zusammenfassen: In politischer Hinsicht wird die antiautoritäre Position bei Dutschke als Weigerung verstanden, der Irrationalität von insbesondere Amtsautoritäten Folge zu leisten. In pädagogischer Hinsicht bedeutet eine antiautoritäre Orientierung in erster Linie Verzicht auf Zwang seitens der Erziehenden und auf Unterordnung seitens der Kinder und Jugendlichen, wie dies bei Seifert exemplarisch entfaltet wird. Auch in diesem Kontext wird die Vermeidung von Irrationalität betont. Darüber hinaus impliziert er eine biografisch-generationale Dimension, wenn die eigenen körperlichen Erfahrungen hinsichtlich einer Erziehung, die ein hierarchisches Oben und Unten praktiziert, benannt werden. Antiautoritär heißt damit auch, anders als die eigenen Eltern zu erziehen (vgl. Baader 2008c). In geschlechterpolitischer Hinsicht äußert sich die antiautoritäre Einstellung in der Kritik am autoritären Verhalten vermeintlich antiautoritärer Männer in den Gruppen der Neuen Linken, was zur Formierung der Neuen Frauenbewegung beitrug. Es fällt auf, dass die Auseinandersetzung mit Autorität sich wesentlich an der Figur des Vaters abarbeitet (vgl. Baader 2018b). Die antiautoritäre Kritik findet auch vor dem Hintergrund einer Remaskulinisierung der Nachkriegsgesellschaft und einer Re-Souveränisierung männlicher Autorität statt (ebd.).

Insgesamt ist die Auseinandersetzung mit dem Begriff der Autorität und der Antiautorität deutlich differenzierter, als die Kritiker der antiautoritären Erziehung es skizzieren. Zudem kann unter Rückgriff auf empirische Studien zu den verschiedenen Bildungsbereichen gezeigt werden, dass sowohl die frühkindliche Bildung und damit der Kindertageseinrichtungen, als auch der Bereich der Heimerziehung und damit der Kinder- und Jugendhilfe, als auch die Schule genau wie der universitäre Bereich in den 1960er Jahren tatsächlich durch starke autoritäre und hierarchische Strukturen geprägt waren. Für den Bereich der Heimerziehung hat diese exemplarisch der Bericht des »Runden Tisches Heimerziehung« gezeigt (vgl. Kuhlmann 2010). Diese Bildungsinstitutionen forderten allesamt die Unterordnung der »Autoritätsobjekte«, das heißt von Kindern und Jugendlichen ein, um mit Horkheimer zu sprechen. Zudem fällt auf, wie stark Autoritätskritik mit Rationalität in Verbindung gebracht wurde, autoritäres Verhalten hingegen mit Irrationalität.

Kindliche Sexualaufklärung, ihre Bedeutung im Kontext von 68 und ihr Emotionalisierungspotenzial

Bestandteil der antiautoritären Erziehung innerhalb der Kinderläden war auch die kindliche Sexualaufklärung, der ein wichtiger Stellenwert zukam. Sie zielte darauf, Vorstellungen von der Asexualität des Kindes infrage zu stellen. Diese und die damit verbundene Idee der »kindlichen Unschuld« hatte bereits Sigmund Freud Anfang des 20. Jahrhunderts zurückgewiesen und dabei jedoch einen fundamentalen Unterschied zwischen kindlicher und erwachsener Sexualität herausgearbeitet. Allerdings wurde Freud wegen seiner Abhandlung zur kindlichen Sexualität aus dem Jahre 1905 scharf angegriffen, in der er die Existenz eines Sexualtriebes und einer sexuellen Entwicklung des Kindes begründete und die Annahme, dass dieser dem Kind fehle, verwarf (vgl. Freud 1905). Ihm wurde – unter anderem im Kontext antisemitischer Hetze – eine »schmutzige Phantasie« vorgeworfen, er deute die Sexualität schon in »die Kinderseele« hinein (Herzog 2013: 25). Auf die Frage eines Kollegen, ob man Kindern »Aufklärung über die Tatsachen des Geschlechtslebens« geben dürfe, antwortete Freud in einem Brief aus dem Jahre 1907, dass es für ihn »völlig unfassbar« sei, wie dies überhaupt »Gegenstand von Meinungsverschiedenheit« sein könne (161). Die Frage, wann dies geschehe und auf welche Weise hingegen sei berechtigt. Allerdings, so Freud, »das intellektuelle Interesse des Kindes für die Rätsel des Geschlechtslebens äußert sich denn auch zu einer unvermutet frühen Lebenszeit. Es muss wohl so zugehen, dass die Eltern für das Interesse des Kindes wie mit Blindheit geschlagen sind« (ebd.: 163f.). Bereits zu Beginn des 20. Jahrhunderts war also die Kritik an der Idee der »kindlichen Unschuld« Teil eines Kampffeldes, das politisiert, emotionalisiert und auch für antisemitische Hetze instrumentalisiert wurde.

Die Akteur_innen der westdeutschen 68er-Bewegung berufen sich bei ihrer Forderung nach »Befreiung der kindlichen Sexualität« zwar auf die Psychoanalyse, aber vor allem auf diejenige Wilhelm Reichs (vgl. Kauders 2011). Mit Reich gingen sie davon aus, dass ein befreiter Umgang mit Sexualität zugleich zu einem freieren Menschen führe (vgl. Sager 2008; Baader/Sager 2010). Auch die Sexualaufklärung und Sexualpädagogik in den westdeutschen Kinderläden war Teil emotionalisierter und polarisierter öffentlicher Debatten um einen angemessenen Umgang mit kindlicher Sexualität. Die Kommentare anlässlich des Filmes *Erziehung zum Ungehorsam*, der 1969 vom NDR ausgestrahlt wurde, in dem auch die Sexualaufklärung in den Kinderläden thematisiert wurde, veranschaulicht dies. Die Reaktionen reichten von »Empörung, Abscheu und Ekel«, »menschenunwürdig«, »unter der Stufe von Tieren«, er untergrabe die »Grundlagen der Familie, damit auch die Grundlagen des Staates« sowie Auswanderungsempfehlungen bis zu »großartig«, »ausgezeichnet« und »eindrucksvoll« (Bott 1970: 111–123). Der Kommentar, dass die Pädagogik der Kinderläden und ihre Sexualaufklärungskonzepte die Grundlagen der Familie und damit die Grundlagen des Staates erschütterten würden, veranschaulicht dabei genau das, was Foucault mit dem Sexualitätsdispositiv beschreibt (vgl. Foucault 1995).

Die Sexualaufklärung in den Kinderläden wurde in der Öffentlichkeit der Bundesrepublik zur Chiffre für eine liberalisierte Sexualerziehung. Darauf verwies auch noch ein Text im *Spiegel* aus dem Jahre 1976, der die Kindheitsgeschichte des Historikers Philippe Ariès aus dem Jahre 1965 und den dort beschriebenen Umgang mit kindlicher Sexualität im 17. Jahrhundert am französischen Königshof mit den Worten resümierte: »Mehr Freizügigkeit als heute in einem Kinderladen« (175).

Mit einem Konzept für die Sexualerziehung im Kinderladen befasste sich die psychoanalytisch ausgebildete Monika Seifert in einem Text aus dem Jahre 1970. Eine der zentralen Thesen von Seiferts Ausführungen in dem Kapitel »Sexualität« lautete, dass die Art und Weise, wie Erwachsene in der Erziehung mit kindlicher Sexualität umgingen, immer auch etwas mit ihrem eigenen Verhältnis zur Sexualität zu tun habe. Um eine Übertragung zu vermeiden, sei diese zu reflektieren. Wie Freud ging auch Seifert davon aus, dass das Verhältnis der Erwachsenen zur Sexualaufklärung und

Sexualerziehung von Kindern viel mit ihrer eigenen Sexualität zu tun habe und projektive Prozesse einschließe (vgl. Seifert 1970).

Bei der Suche nach Vorbildern und Beispielen für einen weniger repressiven und stattdessen »befreiten« Umgang mit kindlicher Sexualität orientierte man sich in den 1970er Jahren im Umfeld der Kinderläden auch – mit einem orientalisierenden und romantisierenden Blick – an anderen Kulturen, etwa den Trobriandern aus Papua-Neuguinea und daran, wie diese in den – zwischenzeitlich revidierten – Forschungen des Anthropologen Bronislaw Malinowski beschrieben wurden. Aus den Kinderläden sind viele Bilder von nackten Kindern überliefert, die sich auch an den Fotografien der anthropologischen Forschungen orientierten und heute teilweise als problematisch einzuordnen sind (vgl. Baader 2017b). Ein Bias bei der Darstellung von Jungen und Mädchen gerät erst in neuester Zeit in den Blick (vgl. Sager 2015).

Seifert sprach in ihrem Beitrag außerdem einen um 1970 viel diskutierten Text aus dem Jahre 1969 zur Sexualaufklärung aus der Kommune II mit dem Titel *Kindererziehung in der Kommune* an, der eindeutig als Beschreibung einer Szene von Kindesmissbrauch zu bezeichnen ist. Auch die immer wieder kontrovers erörterte Frage, ob Kinder beim Sexualverkehr der Eltern zuschauen sollten, fällt unter Missbrauch. Auf beides, den Text aus der Kommune und die umstrittene Frage, bezieht sich Seifert ohne sich diesbezüglich zu positionieren. Insgesamt kann resümiert werden, dass die Bedeutung der Sexualerziehung in manchen Kinderläden für die Hervorbringung eines befreiten Menschen als eindeutig überschätzt gelten kann.

Stark emotionalisiert waren auch die Auseinandersetzungen um das umstrittene Buch *Zeig Mal!* aus dem Jahre 1974, das für Kinder und Eltern konzipiert war und damals von der Evangelischen Kirche, der Gewerkschaft (GEW) und der Polizei als vorbildlich gelobt, jedoch 1996 nach verschiedenen Indizierungsanträgen vom Markt genommen wurde. Problematisch waren hier vor allem die großformatigen Fotografien, aber auch Textpassagen des umstrittenen Sexualpädagogen Helmut Kentler, die Sexualität zwischen Erwachsenen und Kindern und damit ebenfalls Missbrauch legitimierten (vgl. Baader 2017a; Baader 2007b; Sager 2017).[14]

14 Zur Ambivalenz und den Problematiken der Sexualaufklärung in den Kinderläden siehe Sager 2008, Baader/Sager 2010, Sager 2015, Baader 2017a und Baader u.a. 2017. Zur Pädosexualitätsthematik siehe insbesondere Baader 2017a und b.

Neuer Ruf nach Autorität in der Erziehung um 2000

Spätestens seit Anfang dieses Jahrtausends wurde 1968 für alle möglichen Missstände in der Erziehung verantwortlich gemacht, exemplarisch etwa im *Lob der Disziplin* (Bueb 2006) oder in Winterhoffs *Warum unsere Kinder Tyrannen werden* (2008). Dass Kindern keine Grenzen mehr gesetzt würden, und dass sie nicht mehr lernten sich unterzuordnen, sind häufig vorgetragene Kritikpunkte an der Erziehung, die mit 1968 in Verbindung gebracht wird. In beiden Ratgebern wird dies mit einer indirekten Kritik an einer sogenannten »Feminisierung« von Erziehung verbunden und mit vielen Fallbeispielen unterlegt, bei denen, so die Kritik, vor allem die Mütter versagen würden. Beide Bücher fordern vehement eine Rehabilitierung von Unterordnung und Autorität.[15] So formuliert etwa Bueb: »Wir müssen noch einen weiten Weg gehen, bis wir in Deutschland legitime Macht, also Autorität, als prinzipiell gut und segensreich anerkennen« (2006: 61). Den Weg zur Freiheit könne nur beschreiten, »wer bereit ist, sich unterzuordnen« (ebd.: 40). Winterhoff schreibt zwei Jahre später: »Konzepte antiautoritärer Erziehung, überhaupt eine totale Ächtung des Autoritätsbegriffs, waren lange Zeit Konsens unter all jenen, die im pädagogischen Bereich tätig waren« (2008: 16). Nach einer Aufzählung des Zuwachses an »Störungen« bei Kindern und Jugendlichen schreibt er: »Die Grundlagen für diese Entwicklung sind in den Erziehungskonzepten der siebziger und achtziger Jahre zu sehen, die ausgehend von den theoretischen Gesellschaftskonzepten der 68er-Generation ihre Hauptaufgabe in einem Schleifen des Autoritätsbegriffes sahen« (ebd.: 48). Damit wird die Autoritätskritik von 1968 für psychische Störungen bei Kindern und Jugendlichen heute verantwortlich gemacht. Beide Bücher, insbesondere das von Winterhoff, enthalten viele Fallbeispiele von versagenden Müttern, die ihre Kinder zu stark beschützen, alles mit ihnen ausdiskutieren und damit in der Erziehung scheiterten. Eine indirekte Referenz stellt dabei die Sorge um die richtige Erziehung der Söhne und die durch Mütter erschwerte Rolle des Vaters und damit auch die Sorge um Männlichkeit dar, wie ein Beispiel von Bueb illustriert.

»Kürzlich teilte ich mit einer Mutter und ihrem fünfjährigen Sohn ein Zugabteil. Der Junge benahm sich ungebärdig, trat laut fordernd auf und ignorierte die von seiner Mutter wortreich vorgetragenen Versuche, ihn zur Vernunft zu bringen. Ich

---

15 Zur Kritik an Bueb vgl. Brumlik (2007) und Brumlik (2008).

habe mir die Diskussion zwischen Mutter und Sohn über die Fragen, wann er das Zimmer aufräumen, den Hund ausführen oder die vereinbarten Arbeiten im Haushalt übernehmen soll, zehn Jahre später vorgestellt. Hätte ich ihr als junger, durchaus heiratswilliger Mann gegenübergesessen, wäre ich ins Nachdenken verfallen, ob ich nach einer Heirat den Herausforderungen, die die Erziehung von Kindern mit sich bringt, überhaupt gewachsen sei.« (2006: 79)

Im Kontext eines neuen Rufes nach Ordnung, Disziplin und Unterordnung wird Müttern die Schuld am Versagen der Erziehung zugewiesen, was mit 68 in Verbindung gebracht und als Anlass für ein 1968er-Bashing genommen wird. Frauen und Müttern wird von männlichen Experten für Disziplin – einem Internatsleiter (Bernhard Bueb) und einem Psychiater (Michael Winterhoff) – die Autorität abgesprochen, ihre Kinder richtig zu erziehen. Die Bücher präsentieren uns fast durchweg schuldige Mütter, was einer De-Legitimierung, Entwertung und damit De-Autorisierung von Frauen und Müttern in der Erziehung gleichkommt.

Die autoritäre Revolte und ihre Thematisierung von 68, von Familie, Kindheit, Sexualität und Geschlecht

Der Historiker Volker Weiß befasst sich in seiner Studie *Autoritäre Revolte. Die neue Rechte und der Untergang des Abendlandes* (2017) mit der Geschichte der Neuen Rechten und zeichnet deren Entstehungsgeschichte, ihre Netzwerke und Institutionen nach. Er differenziert zwischen einer Alten und einer Neuen Rechten. Unter der Neuen Rechten versteht er für die Bundesrepublik insbesondere die »Alternative für Deutschland« (AfD), die »Patriotischen Europäer gegen die Islamisierung des Abendlandes« (Pegida) und die Identitäre Bewegung (IB) (vgl. Weiß 2017). Unter dem Aspekt der sozialen Bewegungsforschung und wichtig für die Analyse der neurechten Strategien ist dabei insbesondere das Zusammenspiel zwischen einer Partei (AfD) und anderen stärker bewegungsförmigen Gruppen, das für das Vorgehen der Neuen Rechten in der Bundesrepublik, aber auch in anderen Ländern, charakteristisch ist. Als eines der Merkmale der Neuen Rechten benennt Weiß deren intellektuelle Ausrichtung und ihr Bestreben, sich insbesondere auch an den Universitäten und bei Studierenden zu etablieren (vgl. ebd.). Dies betrifft vor allem die Identitäre Bewegung. Weiß diskutiert die Neue Rechte als »68 von rechts« und weist diese Parallele schließlich zurück. Eines seiner skeptischen Gegenargumente ist, dass die Traditionen, auf die sich die Neue Rechte bezieht, wesentlich älter sind als die 68er-Bewegung und vor allem in der Konservativen Revolution zu Beginn des 20. Jahrhunderts wurzeln (vgl. ebd.: 38). Gleichwohl attestiert er, dass es einige interessante Parallelen gibt. Dazu gehören insbesondere die Akzentuierung von generationalen Diskrepanzen und die Abgrenzungen zwischen der Neuen und der Alten Rechten, die hinsichtlich des Gestus der Abgrenzung der Neuen Linken um 1968 von der Alten Linken zu vergleichen sei (vgl. ebd.: 29).

Allerdings, so die hier vertretene These, ist die Diskreditierung von 68 eines der zentralen Themen der Neuen Rechten. Dies gilt sowohl für die Bundesrepublik als auch für andere Länder als Element »öffentlicher Delegitimierung linker Ansichten«, die neurechte populistische Strömungen auszeichne (Illouz 2017: 95). In der Bundesrepublik wurde etwa der CDU von rechts vorgeworfen, dass sie die »Schäden von 1968ff.« nicht beseitige, so Peter Stein, der Chefredakteur der *Jungen Freiheit* (Stein zit. nach Weiß 2017: 76), und Jörg Meuthen erklärt dem »links-rot-grün verseuchten 68er Deutschland« den Kampf (Hägler 2016).

Zweifelsohne stehen im Kern der unterschiedlichen neurechten Strömungen die Forderungen nach mehr Autorität in den verschiedensten gesellschaftlichen Bereichen, so dass Wilhelm Heitmeyers Vorschlag von »autoritären Nationalradikalen« (Heitmeyer 2017, zitiert nach Rabe 2018: 15) zu sprechen, zuzustimmen ist. Auch in einer transnationalen Perspektive bilden autoritative und autoritäre Orientierungen eine Gemeinsamkeit der Neuen Rechten, die durch »autoritäre Zumutungen« (Weiß 2017: 241) und autoritaristische Gegenkräfte gegen Liberalismus und Universalismus gekennzeichnet ist. Weiß arbeitet heraus, dass nicht der Islam, sondern der Liberalismus von den Neurechten als eigentlicher Gegner identifiziert werde und dies auf die historische Tradition der Konservativen Revolution verweise (ebd.: 21f.).

Im Kern der AfD wie auch anderer neurechter Parteien und Gruppierungen, nicht nur in Deutschland, stehen die Wahrung traditioneller Familienstrukturen, Kampagnen gegen die rechtliche Gleichstellung von LGBTI, von Homosexuellen im Ehe- und Adoptionsrecht sowie die Kritik an Sexualaufklärung. Die Angriffe auf die Gleichstellung gleichgeschlechtlicher Partnerschaften werden dabei als »aktiver Kinderschutz« bezeichnet (vgl. ebd.: 83). Ein zentrales Thema bilden zudem die Angriffe auf die Geschlechterforschung. Im kritischen Fokus stehen darüber hinaus die

Erinnerungskultur an den Nationalsozialismus und damit die Gedenkstättenpädagogik. Die Neue Rechte verfolgt ein Bildungs- und Erziehungsprogramm, dessen Elemente die Diskreditierung einer kritischen historischen Auseinandersetzung mit dem Nationalsozialismus, die Heroisierung der deutschen Geschichte sowie die Positionierung gegen Migration und damit auch Angriffe auf eine kritische Migrationspädagogik bilden. Traditionelle Familienstrukturen, ein antifeministischer Familialismus, die Kritik am Sexualaufklärungsunterricht und einer an Vielfalt orientierten Sexualpädagogik bilden weitere Akzente. In diesem Zusammenhang kommen auch andere populistische Strömungen ins Spiel.

So organisierten sich mehr als vierzig Jahre nach den Auseinandersetzungen um die Sexualaufklärung im Kontext von 1968 »Besorgte Eltern« im Jahre 2014 gegen eine an Vielfalt orientierte Sexualaufklärung im Bildungsplan in Baden-Württemberg und kreierten in diesem Zusammenhang den Begriff der »Frühsexualisierung«.[16] Dieser avancierte seither zu einem Kampfbegriff. Historisch ist zwar die Formierung dieses Begriffes neu, nicht aber der Vorwurf. Wie bereits bei Freud, dem vorgeworfen wurde, dass er die Sexualität in die reine »Kinderseele« hineinlege, wird auch mit dem Begriff der »Frühsexualisierung« suggeriert, dass Kinder keine sexuellen Wesen seien, sondern durch Sexualerziehung erst zu diesen gemacht würden. Die »Besorgten Eltern« schufen ein Bündnis gegen Sexualkundeunterricht, rufen zu Demonstrationen auf, mobilisieren gegen die Gender-Theorien und proklamieren ein traditionelles Familienbild. Aktuell protestieren Berliner Eltern gegen eine »Handreichung für pädagogische Fachkräfte der Kindertagesbetreuung«, die vom Berliner Senat und der Bildungsinitiative Queerformat herausgegeben wurde. Sie trägt den Titel *Murat spielt Prinzessin, Alex hat zwei Mütter und Sophie heißt jetzt Ben*. Die Kritiker_innen des Bildungsplanes und der Berliner Aufklärungsbroschüre argumentieren vor allem damit, dass Kinder »Kind sein dürfen« sollten (Barke 2018). In einer sexualisierten Welt wird Kindheit als Raum imaginiert, der frei von Sexualität sein soll. Bezug genommen wird dabei auf die Idee der kindlichen Unschuld. Diese blickt auf eine lange, insbesondere christliche und seit dem 18. Jahrhundert romantische Tradition zurück (vgl. Baader 1996), und ist im kollektiven Gedächtnis und seinen Bildern tief eingelagert. Das «unschuldige Kind» stellt eine Art Kollektivsymbol dar, das mit Reinheitsvorstellungen und mit entsprechenden Emotionen und

16 Siehe zur sogenannten »Frühsexualisierung« auch Sager 2018.

Projektionen verbunden ist. Ohne die Einbeziehung der Kindheitsgeschichte kann diese Bezugnahme in all ihren Dimensionen, einschließlich ihrer anti-judaischen und antisemitischen Traditionen, kaum eingeordnet werden. Insbesondere auch in der reformpädagogischen Tradition wurde an diese Idee der kindlichen Unschuld vielfach angeknüpft, die somit auch erziehungsgeschichtlich höchst bedeutsam ist (vgl. Baader 2016). Bühler-Niederberger unterstreicht die »Macht« dieser Konstruktion (vgl. 2005). Imke Schminken arbeitet die Bedeutung der »Chiffre Kind« im Kontext des Anti-Genderismus heraus (vgl. 2015). Dabei, so meine These, stellt die Figur der »kindlichen Unschuld« ein Kollektivsymbol dar, das auf eine längere historische Tradition zurück blickt, im kulturellen Gedächtnis eingespeichert ist, sich emotionalisieren lässt und damit Mobilisierungspotenzial hat.

In der Kritik an der Broschüre und der Berufung darauf, dass »Kinder Kinder sein« und von Fragen der geschlechtlichen Vielfalt ferngehalten werden sollten, wird ignoriert, dass Kinder eben genau mit jenen gesellschaftlichen Realitäten und pluralisierten Lebensformen konfrontiert sind, auf die der Titel der Berliner Broschüre anspielt.[17] Kinder haben diesbezüglich ihre eigenen Fragen, die beantwortet werden wollen. Dies übersieht die Position von der »sexuellen Unschuld«.

Während es in den 1970er Jahren in der öffentlichen Diskussion vor allem um die grundsätzliche Frage nach der Sexualaufklärung in der Schule, um koedukativen Sexualkundeunterricht und um die entsprechenden Materialien ging, drehen sich heute die Auseinandersetzungen um die Thematisierung von sexueller Vielfalt, die den Stein des Anstoßes darstellt und zum Gegenstand von Mobilisierung gemacht wird. Außerdem konzentrieren sich die aktuellen Kontroversen eher auf den vorschulischen Bereich. Um die Kinder geht es dabei weniger, sondern um Mobilisierungsgelegenheiten gegen sexuelle Vielfalt, für Homophobie und einen neuen antifeministischen Familialismus.

Insgesamt lässt sich seit den 1960er Jahren eine Verschiebung konstatieren von einer grundsätzlichen Kritik an Sexualaufklärung in öffentlichen Bildungsinstitutionen hin zu einer Kritik an der Konfrontation von Kindern mit sexueller Vielfalt und queeren Lebensformen. Queere und nicht-heterosexuelle Familien- und Lebensformen stehen heute im Zentrum der kritischen Angriffe. Die Feststellung Freuds, dass wir es bei der Reserviert-

17 Zu den empirischen Befunden bezogen auf Lebensformen, in denen Kinder aufwachsen, und zu intersexuellen Kindern siehe Sager 2018.

heit und Kritik an der Sexualaufklärung von Kindern zumeist mit Projektionen von Erwachsenen zu tun haben, bleibt jedoch aktuell. An den heutigen Debatten fällt zudem eine irritierende Doppelmoral auf. Im Kontext von Prävention und Kinderschutz sollen Kinder früh lernen, sich gegen übergriffiges Verhalten und sexualisierte Gewalt zu wehren. Dies ist so richtig wie unumstritten. Dass es dazu aber auch eines Wissens über Sexualität und Sexualaufklärung und damit sexueller Bildung bedarf, wird zurückgewiesen. Hier zeigt sich ein äußerst gespaltenes Verhältnis und eine doppelte Moral, Prävention und Schutz ja, Sexualaufklärung von Kindern nein. Prävention gegen sexualisierte Gewalt soll um den Preis der Abwesenheit des Themas Sexualität erfolgen. Ob das geht und eine nachhaltige und effiziente Form der Prävention darstellt, mag bezweifelt werden, ist aber vor allem auch ein Thema für die empirische Forschung. Eine Normalisierung von Kindern als sexuelle Wesen, wie sie die 1970er Jahre mit sich gebracht haben, wird derzeit wieder stärker infrage gestellt (Baader 2017b). Aber was heißt das eigentlich, dass auch Kinder bereits sexuelle Wesen sind und einen Körper haben, der sexuelle Empfindungen kennt? Die diesbezüglichen Bedeutungszuschreibungen stammen zumeist von Erwachsenen. Grundsätzlich ist an der fundamentalen Unterscheidung von kindlicher und erwachsener Sexualität, die Freud getroffen hat, festzuhalten.

Auf einen engen Zusammenhang zwischen den Angriffen auf nicht-heterosexuelle Lebensformen, Identitäten und Sexualitäten haben Hark/Villa (2015) in ihrer Veröffentlichung zum Anti-Genderismus hingewiesen. Angriffe auf die Geschlechterforschung haben eine lange Tradition, aber derzeit gewinnen sie eine neue Qualität, die sich in mehreren Ländern beobachten lässt. Paternotte benennt vier wesentliche Elemente: Angriffe im Netz, physische Bedrohung, mediale Attacken und Entzug finanzieller Förderung (vgl. 2018). Ein weiteres, radikalisiertes Element stellt das Verbot der Geschlechterforschung dar, das die ungarische Regierung aktuell verfolgt. Auch für die AfD gehört die Abschaffung der Geschlechterforschung zur offenen Programmatik und kritische Anfragen an die Geschlechterforschung zur Praxis in den Parlamenten.[18] Die Gender Studies und Queer Studies werden teilweise als Bedrohung von Kindern bezeichnet und wiederum mit einer an Vielfalt orientierten Sexualpädagogik in Verbindung gebracht.

---

18 Siehe dazu Zentrum für Geschlechterstudien/Gender Studies der Universität Paderborn (o.J.); Kleine Anfragen (2017).

Fazit und Ausblick

Angriffe auf die Erinnerungskultur und damit verbunden auf die politische Bildung, auf die Geschlechterforschung, auf andere als traditionelle Familienformen, auch auf Alleinerziehende und auf die Sexualaufklärung sowie die sexuelle Vielfalt, sind im Fokus neurechter Strömungen und populistischer Parteien und dies durchaus transnational. Sie symbolisieren liberale Errungenschaften und pluralisierte Familien- und Lebensformen sowie einen kritischen Umgang mit der Geschichte und damit auch der Nation.

Themen von Bildung und Erziehung stehen durchaus im Fokus der Neuen Rechten. Diffamierungen von 1968 und der antiautoritären Erziehung bilden einen Teil der neurechten Mobilisierungsstrategie. Dabei wird insbesondere auch die Sexualerziehung der 1968er skandalisiert. So etwa beim Aktionsbündnis »Demo für alle«[19]. In diesem Kontext und im Kampf gegen die sogenannte »Frühsexualisierung« spielt das Kollektivsymbol des »unschuldigen Kindes« eine besondere Rolle. Dieses blickt auf eine lange und auch bildmächtige christliche Tradition zurück, die auch schon gegen Freuds Perspektiven auf die kindliche Sexualität aufgerufen wurde. Als Kollektivsymbol stellt es ein Bindeglied zwischen verschiedenen Diskursen, etwa dem der Sexualaufklärung und der Kritik an der Geschlechterforschung, dar. Es ist emotionalisierbar und kann damit zum Träger von Mobilisierungsstrategien werden. Die Attacken gegen die Geschlechterforschung und die Forderung nach ihrer Abschaffung sowie diejenigen gegen eine an Vielfalt orientierte Sexualpädagogik sind auch über populistisch gestimmte Gruppen der Neuen Rechten hinaus anschlussfähig und weisen auch deshalb ein hohes Mobilisierungspotenzial auf. Dies trifft zum einen auf ein eher akademisches Milieu und zum anderen auch auf Schichten der Bevölkerung, die mit Prekarisierungs- und Benachteiligungserfahrungen konfrontiert sind, zu.

Dass dem Bereich von Erziehung und Bildung ein wichtiger Stellenwert in der neurechten Rhetorik zukommt, wird auch durch den Begriff der »Umerziehung« angezeigt. Er wird sowohl mit 1968 in Verbindung gebracht (vgl. exemplarisch: Röhl 2018), als auch mit der Sexualaufklärung, so etwa in der Petition gegen den baden-württembergischen Bildungsplan (Zukunft-Verantwortung-Lernen 2015) und schließlich gegen Migration und Einwanderung angeführt. Der Begriff der »Umerziehung« ist kollektiv-

---

19 Siehe dazu https://demofueralle.blog.

symbolisch enorm anschlussfähig, verweist er doch zum einen auf den Nationalsozialismus und zum anderen auf die Sowjetunion und die Geschichte der DDR. Als Kollektivsymbol, so hat der Beitrag gezeigt, fungiert außerdem die Chiffre 1968 als Rahmung für eine transnational agierende Neue Rechte.

Die Erziehungswissenschaft hat sich in den letzten Jahren eher wenig mit dem Thema Autorität auseinandergesetzt. Alfred Schäfer und Christiane Thompsen haben einen Sammelband zu »Autorität« vorgelegt (2009), Kerstin Jergus und Christiane Thompsen haben zu »Autorisierung« (2017) gearbeitet. Rita Casale hat die Krise der väterlichen Autorität als »Krise der Repräsentation« (2016) diskutiert und Micha Brumlik hat sich anlässlich des erneuten Rufes nach Autorität in der Erziehung mit der Theorie- und Begriffsgeschichte befasst (vgl. 2007; 2008), allerdings ohne dabei die Kategorie Geschlecht mit einzubeziehen. Auch in anderen Veröffentlichungen zu pädagogischer Autorität im Kontext von Schule, Unterricht und Lehre wird der Geschlechteraspekt wenig beleuchtet, so etwa bei Schäfer und Thompson (2009).

Der grundsätzliche Befund, wonach Autorität aktuell kein zentrales Thema wissenschaftlichen Nachdenkens ist, erscheint vor dem Hintergrund von Gesellschaftsanalysen und Zeitdiagnosen der letzten Jahre naheliegend und nachvollziehbar. Während der »antiautoritäre Impuls« von 1968 und der 1970er Jahre (vgl. Funke 2017) sich gegen eine autoritative Gesellschaft und ihre Disziplinierungstechniken richtete, wird das heutige Zeitalter in Anlehnung an Foucault als eines der gouvernementalen Regierungstechniken (vgl. Bröckling 2000) und der permanenten Selbstaktivierung als Subjektivierungsform (vgl. Bröckling 2007) beschrieben, in dem durch die Psyche der Subjekte regiert wird. Gesellschaftsanalysen sprechen von »Psychopolitik« (vgl. Han 2014) mitsamt ihren Selbstoptimierungs- und digitalen Kontrolltechniken oder auch vom »emotionalen Kapitalismus« (vgl. Illouz 2009), der die Emotionen als Ressource einsetzt.

Allerdings betreten derzeit neue Formen der »autoritären Revolte« (vgl. Weiß 2017), des Autoritarismus sowie autoritärer Vorstellungen die politische Bühne, die auch die kritischen Auseinandersetzungen mit Fragen der Autorität wieder verstärkt erforderlich machen. Strategien der Re-Souveränisierung männlicher Autorität und der Verweisung von Frauen in angestammte Rollen und Bereiche im Sinne des antifeministischen Familialismus stellen dabei ein zentrales Element der Mobilisierungsstrategien der Neuen Rechten, die durchaus ein Erziehungs- und Bildungsprogramm aufweisen, dar. Eine autoritärere und militaristischere Form von Männlichkeit forderte etwa der AfD-Vorsitzende von Thüringen, Björn Höcke, ein.

Eine Erziehungswissenschaft des 21. Jahrhunderts sollte das Erziehungs- und Bildungsprogramm der Neuen Rechten in der BRD zur Kenntnis nehmen. Diese hat insbesondere auch Lehrende an Schulen und Hochschulen in ihrem kritischen Fokus. Auch transnational pflegen populistische Bewegungen einen »fremdenfeindlichen, patriarchalen und autoritären Stil« (Appadurai 2017: 18).

Als Gegenprogramm ist vor allem eine politische Bildung vonnöten, die sich mit den populistischen Strategien auseinandersetzt, die die Zerstörung von Demokratien und den Abbau von Menschenrechten offensiv betreiben. Vor dem Hintergrund der Wiederkehr nationalistischer Ressentiments, fundamentalistischer Religiosität, der Angriffe auf sexuelle Selbstbestimmung und auf gleichberechtigte Lebensformen müsste es eigentlich, so Weiß, »die Stunde einer Bewegung sein, die sich gegen diese autoritären Zumutungen positioniert: sozial, international und säkular, für Selbstbestimmung, unabhängig von Geschlecht, Herkunft, sexueller Orientierung etc.« (2017: 241). Dass der neurechte Populismus eine Politisierung betreibt, »deren Kern« ein emotionaler ist, betont Uffa Jensen (2018). Fragen von Familien- und Lebensformen, von Sexualität und von Bildung und Erziehung sind, wie der Beitrag herausgearbeitet hat, davon unmittelbar tangiert und werden für die beschriebenen Politiken der Emotionalisierung benutzt. Das Kind, so wurde gezeigt, nimmt für diese Emotionalisierungsstrategien eine herausragende Stellung ein. Dies kann auch erklären, warum sie für bestimmte Gruppen, über einen radikalnationalen Kern und dessen Positionen hinaus, ihre Resonanzen finden. Schließlich knüpfen sie an kollektivsymbolische Vorstellungen und an christliche, romantische und auch reformpädagogische Konzepte und Ideen vom »unschuldigen Kind«, die im kulturellen Gedächtnis gespeichert sind, an. Über das Kind und seinen Schutz werden aktuell auch homophobe Positionen verstärkt sagbar.

Literatur

Aden-Grossmann, Wilma (2015), *Monika Seifert. Pädagogin der antiautoritären Erziehung. Eine Biografie*, Frankfurt am Main.

Adorno, Theodor W. (1969), »Erziehung zur Mündigkeit«, in: ders., *Erziehung zur Mündigkeit. Vorträge und Gespräche mit Hellmut Becker 1959–1969*, Frankfurt am Main, S. 133–148.

Adorno, Theodor W. (1973 [1949/1950]), *Studien zum autoritären Charakter*, Frankfurt am Main.

Appadurai, Arjun (2017), »Demokratiemüdigkeit«, in: Heinrich Geiselberger (Hg.), *Die große Regression. Eine internationale Debatte über die geistige Situation der Zeit*, Berlin, S. 17–36.

Arbeitskreis Kommunikationsstrukturen und autoritäre Fixierung (1969), in: Jörg Zoller (Hg.), *Aktiver Streik. Dokumentation zu einem Jahr Hochschulpolitik am Beispiel der Universität Frankfurt/Main*, Darmstadt, S. 83.

Baader, Meike Sophia (1996), *Die romantische Idee des Kindes und der Kindheit. Auf der Suche nach der verlorenen Unschuld*, Neuwied/Kriftel/Berlin.

Baader, Meike Sophia (Hg.) (2008a), *»Seid realistisch, verlangt das Unmögliche!«. Wie 1968 die Pädagogik bewegte*, Weinheim.

Baader, Meike Sophia (2008b), »Das Private ist politisch. Der Alltag der Geschlechter, die Lebensformen und die Kinderfrage«, in: dies. (Hg.), *»Seid realistisch, verlangt das Unmögliche!«. Wie 1968 die Pädagogik bewegte*, Weinheim, S. 153–172.

Baader, Meike Sophia (2008c), »Von der sozialistischen Erziehung zum buddhistischen Om. Kinderläden zwischen Elite- und Gegenkulturen«, in: dies. (Hg.), *»Seid realistisch, verlangt das Unmögliche!«. Wie 1968 die Pädagogik bewegte*, Weinheim, S. 16–35.

Baader, Meike Sophia (2011), »›68‹ als Kulturrevolution im Fokus erziehungswissenschaftlicher Geschlechterforschung«, in: Elke Kleinau/Susanne Maurer/Astrid Messerschmidt (Hg.), *Ambivalente Erfahrungen – (Re-)politisierung der Geschlechter*, Opladen, S. 73–88.

Baader, Meike Sophia (2012), »›Wir streben Lebensverhältnisse an, die das Konkurrenzverhältnis von Männern und Frauen aufheben.‹ Zur Kritik von Frauen an Männlichkeitskonstruktionen im Kontext von 1968«, in: Meike Sophia Baader/Johannes Bilstein/Toni Tholen (Hg.), *Erziehung, Bildung und Geschlecht. Männlichkeiten im Fokus der Gender-Studies*, Wiesbaden, S. 103–116.

Baader, Meike Sophia (2014a), »Das Recht auf Glück im Hier und Jetzt. Neue Subjektivität, Frauenbewegung und Kindererziehung um 1970«, in: Klemens Ketelhut/Diana Lau (Hg.), *Erziehungsgeschichten. Kindheiten – Selbstzeugnisse – Reflexionen*, Köln, S. 15–36.

Baader, Meike Sophia (2014b), »Die reflexive Kindheit (1968–2000)«, in: Meike Sophia Baader/Florian Eßer/Wolfgang Schröer (Hg.), *Kindheiten in der Moderne. Eine Geschichte der Sorge*, Frankfurt am Main, S. 414–455.

Baader, Meike Sophia (2016), »Longing for Innocence and Purity: Nature- and Child-Centered Education«, in: Michael A. Peters (Hg.), *Encyclopedia of Educational Philosophy and Theory*, Singapur.

Baader, Meike Sophia (2017a), »Zwischen Politisierung, Pädosexualität und Befreiung aus dem ›Getto der Kindheit‹: Diskurse über die Entgrenzung von kindlicher und erwachsener Sexualität in den 1970er Jahren«, in: Meike Sophia Baader/Christian Jansen/Julia König/Christin Sager (Hg.), *Tabubruch und Entgrenzung. Kindheit und Sexualität nach 1968*, Köln, S. 55–84.

Baader, Meike Sophia (2017b), »Pädosexualität, Kindheit und Geschlecht im wissenschaftlichen Diskurs«, in: *WestEnd. Neue Zeitschrift für Sozialforschung*, Jg. 14, H. 1, S. 3–19.

Baader, Meike Sophia (2018a), »Von der Normalisierung zur De-Zentrierung nach 1968. Mütterlichkeit, Weiblichkeit und Care in der Alten und in der Neuen Frauenbewegung«, in: Antje Langer/Claudia Mahs/Barbara Rendtorff (Hg.), *Weiblichkeit – Ansätze zur Theoretisierung*, Jahrbuch Frauen- und Geschlechterforschung in der Erziehungswissenschaft, Jg. 14, S. 15–38.

Baader, Meike Sophia (2018b), »Kinder als Akteure oder wie ist das Kind als Subjekt zu denken? Historische Kontexte, relationale Verhältnisse, pädagogische Traditionen, neue Perspektiven«, in: Bianca Bloch/Peter Cloos/Sandra Koch/Marc Schulz/Wilfried Smidt (Hg.), *Frühpädagogische Perspektiven auf Kinder und Kindheiten. Eine Einführung*, Weinheim, S. 22–39.

Baader, Meike Sophia (2018c), »Autorität, antiautoritäre Kritik und Autorisierung im Spannungsfeld von Politik, Erziehung und Geschlecht im 20. und 21. Jahrhundert«, in: Hilge Landweer/Cathrine Newmark (Hg.), *Wie männlich ist Autorität? Feministische Kritik und Aneignung*, Frankfurt am Main/New York, S. 87–124.

Baader, Meike Sophia/Casale, Rita (Hg.) (2018), *Generationen- und Geschlechterverhältnisse in der Kritik: 1968 Revisited*, Jahrbuch für Historische Bildungsforschung, Bd. 24, Bad Heilbrunn.

Baader, Meike Sophia/Herrmann, Ulrich (Hg.) (2011), *68 – Engagierte Jugend und Kritische Pädagogik. Impulse und Folgen eines kulturellen Umbruchs in der Geschichte der Bundesrepublik*, Weinheim.

Baader, Meike Sophia/Jansen, Christian/König, Julia/Sager, Christin (Hg.) (2017), *Tabubruch und Entgrenzung: Kindheit und Sexualität nach 1968*, Köln.

Baader, Meike Sophia/Sager, Christin (2010), »Die pädagogische Konstitution des Kindes als Akteur im Zuge der 68er-Bewegung«, in: *Diskurs Kindheits- und Jugendforschung*, Jg. 5, H. 3, S. 255–269.

Barke, Jenny (2018), »Aufklärung über sexuelle Vielfalt AfD und CDU kritisieren LGBTI-Broschüre für Berliner Kitas«, in: *rbb24* (16.02.2018), letzter Zugriff: 26.10.2018, rbb24.de/panorama/beitrag/2018/02/sexuelle-vielfalt-broschuere-kitas-kritik-afd.html.

Behre, Silja (2016), *Bewegte Erinnerung: Deutungskämpfe um »1968« in deutsch-französischer Perspektive*, Tübingen.

Bildungsinitiative Queerformat & Sozialpädagogisches Fortbildungsinstitut Berlin-Brandenburg (Hg.) (2018), *Murat spielt Prinzessin, Alex hat zwei Mütter und Sophie heißt jetzt Ben. Sexuelle und geschlechtliche Vielfalt als Themen frühkindlicher Inklusionspolitik*, Berlin.

Bilstein, Johannes (2011), »Psychoanalyse und Pädagogik: Kritische Theorie des Subjekts und Antiautoritäre Erziehung. Die Wideraneignung der Psychoanalytischen Pädagogik in pädagogischen Diskursen der späten 1960er und frühen 1970er Jahre«, in: Meike Sophia Baader/Ulrich Herrmann (Hg.), *68 – Engagierte Jugend und Kritische Pädagogik. Impulse und Folgen eines kulturellen Umbruchs in der Geschichte der Bundesrepublik*, Weinheim, S. 217–231.

Bott, Gerhard (Hg.) (1970), *Erziehung zum Ungehorsam. Kinderläden berichten aus der Praxis der antiautoritären Erziehung*, Frankfurt am Main.

Bröckling, Ulrich (2000), *Gouvernementalität der Gegenwart. Studien zur Ökonomisierung des Sozialen*, Frankfurt am Main.

Bröckling, Ulrich (2007), *Das unternehmerische Selbst. Soziologie einer Subjektivierungsform*, Frankfurt am Main.

Brumlik, Micha (Hg.) (2007), *Vom Missbrauch der Disziplin. Antworten der Wissenschaft auf Bernhard Bueb*, Weinheim.

Brumlik, Micha (2008), »›Autorität‹ und ›Antiautoritarismus‹«, in: Meike Sophia Baader (Hg.), *»Seid realistisch, verlangt das Unmögliche!«. Wie 1968 die Pädagogik bewegte*, Weinheim, S. 184–211.

Bude, Heinz (2018), *Adorno für Ruinenkinder: Eine Geschichte von 1968*, München.

Bueb, Bernhard (2006), *Lob der Disziplin. Eine Streitschrift*, Berlin.

Bühler-Niederberger, Doris (Hg.) (2005), *Die Macht der Unschuld. Das Kind als Chiffre*, Wiesbaden.

Casale, Rita (2016), »Krise der Repräsentation. Zur Sittlichkeit des Staates und Autorität des Vaters«, in: Rita Casale/Hans-Christoph Koller/Norbert Ricken (Hg), *Das Pädagogische und das Politische*, Stuttgart, S. 207–224.

Corsten, Michael (2018), »Die 68er – The Last Generation?«, in: Meike Sophia Baader/Rita Casale (Hg.), *Generationen- und Geschlechterverhältnisse in der Kritik: 1968 Revisited*, Jahrbuch für Historische Bildungsforschung, Bd. 24, Bad Heilbrunn, S. 227–253.

Dermitzel, Regine (1969), »Thesen zur antiautoritären Erziehung«, in: *Kursbuch 17: Frau – Familie – Gesellschaft* (Juni 1969), Frankfurt am Main, S. 179–188.

Der Spiegel (1976), »Fröhliche Zwerge«, in: *Der Spiegel*, Jg. 76, H. 11, S. 175–178.

Donzelot, Jacques (1980), *Die Ordnung der Familie*, Frankfurt am Main.

Dutschke, Rudi (1968), »Die Widersprüche des Spätkapitalismus, die antiautoritären Studenten und ihr Verhältnis zur Dritten Welt«, in: Uwe Bergmann/Rudi Dutschke/Wolfgang Lefèvre/Bernd Rabehl (Hg.), *Rebellion der Studenten oder die neue Opposition*, Reinbek, S. 33–93.

Drews, Axel/Gerhard, Ute/Link, Jürgen (1985), »Moderne Kollektivsymbolik – eine diskurstheoretisch orientierte Einführung mit Auswahlbibliographie«, in: *Internationales Archiv für Sozialgeschichte der deutschen Literatur*, 1. Sonderheft Forschungsreferate, S. 256–375.

Erklärung des Aktionsrates zur Befreiung der Frauen, Berlin (1970), in: Berliner Kinderläden (Hg.), *Antiautoritäre Erziehung und sozialistischer Kampf*, Köln, S. 56–64.

Engels, Friedrich (1968 [1873]), »Von der Autorität«, in: Karl Marx/Friedrich Engels, *Über Erziehung und Bildung*, zusammengestellt v. P. N. Grusedew, Berlin, S. 200–203.

Eschenburg, Theodor (1965), *Über Autorität*, Frankfurt am Main.

Foucault, Michel (1995), *Sexualität und Wahrheit*, Bd. 1: *Der Wille zum Wissen*, 8. Aufl., Frankfurt am Main.

Foucault, Michel (2010 [1991]), *Die Ordnung des Diskurses*, Frankfurt am Main.

Fraser, Nancy (2017), »Vom Regen des progressiven Neoliberalismus in die Traufe des reaktionären Populismus«, in: Heinrich Geiselberger (Hg.), *Die große Regression. Eine internationale Debatte über die geistige Situation der Zeit*, Berlin, S. 77–91.

Freud, Sigmund (1905), »Drei Abhandlungen zur Sexualtheorie«, in: ders., *Sexualleben. Gesammelte Werke*, Bd. V (Studienausgabe), Frankfurt am Main, S. 37–146.

Freud, Sigmund (1907), »Zur sexuellen Aufklärung der Kinder (Offener Brief an Dr. M. Fürst)«, in: ders., *Sexualleben. Gesammelte Werke*, Bd. V (Studienausgabe), Frankfurt am Main, S. 161–168.

Fromm, Erich (1969), »Vorwort von Erich Fromm«, in: Alexander S. Neill, *Theorie und Praxis der antiautoritären Erziehung. Das Beispiel Summerhill*, Reinbek, S. 11–18.

Funke, Hajo (2017), *antiautoritär. 50 Jahre studentenbewegung: die politisch-kulturellen umbrüche*, Hamburg.

Gass-Bolm, Torsten (2006), »Revolution im Klassenzimmer?«, in: Christina von Hodenberg/Detlef Siegfried (Hg.), *Wo ›1968‹ liegt. Reform und Revolte in der Geschichte der Bundesrepublik*, Göttingen, S. 113–138.

Geiselberger, Heinrich (Hg.) (2017), *Die große Regression. Eine internationale Debatte über die geistige Situation der Zeit*, Berlin.

Gilcher-Holtey, Ingrid (2001), *Die 68er Bewegung: Deutschland, Westeuropa, USA*, München.

Hägler, Max (2016), »Aufmarsch der Wut«, in: *Süddeutsche Zeitung* (30.04.2016), letzter Zugriff: 26.10.2018, https://www.sueddeutsche.de/politik/proteste-gegen-afd-aufmarsch-der-wut-1.2974815.

Han, Biung-Chul (2014), *Psychopolitik. Neoliberalismus und die neuen Machttechniken*, Frankfurt am Main.

Hark, Sabine/Villa, Paula-Irene (Hg.) (2015), *Anti-Genderismus. Sexualität und Geschlecht als Schauplätze aktueller politischer Auseinandersetzungen*, Bielefeld.

Herzog, Dagmar (2013), *Paradoxien der sexuellen Liberalisierung*, Göttingen.

Hodenberg, Christina von (2018), *Das andere Achtundsechzig. Gesellschaftsgeschichte einer Revolte*, München.

Hodenberg, Christina von/Siegfried, Detlef (Hg.) (2006), *Wo ›1968‹ liegt. Reform und Revolte in der Geschichte der Bundesrepublik*, Göttingen.

Horkheimer, Max/Fromm, Erich/Marcuse, Herbert u.a. (Hg.) (1987 [1936]), *Studien über Autorität und Familie. Forschungsberichte aus dem Institut für Sozialforschung*, Lüneburg.

Illouz, Eva (2009), *Die Errettung der modernen Seele*, Frankfurt am Main.

Illouz, Eva (2017), »Vom Paradox der Befreiung zum Niedergang der liberalen Eliten«, in: Heinrich Geiselberger (Hg.), *Die große Regression. Eine internationale Debatte über die geistige Situation der Zeit*, Berlin, S. 93–116.

Jäger, Siegfried (2012), *Kritische Diskursanalyse. Eine Einführung*, 6., vollkommen überarbeitete Aufl., Münster.

Jergus, Kerstin/Thompson, Christiane (Hg.) (2017), *Autorisierungen des pädagogischen Selbst. Studien zu Adressierungen der Bildungskindheit*, Wiesbaden.

Jensen, Uffa (2017), *Zornpolitik*, Frankfurt am Main.

Kafka, Franz (1995 [1952]), *Brief an den Vater*, Stuttgart.

Kauders, Anthony (2011), »Drives in Dispute: The West German Student Movement, Psychoanalvsis, and the Search for a New Emotional Order, 1967–1971«, in: *Central European History*, Jg. 44, H. 4, S. 1–21.

Keller, Reiner (2010), *Diskursforschung. Eine Einführung für SozialwissenschaftlerInnen*, 4. Aufl., Wiesbaden.

Kiefer, Georg (1970), »Kinderladen Stuttgart. Bericht über einen Prozeß«, in: Bott, Gerhard, *Erziehung zum Ungehorsam*, Frankfurt am Main, S. 14–44.

Kleine Anfragen (2017), »Schriftliche Anfrage des Abgeordneten Martin Trefzer (AfD) vom 12. Dezember 2017 (Eingang beim Abgeordnetenhaus am 12. Dezember 2017) zum Thema: Gender Studies in Berlin: Professuren, Studenten und Absolventen und Antwort vom 27. Dezember 2017 (Eingang beim Abgeordnetenhaus am 29. Dez. 2017)«, letzter Zugriff: 26.10.2018, https://kleineanfragen.de/berlin/18/12929-gender-studies-in-berlin-professuren-stu denten-und-absolventen.txt.

Kuhlmann, Carola (2010), *Erziehungsvorstellungen in der Heimerziehung der 50er und 60er Jahre – Maßstäbe für angemessenes Erziehungsverhalten und für Grenzen ausgeübter Erziehungs- und Anstaltsgewalt. Expertise für den Runden Tisch Heimerziehung in den 50er und 60er Jahren*, Bochum.

Kraushaar, Wolfgang, (2000), *1968 als Mythos, Chiffre und Zäsur*, Hamburg.

Landwehr, Achim (2008), *Historische Diskursanalyse. Eine Einführung*, Frankfurt am Main/New York.

McBride, Will/Fleischhauer-Hardt, Helga (1974), *Zeig mal! Ein Bilderbuch für Kinder und Eltern*, Wuppertal.

Müller, Hans-Rüdiger/Jäde, Sylvia/Kairies, Christoph (2018), »Familiale Freiheitsräume. Zur intergenerationalen Transformation der Verhandlungsfamilie seit den siebziger Jahren«, in: Meike Sophia Baader/Rita Casale (Hg.), *Generationen- und Geschlechterverhältnisse in der Kritik: 1968 Revisited*, Jahrbuch für Historische Bildungsforschung, Bd. 24, S. 186–226.

Nitsch, Wolfgang/Gerhardt, Ute/Offe, Claus/Preuß, Ulrich (1965), *Hochschule in der Demokratie. Kritische Beiträge zur Erbschaft und Reform der deutschen Universität*, Berlin.

Paternotte, David (2018), »Es geht darum, Genderforschung mundtot zu machen. Gespräch mit Patricia Hecht«, in: *die tageszeitung*, 5. Juli 2018, S. 11.

Przytulla, Horst (1972), »Die Überwindung der antiautoritären Phase. Zum Verhalten Erwachsener in Gruppen«, in: Hans-Werner Saß (Hg.), *Antiautoritäre Erziehung oder die Erziehung der Erzieher. Soziales Lernen in Erwachsenengruppen*, Stuttgart, S. 146–163.

Rabe, Jens-Christian (2018), »Kulturkampf statt Meinungsstreit«, in: *Süddeutsche Zeitung*, 13./14.10.2018, S. 15.

Röhl, Bettina (2018), *»Die RAF hat Euch lieb«. Die Bundesrepublik im Rausch von 68. Eine Familie im Zentrum der Bewegung*, München.

Roth, Daniela/Rucht, Dieter (2008), *Die sozialen Bewegungen in Deutschland seit 1945. Ein Handbuch*, Frankfurt am Main.

Sager, Christin (2008), »Das Ende der kindlichen Unschuld. Die Sexualerziehung der 68er-Bewegung«, in: Meike Sophia Baader (Hg.), *»Seid realistisch, verlangt das Unmögliche!«. Wie 68 die Pädagogik bewegte*, Weinheim, S. 56–68.

Sager, Christin (2015), *Das aufgeklärte Kind. Zur Geschichte der bundesrepublikanischen Sexualaufklärung (1950–2010)*, Bielefeld.

Sager, Christin (2018), »Zur Pädagogisierung kindlicher Sexualität. Diskursivierungen über die ›kindliche Unschuld‹: die ›Befreiung der kindlichen Sexualität‹ und die ›Frühsexualisierung der Kinder‹«, in: *Widersprüche*, Jg. 38, H. 148, S. 11–28.

Sander, Helke (2004 [1968]), »Rede des ›Aktionsrates zur Befreiung der Frau‹ bei der 23. Delegiertenkonferenz des ›Sozialistischen Deutschen Studentenbundes‹ (SDS) im September 1968 in Frankfurt«, in: Rudolf Sievers (Hg.), *1968 – Eine Enzyklopädie*, Frankfurt am Main, S. 372–378.

Schäfer, Alfred (2015), *1968 – Die Aura des Widerstands*, Paderborn.

Schäfer, Alfred/Thompson, Christiane (Hg.) (2009), *Autorität*, Paderborn.

Schmincke, Imken (2015), »Das Kind als Chiffre politischer Auseinandersetzungen am Beispiel neuer konservativer Protestbewegungen in Frankreich und Deutschland«, in: Sabine Hark/Paula-Irene Villa (Hg.), *Anti-Genderismus. Sexualität und Geschlecht als Schauplätze aktueller politischer Auseinandersetzungen*, Bielefeld, S. 93–108.

Schulte von Drach, Marcus C. (2017), »Erwachen aus wutgetränkter Apathie. Was der Kapitalismus mit dem Wahlerfolg der AfD zu tun hat – und warum ihre Anhänger einen ›autoritären Nationalradikalismus‹ vertreten. Ein Gespräch mit dem Soziologen Wilhelm Heitmeyer«, in: *Süddeutsche Zeitung online*, letzter Zugriff: 25.10.2018, https://www.sueddeutsche.de/politik/soziologe-zur-afd-erwachen-aus-wutgetraenkter-apathie-1.3687762.

Seifert, Monika (1970), »Kinderschule Frankfurt, Eschersheimer Landstraße«, in: Gerhard Bott (Hg.), *Erziehung zum Ungehorsam: Kinderläden berichten aus der Praxis der antiautoritären Erziehung*, Frankfurt am Main, S. 45–61.

Siegfried, Detlef (2008), *Sound der Revolte. Studien zur Kulturrevolution um 1968*, Weinheim/München.

Siegfried, Detlef (2018), *1968. Protest, Revolte, Gegenkultur*, Ditzingen.

Sievers, Rudolf (Hg.) (2004), *1968: eine Enzyklopädie*, Frankfurt am Main.

Tausch, Anne-Marie/Kettner, Ursula/Steinbach, Ingrid/Tonnies, Sven E. (1973), »Effekte kindzentrierter Einzel- und Gruppengespräche mit unterprivilegierten Kindergarten und Grundschulkindern«, in: *Psychologie in Erziehung und Unterricht*, Jg. 20, H. 2, München, S. 77–88.

Tausch, Anne-Marie/Tausch, Reinhard (1998), *Erziehungspsychologie. Psychologische Vorgänge in Erziehung und Unterricht*, Göttingen.

Tenorth, Heinz-Elmar (2008), »Wissenschaft autobiographisch: Öffentlichkeit, Reform, Kulturkritik, Konflikte. Eine Sammelbesprechung«, in: *Zeitschrift für Pädagogik*, Jg. 54, H. 5, S. 707–721.

Thon, Christine (2016), »Politisierung des Privaten und Pädagogisierung des Politischen«, in: Rita Casale/Hans-Christoph Koller/Norbert Ricken (Hg.), *Das Pädagogische und das Politische*, Stuttgart, S. 87–112.

Vahland, Kia (2018), »Späte Emanzipation«, in: *Süddeutsche Zeitung* (23.05.2018), letzter Zugriff: 14.12.2018, https://www.sueddeutsche.de/politik/-der-lange-weg-zur-spaeten-emanzipation-1.3988936.

Weiß, Volker (2017), *Die autoritäre Revolte. Die neue Rechte und der Untergang des Abendlandes*, Stuttgart.

Winterhoff, Michael (2008), *Warum unsere Kinder Tyrannen werden. Oder: Die Abschaffung der Kindheit*, Gütersloh.

Zimmer, Jürgen (1972), »Antiautoritäre Erziehung«, in: Hans-Werner Saß (Hg.), *Antiautoritäre Erziehung oder die Erziehung der Erzieher. Soziales Lernen in Erwachsenengruppen*, Stuttgart, S. 191f.

Zentrum für Geschlechterstudien/Gender Studies der Universität Paderborn (o.J.), »Kommentar des Zentrums für Geschlechterstudien/Gender Studies zur ›kleinen Anfrage‹ der AfD zur Unterstützung von Gender Studies durch die Universitäten des Landes NRW«, in: *Zentrum für Geschlechterstudien/Gender Studies der Universität Paderborn*, letzter Zugriff: 26.10.2018, https://kw.uni-paderborn.de/gender-studien/kommentare/kommentar-zur-kleinen-anfrage-der-afd-an-die-landesregierung.

Zukunft Verantwortung Lernen e.V. (2015), »Petition: Zukunft Verantwortung Lernen. Kein Bildungsplan unter der Ideologie des Regenbogens«, in: *Bildungsplan2015.de*, letzter Zugriff: 26.10.2018, http://www.bildungsplan2015.de/petition.

IV. Gegenentwürfe

Kritische Bildungstheorie heute: Adorno und Heydorn revisited oder: Für eine Gesellschaft der Freien und Gleichen

Heinz Sünker

I.

In das Thema seiner Studie Ungerechtigkeit. Die sozialen Ursachen von Unterordnung und Widerstand einleitend, formuliert Barrington Moore: »Dieses Buch geht der Frage nach, warum Menschen sich so oft damit abfinden, Opfer ihrer gesellschaftlichen Verhältnisse zu sein, warum sie zu anderen Zeiten überaus zornig werden und mit Leidenschaft und Gewalt ihre Situation zu verändern suchen« (1982: 9). Seine Studie handelt auf der Suche nach einer Antwort, leitmotivisch akzentuiert, immer wieder davon, wie – real wie als Idee – die Strukturierung von Sozialbeziehungen und gesellschaftlichem Zusammenhalt jenseits von »Hierarchie und Autorität« (ebd.: 671) bedeutsam war; wohlwissend, dass bislang in der Geschichte »Zwang, Betrug und Gewalt« (ebd.: 668) bei dem herrschaftlichen Bestreben, aus partikularistischer Sicht Gesellschaften zusammenzuhalten – und dabei soziale Ungleichheit, Hierarchien und Benachteiligung als historisch notwendig wie legitim zu verteidigen – eine wesentliche Rolle spielten.

Am Ende seiner Studie ergibt sich für ihn, dass zur Bearbeitung wie zur Überwindung von Privilegierungen als auch sozialer Ungleichheit insgesamt bewusstseinsbildend und gesellschaftsverändernd die Antwort auf die Frage entscheidend sei, »ob eine bestimmte soziale Funktion überhaupt ausgeübt werden muss, ob die menschliche Gesellschaft nicht ohne Könige, Priester, Kapitalisten oder selbst revolutionäre Bürokraten auskommen könnte« (ebd.: 671).[1]

---

1 Zu dieser Problemstellung siehe Horkheimer: Es geht um die gesellschaftliche Frage, »ob die Funktionen an der Spitze der Pyramide, der Minister, wesentlicher als der Schutzmann an der Ecke seien. Sind die umfassenden wirtschaftlichen Dekrete bedeutsamer als die Schlichtung der streitenden Parteien im Wirtshaus? Ist der Glaube ans Allgemeine nicht bloß die Rationalisierung der größten Macht, der Trennung von Befehl und Ausführung entsprechend? – Im Grunde war die Aufhebung dieses logischen Gegensatzes das Thema der Hegelschen Philosophie, der Dialektik. Bei ihm geht schließ-

Wie sein Freund und Kollege Herbert Marcuse bereits einige Jahrzehnte zuvor ausgeführt hat, geht es in der Folge der materialistischen Grundlegung einer kritischen Theorie der Gesellschaft gesellschaftstheoretisch wie gesellschaftspolitisch darum »den Materialismus mit der richtigen Theorie der Gesellschaft [zu] verbinden: die Sorge um das Glück der Menschen, und die Überzeugung, daß dieses Glück nur durch eine Veränderung der materiellen Daseinsverhältnisse zu erreichen sei« (1968 [1937]: 102f.).[2] Konzeptuell steht dabei – heute mehr denn je aktuell – die Vermittlung der Freiheit aller und des Glücks aller im Rahmen »der Organisation der Verwaltung des gesellschaftlichen Reichtums im Interesse der befreiten Menschheit« (ebd.: 125) im Zentrum.

Dies hatte zunächst Horkheimer 1937 in seinem Text *Traditionelle und kritische Theorie* im Kontext des Anspruchs einer materialistischen Reformulierung des idealistischen Vernunftbegriffs in folgender Weise bestimmt: Als das »Interesse an der Aufhebung des gesellschaftlichen Unrechts« (o.J. [1937]: 190), damit als Bezug »auf geschichtliche Veränderung, die Herstellung eines gerechten Zustands unter den Menschen« (ebd.: 191). Dies sei nur als »Transformation des gesellschaftlichen Ganzen« (ebd.: 168) zu konzipieren, um eine vernünftige und damit solidarische Gesellschaft (ebd.:

lich die Rechnung auf – vielleicht zu glatt. In der Praxis ist's die Frage der Rotation der staatlichen Funktionen, so daß die Dienstmagd zeitweilig Polizist wird – oder Minister – und umgekehrt. Kein Zweifel, daß die Magd es schließlich zuwege brächte – aber der Minister?« (1991 [1949–1969]: 201f.). Angesichts des weltweit zu sehenden, schon Jahrzehnte andauernden Verfalls der »politischen Klasse« ist dies eine sehr realistische Einschätzung. Siehe weiter die Darstellung von Adam Smith schon zu Beginn des Kapitalismus, der in seiner Positionierung die reflexive Fortgeschrittenheit und analytische Kompetenz frühbürgerlicher Theoriebildung in der Entzifferung von Differenzen zwischen Menschen gerade im Vergleich mit Rhetorikern der Reaktion (Hirschman 1993) deutlich macht: »The difference of natural talents in different men is, in reality, much less than we are aware of; and the very different genius which appears to distinguish men of different professions, when grownup to maturity, is not upon many occasions so much the cause as the effect of the division of labour. The difference between the most dissimilar characters, between a philosopher and a common street porter, for example, seems to arise not so much from nature as from habit, custom, and education. When they came into the world, and for the first six or eight years of their existence, they were perhaps very much alike, and neither their parents nor play-fellows could perceive any remarkable difference. [...] The difference of talents comes then to be taken notice of, and widens by degrees, till at last the vanity of the philosopher is willing to acknowledge scarce any resemblance« (Smith 1979 [1776]: I, 14).

2 Zur Verortung Marcuses im US-Exil sowie in der späteren Zeit, seinen wissenschaftlichen wie politischen ›Kreisen‹ von Freunden und Kollegen, siehe die sehr informative Studie von Müller (2010).

157, 162, 189) als »Gemeinschaft freier Menschen«, die die »Selbstbestimmung des menschlichen Geschlechts« (ebd.: 178) ermögliche, zu denken. Dies ergibt sich aus der Einsicht, dass eine philosophische Bescheidung auf eine »Trennung von Denken und Handeln« in einer kapitalistischen, klassenstrukturierten Gesellschaft den Verzicht auf »Humanität« bedeute (ebd.: 190).[3]

Dieser Verzicht auf Humanität zeigt sich ideologisch wie realpolitisch insbesondere in einer Zeit, die durch die Etablierung wie Durchsetzung neoliberaler Herrschaftsformen (vgl. Dixon 2000; Mirowski 2014) – samt der ihnen inhärenten finanzkapitalistischen Exzesse, der erneuerten Spaltung in wenige Reiche (0,1 oder 1 Prozent) und viele Arme – bestimmt ist. Mit ihnen einher gehen Prozesse, mit denen neue Formen von Subjektivität und *Agency*, basierend auf einer Verhältnisbestimmung von Etablierung eines »unternehmerischen Selbst« und der »Ökonomisierung von Bildung« wie einer »Humankapitalorientierung« und der Etablierung eines »aktivierenden Sozialstaats«, in die Welt zu setzen gesucht werden.[4]

II.

Vor dem Hintergrund dieser Exposition, mit der Fragen der Formbestimmtheit von Gesellschaft(en) mit denen nach Konsequenzen für die Konstitutionsbedingungen von Subjektivität, Möglichkeiten von Lebensweisen, Formen von Bewusstsein wie Formierung von Bewusstsein in ihrer Verknüpfung vorgestellt und auf die Notwendigkeit einer grundlegenden emanzipatorischen Gesellschaftsveränderung bezogen werden, ist die Wei-

3 Dieser ›Humanitätslinie‹ in der Bestimmung des Verhältnisses von Wissenschaft und Politik folgt in seinen späten Schriften auch Bourdieu: Wenn es intellektuell wie wissenschaftlich redlich ist, wie dieser dies formuliert hat, »die der Freiheit, d.h. dem politischen Handeln verbliebenen Spielräume voll auszuschöpfen«, weil es darum gehe, in seinen Analysen »die kollektiv verdunkelte gesellschaftliche Bedingtheit des Elends in all seinen auch noch so intimen und noch so geheimen Formen zu Bewußtsein« (1997: 826) gebracht zu haben, dann gibt es auch »entgegen allem Anschein nichts Hoffnungsloses an sich: was die Sozialwelt hervorgebracht hat, kann die Sozialwelt mit einem solchen Wissen gerüstet auch wieder abschaffen. Eines ist jedenfalls sicher: nichts ist weniger unschuldig, als den Dingen einfach ihren Lauf zu lassen« (ebd.). Siehe dazu weiter die Aufgabenstellung Bourdieus an die Sozialwissenschaften, die er mit »Denaturalisierung« und »Defatalisierung« benennt (2004: 19).

4 Siehe zu diesen Transformationsprozessen die einschlägigen Beiträge in diesem Band.

terführung der Problemstellungen der klassischen Kritischen Theorie im Werk von Theodor W. Adorno von entscheidender Bedeutung und grundlegend für die Rahmung einer kritischen Bildungstheorie – was sich in seinem Falle gerade durch die Komplementarität mit der gesellschafts- wie bildungsanalytischen Positionierung von Heinz-Joachim Heydorn fruchtbar wie analytisch gehaltvoll vermittelt.

Einen Ausgangspunkt für die Bestimmung des Beitrags Adornos zu einer kritischen Gesellschafts- wie Bildungstheorie bilden Ausführungen aus seiner Vorlesung von 1968 *Einleitung in die Soziologie* (1993). Hier stellt er angesichts des Anspruchs von Soziologie als »Einsicht in die Gesellschaft« vor, dass dies eine Einsicht in das Wesentliche der Gesellschaft betreffe, somit »Einsicht in das, was ist, aber eben in einem solchen Sinn, dass diese Einsicht kritisch ist, indem sie das, was gesellschaftlich ›der Fall ist‹, wie Wittgenstein gesagt haben würde, an dem mißt, was es selbst zu sein beansprucht, um in diesem Widerspruch zugleich die Potentiale, die Möglichkeiten einer Veränderung der gesellschaftlichen Gesamtverfassung aufzuspüren« (ebd.: 31). Allen Fehlinterpretationen Adornos, die vor allem auf einer missverstandenen Rezeption von »Negativität« und radikaler Analyse basieren, einer darin eingelassenen Vernachlässigung seiner Analyse des Theorie-Praxis-Verhältnisses sich ›verdanken‹, ist dementsprechend deutlich entgegenzuhalten, dass seine gesamte analytische Arbeit auf diese praktisch emanzipatorische, gesellschaftsverändernde Perspektive gerichtet ist, mit der es immer um die Frage nach der Möglichkeit von Freiheit geht – dies als Aufweis von dem »Potential, […] der Möglichkeit, den Bann zu brechen oder ihm zu entrinnen« (Adorno 2006 [1964/1965]: 243).[5]

Gesetzt wird damit von Adorno auf die Möglichkeit der Analyse der »objektiven Bewegungsgesetze der Gesellschaft, die über das Schicksal der Menschen entscheiden, die ihr Verhängnis sind – und das eben ist zu verändern –, und die andererseits auch die Möglichkeit, das Potential [enthalten], dass es anders wird, dass die Gesellschaft aufhört ein Zwangsverband zu sein, in den man nun einmal hineingeraten ist« (1993 [1968]: 42; vgl. Adorno 2006 [1964/1965]: 226f.).

5 In diesen Kontext gehören auch Adornos Ausführungen zum »*Programm* einer Philosophie heute«, denen zufolge es darum gehe, dass die Philosophie selber eben durch Selbstbesinnung jene Reflexion leiste, die sie aus diesem gesellschaftlich produzierten Verblendungszusammenhang herausführe (2006 [1964/1965]: 236, Herv. i. Orig.). Zur ›Negativität‹ siehe Müller-Stromsdörfer (1961), Theunissen (1978: 171ff.) und Sünker (1989: 69–82).

Für die Möglichkeit eines Verstehens von Gesellschaft, in der man lebt, und ihrem emanzipatorischen Verändern ist eine bildungstheoretische mit einer bildungspraktischen Argumentation zu vermitteln entscheidend:

»Nämlich die Aufgabe einer dialektischen Theorie wäre es, eben diese beiden doch offensichtlich einander widerstreitenden Momente im Charakter der Gesellschaft, ihre Unverständlichkeit, ihre Opakheit auf der einen Seite also und auf der andern Seite ihren schließlich doch auf Menschliches reduziblen und insofern verständlichen Charakter, zusammenzubringen, indem beide Momente aus einem Gemeinsamen abgeleitet werden, nämlich aus dem Lebensprozeß der Gesellschaft, der auf seinen frühen Stufen ebenso Verselbständigung, Verhärtung, sogar Herrschaft – jedenfalls war das die Ansicht der großen sozialistischen Theoretiker – gefordert hat, wie er gleichwohl entspringt in der gesellschaftlichen Arbeit der Gesamtgesellschaft, und insofern also wieder verstehbar, also das Gegenteil einer solchen Institutionalisierung ist.« (Ebd.: 142, vgl. 68ff.; Adorno 2006 [1964/1965]: 252)[6]

Die normativen Grundlagen der bürgerlich-kapitalistischen Gesellschaftsformation, Freiheit, Gleichheit, Brüderlichkeit, die dem gesellschaftlichen Lebensprozess vorausgesetzt sind und sich zugleich widersprüchlich zu diesem verhalten, sind in Adornos Text *Contra Paulum* von 1944 scharf konturiert, um die der Bildungsproblematik inhärente Verhältnisbestimmung von Individuum und Gesellschaft samt der darin enthaltenen Vergesellschaftungsproblematik – und damit zugleich die Frage von Freiheit und Gleichheit – materialistisch in seiner Tillich-Kritik auszuloten.

In seiner Kritik an der »Kritik des bürgerlichen Individualismus« im hier diskutierten Text von Paul Tillich hebt Adorno hervor: »Ob der Sozialismus eine kollektivistische ›Lebensform‹ herbeiführen soll, ist uns höchst fragwürdig. Heute wird individualistisch produziert und kollektiv gelebt.

6 Dass die Zeit der alten Herrschaftskulturen abgelaufen ist, ihre Struktur dysfunktional wird, darauf verweist auch fast zeitgleich Hans Kilian: »Die Sozialtechniken und die Gesellungsformen des Menschen, welche das Gesicht der Herrschaftskultur bestimmten, haben in der gegenwärtigen Phase der geschichtlichen Entwicklung ihre Funktion als Ordnungsfaktoren weitgehend eingebüßt. Der organisierende Prozeß der herrschaftsstrukturellen Sozialtechniken beginnt in einen desorganisierenden Prozeß umzuschlagen, in welchem eben jene Faktoren, die bisher der Erhaltung der Ordnung dienten, zu Faktoren der Unordnung und Zerstörung werden. Umgekehrt wird deutlich, daß die Entfaltung der durch gewohnheitsmäßige unbewußte Repression bisher weitgehend ›unterentwickelten‹ freien Kommunikationsfähigkeit im weitesten Sinn des Wortes als jenes noch kaum erkannte Kulturziel der heute lebenden Generation anzusehen ist, von dessen weitgehender konkreter Realisation die Überlebenschancen der Menschheit in der nächsten Zukunft möglicherweise abhängen werden« (1971: 273f.).

Im Sozialismus wird kollektiv produziert, damit es jener schlechten, unabdingbar repressiven Kollektivität nicht mehr bedarf« (2004 [1944]: 500).[7]

Entscheidend ist diese Positionierung im Kontext der sozialphilosophischen wie gesellschaftstheoretischen Grundlegung Adornos, wenn er argumentiert, das Verhältnis von Individuum und Gesellschaft sei durch und durch dialektisch, und auf die Folgen dieser Bestimmung, die der genuinen Hegel'schen Dialektik der Reflexionsbestimmungen in dessen »Logik« entstammen, verweist:

»Sie [Tillich, H.S.] entziehen sich der Dialektik durch das probate Mittel der Synthese, welche die Gegensätze in der Mitte zusammenbringt, anstatt eines durchs andere hindurch zu bestimmen. So kommt denn die Individualität zustande, die in eine kollektivistischere Gesellschaft integriert sein soll. Vestigia terrent. Möge uns Ihr Deus absconditus vor allen Weisen der Integration bewahren. Es kommt nicht auf die Versöhnung von Individuum und Gesellschaft an, sondern darauf, daß mit der Emanzipation der Gesellschaft jedes ihrer Mitglieder emanzipiert wird. Daß das ›Arbeitsindividuum‹ der wahre Mensch der Zukunft sei, macht uns schaudern. Der Sozialismus muß die gesellschaftlich notwendige Arbeit auf ein Minimum herabsetzen. Arbeit zum Maß des Menschen machen ist Prinzip des Kapitalismus.« (Ebd.: 501)[8]

---

7 Vergleichbar kategorial scharf verfährt Adorno mit Tillichs »Kritik des Egalitätsbegriffs«: »Ein kritisches Motiv ist in ein apologetisches pervertiert. Wir haben alles Mögliche gegen das Egalitäre gesagt und dabei das Unterdrückende des Konformismus gemeint; bei Ihnen wird daraus die verkappte Duldung der bestehenden Ungleichheit: Die Kritik der Egalität und Gerechtigkeit ›does not demand the chance for everybody to get everywhere‹. Das ist naiv befangen in bürgerlichen Kategorien. Denn der Begriff der Chance, aus dem schon Mannheim so viel gemacht hat, ist doch untrennbar an die Konkurrenzgesellschaft und die ›Karriere‹ in ihr gebunden. Der Sozialismus will das nicht ins Ungemessene ausdehnen, sondern gerade abschaffen [...] Stattdessen Gleichheit der Chancen zu fordern, erschöpft den Sozialismus in der Abschaffung des Schulgelds und der Erhöhung der Erbschaftssteuer. Das Monopol wird sich dabei sehr wohl befinden« (2004 [1944]: 497f.).

8 Siehe weiter die für diesen Kontext grundlegenden Ausführungen Adornos im Zusammenhang mit dem Begriff »Versöhnung«: »Vollbrachte Identität erst wäre die Versöhnung der antagonistischen Interessen – und nicht die Beruhigung damit, dass der Inbegriff aller Antagonismen selber, indem er das Leben gestattet, so etwas wie Versöhnung unter der Menschheit, nämlich ihr Fortleben, gestatten würde. Und niemals kann Versöhnung die nur behauptete sein der Gewalt über das unter dem Begriff Subsumierte. Man könnte unter diesem Aspekt vielleicht in einer etwas gewagten Formulierung sagen, daß eigentlich die vollbrachte Identität, also die Abschaffung der Antagonismen, die Versöhnung dessen, was gegeneinander ist auf Grund seiner unversöhnlichen Interessenlagen, daß eben die vollbrachte Identität nicht Identifikation von allem unter einem Totalen, einem Begriff, einer integralen Gesellschaft wäre, son-

Angeschlossen wird von Adorno mit dieser Position wie Perspektive an eine von Marx entwickelte Analyse von Vergesellschaftungsmodi und Geschichtsentwicklung, mit der dieser Zusammenhänge zwischen historisch-konkreten Gesellschaftsformen und Lebensweisen von Individuen wie gesellschaftlichen Klassen analysiert:

»Persönliche Abhängigkeitsverhältnisse (zuerst ganz naturwüchsig) sind die ersten Gesellschaftsformen, in denen sich die menschliche Produktivität nur in geringem Umfang und auf isolierten Punkten entwickelt. Persönliche Unabhängigkeit auf *sachlicher* Abhängigkeit gegründet ist die zweite große Form, worin sich erst ein System des allgemeinen gesellschaftlichen Stoffwechsels, der universalen Beziehungen, allseitiger Bedürfnisse und universeller Vermögen bildet. Freie Individualität, gegründet auf die universelle Entwicklung der Individuen und die Unterordnung ihrer gemeinschaftlichen, gesellschaftlichen Produktivität, als ihres gesellschaftlichen Vermögens, ist die dritte Stufe. Die zweite schafft die Bedingungen der dritten.« (Marx o.J. [1857/1858]: 75f.)[9]

Wesentlich ist hier für die Einschätzung der Marx'schen Geschichts- und Gesellschaftsanalyse, dass und wie der widersprüchliche Charakter kapitalistischer Entwicklungsdynamik – und eben nicht ein teleologisch bestimmter oder zu bestimmender – in den Vordergrund der Darstellung gestellt wird. Dies hat Marshall Berman in seiner Arbeit der Kontextualisierung der Marx'schen Kapitalanalyse – dem, was dieser selbst, im ersten Satz des ersten Kapital-Bandes, als die Analyse von »Gesellschaften, in welchen kapitalistische Produktionsweise herrscht« und der Reichtum als »ungeheure Warensammlung« erscheint (Marx 1969 [1867]: 49), nennt – deutlich hervorgehoben:

»But he [Marx, H.S.] understands, as most of his predecessors did not – the crucial exception is the aged Goethe, the author of *Faust, Part Two* – that the humanistic ideal of self-development grows out of the emerging reality of bourgeois economy, he embraces enthusiastically the personality structure that this economy has produced. The trouble with capitalism is that, here as elsewhere, it destroys the human

dern daß vollbrachte Identität das Bewusstsein der *Nichtidentität* oder, vielleicht richtiger noch gesagt, die Herstellung einer versöhnten Nichtidentität sein müsste, – so wie es übrigens den Inhalt der Utopie von Hölderlin in einem Maß ausmacht, über das allerdings die gängige Hölderlin-Interpretation uns betrügen möchte« (Adorno 2006 [1964/1965]: 82).

9 Analytisch wesentlich ist in diesem Kontext, dass das Kapital sich unter der Voraussetzung von Universalität, universeller Entwicklung als letzte Stufe des Wertverhältnisses erweist, innerhalb dessen die gesellschaftliche Arbeit noch in der Form des Gegensatzes von Lohnarbeit und Kapital existiert (s. Marx o.J. [1857/1858]: 592; vgl. 908).

possibilities it creates. It fosters, indeed forces, self-development for everybody; but people can develop only in restricted and distorted ways. Those traits, impulses and talents that the market can use are rushed (often prematurely) into development and squeezed desperately till there is nothing left; everything else within us, everything nonmarketable, gets draconically repressed, or withers away for lack of use, or never has a chance to come to life at all.« (Berman 1988: 96)[10]

Komplementär kommt hier in gesellschaftstheoretischer wie gesellschaftspolitischer Perspektive einer der entscheidenden Sätze, wenn nicht der entscheidende Satz, aus dem *Kommunistischen Manifest* von Marx und Engels hinzu, wo die beiden Autoren gesellschaftspraktisch orientiert deutlich formulieren: »An die Stelle der alten bürgerlichen Gesellschaft mit ihren Klassen und Klassengegensätzen tritt eine Assoziation, worin die freie Entwicklung eines jeden die Bedingung für die freie Entwicklung aller ist« (1972 [1848]: 482). Zum anderen wird diese, auf die menschliche Emanzipation aller, damit substanzielle Freiheit, zielende Perspektive als Perspektive aller in den Marx'schen »Grundrissen« deutlich, wenn dieser die Frage nach den Bedingungen und Möglichkeiten von »Selbstverwirklichung, Vergegenständlichung des Subjekts, daher reale Freiheit« (Marx o.J. [1857/1858]: 505; vgl. 75) in den Vordergrund seiner Analyse, die dem Anspruch nach – so im Brief an Lassalle von 1858 – »Darstellung und Kritik« der gesellschaftlichen Verhältnisse in bürgerlich-kapitalistischen Gesellschaftsformationen zugleich ist (vgl. Marx/Engels 1978 [1856–1859]: 550; vgl. Theunissen 1978: 13ff.), stellt.[11]

10 Siehe weiter zu einer materialistischen, werttheoretisch unterlegten Analyse von Goethes *Faust II* die Studie von Schlaffer (1981), in der vor allem die Analyse des »Mummenschanz« die Verkehrungslogik des Kapitals deutlich macht (1981: 79–98). Zusammenfassend heißt das, damit auf die der Verkehrungslogik immanente Relevanz für Bildungsprozesse hinweisend: »An diesem Ausgang des ›allegorischen Schattenspiels‹ wird noch einmal deutlich, wie überlegt Goethe die Allegorie zur Repräsentation allegorischer Verhältnisse gewählt hat. Denn die wesentlichen Bestimmungen der modernen bürgerlichen Gesellschaft decken sich ihm mit den Bedeutungsstrukturen der allegorischen Form: Aufhebung der Sinnlichkeit, Auflösung natürlicher Zusammenhänge, Herstellung einer künstlichen Welt, Vernichtung der natürlichen und Nichtigkeit der künstlichen Phänomene, Funktionalisierung der Gegenstände zu Attributen, Inkongruenz von Erscheinung und Bedeutung, Abbau der Individualität, Herrschaft von Abstraktion« (1981: 98; siehe weiter 175–185).

11 Ohne die Bedeutung konfligierender Interessen und gesellschaftlicher Antagonismen gering zu schätzen oder zu negieren, geht es für Theunissen in diesem Zusammenhang sozialtheoretisch um »die Verwandlung der Einzelheit um dieser selbst willen, als notwendige Bedingung dafür, dass die Einzelnen in der Allgemeinheit sie selbst sein können« (1978: 482; vgl. dazu ausführlich Sünker 2007).

Bildungstheoretisch wie bildungspraktisch ist dabei deutlich herauszustellen, dass die Frage von Individualität für Adorno bereits früh – eben als Frage nach den Bedingungen der Möglichkeit der Vergegenständlichung des Subjekts – als umkämpftes Terrain zu verstehen ist:

»Radikal werden Sie [Tillich, H.S.] in der Kritik des bürgerlichen Individualismus. Uns führen Sie damit in Versuchung, genau an dieser Stelle konservativ zu werden. Denn eben die Züge des bürgerlichen Individuums, die Sie als Verzerrungen inkriminieren, sind doch jene, durch welche das Individuum in der individualistischen Gesellschaft gegen diese, wie sehr auch vergeblich, sich zur Wehr setzte. [...] Was Sie beschimpfen, repräsentiert das Nichtmitmachen beim allgemeinen Schlechten, dem Gegensatz zum universalen Shoulder-slapping. [...] Wir sind bürgerlich genug, vom Sozialismus zu erwarten, daß er genau jene Traditionen verwirklicht und die kollektivierten Menschen von heute ebenso wie die spezifische Form ›Masse‹ abschafft. Dabei verkennen wir durchaus nicht, daß das Individuum, das Sie verwerfen, selber durch den Druck der Gesellschaft entstanden ist.« (Adorno 2004 [1944]: 500)

Zugleich lässt sich mit Bezug auf Relevanz und Aktualität der Marx'schen Analyse wie seiner Perspektivierung mit Berman, Adornos Einschätzung verlängernd, begründet argumentieren:

»The vision of communism is unmistakably modern, first of all in its individualism, but even more in its ideal of development as the form of good life. Here Marx is closer to some of his bourgeois and liberal enemies than he is to traditional exponents of communism, who, since Plato and the Church Fathers, have sanctified self-sacrifice, distrusted or loathed individuality and yearned for a still point at which all strife and all striving will reach an end. Once again we find Marx more responsive to what is going on in the bourgeois society than are the members and supporters of the bourgeoisie themselves. He sees in the dynamics of capitalist development – both the development of each individual and of society as a whole – a new image of the good life: not a life of definitive perfection, not the embodiment of prescribed static essences, but a process of continual, restless, open-ended, unbounded growth. Thus he hopes to heal the wounds of modernity through a fuller and deeper modernity.« (Berman 1988: 98)[12]

---

12 Siehe dazu die sozialphilosophisch grundlegende Darstellung zum Verhältnis von »Allgemeinheit« und »Individualität« von Theunissen in seiner Studie *Selbstverwirklichung und Allgemeinheit*: »In der Verbindung, die ich zwischen der gemeinten Allgemeinheit und der bürgerlichen Gesellschaft herstelle, liegt auch schon eine Antwort auf die Frage nach dem Verhältnis dieser Allgemeinheit zur Bestimmung des Menschen. Wenn die gemeinte Allgemeinheit zur Idee der bürgerlichen Gesellschaft gehört, dann steht sie dem Bewußtsein, obwohl auch sie darin keine unmittelbare Realität mehr hat, gleichwohl näher als die Bestimmung des Menschen. Zur Bestimmung des Menschen setzt die bürgerliche

III.

In einer quasi parallelen Analysebewegung mit Bezug auf Gesellschafts- und Bildungsverfassung in Geschichte und Gegenwart ergibt sich das Problem von Individualität und Subjektivität für beide, Adorno und Heydorn, als grundlegend für die Frage nach emanzipatorischen Potenzialen, mit denen den menschheitsgefährdenden Bedrohungen seit Mitte des 19. Jahrhunderts etwas Konkretes – nämlich gesellschaftlich Bewusstes, damit eine vernünftige Gesellschaft als Gesellschaft ohne produziertes Unrecht und Leid – entgegen zu setzen wäre.[13] »Die Geschichte des Aufstiegs und des Verfalls des Individuums«, so Adorno in der Vorlesung im Wintersemester 1964/65 *Zur Lehre von der Geschichte und von der Freiheit* (2006: 129), muss in den Blick genommen werden, um die in der Gegenwart zu realisierenden Befreiungsmöglichkeiten in einem globalen Maßstab analysieren und bestimmen zu können. Wenn davon auszugehen ist, so das Argument Adornos, dass die Sozialisationsgeschichte des Individuums infolge ihrer Formgebung in der bürgerlichen Gesellschaft darauf ausgerichtet ist, dem bürgerlichen Begriff der Individualität von Anbeginn an dic Forderung »nach ihrer Anpassung an die gesellschaftlichen Normen« einzupflanzen, Krise mit diesem Begriff also von Beginn an mit gesetzt ist, bleibt heute zu klären, ob und wie eben diese »Schattenseite« (ebd.: 128) bearbeitet und überwunden werden kann.[14]

Gesellschaftsanalytisch lautet der Befund von Adorno: »Je mehr die Subjekte von der Gesellschaft erfasst, je mehr sie vom System bestimmt

---

Gesellschaft sich erst gar nicht mehr in Beziehung. Der Allgemeinheit hingegen bleibt das Bürgertum, sofern es auf sie aus war, selbst dann noch verpflichtet, wenn es sie in der Realität preisgibt. Anders als die Forderung an das Individuum, sich in seinem Menschsein zu verwirklichen, ist deshalb das Postulat einer Realisierung von Allgemeinheit ein nach wie vor realitätsgerechter Anspruch. Die Erfüllung dieses Anspruchs einklagen heißt natürlich nicht: das Faktum der bürgerlichen Gesellschaft zur Norm erheben. Normative Kraft besitzt nicht die bürgerliche Gesellschaft selber, sondern die Idee, die ihr zugrunde liegt. Und es könnte sein, daß diese Idee über die bürgerliche Gesellschaft hinausweist und erst in einer anderen Gesellschaftsform ihren angemessenen Ausdruck zu finden vermag« (1981: 12).

13 Unter dem Titel *Stirbt der Kapitalismus?* verhandeln Immanuel Wallerstein u.a. (2014) die Frage von Gefährdungen und Lösungen für ein (demokratisches) Überleben von Menschheit und Erde.

14 Fruchtbar für die Weiterführung dieser Analyse ist die Studie von Rudolf W. Müller (1977), der unter dem Titel Geld und Geist gesellschaftsgeschichtlich großformatig und grundlegend die *Entstehungsgeschichte von Identitätsbewusstsein und Rationalität seit der Antike* aufschlüsselt.

und je vollständiger sie determiniert werden, umso mehr erhält sich das System nicht einfach durch Zwangsanwendung den Subjekten gegenüber, sondern auch durch die Subjekte hindurch« (1993 [1968]: 154).[15] Demzufolge lautet seine Schlussfolgerung: »Wären die Subjekte anders oder wären sie, wie man das heute vielfach nicht zu Unrecht nennt, mündig, dann könnte diese Gesellschaft trotz aller ihr zur Verfügung stehenden Zwangsmittel wahrscheinlich sich überhaupt nicht erhalten, so, wie es der Fall ist« (ebd.: 253).

Bildung kommt bei Adorno und Heydorn in dieser Analyse eine systematische und strategische Bedeutung zu, wenn es um die Analyse von Anpassung – vor allem in der Gestalt der Produktion von Konformität – geht als auch bei der *der* Bedingungen der Möglichkeit von Mündigkeit, damit der entscheidenden Voraussetzung für ein emanzipatorisches Handeln in gesellschaftlichen Konstellationen.

Während Adorno auf der einen Seite systematisch den Zusammenhang gesellschaftlich produzierter Prozesse der Degeneration von Bildung zu »sozialisierter Halbbildung« (1972) aufschlüsselt, analysiert Heydorn im Kontext seiner Analyse von Gesellschaftsverfassung und Bildungsinstitution den in den bisher existierenden Gesellschaftsformen enthaltenen Funktionalismus, der zur Frage nach einer Bildung führt, die die maximale Effizienz des Menschen auch noch in einer technologischen Gesellschaft stellt, »einer Gesellschaft, die auf Anpassung, Wechsel und Mobilität in weithin determinierten sozialen Grenzen beruht« (1994/1995 I: 284). Dabei, so formuliert er, solle Bildung wie stets in der Geschichte, Ideologie und Macht einer bestehenden Gesellschaft absichern; »sie muss diejenige Reflexion aussparen, über die sich die Entmythologisierung der Macht vollzieht« (ebd.: 185; vgl. Bollenbeck 1994). Allerdings folgert er daraus: »Damit gerät sie in einen erkennbaren Widerspruch« (ebd.; vgl. Koneffke 1981; Sünker 1989).

Grundlegend bleibt es innerhalb der bürgerlich-kapitalistischen Gesellschaftsformation jenseits allen Gestaltwandels von Bildungsinstitutionen und Bildungsdiskurs beim klassenstrategischen Interesse an der Anpassung an den Produktionsprozess einerseits sowie die Entwicklung eines gesellschaftskonformen Weltbildes andererseits.[16] Beides bildet das Zentrum

15 Diese Bestimmung folgt dem, was Marx »de[n] stumme[n] Zwang der ökonomischen Verhältnisse« nennt (1969 [1848]: 765).

16 Dies bildet bis heute das Zentrum aller wesentlichen Erkenntnisse aus der Bildungsforschung im Anschluss an kritische Traditionen, wie sie sich im Werk von Bourdieu, aber

herrschaftssichernder Strategien und Ideologien. Historisch konkret fasst Heydorn dieses Problem paradigmatisch in seiner Einschätzung des Verhältnisses von Aufklärungspädagogik und Produktionsbildung, wenn er ausführt:

»Ein Bildungskonzept ist nur soweit progressiv, als die Kräfte, die es vertreten, zugleich einen direkten politischen Kampf um die Veränderung der Gesellschaft führen. Nur damit werden die Möglichkeiten der Bildung aktualisiert, wird Bildung zu einem bedeutsamen Moment in der Auseinandersetzung. Bildung für sich selbst vermag wenig, sie ist keine List der Vernunft. Der Entwurf der Produktionsbildung erhielt seine befreiende Möglichkeit durch eine selbstbewusste, revolutionsbereite bürgerliche Klasse, die sich zeitweilig dem anhebenden Proletariat verbinden konnte. In dem Augenblick, in dem diese Voraussetzung entfiel, schlug die Produktionsbildung in ihr Gegenteil um, sie stabilisierte die bestehende Herrschaft. Ohne transzendierende Kategorien, ohne die formale, abstrakte Klammer um das Materiale, ein Koordinatensystem der Erkenntnis, ohne den direkten Kampf wurde die Produktionsbildung zu einem Mittel, die Nase des Menschen wie die eines Schweines an der Erde zu halten. An die Materie geklebt, der Determination unterworfen, Arbeitsteilung und Klassenherrschaft, wurde der Mensch durch Bildung zur Arbeit für andere gebracht, durfte er lernen, sich für die Entwicklung der Produktion zu schinden. So zeigt die Geschichte des Entwurfs in Deutschland schon früh seine Ambivalenz. Ohne die bedingende Voraussetzung wird er zur Mündigkeitsverhinderung.« (Ebd. IV: 74)

Dennoch gilt es, den ursprünglichen Ansatz des Bildungsgedankens als Verständigung des Menschen über seine eigene Freiheit zu erkennen, als »Versuch, seine Auslieferung an die Gewalt zu beenden« (ebd. III: 27). Auf einer widerspruchstheoretisch begründeten Systematik wie einer emanzipatorischen Perspektive zu Bildungs- und Gesellschaftsgeschichte basierend, entfaltet Heydorn vor allem in seinem Hauptwerk *Über den Widerspruch von Bildung und Herrschaft* eine Analyse von Gesellschaft, deren historisch besonderen Formationen, um die Frage einer dialektischen Möglichkeit der Bildung stellen zu können, »nach ihrer Möglichkeit, die ihr zugedachte Determination zu transzendieren« (ebd. III: 306).

Eine organisierte Mitte findet dabei die analytische Orientierung in der das Selbstverständnis Heydorns darstellenden Einschätzung: »Die Bildungsphilosophie versteht sich als Einheit von Theorie und Praxis; das isolierte Bewusstsein bleibt machtlos, die isolierte Praxis verfällt dem Untergang« (ebd. III: 147).

---

auch in der angelsächsischen radical sociology of education finden (siehe exemplarisch Bourdieu 2004; Wexler 1990; McLaren 1993; Sünker u.a. 1994).

Den Ausgangspunkt seiner Analyse bildet die Erkenntnis:

»Ohne die Anstrengung des Begriffs lässt uns das Handeln allein, findet es keinen Ausgang. Es bleibt auf dem Jahrmarkt und wird dort ausgeboten. Um den gegenwärtigen Ort zu bestimmen, muss die ganze Geschichte eingeholt werden; es gibt keine Entlassung aus der Mühsal [...]. Dem geschichtslosen industriekapitalistischen Positivismus entspricht die geschichtslose, anarchische Rebellion; sie endet im Mülleimer der Verwertungsprozesse. Nur wer um seine Herkunft weiß, kann die Grenze der Gegenwart zur menschlicheren Zukunft überschreiten.« (Ebd. III: 3)

Ist – Heydorns Analysen zufolge – die Geschichte des Verhältnisses von Bildung und Gesellschaft über weite Strecken eine, die zeigt, dass und wie die Idee der Bildung, damit die der Mündigkeit und Bildung aller, noch immer unabgegolten, aber einholbar ist, so ergibt sich daraus die Aufgabe, die Wirklichkeit immer neu darzustellen und damit zu kritisieren. Bestimmt sich die geschichtliche Entwicklung bis zur Gegenwart für die Menschen als Situation von »Verhängtsein«, »Determination« (ebd. III: 27, 110, 295), so steht wie im Falle Adornos mit der Analyse des »Verblendungszusammenhangs« die Frage nach den freiheitsverbürgenden Möglichkeiten menschlicher Geschichte auf der Tagesordnung. Wird Bildung als »Aktualisierung der Potentialität« verstanden, so dass der Mensch Mensch werden kann, »sein eigener Täter« (ebd. IV: 138), wird sie »als entbundene Selbsttätigkeit, als schon vollzogene Emanzipation« (ebd. III: 5) gefasst, so wird für Heydorn Erziehung zu ihrer antithetischen Voraussetzung:

»Erziehung ist das uralte Geschäft des Menschen, Vorbereitung auf das, was die Gesellschaft für ihn bestimmt hat, fensterloser Gang. [...] Die Geschichte der Erziehung hält an, die Gesellschaft hat ihren vorrationalen Charakter nicht überwunden, sondern ihn nur den veränderten Bedingungen gemäß modifiziert. Mit der Erziehung geht der Mensch seinen Weg durch das Zuchthaus der Geschichte. Er kann ihm nicht erlassen werden. [...] Die Erziehungsgeschichte gewinnt erst dort ihren Inhalt, wo sie sich selber als die Geschichte einer notwendigen Askese faßt, transzendierende Zwecke begreift, für die es notwendig war, daß wir uns gequält haben [...].« (Ebd. III: 4)[17]

Dabei gibt die Einsicht, »daß Bildung Selbsthilfe ist, Akt gegen das Verhängtsein, eine Hilfe, die der Mensch dem Menschen als Gegenüber leistet« (ebd. III: 311), für Heydorn die Perspektive und Richtung zur Entfal-

17 Zu weiteren Diskussionen um das Verhältnis von Erziehung und Bildung, deren Abgrenzung bzw. dialektische Vermittlung, siehe Winkler (2008) und Sünker/Braches-Chyrek (2013).

tung des Bildungsbegriffs ab. Seine Analyse beginnt historisch und semantisch mit den Anfängen des Bildungsdenkens in der griechischen Aufklärung. Ihrem Begriff nach ist die Aufklärung dazu bestimmt, »die dem Menschen innewohnende Vernunft an das Licht zu bringen, sie in die Mächtigkeit des Lebens zu versetzen« (ebd. III: 31). Vermittelt über das Problem der Naturbeherrschung im Übergang vom Mythos zum Logos findet Bildung ihren Grund in dem gesellschaftlichen Bedürfnis nach rationaler Welterkenntnis, einer Welterkenntnis allerdings in der Form einer verwertbaren Abstraktionsleistung im Interesse von differenten Formen und Gehalten von Herrschaft. Daher muss Bildung, zielt sie auf Mündigkeit, von Anfang an gegen ihren herrschaftlich-instrumentellen Bezug sich dieser bloßen Funktionalität als Element von Herrschaftswissen entheben:

»Als Instrument gedacht, mittels dessen die Gesellschaft ihren Interessen wirksamer dienen kann, sich zu verewigen glaubt, gewinnt sie über diese ihre Determination ihre Freiheit. Die Selbstbestimmung gewinnt sich über die Unterwerfung. Die Dialektik dauert an; die Instrumentalisierung dauert und der Versuch, das Instrument gegen die Hersteller zu richten. Das Instrument wird schließlich umfassend, gewinnt seine größte Möglichkeit.« (Ebd. III: 7f.)

Das im Hegel'schen Sinne ›spekulative Moment‹ von Bildung liegt in der hiermit einsetzenden und sich vollziehenden »Dialektik von institutionalisierter Bildung und menschlicher Befreiung«, mit der Bildung »als Aufgrabung des Menschen und damit als Herausforderung der Wirklichkeit« (ebd. III: 13) erkennbar wird. Die Möglichkeit von Selbstverfügung und Selbstbestimmung des Menschen ist, unter der Voraussetzung, dass »Bildung kein selbständiges revolutionäres Movens« sein kann (ebd. IV: 62), bezogen auf die gelungene »Vermittlung von Mündigkeit und Bedingung« (ebd. III: 317). Doch ist dieses eben nicht garantiert, ein befreiter Zustand nicht unabdingbar, eine menschliche Zukunft nicht sicher. In den Geschichtsprozess gehen herrschaftliche Interessen und Klassenstrategien ein, die insbesondere auf eine Paralysierung des historisch im Kontext der Entwicklung der Produktivkräfte möglich gewordenen Bewusstseins von Geschichte und Gesellschaft abzielen (vgl. Adorno 2006 [1964/1965]: 251f.). Auch wenn in Bezug auf den heute erreichten Gesellschaftszustand zu bestimmen ist, dass Institution und Mündigkeit in einen unüberbrückbaren Gegensatz geraten (Heydorn 1994/1995 III: 311), auch wenn festzustellen ist, Bildung als Institution sei reif, »sich gegen sich selbst zu wenden, den Auflösungsprozeß der Herrschaft unter dem Zeichen bewußt gewordener Menschen zu signalisieren« (ebd. III: 318), so bleibt doch die

Aufgabe bestehen, sich der Dialektik des Fortschritts – gerade auch angesichts der Geschichte des katastrophalen 20. Jahrhunderts bewusst zu werden.

Verschiedene Stufen und Stadien in den Institutionalisierungsprozessen von Bildung werden im Kontext der jeweiligen Gesellschaftsformation in der Analyse und Interpretation Heydorns als ein möglicher Weg der Befreiung des Menschen zu sich selbst genommen (vgl. Sünker 2003: Kap. VII). Die griechische Aufklärung als Ursprung, das Stadium der Etablierung der bürgerlichen Gesellschaft, der Deutsche Idealismus und die Marx'sche Theorie, mit der »die Geschichte der produktiven Bildungskategorie zunächst abgeschlossen« ist (ebd. III: 163), und nach der die Verfallsgeschichte beginnt, finden Heydorns besonderes Interesse, lassen sich doch in diesen Ansätzen Spuren der Befreiungssuche der Menschheit auffinden.[18]

Bildung als »Revolution des Bewußtseins« (ebd. III: 331) bedeutet, an der Unabdingbarkeit der Arbeit des Bewusstseins festzuhalten, damit an dessen Fähigkeit, sich vom Faktischen zu distanzieren und Widerstandspotenziale zu gestalten. Wenn Heydorn seinen letzten Text *Überleben durch Bildung* 1974 mit dem Satz schließt: »Bewußtsein ist alles« (ebd. IV: 304), so folgt dies für ihn aus einer materialistischen Bedingungsanalyse gesellschaftlicher Konstellationen, in deren Folge er konstatiert, die Zeit der »Bildung als Herrschaftsverfassung« (ebd. III: 331) laufe ab. Gebunden ist dies an Voraussetzungen: Es geht zum einen um das politische Projekt der »Aufhebung aller Bildungsrestriktion« (ebd. IV: 138).[19] Zum anderen ist

18 Deutlich wird in und an diesen Analysen Heydorns der Anschluss an die Marx'sche Vorgehensweise, inklusive der Betonung der Bedeutung der frühen bürgerlichen Bildungsideen (mit ihrem Zentrum Wilhelm von Humboldt). Demgegenüber findet sich eine scharfe Abrechnung mit Positionen der Reformpädagogik, in der vor allem deren präfaschistische Elemente entziffert werden (siehe dazu Heydorn 1994/1995 III: 223).

19 Analytisch ist diese Perspektive eingebettet in die Klassenlinien folgenden Spaltungen im Bildungsbegriff, unterschiedlichen historischen Konstellationen entspringend: »Bewußtseinsbildung für die Herrschenden, Symbole der Herrschaft für die Beherrschten« (Heydorn 1994/1995 III: 119); »Den kastrierten Pestalozzi für die Kinder armer, aber reinlicher Eltern; den kastrierten Humboldt für die Talmielite« (ebd.: 223). Deutlich wird, dass Heydorn in diesen Spaltungen eine klassenspezifisch differenzierte, aber immer für alle Beteiligten negative Tendenz sieht. Dies stellt eine strukturelle Homologie zur Argumentation von Wilkinson/Pickett (2010) in Bezug auf Folgen sozialer Ungleichheit dar, wenn sie davon handeln, gesellschaftliche Gleichheit sei für alle besser; vgl. dazu auch die Überlegungen zur ungleichen Gesellschaftsstruktur und deren Folgen schon von Adorno (2006 [1964/1965]: 246f.).

daran festzuhalten, dass a) weil eben Bildung kein »selbständiges revolutionäres Movens« ist, sie dies »nur in Verbindung mit der gesamten geschichtlichen Bewegung« sein kann; dass es aber b) wesentlich darum geht, zu erkennen, wie Bildung »einen eigenen [die Gesellschaft, H.S.] verändernden Beitrag« leistet, »der unausweichlich ist« (ebd.: 141).

Adornos und Beckers (der Gesprächspartner in den Radiogesprächen) gesellschaftspolitisch akzentuierte Beiträge zur Erziehungs-/Bildungstheorie und -praxis wie zur Bildungspolitik haben wie die Heydorns ihr Zentrum in der Kategorie der »Mündigkeit«, die den vornehmsten Bezugspunkt für die Klärung der Frage, was denn der eigene gesellschaftsverändernde Beitrag von Bildungsinstitutionen zur Beförderung von Emanzipation und Mündigkeit aller sein könne, darstellt. Versammelt unter dem Titel *Erziehung zur Mündigkeit* finden sich wesentliche Reflexionen, Analysen und Positionen, die dieser Aufgabenstellung folgen.

In nuce findet sich die entscheidende Vorstellung Adornos zu pädagogischer Arbeit, die der Gegenwart angemessen ist, in dem Satz, »dass die Erziehung eine Erziehung zum Widerspruch und zum Widerstand ist« (1970: 145). Dies wird von ihm vermittelt mit der Aufgabe gesehen, »Widerstand zu kräftigen, als Anpassung zu verstärken« (ebd.: 110) sowie mit der Ablehnung einer »Leitbild-Ideologie« (ebd.: 106). Verknüpft mit der von ihm vorgenommenen Destruktion der bis heute herrschenden Begabungsideologie, die die soziale Ungleichheit fördernde soziale Selektivität wie Unterprivilegierung und soziale Ausgrenzung im fälschlicherweise Bildungssystem genannten Unterrichtssystem legitimieren soll, plädiert Hellmut Becker für das bildungspolitisch zentrale Prinzip, mit dem soziale Selektivität angegangen werden könnte, »soziale Startgleichheit« (ebd.; vgl. Sünker 2003: Kap. I).[20]

---

20 Eingelassen in die Problemstellung von Bildung und der Produktion wie Reproduktion sozialer Ungleichheit ist bekanntlich die Ideologie der »Chancengleichheit«. Siehe dazu das Zitat von Adorno in Fußnote 7 sowie Bourdieu, dessen bekannte Analyse von der *Illusion der Chancengleichheit* von ihm an anderer Stelle aufgenommen und konkretisiert worden ist: »Die soziale Welt ist kein Glücksspiel, keine diskontinuierliche Folge vollkommen unabhängiger Spielzüge, wie etwa Roulette (dessen Faszination sich, wie Dostojewski im *Spieler* plausibel macht, dadurch erklärt, daß es in einem Augenblick von der untersten auf die oberste Sprosse der sozialen Stufenleiter katapultieren kann). Die von Chancengleichheit reden, vergessen, daß die sozialen Spiele (Feld der Religion, des Rechts, der Philosophie usw.) keine *fair games* sind: Ohne im eigentlichen Sinn gefälscht zu sein, ähnelt der Wettkampf einem seit Generationen währenden Handicaprennen oder einem Spiel, bei dem jeder Teilnehmer über die positiven oder negativen Resultate all derer verfügt, die vor ihm gespielt haben, das heißt über die kumulierten Spielergeb-

Adorno verdichtet die hier angedeutete Problematik wie die Problemstellungen gesellschafts- wie bildungspolitischer Art und zeigt deren Vermitteltheit auf, wenn er sagt:

»Ich möchte es danach riskieren, auf einem Bein stehend, zu sagen, was ich mir zunächst unter *Erziehung* überhaupt vorstelle. Eben nicht so genannte Menschenformung, weil man kein Recht hat, von außen her Menschen zu formen; nicht aber auch bloße Wissensübermittlung, deren Totes, Dinghaftes oft genug dargetan ward, sondern die *Herstellung eines richtigen Bewußtseins*. Es wäre zugleich von eminenter politischer Bedeutung; seine Idee ist, wenn man so sagen darf, politisch gefordert. Das heißt: eine Demokratie, die nicht nur funktionieren, sondern ihrem Begriff gemäß arbeiten soll, verlangt mündige Menschen. Man kann sich verwirklichte Demokratie nur als Gesellschaft von Mündigen vorstellen.« (1970: 107, Herv. i. Orig.)

Diese Vermittlung, die Adorno und Heydorn eigen ist und sich nicht in der Übernahme US-amerikanischer pragmatistischer Ideen erschöpft, von Mündigkeit und Demokratie (vgl. Sünker 2003: Kap. X; Sünker 2017) kann als Grundlegung für eine Gesellschaft der Freien und Gleichen verstanden werden, deren eine entscheidende Voraussetzung in der Bildung aller besteht.

Differenzen, die, denke ich, nicht am Tisch zu klären sind, sondern praktisch, ergeben sich zwischen Adorno und Heydorn – und dies kann durchaus als überraschende Wendung gesehen werden –, wenn die Analyse zum Verhältnis von Bedingung und Realisierung von Mündigkeit betrachtet wird. Im Zentrum steht dabei der ›Umgang‹ mit der Kategorie der »Spontaneität«. Für Heydorn gilt: »Spontaneität bedarf des stetigen Rückbezugs auf die kontrollierende Reflexion, um Gestalt zu werden; aber die Gestalt nährt sich aus ihr, aus ihrem Hinweis auf künftiges, auf freies, erlöstes, versöhntes Schaffen, auf einen Menschen, der von seiner Geschichte unbedroht ist« (ebd. IV: 301). Zugleich ist dabei die Positionierung zentral: »Bildung ist rational vermittelte Spontaneität« (ebd. III: 19; vgl. Adorno 2006 [1964/1965]: 330f.; Sünker 2004). Von daher ist es für Heydorn ent-

---

nisse aller seiner Vorfahren. Zu vergleichen wären sie zudem eher mit Spielen, in denen die Spieler fortschreitend positive oder negative Erträge akkumulieren, mithin ein mehr oder weniger gewichtiges Kapital, das zusammen mit den ihrem Habitus inhärenten Neigungen (zur Vorsicht, zum Draufgängertum usw.) und zum Teil gebunden an ihr Kapitalvolumen, ihre Spielstrategien bestimmt« (2001: 275f., Herv. i. Orig.). Mit Bezug auf die Begabungsideologie spricht Bourdieu vom »Rassismus der Intelligenz«, mit dem heute soziale Ungleichheiten legitimiert werden sollen (2001: 102; siehe auch Bourdieu 2004: 466).

scheidend, Entwicklungen innerhalb des Bildungsdenkens mit äußerster Schärfe zu kritisieren, wenn daran geglaubt wird, die Determination des Menschen mithilfe der Betonung eines reinen Spontaneitätsprinzips überwinden zu können (vgl. III: 316ff.).

Adorno ›erlaubt sich die Freiheit‹, obwohl auch er die Gefahr der Paralysierung von Bewusstsein und historischen Alternativen im herrschenden Interesse deutlich sieht (2006 [1964/1965]: 252f.), die These von notwendigen geschichtlichen Bedingungen für realitätshaltige Veränderungen in Zweifel zu ziehen:

»Und es ist sehr schwer zu sagen, ob innerhalb der unendlich unübersichtlichen und vielfach irrationalen Struktur der Geschichte es nicht wirklich auch einmal hätte anders gehen können, und die Menschheit wirklich aus dem Dreck sich hätte herausarbeiten können. Ich selbst glaube, in meiner Jugend einen Augenblick erlebt zu haben, in dem das sehr nahe dran gewesen ist. Und ich bin deshalb eigentlich auch nicht so ganz überzeugt von jener dialektischen Lehre, die ich selber Ihnen pflichtgemäß vorgetragen habe; und ich möchte Ihnen das wenigstens als ein Fragezeichen zu dem, was ich Sie sozusagen aus der Tradition, aus der ich komme, lehren mußte, immerhin einmal hinzusetzen, – obwohl es natürlich bis jetzt nicht geworden ist und die Geschichtsphilosophie es bekanntlich immer leichter hat, sich auf die Seite der stärkeren Bataillone zu stellen als auf die Seite der schwächeren. [...] Nur warnen möchte ich Sie davor, gleichsam automatisch den Standpunkt der Sieger damit zu beziehen, daß Sie auch das nachreden, was einem dann so erzählt wird: daß nämlich, wann immer Freiheitsbewegungen unterlegen sind, das deshalb geschehen sei, weil es damals halt noch nicht möglich war.« (Ebd.: 250f.)[21]

Vor dem Hintergrund dieser Überlegung Adornos gewinnt die eingangs herangezogene Frage von Moore nach der Legitimation von Herrschaftsfunktionen – und deren Nutzen für die Allgemeinheit – eine erneute und zu erneuernde Relevanz für die emanzipatorische Bearbeitung von Problemen und Herausforderungen der Gegenwart wie Ökonomisierung aller Lebensbereiche (›marketisation‹ und ›commodification‹), post-wohlfahrtsstaatlichen Regulierungsversuchen, Formierungen von Bewusstsein, sozia-

21 Zu vermitteln ist diese Überlegung noch mit einer weiteren, die Adorno im Verlaufe der Vorlesung so formuliert: »Sie dürfen natürlich nicht vergessen, daß beide Momente, also das Vernunftmoment und das Impulsmoment, wenn so etwas wie Freiheit überhaupt erscheinen soll, aufeinander angewiesen sind; so wie Praxis, auch politische Praxis, auf der einen Seite des fortgeschrittensten theoretischen Bewußtseins bedarf, auf der anderen Seite aber eben auch des leibhaften Moments, – jenes Moments, das in Vernunft sich nicht so ganz erschöpft« (Adorno 2006 [1964/1965]: 331).

ler Ungleichheit und falschem Individualismus in der Gestalt von Egoismus.

Literatur

Adorno, Theodor W. (1970), *Erziehung zur Mündigkeit. Vorträge und Gespräche mit Hellmut Becker 1959–1969*, Frankfurt am Main.

Adorno, Theodor W. (1972), »Theorie der Halbbildung«, in: ders., *Gesammelte Schriften 8*, Frankfurt am Main, S. 93–121.

Adorno, Theodor W. (1993 [1968]), *Einleitung in die Soziologie*, Frankfurt am Main.

Adorno, Theodor W. (2004 [1944]), »Contra Paulum«, in: Theodor W. Adorno/ Max Horkheimer, *Briefwechsel 1927–1969*, Bd. II: *1938–1944*, hg. v. Christoph Gödde und Helmut Lonitz, Frankfurt am Main, S. 475–501.

Adorno, Theodor W. (2006 [1964/1965]), *Zur Lehre von der Geschichte und von der Freiheit*, Frankfurt am Main.

Berman, Marshall (1988), *All That Is Solid Melts Into Air. The Experience of Modernity*, New York.

Bollenbeck, Georg (1994), *Bildung und Kultur. Glanz und Elend eines deutschen Deutungsmusters*, Frankfurt am Main.

Bourdieu, Pierre (1997), »Postscriptum«, in: ders. u.a., *Das Elend der Welt. Zeugnisse und Diagnosen alltäglichen Leidens an der Gesellschaft*, Konstanz, S. 823–826.

Bourdieu, Pierre (2001), *Meditationen. Zur Kritik der scholastischen Vernunft*, Frankfurt am Main.

Bourdieu, Pierre (2004), *Der Staatsadel*, Konstanz.

Dixon, Keith (2000), *Die Evangelisten des Marktes*, Konstanz.

Heydorn, Heinz-Joachim (1994/1995), *Werke*, Bd. I–IV: *Bildungstheoretische und pädagogische Schriften 1949–1974*, hg. v. Irmgard Heydorn u.a., Vaduz.

Hirschman, Albert O. (1993), »Die Rhetorik der Reaktion – Zwei Jahre danach«, in: *Deutsche Zeitschrift für Philosophie*, Jg. 41, H. 6, S. 959–978.

Horkheimer, Max (1991), »Notizen 1949–1969«, in: ders., *Gesammelte Schriften*, Bd. 6: *›Zur Kritik der instrumentellen Vernunft‹ und ›Notizen 1949–1969‹*, hg. v. Alfred Schmidt, Frankfurt am Main, S. 189–425.

Horkheimer, Max (o.J. [1937]), »Traditionelle und kritische Theorie«, in: ders., *Kritische Theorie der Gesellschaft II*, Raubdruck, S. 137–191.

Kilian, Hans (1971), *Das enteignete Bewusstsein. Zur dialektischen Sozialpsychologie*, Neuwied.

Koneffke, Gernot (1981), »Überleben durch Bildung. Zur Neufassung des Bildungsbegriffs bei H.-J. Heydorn«, in: *Das Argument*, Sonderband 58, Berlin, S. 163–194.

Marcuse, Herbert (1968 [1937]), »Philosophie und kritische Theorie«, in: ders., *Kultur und Gesellschaft I*, 8. Aufl., Frankfurt am Main, S. 102–127.

Marx, Karl (1969 [1867]), *Das Kapital. Kritik der politischen Ökonomie. Erster Band*, Berlin.

Marx, Karl (o.J. [1857/1858]), *Grundrisse der Kritik der politischen Ökonomie (Rohentwurf) 1857 bis 1858*, Frankfurt am Main.

Marx, Karl/Engels, Friedrich (1972 [1848]), *Das kommunistische Manifest*, MEW Bd. 4, Berlin.

Marx, Karl/Engels, Friedrich (1978), *Werke*, Band 29, Berlin.

McLaren, Peter (1993), *Schooling as a Ritual Performance. Towards a Political Economy of Educational Symbols and Gestures*, 2. Aufl., London/New York.

Mirowski, Philip (2014), *Never Let a Serious Crisis Go to Waste. How Neoliberalism Survived the Financial Meltdown*, London/New York.

Moore, Barrington (1982), *Ungerechtigkeit. Die sozialen Ursachen von Unterordnung und Widerstand*, Frankfurt am Main.

Müller, Rudolf Wolfgang (1977), *Geld und Geist. Zur Entstehungsgeschichte von Identitätsbewußtsein und Rationalität seit der Antike*, Frankfurt am Main.

Müller, Tim B. (2010), *Krieger und Gelehrte. Herbert Marcuse und die Denksysteme im Kalten Krieg*, Hamburg.

Müller-Stromsdörfer, Ingrid (1961), »Die ›helfende Kraft bestimmter Negation‹«, in: *Philosophische Rundschau*, Jg. 8, H. 2/3, S. 81–232.

Schlaffer, Heinz (1981), *Faust Zweiter Teil. Die Allegorie des 19. Jahrhunderts*, Stuttgart.

Smith, Adam (1979), *The Wealth of Nations*, 2 Bände, Oxford.

Sünker, Heinz (1989), *Bildung, Alltag und Subjektivität*, Weinheim.

Sünker, Heinz (2003), *Politik, Bildung und soziale Gerechtigkeit. Perspektiven für eine demokratische Gesellschaft*, Frankfurt am Main.

Sünker, Heinz (2004), »›Neue Menschen‹ und ›alte Strukturen‹. Max Adler und Siegfried Bernfeld über Gesellschaft, Erziehung und Veränderung«, in: *neue praxis*, Jg. 34, H. 2, S. 136–146.

Sünker, Heinz (2007), »Gesellschaft, Demokratie und Bildung«, in: Heinz Sünker/Ingrid Miethe (Hg.), *Bildungspolitik und Bildungsforschung: Herausforderungen und Perspektiven für Gesellschaft und Gewerkschaften in Deutschland*, Frankfurt am Main, S. 11–44.

Sünker, Heinz (2017), »Demokratie, Kapitalismus, Soziale Gerechtigkeit. Gesellschaftliche und politische Perspektiven heute«, in: *neue praxis*, Jg. 47, H. 6, S. 528–546.

Sünker, Heinz/Timmermann, Dieter/Kolbe, Fritz-Ulrich (Hg.) (1994), *Bildung, Gesellschaft, soziale Ungleichheit. Internationale Beiträge zur Bildungssoziologie und Bildungstheorie*, Frankfurt am Main.

Sünker, Heinz/Braches-Chyrek, Rita (2013), »Der Bildungs- und Gesellschaftswert von Erziehung und Bildung. Zu einigen Motiven des pädagogischen Denkens von Michael Winkler«, in: Jens Brachmann/Rotraud Coriand/Ralf Koerrenz (Hg.), *Kritik der Erziehung. Der Sinn der Pädagogik*, Bad Heilbrunn, S. 121–131.

Theunissen, Michael (1978), *Sein und Schein. Die kritische Funktion der Hegelschen Logik*, Frankfurt am Main.

Theunissen, Michael (1981), *Selbstverwirklichung und Allgemeinheit. Zur Kritik des gegenwärtigen Bewußtseins*, Berlin.

Wallerstein, Immanuel/Collins, Randall/Mann, Michael/Derluguian, Georgi u.a. (2014), *Stirbt der Kapitalismus? Fünf Szenarien für das 21. Jahrhundert*, Frankfurt am Main.

Wexler, Philip (1990), *Social Analysis of Education. After the New Sociology*, New York/London.

Wilkinson, Richard/Pickett, Kate (2010), *The Spirit Level. Why Equality is Better for Everyone*, London.

Winkler, Michael (2008), »Erziehung – Ein Verhängnis? Heydorn und Hegel über Grundlagen der Pädagogik«, in: *neue praxis*, Jg. 38, H. 1, S. 110–119.

Die eingemessene, die unbedingte und die polymorphe Universität – ein Plädoyer für Vielgestaltigkeit im Hochschulwesen[1]

Dirk Stederoth

Davon zu sprechen, dass mit unseren Universitäten gegenwärtig alles zum Besten steht, fiele wohl lediglich denjenigen ein, die sich entweder einer allgegenwärtigen Technokratie assimiliert haben oder unter vollständiger Amnesie hinsichtlich der Idee leiden, was einmal mit jenen gemeint war. Sowohl die Phase der blinden Bologna-Anfangseuphorie und die folgende eines enttäuschten Zeterns nach dem ersten Augenaufschlag sind mittlerweile überwunden und einer murrenden Akzeptanz gewichen, dass der fahrende Zug wohl nicht mehr vom Gleis gehoben und in umgekehrter Richtung wieder aufgestellt werden kann. Die Eindimensionalität, es könne nur ein Gleis geben, das in der einen oder anderen Richtung befahrbar sei, lässt sich allerdings in beiden Lagern finden – bei den technokratisch Assimilierten ebenso wie bei denen, deren Zetern lediglich in dem Schlachtruf »Zurück zu Humboldt!« mündet, und zwar ohne zu bedenken, dass Humboldts Reformansatz nur eine Variante von mehreren war, die sich in lebendiger Diskussion am Anfang des 19. Jahrhunderts tummelten. Dass Fichte, Humboldt, Schelling, Schleiermacher, Steffens – um nur die Hauptbeteiligten zu nennen,[2] – sich keineswegs einig darüber waren, wie die Universität der Idee nach auszusehen habe, ist scheinbar gänzlich der Vergessenheit anheimgefallen, weshalb die Diskussion der Gegenwart lediglich um die Alternative Humboldt versus Bologna zu kreisen den Eindruck macht, statt sich um ein Ausloten verschiedener möglicher, aber zeitgemäßer Modelle zu bemühen. Dass Modelle aus einer Universitätslandschaft,

1 Es sei an dieser Stelle den Teilnehmenden an einem zweisemestrigen Seminar zum Thema »Die unbedingte Universität« für viele Anregungen und Hinweise und besonders Verena Häseler und Simon Rettenmaier zusätzlich für ihre kritische und anregende Durchsicht des Manuskripts herzlich gedankt.

2 Vgl. die verschiedenen Universitätsentwürfe, die u.a. gesammelt sind in: Anrich (Hg.) 1956.

die circa 0,2 Prozent der gegenwärtigen Studierendenanzahl beherbergte,[3] nicht bruchlos in unsere Zeit übertragen werden können, liegt ebenso auf der Hand wie die Engstirnigkeit der Behauptung einer Alternativlosigkeit, die sich in den Verlautbarungen mancher technokratischer Bologna-Apologetinnen[4] finden lässt. Statt also dem Abflauen der Diskussionen mit müder Akzeptanz zu begegnen, gilt es, eine wirkliche Diskussion von Alternativen und unterschiedlichen Modellen allererst zu beginnen.

Entsprechend seien im Folgenden drei verschiedene Modelle ins Gespräch miteinander gebracht, wobei unter dem Stichwort »eingemessene Universität« zunächst eine kurze Charakterisierung unserer gegenwärtigen Lage vorgenommen wird, im Anschluss daran mit Derridas »unbedingter Universität« ein Gegenmodell in den Fokus tritt, um schließlich drittens beiden den Ansatz einer »polymorphen Universität« entgegenzustellen.

Die eingemessene Universität

Zunächst wird vermutlich das eigentümliche Wort »eingemessen« irritieren, was sich jedoch schnell klären lässt, heißt es doch ganz allgemein nicht viel mehr, als dass Verschiedenes auf ein einheitliches Maß zu bringen ist und beispielsweise in der Studiotechnik dafür gebraucht wird, eine Tonanlage auf die Spezifität der Raumbedingungen anzupassen. Dies scheint ein treffendes Bild zu sein, um die gegenwärtigen Reformprozesse in unseren Hochschulen, ja sogar im ganzen Bildungssystem zu charakterisieren. Ist das Maß in der Studiotechnik ein ideal-gleichförmiger Verlauf der Frequenzkurve, hat sich in den letzten 25 Jahren, genau betrachtet aber schon viel länger, ein Maß in unserem Bildungssystem etabliert, von dem aus sich alle wesentlichen Charakteristika dieser Reform ableiten lassen: das Maß ökonomischer Effizienz, das sich in unserer kapitalistisch durchstrukturier-

3 Die 35 Universitäten, die im ausgehenden 18. Jahrhundert in deutschen Landen bestanden, beherbergten insgesamt 7.500 Studierende, wobei von diesen 35 Universitäten bis 1818 ca. die Hälfte geschlossen wurde (vgl. Koch 2008: 138f.). Vergleicht man diese Zahl mit den rund 2,8 Millionen Studierenden im Jahr 2016, kommt man entsprechend auf ein Verhältnis von ca. 0,2 Prozent.

4 Dieser Text operiert anstatt mit dem generischen Maskulinum mit einem generischen Femininum, um zu verdeutlichen, dass jene an sich geschlechtslose Form auch geschlechtslos gemeint und nicht von einer Ignoranz gegenüber geschlechtersensibler Sprache gespeist ist.

ten Gesellschaft längst bis in die kleinsten Teilstrukturen hinein etabliert hat und nun auch die Universitäten, die sich lange Zeit gegen dieses Maß gesperrt haben, umfänglich erfasst. Ohne dass dies hier bis in die Details verfolgt und begründet werden kann (vgl. Stederoth 2016), sei an drei Grundpfeilern der Universität, an Forschung, Lehre und Verwaltung der maßgerechte Umbau der Universität kurz demonstriert.

Eingemessene Forschung

Die grundlegenden Änderungen, die sich im Bereich der Forschung in den letzten 25 Jahren vollzogen haben, lassen sich insbesondere auf drei Entwicklungen beziehen: die exponentiell wachsende Bedeutung von drittmittelorientierter Forschung, die durch die Exzellenzinitiative installierte Differenzierung in exzellente und normale Forschung sowie drittens die fortschreitende Eindämmung von geisteswissenschaftlicher Forschung bzw. die wachsende Verlagerung auf naturwissenschaftlich orientierte, metrische Forschungsmethoden, was mit einer Dezimierung von hermeneutischen einhergeht. Alle drei Entwicklungen stehen in einer klaren Verbindung zu dem genannten Maß ökonomischer Effizienz, was kurz angedeutet sei.

Am deutlichsten ist diese Beziehung wohl im Bereich der Drittmittelakquise, ist diese doch von einer unmittelbaren ökonomischen Relevanz für die Universitäten – und jede Professorin wird in ihrem Gespräch über Zielvereinbarungen mit dieser Relevanz konfrontiert. Nun ist die bloße Tatsache, dass Präsidien mit Professorinnen solche Zielvereinbarungen über die Drittmittelakquise treffen, allein schon Beleg genug für die Orientierung an genanntem Maß. Allerdings setzt es sich noch weiter bis in die konkrete Planung und Formulierung solcher Drittmittelanträge fort, sind diese doch einmal auf den Erfolg der Bewilligung hin ausgerichtet und orientieren sich somit an den gegenwärtig maßgebenden, in den Worten Thomas Kuhns »normalwissenschaftlichen« (vgl. 1976, insb. 37ff.) Themen, Fragestellungen und Methoden, was eine zunehmende Verengung wissenschaftlicher Praxis rein logisch nach sich zieht. Zudem gibt die Struktur solcher Anträge kaum Möglichkeiten für methodisch und strukturell offene Forschungsprozesse, insofern in ihnen ein klar abgemessenes Programm demonstriert werden muss, das sich in einem vom Drittmittelgeber festgelegten und nicht vom Thema bestimmten Zeitrahmen effizient abschließbar zeigt. Und allein schon die Tatsache, dass sich ungewöhnliche Themen und Methoden nicht so bündig in das bestehende Warensortiment von Forschungsergebnissen einfügen lassen, was ja jeder Forschungsantrag unter dem Abschnitt »Stand der Forschung« fordert, wird allzu häufig Grund genug dafür sein, von solch abwegigen Themen und Methoden Abstand zu nehmen, die in der Wissenschaftsgeschichte oft genug Auslöser wissenschaftlicher Revolutionen waren. Kopernikus jedenfalls hätte mit seiner These und seinen Zahlen bei der DFG vermutlich keinen Forschungsantrag bewilligt bekommen. Die mit der Kurzfristigkeit und Engführung einhergehende Kurzsichtigkeit von Forschungsprogrammen sowie ihre methodische Eindimensionalität werden sich auf lange Sicht als sehr problematisch für die wissenschaftliche Forschung auswirken, auch wenn sich dies in unterschiedlichen Fachkulturen unterschiedlich dramatisch darstellen mag.[5]

Gerade Letzteres verweist auf die zunehmende Verlagerung auf naturwissenschaftlich orientierte, metrische Forschungsmethoden, insofern diese sich selbstredend viel besser für ein solches Antragswesen eignen. Solche metrischen Forschungsmethoden sind deshalb in der Regel viel kompatibler mit einem an Effizienzkriterien orientierten Forschungswesen, da sie sich besser parzellieren, in der Methodik formaler demonstrieren und in der Durchführung besser kontrollieren lassen, als sich dies bei eher hermeneutisch orientierten Forschungen umsetzen ließe. Vielmehr müssen Letztere allererst künstlich in eine vergleichbare, ihnen aber grundsätzlich fremde Metrik übertragen werden, was der Form der Fragestellung einerseits wie auch der Aussicht auf Bewilligung andererseits nicht gerade entgegenkommt.

---

5 Dass diese Einschätzung zumindest im Ansatz auch beim Wissenschaftsrat angekommen ist, zeigt das Positionspapier *Begutachtungen im Wissenschaftssystem* (Berlin, Oktober 2017), in dem es beispielsweise lautet, dass »Effekte von Begutachtungen« darin bestehen können, »Anträge mit unklaren Erfolgsaussichten zu benachteiligen und damit den Mainstream zu befördern« (Wissenschaftsrat 2017: 21). Allerdings sind die Empfehlungen, die unter dem Titel »Innovative Auswahlverfahren gegen Mainstreaming einführen« dargelegt werden, einigermaßen ernüchternd, könnte doch »ein Teil der förderungswürdigen Anträge nach einer Zufallsauswahl gefördert werden« (ebd.: 26) oder »riskante Projekte, Paradigmenwechsel« durch ein »effektives Sondervotum (auch *wild card*)« (ebd.) unterstützt werden. Ob der Zufall ein guter Berater ist bzw. ob – mit Thomas Kuhn gesprochen – ein Paradigmenwechsel von Normalwissenschaftlerinnen überhaupt als ein solcher wahrgenommen werden kann, um eine »wild card« zu verwenden, steht jedoch deutlich in Zweifel.

Dies wirkt sich natürlich auch direkt auf das dem deutschen Hochschulwesen ursprünglich völlig fremde Signum exzellenter Forschung aus, bemisst sich dieses doch insbesondere auch an der Zahl und dem Finanzumfang der bewilligten Drittmittelanträge. Exzellente Forschung hat somit ganz wesentlich mit ökonomischem Kalkül zu tun, was ja auch einer der Gründe für die Einführung der Exzellenzinitiative war, nämlich Anschluss insbesondere an ökonomisch relevante internationale Forschung zu erreichen.

Eingemessene Lehre

Für eine Charakterisierung der Änderungen in der Lehre sei ebenfalls insbesondere auf drei entscheidende Bereiche fokussiert: die Einführung von Lehrevaluationen, die Modularisierung sowie die fortschreitende Entkopplung von Lehre und Forschung. Eine direkt mit ökonomischen Effizienzkategorien im Zusammenhang stehende Änderung ist die flächendeckende Einführung von periodischen Lehrevaluationen, die eine direkte Übertragung der Überprüfung von Qualitätsstandards aus Industrie und Management in die Sphäre des Bildungswesens darstellen. Um einem gängigen Standardargument gleich zuvorzukommen: Es ist gar nichts gegen eine periodische Überprüfung von Lehre bzw. gegen eine über Studierendenbewertungen rückgekoppelte Verbesserung der eigenen Lehre zu sagen und Dozentinnen, die daran interessiert sind, dass die Studierenden etwas lernen, werden solche Rückmeldungen in der einen oder anderen Weise ohnehin einholen – der Sinn solcher Rückmeldungen steht also gar nicht zur Debatte; vielmehr liegt das Problem in der Standardisierung und Quantifizierung des Verfahrens sowie der wachsenden Bedeutung der Ergebnisse solcher Evaluationen etwa für Berufungsverfahren zur Einstellung von Professorinnen. Jede, die schon einmal in einem Seminarraum auf der Seite der Lehrenden gestanden hat, weiß, dass solche Evaluationen gar sehr von solchen für die Lehrleistung letztlich kontingenten Faktoren wie Tageszeit, Thema, Gruppenzusammensetzung etc. abhängen, weshalb sich in der Lehre, bei wachsender Bedeutung solcher Evaluationen, altbewährte Standarddidaktiken und eben nicht eine Vielfalt an interessanten Lehrkonzepten durchsetzen werden, weil die Standardkonzepte zumindest ein Durchschnittsergebnis sicherstellen. So werden dann beispielsweise komplexere Themen gemieden, weil sie die Möglichkeit der Verständnislosigkeit bei manchen Studierenden beinhalten, und medial gut aufzubereitende Themen bevorzugt, um im Einsatz von Medien gut dazustehen. Zwar tragen ausgeschriebene Lehrpreise auch dazu bei, dass innovative Lehrkonzepte entwickelt werden, jedoch bleibt abzuwarten, ob sich solche Konzepte eher für das Gewinnen von Preisen als für einen äußerst aufgabenintensiven Universitätsalltag eignen.

Was die Einführung der Modularisierung von Studiengängen betrifft, so war die ursprüngliche Idee eines nicht-curricularen modularen Systems, in dem Studierende gleichsam als Bildungs-Nomaden von Universität zu Universität ziehen, um interessenorientiert Module zu sammeln, durchaus revolutionär, jedoch hat die streng curriculare und studiengangspezifische Umsetzung der Modularisierung zu einem System geführt, in dem Mobilität zwischen Universitäten eher erschwert denn erleichtert wurde, wobei zudem in der Frühphase durch die Forderung der Abprüfbarkeit einzelner Veranstaltungen wahre Prüfungsmonster als Studienordnungen installiert wurden. Dies hat sich zwar im Fortschritt der Modularisierung und der Überarbeitung von Studienordnungen zuweilen etwas gelockert, jedoch sind die Studiengänge immer noch weitgehend prüfungsorientiert gestaltet, was erhebliche Auswirkungen auf die konkrete Situation der Lehre hat. Das Ausbilden und Konsolidieren intrinsischer Studienmotivationen wird durch diese Struktur empfindlich gestört, insofern Studierende häufig ihr Eingeübtsein in extrinsische Prüfungsmotivationen, das sie in ihrer 13-jährigen Schullaufbahn erlangten, einfach fortsetzen und viel zu wenig ein eigenverantwortliches und selbstständiges Studieren pflegen. Auch hier schlägt der kalkulierbare Effizienzgedanke durch, der noch durch die konsequente Output-Fixierung des neuen Kompetenz-Konzepts der Bildung unterstützt wird. Für die Lehre bedeutet dies darüber hinaus, dass die Lehrinhalte fortschreitend in prüfungskompatible und damit mundgerechte Häppchen portioniert werden, was sich für die Inhalte ebenso wie für die Kompetenzen nachhaltig als problematisch herausstellen könnte.

In der Konsequenz bedeutet dies, dass die – wiederum effizienzorientierte – Überdidaktisierung der Hochschullehre sich immer weiter von realen Forschungsfragen und Forschungsmethoden entfernt, was die Einheit von Forschung und Lehre tendenziell ad acta zu legen droht. Dies wird noch dadurch verschärft, dass die Einführung von reinen Lehrkräften nicht nur einem Teil des wissenschaftlichen Nachwuchses durch das hohe Deputat die Zeit zum eigenen Forschen entzieht, sondern bereits formell qua Stellenbeschreibung Lehre und Forschung voneinander entkoppelt.

Eine Fortsetzung findet diese Entwicklung in den Perspektiven des Wissenschaftsrats, die zwischen den Zeilen eine Aufteilung des deutschen Hochschulraums in wenige Forschungsuniversitäten und viele Lehruniversitäten im Verbund mit den Fachhochschulen vermuten lassen (vgl. Wissenschaftsrat 2013: 48ff.).[6] Dass sogenannte exzellente Forschung immer mehr mit Lehrentlastung bis zur völlig lehrfreien Forschung belohnt wird, weist in dieselbe Richtung einer Auflösung der Einheit von Forschung und Lehre.

Eingemessene Verwaltung

Beim dritten Bereich, der Verwaltung, seien insbesondere zwei Felder thematisch: die Einführung des ECTS-Systems sowie die vermehrte, aus dem ökonomischen Management abgeleitete Einführung von Controlling-Instrumenten in der Hochschulverwaltung. Die Einführung des ECTS-Systems kann als eine der einschneidendsten Maßnahmen der Bologna-Reform gelten. Hierdurch wurde doch nicht nur eine Bildungswährung etabliert, deren Tauschwert den Gebrauchswert von Bildung fortschreitend der Bedeutungslosigkeit anheimfallen lässt, sondern es ist nicht weniger als erstaunlich zu bezeichnen, wie schnell sich eine Institution und ihre Mitglieder, die gemeinhin als ein Hort von Rationalität Geltung beansprucht, an die Irrationalität gewöhnt hat, die diesem Währungssystem im Kern zukommt. Dies war und ist wohl nur möglich, weil dieser irrationale Kern vor dem hellen Schein einer ökonomischen Rationalität kalkulierbarer Bildungsgrößen und ihrer Verwertbarkeit verblasst und somit aus dem Blick gerät. Es muss hier wohl nicht ausführlich erläutert werden, inwiefern eine Bewertung von Bildung anhand der Messlatte von geleisteter Arbeitszeit völlig abstrakt und unzulänglich ist, insofern es bei der Einführung dieses Maßstabs auch gar nicht darum ging, Bildungsgehalte adäquat zu messen oder einzuschätzen – vielmehr lag die Absicht im Vordergrund,

---

6 Zu einer möglichen Aufspaltung der deutschen Hochschullandschaft schrieb der Elitenforscher Michael Hartmann bereits im Jahre 2010: »Schritt für Schritt werden die Konzentration der Finanzmittel und das veränderte Verhältnis zwischen Forschung und Lehre zu einer tiefgreifenden Spaltung der ungefähr 100 existierenden Universitäten in eine kleine Gruppe von Forschungs- und eine weit größere Gruppe von Ausbildungshochschulen führen. Zur ersten werden die Gewinner der Exzellenzinitiative zählen, zur zweiten die Verlierer, von Jahr zu Jahr stärker eine Liga zusammen mit den Fachhochschulen bildend« (381f.).

Bildungsprozesse über eine festbestimmte Größe überhaupt verrechenbar zu machen, damit sie ökonomisch transparent und effizient verwaltet werden können.

Nun hat Stefan Kühl recht eindrücklich zeigen können, dass es mit der verwaltungstechnischen Effizienz des ECTS-Systems bei hochindividuellen Modulsystematiken nicht weit her ist, da sie zur »ungewollten Nebenfolge« einer enormen Komplexitätssteigerung und entsprechenden Bürokratisierung von Studiengängen geführt hat, was er den »Sudoku-Effekt« nennt (Kühl 2012: 15ff.). Es mag dahingestellt sein, ob es sich dabei wirklich um eine »ungewollte Nebenfolge« handelt – die gewollte Folge ist jedoch, dass über die Einführung solcher Strukturen ein betriebswirtschaftliches Controlling im Bildungssektor allererst möglich wurde, so dass Kennzahlen, Zielvereinbarungen, Berichtswesen, Evaluationen, Surveys etc. in einen großangelegten betriebswirtschaftlichen Verrechnungsprozess eingebunden werden können. Und die Spitze des Eisberges ist hier noch lange nicht erreicht, wenn man die Diskussionen um die Einführung eines entsprechenden »European Teaching Load and Accumulation System« (ETLAS) (vgl. hierzu Kühl 2012: 143) sowie den Fortschritt der Erforschung von Kompetenzmessungen im Hochschulsektor (KoKoHs) (vgl. Blömke/Zlatkin-Troitschanskaia 2013) verfolgt. Es wird sich zeigen, wie weit diese Entwicklungen voranschreiten und die Hochschulen immer weiter zur Maxime drängen: Ganz gleich welche Bildungsinhalte wie vermittelt werden – Hauptsache, die Zahlen stimmen.

Es lässt sich somit zusammenfassend für diesen ersten Teil sagen, dass sich an allen wesentlichen Bestandteilen der Bologna-Reform ein ökonomisches Kalkül und Effizienzstreben zeigen lässt, das zumindest der klassischen Idee von Universität ganz fremd ist, wenn man sich etwa Schleiermachers Sicht des Verhältnisses von Staat und Gesellschaft vergegenwärtigt, wobei der Staat hier noch eng mit der Ökonomie verflochten war:

> »Der Staat ist alsdann natürlich nur von dem unmittelbaren Nutzen der Kenntnisse überzeugt und ergriffen. Ausgebreitete Bekanntschaft mit Tatsachen, Erscheinungen und Erfolgen aller Art sucht er zu begünstigen und, wenn er sich der wissenschaftlichen Anstalten annimmt, sie vorzüglich hierauf zu lenken. Diejenigen hingegen, welche sich zum Behuf der Wissenschaften freiwillig vereinigen, kommt es ganz auf etwas anderes an, als allein auf die Masse der Kenntnisse. Was sie vereinigt, ist das Bewußtsein von der notwendigen Einheit alles Wissens, von den Gesetzen und Bedingungen seines Entstehens, von der Form und dem Gepräge, wodurch eigentlich jede Wahrnehmung, jeder Gedanke ein eigentliches Wissen ist.« (Schleiermacher 1984 [1808]: 88f.)

In diesen grundsätzlich unterschiedlichen Perspektiven zwischen Staat und Ökonomie auf der einen Seite, die lediglich an der Nutzbarmachung von Wissen interessiert sind, und Wissenschaft, als dem Interesse an diesem Wissen selbst, auf der anderen, gründet dann auch Humboldts Forderung einer weitgehenden Autarkie der Universität gegenüber den staatlichen und ökonomischen Ansprüchen, wenn er schreibt, dass der Staat von den Universitäten »nichts fordern [dürfe], was sich unmittelbar und geradezu auf ihn bezieht, sondern die innere Ueberzeugung hegen, wenn sie ihren Endzweck erreichen, sie auch seine Zwecke und zwar in einem viel höheren Gesichtspunkte aus erfüllen« (Humboldt 1964 [1810]: 260). Eine solche Überzeugung bzw. ein solches Vertrauen des Staates bzw. der Ökonomie gegenüber den Universitäten ist aber heute fast gänzlich verloren gegangen, wie die umfänglichen Kontroll-, Prüf- und Planungsmaßnahmen von staatlicher Seite aus belegen. Nicht verloren gegangen ist hingegen jene Idee von Universität, auch wenn ihr keine Realität mehr entspricht, wenn sie denn je eine hatte. Eine aktualisierte Form der Darlegung einer in diesem Sinne von staatlichem und ökonomischem Einfluss befreiten Universität findet sich in Jacques Derridas Buch *Die unbedingte Universität* (2001), das nicht nur in Frankreich weitreichende Debatten angeregt hat und nun als Gegenmodell in den Fokus treten soll.

Die unbedingte Universität

Der von Derrida zunächst 1998 an der Stanford University und dann nochmals in Frankfurt gehaltene Vortrag »Die Zukunft der *profession* oder: Die unbedingte Universität« beginnt mit der Erklärung, »daß die moderne Universität eine *unbedingte*, daß sie *bedingungslos*, von jeder einschränkenden Bedingung frei sein *sollte*« (Derrida 2001: 9, Herv. i. Orig.). Diese Unbedingtheit impliziert für ihn nicht nur »eine *unbedingte* Freiheit der Frage und Äußerung, mehr noch: das Recht, öffentlich auszusprechen, was immer es im Interesse eines auf *Wahrheit* gerichteten Forschens, Wissens und Fragens zu sagen gilt« (ebd.: 10, Herv. i. Orig.), es impliziert ebenso das »Recht auf Destruktion als unbedingtes Recht, nicht allein die Geschichte des Begriffs Mensch, sondern die Geschichte des Kritikbegriffs selbst, ja noch die Form und Autorität der Frage, die Form des Denkens als Befragung, kritischen Fragen auszusetzen« (ebd.: 12f.), und es impliziert schließlich auch das »Prinzip unbedingten Widerstands« als »ein Recht, das die Universität selbst zugleich *reflektieren, erfinden und setzen* müßte« (ebd.: 13, Herv. i. Orig.). Auf eine kurze und bündige Formulierung gebracht: »Die Universität müßte also auch der Ort sein, an dem nichts außer Frage steht« (ebd.: 14).

Dieses kleine Zitate-Mosaik von Implikationen, die dieser Begriff der Unbedingtheit in sich trägt, mag auf den ersten Blick etwas radikal und angesichts der im ersten Abschnitt erörterten aktuellen Realität der Universität zudem ein wenig weltfremd klingen, so als wäre der Pariser Elfenbeinturm etwas zu hoch geraten, um dem Philosophen noch einen klaren Blick auf die Verhältnisse am Boden zu gewähren. Doch ist dem nicht so, schließlich kommt das Wort »Radikal« von *radix*, der Wurzel, weshalb man immer fälschlicherweise die Philosophinnen in Türmen oder am Himmel verortet und gesucht hat – es gilt sie eher auszugraben und freizuschaufeln, weil radikales Denken heißt, den Dingen auf den Grund zu gehen, weshalb Philosophinnen eher unter der Oberfläche weilen (sollten). Und hier hat Derrida in der Tat eine zentrale Wurzel gefunden, die die Universität am Leben erhält, auch wenn sie fortschreitend zu verkümmern droht bzw. im vollen Sinne – nach Derridas Einschätzung – noch nie Wirklichkeit war: »Sosehr diese Unbedingtheit prinzipiell und *de jure* die unüberwindbare Kraft der Universität ausmacht, so wenig war sie jemals Wirklichkeit« (ebd.: 16, Herv. i. Orig.). Das heißt also, dass Derrida eben nicht die vergangene oder gegenwärtige Wirklichkeit der Universität im Blick hat, sondern »eine Universität, die wäre, was sie stets hätte sein sollen oder stets zu sein beanspruchte, nämlich seit ihrer Gründung und grundsätzlich mit einer souveränen Autonomie, einer unbedingten Freiheit ihrer Einrichtung ausgestattet, souverän in ihrer Rede, ihrem Denken, ihrer Schrift. In einem Denken, einer Schrift, einer Rede, bei denen es sich vielleicht um keine bloße Archivierung oder Produktion von *Wissen*, sondern um performative Werke handelt« (ebd.: 33, Herv. i. Orig.).

Um genauer zu verstehen, was Derrida hier mit performativen Werken meint, sei einerseits auf Austins Unterscheidung von konstativen, also Tatsachen beschreibenden, und performativen, also Tatsachen schaffenden Sprechakten verwiesen, auf die sich Derrida explizit bezieht (vgl. ebd.: 22). Ein weiterer, fast die gesamte Argumentation Derridas durchziehender Hintergrund verweist auf Kants Unterscheidung von bestimmender und reflektierender Urteilskraft, wenn er wiederholt auf die Bedeutung des »als ob« hinweist, was kurz erläutert sei. Während Kant in seiner *Kritik der reinen*

Vernunft (1983 [1781]) mit der bestimmenden Urteilskraft die naturgesetzliche Konstitution von Wirklichkeit durch die Naturwissenschaften erkenntnistheoretisch begründet hat, setzt er sich in seiner *Kritik der Urteilskraft* (1983 [1790]) einerseits mit der teleologischen Urteilskraft auseinander, die einen eigenproduktiven zweckorientierten Gesamtzusammenhang der Natur entwirft, und andererseits mit der ästhetischen Urteilskraft, die sich auf Werke der Kunst und auf Geschmacksurteile bezieht. Gegenüber den bestimmenden Urteilen der Naturwissenschaften, die sichere Erkenntnisse im Sinne von Naturgesetzlichkeiten begründen, kommt den teleologischen und ästhetischen Urteilen nur ein reflektierender Charakter zu, demzufolge sie lediglich so erscheinen, *als ob* sie gesetzlichen Charakter hätten. Es ließe sich nun viel darüber erörtern, ob Derridas Rückgriff auf Kant hier wirklich überzeugend ist, doch sei dies dahingestellt. Wichtiger ist vielmehr, welche Funktion Derrida diesem Rückgriff in seinem Ansatz der unbedingten Universität beimisst. Das ist einmal der konstruktive, in Derridas Engführung mit Austin: performative Charakter von ästhetischen und Zweckurteilen, das ist zweitens die spezifisch human- bzw. kulturwissenschaftliche Ausrichtung von ästhetischen und Zweckurteilen und schließlich drittens die Unbedingtheit selbst, die Kant der Urteilskraft zuschreibt.

Erst vor diesem Hintergrund wird dann auch deutlich, warum sich Derrida in Bezug auf die performative Souveränität der Universität insbesondere auf die *Humanities* stützt, auch wenn er an einer Stelle darauf hinweist, dass auch naturwissenschaftliche Fächer seine Fragestellungen interessant finden könnten (vgl. ebd.: 65). Aber im Fokus von Derridas Ansatz steht durchgängig, »den Begriff der Humanities zu erweitern und neu zu fassen« (ebd.: 20). Etwas zugespitzt ließe sich jene Souveränität der neuen *Humanities* auch mit Dirk Baecker so formulieren: »Die Universität muss die Sachverhalte allererst schaffen, von deren Existenz sie dann handelt, als sei diese unabhängig von ihr gegeben« (2010: 311). Die Gegenstände, mit denen sich die *Humanities* auseinandersetzen, sind nicht, wie vielfach in den *Sciences*, ein Gegebenes, das eben besser oder schlechter, wahr oder falsch zu beschreiben ist, sondern es sind Dinge, die vom Menschen ins Werk gesetzt wurden, performative Werke des Denkens, Schreibens und Redens. Deshalb gründen die *Humanities* auch in sich selbst, sind damit in sich selbst ohne Bedingung, worin dann auch ihre Souveränität besteht. Und für diese Souveränität fordert Derrida nun eine »Art absoluter Immunität«

(2001: 45),[7] einen Schutzraum, in dem diese Souveränität erhalten, gepflegt und praktiziert werden kann. Denn nur in einem solch geschützten Raum können die *Humanities* ihre Aufgabe vollziehen, die Derrida dann wie folgt bestimmt: »Die Humanities von morgen werden, in sämtlichen Fachbereichen, ihre Geschichte studieren müssen, die Geschichte der Begriffe, die die jeweiligen Disziplinen konstruiert, und das heißt: diese Disziplinen gegründet haben und mit ihnen umfangsgleich gewesen sind« (ebd.: 66).

Nun sucht man bei Derrida allerdings vergeblich nach konkreten Forderungen zur Umsetzung, Stärkung, Ausgestaltung solcher Räume, in denen die unbedingte Universität ihren Ort hätte. Auch eine ausführliche Auseinandersetzung mit den im ersten Teil angesprochenen Tendenzen, die ja zum Teil auch schon vor Bologna begonnen haben, finden sich bei ihm nicht, von einer kurzen Abgrenzung gegenüber Forschungseinrichtungen, »die ökonomischen Zwecken und Interessen aller Art dienen« (ebd.: 16f.), einmal abgesehen. Für Derrida ist dies auch deshalb nicht so zentral, weil für ihn der Ort der unbedingten Universität nicht notwendigerweise mit der Bildungsinstitution, die derzeit diesen Namen trägt, verknüpft sein muss, sondern überall dort, wo sich die unbedingte Universität in ihren souveränen Akten vollzieht, wo ihr der Schutz für diese Arbeit gewährt wird, ist sie vor Ort:

»Die unbedingte Universität hat ihren Ort nicht zwangsläufig, nicht ausschließlich innerhalb der Mauern dessen, was man heute Universität nennt. Sie wird nicht notwendig, nicht ausschließlich, nicht exemplarisch durch die Gestalt des Professors vertreten. Sie findet statt, sie sucht ihre Stätte, wo immer diese Unbedingtheit sich ankündigen mag.« (Ebd.: 77)

Soweit diese Skizze des Ansatzes von Derrida. Es sei hier noch kurz der meines Erachtens stärkste und schwächste Punkt zu einer Einschätzung herausgegriffen. Als stärkster Punkt an Derridas Argumentation kann wohl der Hinweis darauf angesehen werden, dass gerade die *Humanities* insbesondere in der gegenwärtigen Situation der Hochschulbildung eines besonderen Schutzes vor dem Einfluss ihnen fremder Kalküle bedürfen. Ohne hier einen erneuten Kampf der wissenschaftlichen Kulturen zu beschwören, lässt sich doch ein Tatbestand nicht einfach ignorieren, dass die gegenwärtigen Reformen den naturwissenschaftlich-technischen Fächern,

7 »Wir müssen diese Freiheit oder Immunität der Universität und, par excellence, ihrer Humanities fordern, indem wir mit aller Kraft für sie einstehen und uns zu ihr verpflichten« (ebd.).

den *Sciences*, weit mehr entgegenkommen als den *Humanities*, dass also die formale Gestalt des Antragswesens, der empirisch-metrische Zuschnitt der Methodologien, die Nutzen- und Anwendungsorientierung von Forschung und der stärker formalisierte Aufbau des Studiums mit den *Sciences* eher kompatibel ist als mit den *Humanities*. Dies ist wohl auch der Hintergrund dafür, dass in Ländern wie Japan, Großbritannien und den USA die *Humanities* immer mehr in Bedrängnis kommen und fortschreitend ihren Ort im Rahmen naturwissenschaftlich-technischer Fakultäten finden (vgl. etwa Lill 2016). Gerade vor dem Hintergrund dieser Tendenzen ist der Hinweis auf die Eigenbestimmtheit und Schutzbedürftigkeit der *Humanities*, wie ihn Derrida vornimmt, ganz zentral, ja ein Politikum, insofern es die *Humanities* sind, in denen sich die Gesellschaft und ihr geschichtliches Gewordensein selbst reflektiert, so dass mit den *Humanities* auch dieses Reflexionsorgan bedroht ist.[8]

Dieses Politikum zeigt zugleich auch die Schwäche des Ansatzes von Derrida, wenn er der unbedingten Universität auch jenseits der Mauer der so betitelten Institution eine Chance beimisst. Vielmehr gälte es dagegen, die Gesellschaft auf den Erhalt ihres Reflexionsorgans zu verpflichten, sich für seinen unabdingbaren Wert für die Kultur einer Gesellschaft, der die Pflege und Versorgung impliziert, einzusetzen. Die *Humanities* haben nicht nur, wie Derrida es zu Recht feststellt, ein Recht auf Widerstand und absolute Infragestellung, sondern sie haben ebenso eine Pflicht hierzu, weil niemand sonst in der Gesellschaft diese Infragestellung, diesen Widerstand zu leisten fähig ist. Eine solche Pflicht beinhaltet aber eben auch, sich von dem genannten Wurzelwerk aus an die Oberfläche zu begeben und für den Erhalt des Rechts und seines Ortes einzutreten. Auch wenn manche[9] in Fortführung von Derridas Anliegen einen engeren Bezug zum gegenwärtigen Universitätsmodell herstellen, mangelt es doch zugleich an konkreten und zeitgemäßen Vorschlägen zur Reform des Hochschulwesens, die eine Integration der unbedingten Universität in die gegenwärtige ermöglichen könnten. Deshalb sei im Anschluss ein solcher Vorschlag vorgestellt.

---

8 Auf die Bedeutung der neuen *Humanities* für eine Reflexion der Geschichte der Menschenrechte und der Demokratie weist Derrida in seiner Konzeption auch explizit hin (vgl. Derrida 2001: 67ff.).

9 Exemplarisch sei hier Plinio Prado mit seinem Aufsatz *Das Prinzip Universität* (2010) genannt.

Die polymorphe Universität

Ein Passus aus den Begrüßungsworten des Vertreters des BMBF Herbert Diehl auf einem 2004 vom BMBF veranstalteten Workshop zum Thema »Investitionsgut Bildung« (vgl. BMBF 2004) gibt recht deutlich kund, welche Ziele mit den gegenwärtigen Reformen des Bildungswesens und damit auch der Universitäten verfolgt werden: »Wir alle wissen: Die Forderung von Lissabon, Europa zum wettbewerbsfähigsten wissensbasierten Wirtschaftsraum der Welt zu machen, kann nur erfüllt werden, wenn die notwendigen menschlichen Ressourcen für die Entwicklung unserer Wirtschaft und Gesellschaft heute und in Zukunft zur Verfügung stehen« (ebd.: 3). Die Folgen einer solchen eindimensional auf ökonomische Bedarfe ausgerichteten Bildungsreform wurden im ersten Teil bereits gezeigt. Wie wenig eine unbedingte Universität in den Rahmen einer solchen Zielbestimmung passt, ist im zweiten Teil am Beispiel Derridas deutlich geworden. Es fragt sich hier natürlich sofort, ob eine Verbindung dieser Zielbestimmungen nicht notwendig einer Quadratur des Kreises gleichkommt. Dieser Einschätzung muss uneingeschränkt zugestimmt werden, wenn die Bildungsreformerinnen weiterhin an der Maxime festhalten, dass *ein* Modell und entsprechend *eine* Zielbestimmung für alle Fachkulturen gleichermaßen Geltung beanspruchen soll. In aller Klarheit: Sollen sich auch die *Humanities* an der obersten Maxime einer Bildung ökonomisch nutzbaren Humankapitals orientieren, so ist deren Untergang bereits beschlossene Sache. Und in der Tat ist dies den Planerinnen wohl bewusst, insofern man die *Humanities* zumindest hierzulande vorerst via Almosen als ein hübsches *Schmückedeinheim* erhält, auch wenn sie vor der genannten Maxime gegenüber den naturwissenschaftlich-technischen Fächern notwendig versagen. Der Status, der den *Humanities* dadurch zugebilligt wird, ist lediglich der einer Duldung, der eines Luxusguts, das man sich in prosperierenden Zeiten leistet, um es in anderen wieder abzustoßen. Keineswegs liegt hierin aber das Eingeständnis des unhintergehbaren Wertes der *Humanities*, ihrer unersetzbaren Bedeutung für eine gesellschaftliche, politische, wissenschaftliche und künstlerische Kultur, denn ein solches Eingeständnis hätte notwendig zur Folge, dass man für die *Humanities* auch Strukturen schafft, unter denen sie florieren können, die ihnen entsprechen und ihre Weiterentwicklung fördern. Dass dies in den gegenwärtigen Universitätsstrukturen nun keineswegs der Fall ist und auch gar nicht im Blickfeld der Zielbestimmung der Bologna-Reformen lag, braucht nicht noch einmal wiederholt zu werden.

Doch wie wäre dann diese grundsätzliche Inkompatibilität zu lösen? Die Lösung könnte ganz einfach in der Vielgestaltigkeit universitärer Strukturen liegen. Die Krankheit der Bologna-Reform läge demzufolge nicht grundsätzlich in der Ausbildung der im ersten Teil geschilderten Strukturen, sondern vielmehr in dem Zwangscharakter, mit der sie allen Fachkulturen gleichermaßen aufgebürdet wurden, ohne dabei zu bedenken, dass sie zu den einzelnen Fachkulturen je unterschiedlich gut passen. Eine Gesundung dieser Reform ist entsprechend nur zu erwarten, wenn dieses Betonkorsett gesprengt wird und durch einen auf die Bedürfnisse der einzelnen Fachkulturen ausgerichteten Filigranbau ersetzt würde. In einem solchen Bau hätten dann auch die *Humanities* ihre spezifisch ausgestalteten Stockwerke, ohne dass andere Stockwerke ihre Anwendungsorientierung oder ihre formalisiertere Lehre verlieren würden.

Ein kleines Beispiel mag zur Erläuterung des Nutzens einer solchen Vielgestaltigkeit dienen. Man stelle sich etwa eine Werbefirma vor, in der das Kreativteam unter den gleichen zeitlichen und räumlichen Bedingungen zu arbeiten hätte, wie die Verwaltungsabteilung, die Auftragsakquise oder die Hausmeisterei. Es ist sofort offensichtlich, wie wenig effektiv eine solche Firma arbeiten würde. Lautete die für alle gleichermaßen geltende Maxime: Einzelarbeitsplatz mit einer Kernarbeitszeit von 8–17 Uhr, dann müsste das Geschäftsessen zur Auftragsakquise um 17 Uhr abrupt beendet werden und das Kreativteam sich via Skype zu einem Brainstorming treffen. Es braucht nicht erläutert zu werden, wie absurd eine solche Vorstellung ist, jedoch taugt sie zu einem Vergleich zu der gegenwärtigen Reformbedingung, insofern die Bologna-Reform konsequent die Maxime verfolgt: Ganz gleich, ob es zu einer Fachkultur passt oder nicht – es gelten für alle die gleichen Bedingungen.[10] Dass dies keineswegs weniger absurd ist, als eine solche Gleichschaltung im Rahmen einer Werbefirma, liegt auf der Hand, gerät jedoch leider immer mehr aus dem Blick, weil die Gewohnheit den Blick für alternative Möglichkeiten fortschreitend versperrt.

Doch nicht nur die Gewohnheit scheint ihren Anteil an der fortschreitenden Akzeptanz zu haben, sondern im Hintergrund lässt sich zudem ein

10 Dass dies angesichts der bestehenden Praxis der Handhabung von Zugangsvoraussetzungen zu Studiengängen sowie der oben bereits angesprochenen fortschreitenden Differenzierung des Hochschulraumes via Exzellenzinitiative eine ideologische Behauptung ist, die einer umfassenden Realität entbehrt, sei nur nebenbei bemerkt.

persistenter Mythos ausfindig machen, der diese Akzeptanz befördert. Es ist der Mythos von der Gerechtigkeit durch Gleichheit (der Bedingungen). Dieser vulgär-liberalistische Mythos, dass unter gleichen äußerlichen Bedingungen jedem die gleichen Möglichkeiten offenstehen, hat seit jeher dem amerikanischen Traum zugrunde gelegen, dessen oberflächlich manifester Trauminhalt einer Gerechtigkeit der gleichen Chancen für alle noch immer von dem latenten Trauminhalt einer Befestigung und Verstärkung sozialer Ungerechtigkeit widerlegt wurde. Dass nun dieser Traum auch im europäischen Hochschulwesen vermehrt geträumt wird, ist so wenig verwunderlich wie die Tatsache, dass sein latenter Inhalt sich entsprechend an der besagten unterschiedlichen Entwicklung der Fachkulturen erneut manifestiert. Es gilt also, vom Glanz der Oberfläche dieses Traums abzusehen und vielmehr die latenten Konflikte sich bewusst zu machen, um die Problematiken der gegenwärtigen Universität zu beheben. Es gilt, um es kurz zu machen, sich vom Mythos der gleichen Bedingungen zu lösen und eine neue Vielgestaltigkeit der Bedingungen zu etablieren. Doch wie könnte eine solche Vielgestaltigkeit aussehen? Es sei dies an den zwei Hauptbereichen demonstriert, die bereits im ersten Teil die Systematisierungsebenen abgaben: Forschung und Lehre.

Um mit der Forschung zu beginnen, sei es dahingestellt, ob es im Grundsatz eine sinnvolle Einrichtung ist, wenn ein Staat seine Forschungsförderung solchermaßen organisiert, dass die Universitäten ihre forschenden Professorinnen und Mitarbeiterinnen dazu verdingt, einen nicht unerheblichen Teil ihrer Arbeitszeit für die Einwerbung von Geldern zu verwenden. Die Frage jedoch, ob es sich dabei eher um eine Verschwendung von Zeit handelt – zumal im allzu häufigen Fall eines abgelehnten Forschungsantrages –, hängt sehr davon ab, ob die Erstellung eines solchen Forschungsantrages als ein sinnvoller und produktiver Bestandteil eines Forschungsprozesses angesehen werden kann, was sicherlich nicht generell, sondern wiederum fachkulturenspezifisch beantwortet werden muss. Hierbei zeigte sich ja bereits im ersten Abschnitt über die »eingemessene Universität«, dass Form und Verfahren eines solchen Antragswesens den *Sciences* weit mehr eignet als den *Humanities* und in der Tat kann es beispielsweise für ein naturwissenschaftliches Großexperiment mit einer Vielzahl beteiligter Wissenschaftlerinnen sinnvoll sein, eine wohldefinierte Parzellierung in Einzelaufgaben vorzunehmen, wobei ein solcher Antrag gleichsam eine forschungsorganisatorische Funktion einnehmen kann. Da in den *Humanities* aus guten Gründen ein solches Forschen in Großgruppen sehr selten ist, sondern Forschung sich in aller Regel in Einzelforschungen vollzieht, die zudem in den meisten Fällen mit offenen Fragestellungen operieren (sollten), stellt das Antragswesen für diese eher eine Form der Operationalisierung des Forschungsprozesses dar, die geisteswissenschaftlichen Fragestellungen fremd und unangemessen ist.

Eine polymorphe Forschungslandschaft hätte sich dagegen an den Bedürfnissen der jeweiligen Fachkulturen zu orientieren und müsste entsprechend von allen fachübergreifend generalisierenden Kriterien und Verfahren Abstand nehmen. Das bedeutet nicht, dass innerhalb der einzelnen Fachkulturen generelle Kriterien zu unterbinden wären, sondern lediglich, dass fachübergreifende Kriterien keine Geltung mehr beanspruchen könnten. Jede einzelne Fachkultur hätte somit ihren eigenen Kriterienkatalog für gute wissenschaftliche Praxis zu erarbeiten und die Güte einer Forschung daran zu beurteilen. Dabei sollte es jeder Fachkultur offenstehen, ob sie für ihren Bereich generelle oder übergreifende Kriterien für eine Beurteilung von Forschungsleistungen bestimmt, oder ob sie von solchen generellen Kriterien Abstand nimmt und Forschung in einem offenen Geschehen sich vollziehen lassen will, wobei natürlich gewisse Grundlagen einer guten wissenschaftlichen Praxis gewahrt bleiben müssten.

Gleiches gälte dann auch für die Verfahren der Verteilung von Forschungsgeldern, also ob diese über ein Antragsverfahren oder durch eine paritätische Verteilung organisiert würde. Ebenso läge die Entscheidung darüber, ob es sinnvoll ist, einige Bereiche der Forschungslandschaft als exzellente besonders herauszuheben, oder ob dies vielmehr als hinderlich angesehen wird. Grundsätzlich aber sollten solche Entscheidungen fachkulturintern getroffen werden, was bedeutete, dass staatliche Institutionen oder auch ökonomische Faktoren keinerlei Einfluss auf diese Entscheidung haben dürften. Vielmehr sollten die Entscheidungen aus fachinternen inhaltlichen Gesichtspunkten abgeleitet werden, wobei ebenso zu klären wäre, ob innerhalb von Fachkulturen noch diesbezügliche Binnendifferenzierungen sinnvoll wären.

Um mit der Lehre bzw. Aufbau und Struktur von Studiengängen fortzufahren, so zeigt sich das Beton-Korsett der Bologna-Reform in diesem Bereich wohl am deutlichsten, wie auch besonders hier sich deren groteskeste Früchte auswachsen. Die Verbindung aus äußerlicher Festlegung einer zweigliedrigen Studienstruktur bei festbestimmter Regelstudiendauer, die sich in Arbeitsstunden auszudrücken hat, auf der einen Seite und der fast gänzlichen Willkür in Bezug auf die innere Ausgestaltung der Verwendung dieser Arbeitsstunden auf der anderen Seite, hat zu einem Hybridhochschulwesen geführt, das nach außen Vergleichbarkeit simuliert, während es nach innen Wildwuchs produziert. Dies mag in den klassisch stärker formalisierten MINT-Studienfächern weniger problematisch sein als in den klassisch eher offen strukturierten geisteswissenschaftlichen, in denen mittlerweile strenge Formalbauten neben quirligen Freibiotopen stehen und nach außen hin als gleichförmige Strukturen behandelt werden. Der durchaus wünschenswerte Trend in Richtung innerer Vielgestaltigkeit wird entsprechend durch die abstrakte Allgemeinheit rein äußerlicher formaler Bedingungen wieder zunichte gemacht, insofern das Gewinnbringende von offenen Studienprogrammen sich in diesem formalen Korsett kaum bis gar nicht entfalten kann.

Deshalb sollte gemäß eines Konzepts polymorpher Lehre dieses äußerliche Korsett entfernt und den Instituten die volle Souveränität über die *Konzeption und Ausrichtung der Lehre* ebenso gewährt werden wie darüber, ob das Studium *modular oder offen* gestaltet, *curricular oder nicht-curricular* aufgebaut ist, wie auch welche *Abschlüsse* mit dem Studium verbunden sind. Auch in puncto *Regelstudienzeit* sollten die Institute in einem bestimmten Rahmen selbst entscheiden dürfen, ob es für ihre Absolventinnen günstiger ist, einen frühen Abschluss zu bekommen oder ob sie aufgrund inhaltlicher Erfordernisse eine längere Studienzeit für wünschenswert halten. Eine Mindestanforderung könnte hier vielleicht sein, dass ein Abschluss unterhalb der Promotion möglich sei, so dass auch die Institute, die die Möglichkeit anbieten, ein zeitlich ausgedehnteres Studium gleich mit Promotion abzuschließen, auch die Gelegenheit geben, das Studium früher mit einem Abschluss zu beenden. Darüber hinaus sollten die *Lehrformen* (Vorlesung, Seminar, Projekte, Lesekreise etc.) sowie die Art der Verzahnung von *Forschung und Lehre* von den Instituten für ihre jeweiligen Studiengänge bestimmt werden, was gleichermaßen für die Anzahl und Form der Prüfungsleistungen gelten sollte, wobei eine Abschlussprüfung pro Studiengang vermutlich als Mindestanforderung gelten müsste.

Zunächst erscheint eine solche Öffnung als gänzlich utopisch und manchem wird sie zudem auch höchst ungerecht vorkommen, weshalb hier einige kritische Fragen, die an dieses Konzept gestellt werden könnten, kurz diskutiert seien. Eine erste Frage, die sich sicherlich recht schnell aufdrängt, ist die nach der Ungleichbehandlung von Studierenden in einem System, in dem unterschiedliche Abschlüsse, unterschiedliche Studienstrukturen und sogar unterschiedliche Studienzeiten ermöglicht würden.

Wäre eine solche Ungleichbehandlung nicht aus Gerechtigkeitsgründen abzulehnen? Und wie sähe es unter solchen Bedingungen mit der Studienfinanzierung aus? Um mit der Frage nach der Gerechtigkeit zu beginnen, so wurde sie eigentlich oben schon allgemein beantwortet, insofern auch im Fall dieser Frage Gerechtigkeit und die Gleichheit der Bedingungen miteinander verwechselt bzw. ganz unreflektiert miteinander vermischt werden. Wäre es dagegen nicht viel gerechter, wenn Studierende Studienprogramme gemäß ihrer Eignung belegen könnten, so dass diejenigen, die formalistische Studienprogramme vorziehen, diese ebenso belegen könnten, wie diejenigen, denen offene Studienprogramme mehr liegen? Und ist die längere Zeit, die Letztere möglicherweise benötigen, wenn sie sinnvoll gestaltet werden, nicht unerheblich gegenüber ersterer Gerechtigkeit in Bezug auf deren unterschiedliche Voraussetzungen? Zumal es ja durchaus denkbar wäre, dass man offenere Studienprogramme grundsätzlich mit einem Abschluss auf Master- oder gar Promotionsniveau beenden könnte. Der Mythos von der Gerechtigkeit der gleichen Bedingungen unterschlägt eben nur allzu gern, dass die Voraussetzungen derjenigen, für die jene Bedingungen gelten, sehr different sind – manchen eignen diese Bedingungen eben besser als anderen und hierin liegt die eklatante Ungerechtigkeit, die hinter jenem Mythos liegt.[11]

Was die Frage nach der Studienfinanzierung betrifft, so wäre durchaus ein Modell denkbar, das man »akademisches Grundeinkommen« nennen könnte, mit dem grundsätzlich die gesamte Studienzeit finanziert würde, so lange sie auch dauert. In Zeiten, in denen ein generelles bedingungsloses Grundeinkommen bereits in Ländern wie Finnland zumindest im Ansatz erprobt wurde, ist ein solches »akademisches Grundeinkommen« kein abwegiger Gedanke mehr. Jedoch ließe sich dieses Modell auch noch weiterdenken, womit sich die Hochschullandschaft dann allerdings grundlegender verändern würde. Mal angenommen, auch alle anderen wissenschaftlichen Stellen an den Universitäten, die nach einem Abschluss belegt werden können, würden mit einem solchen Grundeinkommen ausgestattet, das durch entsprechende Lehr- und Forschungstätigkeit finanziell aufgestockt und vielleicht auch nach Qualifikationsstufen gestaffelt würde, und alle, die eine entsprechende Qualifikation hätten und an der Universi-

11 Die mittlerweile um sich greifenden, aber letztlich hilflosen Versuche, solchen unterschiedlichen Eignungen durch Zusatz- und Unterstützungsprogramme zur Kompensation der heterogenen Studienvoraussetzungen zu begegnen, verweist auf die Ungerechtigkeit des Bestehenden ebenso, wie es die Grundlagen derselben unangetastet lässt.

tät arbeiten wollten, würden ein solches Grundeinkommen beziehen, so wäre unter anderem das volkswirtschaftlich höchst problematische Faktum ad acta gelegt, dass eine große Anzahl langjährig und mit viel Finanzaufwand ausgebildeter Fachkräfte nach langen Jahren prekärer Situation an den Hochschulen schließlich in viel niederqualifizierteren Jobs unterkommen, oder gar umgeschult werden müssen. Um es kurz zu machen: Angenommen, alle qualifizierten Absolventinnen, die ihre Zukunft mit Forschung und Lehre verbringen möchten (und das sind der Zahl nach wahrlich keine Millionen, auch wenn sie durch eine Veränderung der Bedingungen möglicherweise erhöht würde), hätten auf der Basis eines solchen »akademischen Grundeinkommens« die Möglichkeit dazu – würde das nicht die Vielfalt der Universitätslandschaft erheblich bereichern, den Reichtum an Ideen entscheidend befördern und letztlich die Aufgaben von allen an Universitäten wissenschaftlich Beschäftigten erheblich entlasten?

Der Grundsatz, dass nur die besten Köpfe sich in der akademischen Karriere durchsetzen, der unsere gegenwärtige Universitätslandschaft beherrscht, hat sich ja bereits seit Max Weber als Ideologie entlarvt (vgl. 1988 [1919]: insb. 585ff.), insofern das Kriterium der sogenannten Bestenauswahl grundproblematisch ist, was Weber zeigt, wie auch die Frage, was als mittelmäßig, was als exzellent und was als revolutionär gelten kann, allererst in der Zukunft beantwortbar ist. Jedenfalls ist die Wahrscheinlichkeit, dass in einer großen Gruppe von Wissenschaftlerinnen, die zudem noch frei und nicht prekär zusammenarbeiten, gute Ideen entstehen, weit größer, als in einer Situation, in der die Karrierepyramide nur wenigen den festen Zugang zu Lehre, Wissenschaft und Forschung zubilligt, die zudem durch die prekären Lebenssituationen davor nicht selten Schädigungen davongetragen haben. Die Vielfalt, die durch eine wirkliche Freiheit der Forschung und Lehre entstünde, insofern diese durch ein »akademisches Grundeinkommen« gesichert wäre, lässt sich gar nicht absehen – jedenfalls wäre dies ein Schutzraum, in dem sich Ideen wirklich frei entfalten könnten.

Doch zurück zur polymorphen Lehre und Studienorganisation. Ein weiterer Fragekomplex, der sich an dieses Konzept richten könnte, betrifft die Zielrichtung, die die Bologna-Reform ursprünglich im Sinn hatte – die Vereinheitlichung des europäischen Hochschulraumes. Wäre nicht durch ein solches Konzept dieses Ziel wieder gänzlich ad acta gelegt und die Vorteile einer solchen Vereinheitlichung wieder preisgegeben? Partiell wäre das sicherlich der Fall, insofern es nicht mehr geboten wäre, flächendeckend eine zweistufige Studienstruktur (B.A. und M.A.) anzubieten, obgleich die Möglichkeit für ein solches Angebot in allen Fachkulturen, in denen dies als sinnvoll erachtet würde, weiterhin bestehen bliebe. Was hinwegfallen würde, wäre eine flächendeckende Vergleichbarkeit und damit die Möglichkeit eines übergreifenden Bildungs-Controllings und -Rankings. Da jedoch in solchen Rankings sowie anderen Controlling-Maßnahmen sowieso weniger Äpfel mit Äpfeln als vielmehr lediglich Obst mit Obst verglichen wird, wäre ihr Hinwegfallen auch kein größerer Schaden, zumal sie ja in eingeschränktem Maße bezogen auf diejenigen Fachkulturen, die das zweistufige System fortschreiben wollten, weiterhin durchgeführt werden könnten.

Was die europaweite Mobilität von Studierenden betrifft, die ja ebenfalls im Fokus der Bologna-Reformen stand, so zeigt der Blick weg vom Planerinnen-Reißbrett und hin zur Realität, dass diese sich kaum vermehrt hat, wie auch die Anrechenbarkeit von Studienleistungen im konkreten Fall sich kaum bis gar nicht vereinfacht hat, da die konkreten Studienangebote eine solche Diversität aufweisen, dass Anrechnungen zumeist auf der Basis von Einzelleistungen vollzogen werden und eben nicht auf der Ebene von Modulen, wie es ursprünglich einmal gedacht war. Und auch das ECTS-System hilft hier nur unwesentlich weiter, da es sich als sehr divers erweist, welche Arbeitszeit an unterschiedlichen Studienstandorten für eine Bildungsleistung investiert werden muss. Auf der abstrakten Oberfläche, oder, um mit Marx zu sprechen, auf der Ebene von Tauschwerten mag hier eine Vergleichbarkeit bestehen, die jedoch mit den konkreten Leistungen von Studierenden nur bedingt etwas zu tun hat. Insofern würde man mit einer vielgestaltigeren Hochschullandschaft eine validere Sicht auf die Bildungsrealität erhalten, anstatt sie beständig an einer realitätsfernen, aber reliablen Oberfläche zu bewerten.

Aber noch eine weitere Frage steht in Bezug auf ein Konzept polymorpher Studienorganisation im Raum: Würden sich in einem solchen System nicht alle Studierenden gegen die strenger und formalistischer organisierten Studienprogramme entscheiden und in die offeneren und langfristigeren Studiengänge abwandern, so dass ein völliges Ungleichgewicht in der Hochschullandschaft entstünde? Die Erfahrung in dieser Hinsicht zeigt, dass ein überdurchschnittlicher Prozentsatz der Studierenden eine möglichst effiziente berufsorientierte Hochschulausbildung bevorzugt (vgl. Heublein 2017: 31ff.), es also weder darauf anlegt, eine weiterführende Universitätsbildung zu erlangen, geschweige denn eine Hochschulkarriere anzustreben. Insofern entbehrt diese Befürchtung zunächst einer empirischen Grundlage.[12] Allerdings würden nicht an jeder Universität entsprechende Studienprogramme vorliegen, weshalb gegebenenfalls eine erhöhte Mobilität der Studierenden notwendig wäre.

Eine weitere Frage sei hier noch kurz untersucht: Würden bei einem solchen vielfältigen Studienangebot nicht notwendigerweise die Gesetze des freien Marktes greifen, denen gemäß dann fortschreitend einige Studienprogramme ausselektiert und sich letztlich *in the long run* doch wieder ein einheitliches Konzept herausstellen würde? Diese Dynamik träfe sicherlich zu, wenn die vielfältigen Studienprogramme einem gänzlich ungeschützten Markt ausgesetzt wären, der sich wiederum lediglich an äußerlichen Effizienzkriterien orientierte. Um eine solche Dynamik zu verhindern, müssten entsprechende Maßnahmen getroffen werden, die kleinere und exotischere Studienprogramme schützen, um die Artenvielfalt zu erhalten, denn die ungeregelte Anarchie des freien Marktes führt ja bekanntlich mehr zur Einfalt denn zur Vielfalt.

Eine letzte kritische Frage ließe sich vom Standpunkt der Kritischen Theorie aus stellen, wenn man sich einmal daran erinnert, dass Herbert Marcuse bereits in den dreißiger Jahren des 20. Jahrhunderts mit seiner Analyse der affirmativen Kultur auf eine vergleichbare Reservat-Existenz der Kultur im Konkurrenz-Kapitalismus hinwies. Hieran anknüpfend ließe sich an das hier verfolgte Konzept die Frage stellen, ob eine solchermaßen eingehegte Universität nicht den gleichen Problematiken unterliegt wie die Reservat-Existenz der Kultur bei Herbert Marcuse. Dieser sah in der antiken Trennung von Arbeit und Muse die Grundlage für die Abtrennung der Kultur aus dem Kampf der bürgerlichen Gesellschaft, wenn er schreibt: »Die Trennung des Zweckmäßigen und Notwendigen vom Schönen und vom Genuß ist der Anfang einer Entwicklung, welche das Feld freigibt für den Materialismus der bürgerlichen Praxis einerseits und für die Stilllegung des Glücks und des Geistes in einem Reservatbereich der ›Kultur‹ andererseits« (Marcuse 1968: 57). Dieser Reservatbereich hat jedoch für Marcuse in der bürgerlich-kapitalistischen Gesellschaft eine kompensierende Funktion, insofern Schönheit, Genuss und Glück im Inneren der Individuen

12 Da das Streben nach einer effizienten berufsorientierten Hochschulausbildung sich insbesondere bei Studierenden mit nicht-akademischer Bildungsherkunft findet (vgl. ebd.: 59ff.), könnte sich bei einer fortschreitenden Homogenisierung der Bildungsherkunft in Richtung auf eine Akademisierung diese empirische Basis verändern. Jedoch ist dies in unserer Gegenwart noch nicht zu entscheiden.

situiert sind und gegen die äußere Sphäre der Konkurrenz und des Kampfes festhalten. Damit entfernt sich jedoch Kultur fortschreitend vom gesellschaftlichen Zusammenhang und wird zu einem bloßen Kompensationsinstrument, mit dem man der Unbill des Alltags gleichsam innerlich entfliehen kann.

Überträgt man dies nun auf das Konzept einer polymorphen Universität, so ließe sich in der Tat feststellen, dass ebenfalls Universitäten über einen langen Zeitraum ein solches Kultur-Reservat darstellten und nur bedingt in die allgemeine ökonomische Verwertung einbezogen waren. Dies hat sich bereits in den sechziger Jahren des 20. Jahrhunderts, aber spätestens mit der Bologna-Reform grundlegend geändert, indem das Reservat aufgehoben und das ökonomische Kalkül zum beherrschenden Prinzip universitärer Bildung wurde. Nun könnte man sich entsprechend fragen, welchen Sinn es habe, die Auflösung dieses künstlichen Reservat-Bereiches, die ja auch Marcuse am Kulturbegriff herausarbeitet (vgl. ebd.: 92ff.), wieder rückgängig zu machen und erneut Bereiche der Universität gegenüber den äußeren ökonomischen Eingriffen einzuhegen. Verfolgt man den Vergleich mit dem Kulturbegriff etwas weiter, so ließe sich auch so argumentieren, dass der von Marcuse eingegrenzte Bereich einer »affirmativen Kultur« mittlerweile in eine umfassende Kulturindustrie übergegangen ist, in der lediglich kleine Bereiche wie Staatsorchester, Theaterensembles oder Museen einen Reservat-Charakter – wenn auch nur teilweise – beibehalten konnten. Weshalb also dem analogen Prozess der gegenwärtigen Ausdifferenzierung einer Bildungsindustrie, wie er im ersten Abschnitt geschildert wurde, einen Riegel vorschieben? Würden damit nicht wiederum unzeitgemäße und künstliche Reservat-Bereiche geschaffen, die sich von der gesellschaftlichen Wirklichkeit immer weiter entfernen?

Will man auf diese Fragen antworten, kommt man nicht umhin, einen zentralen Unterschied zwischen der Entwicklung der Kulturindustrie und der gegenwärtigen Etablierung einer Bildungsindustrie zu markieren: Basiert Kulturindustrie seit ihrer Entstehung auf dem berühmten »Zirkel von Manipulation und rückwirkendem Bedürfnis« (Adorno/Horkheimer 1988 [1944]: 129) und ist damit ein eigendynamischer Prozess, so wurde demgegenüber der eigendynamische Prozess der Bildungsindustrialisierung, der sich in den sechziger Jahren des 20. Jahrhunderts andeutete (vgl. beispielsweise Edding 1963), seit der Bologna-Reform staatlich verordnet, ohne an die notwendigen Nischen und Einhegungen zu denken, die ja selbst im fortgeschrittenen Prozess der Kulturindustrie noch anzutreffen sind. Forderte man für diese Reservat-Bereiche der Kultur die gleiche ökonomische Effizienz, wie sie aktuell von geisteswissenschaftlicher Lehre und Forschung gefordert wird, so wären jene Reservate längst ausgestorben und dem allgemeinen Nutzen-Kalkül zum Opfer gefallen. In der Verlängerung dieser Argumentation stellt sich dann die Frage, warum in der ganzen Welt kulturelle Erzeugnisse der Vergangenheit als Weltkulturerbe gehegt und gepflegt werden, wenn zur gleichen Zeit die Geisteswissenschaften als das wohl größte und noch aktive Weltkulturerbe fortschreitend der Verwitterung und Verwilderung preisgegeben werden.

Auch wenn es nicht darum gehen kann, beides gegeneinander auszuspielen, so gilt es doch, zumindest für die Geisteswissenschaften als Reflexionsorgan gegenwärtiger Gesellschaften einen vergleichbaren Schutz zu etablieren, was in einem ersten Schritt die Etablierung einer neuen Vielgestaltigkeit der Universitäten bedeuten könnte, wie sie im vorliegenden Konzept einer »polymorphen Universität« zumindest angedeutet wurde. Dass mit einem solchen Konzept die Widersprüche, die unsere gegenwärtige Gesellschaft kennzeichnen, keineswegs gelöst sind und von einer umfänglich befreiten Kultur ebenso wenig die Rede sein kann wie von einer befreiten Bildung, steht auf einem anderen Blatt, das hier noch nicht zur Verfügung steht, da es erst in der Zukunft beschrieben werden kann.

Literatur

Adorno, Theodor W./Horkheimer, Max (1988 [1944]), *Dialektik der Aufklärung*, Frankfurt am Main.

Anrich, Ernst (Hg.) (1956), *Die Idee der deutschen Universität. Die fünf Grundschriften aus der Zeit ihrer Neubegründung durch klassischen Idealismus und romantischen Realismus*, mit einem Vorwort von Ernst Anrich, Darmstadt.

Baecker, Dirk (2010), »Forschung, Lehre und Verwaltung«, in: Johanna-Charlotte Horst/Johannes Kagerer/Regina Karl/Vera Kaulbarsch u.a. (Hg.), *Unbedingte Universitäten. Was passiert? Stellungnahmen zur Lage der Universität*, Zürich, S. 311–332.

Blömke, Sigrid/Zlatkin-Troitschanskaia, Olga (2013), »Kompetenzmodellierung und Kompetenzerfassung im Hochschulsektor: Ziele, theoretischer Rahmen, Design und Herausforderungen des BMBF-Forschungsprogramms KoKoHs«, *KoKoHs Working Papers*, 1, Berlin/Mainz.

BMBF (Hg.) (2004), *Investitionsgut Bildung. Workshop »Investitionen in Humankapital«, 7. Juni 2004*, Bonn, Bonn/Berlin.

Derrida, Jacques (2001), *Die unbedingte Universität*, Frankfurt am Main.

Edding, Friedrich (1963), *Ökonomie des Bildungswesens. Lehren und Lernen als Haushalt und als Investition*, Freiburg i. Br.

Hartmann, Michael (2010), »Die Exzellenzinitiative und ihre Folgen«, in: *Leviathan*, Jg. 38, H. 3, S. 369–387.

Heublein, Ulrich/Ebert, Julia/Hutzsch, Christopher/Isleib, Sören u.a. (2017), *Zwischen Studienerwartungen und Studienwirklichkeit. Ursachen des Studienabbruchs, beruflicher Verbleib der Studienabbrecherinnen und Studienabbrecher und Entwicklung der Studienabbruchquote an deutschen Hochschulen*, DZHW, Hannover.

Humboldt, Wilhelm von (1964 [1810]), »Ueber die innere und äußere Organisation der höheren wissenschaftlichen Anstalten in Berlin«, in: ders., *Werke in fünf Bänden*, Bd. IV, Darmstadt, S. 255–266.

Kant, Immanuel (1983 [1781]), *Werke in sechs Bänden*, Bd. II: *Kritik der reinen Vernunft*, hg. von Wilhelm Weischedel, Darmstadt.

Kant, Immanuel (1983 [1790]), »Kritik der Urteilskraft«, in: ders., *Werke in sechs Bänden*, Bd. V, hg. von Wilhelm Weischedel, Darmstadt, S. 231–620.

Koch, Hans-Albrecht (2008), *Die Universität. Geschichte einer europäischen Institution*, Darmstadt.

Kühl, Stefan (2012), *Der Sudoku-Effekt. Hochschule im Teufelskreis der Bürokratie. Eine Streitschrift*, Bielefeld.

Kuhn, Thomas S. (1976), *Die Struktur wissenschaftlicher Revolutionen*, Frankfurt am Main.

Lill, Felix (2016), »Angriff auf die freien Denker«, in: *Die Zeit*, Nr. 15, 31.03.2016.

Marcuse, Herbert (1968), »Über den affirmativen Charakter der Kultur«, in: ders., *Kultur und Gesellschaft I*, Frankfurt am Main, S. 56–101.

Prado, Plinio W. (2010), »Das Prinzip Universität (als unbedingtes Recht auf Kritik)«, in: ders., *Das Prinzip Universität*, Zürich, S. 5–50.

Schleiermacher, Friedrich (1984 [1808]), »Gelegentliche Gedanken über Universitäten im deutschen Sinn«, in: ders., *Pädagogische Schriften 2*, Frankfurt am Main, S. 81–139.

Stederoth, Dirk (2016), »Eingemessene Bildung. Zur Humankapitalisierung der Bildung und ihrer totalen Verwaltung«, in: *Zeitschrift für kritische Theorie*, H. 42/43, S. 8–32.

Weber, Max (1988 [1919]), »Wissenschaft als Beruf«, in: ders., *Gesammelte Aufsätze zur Wissenschaftslehre*, hg. v. Johannes Winckelmann, Tübingen, S. 582–613.

Wissenschaftsrat (2013), *Perspektiven des deutschen Wissenschaftssystems*, Braunschweig.

Wissenschaftsrat (2017), *Begutachtungen im Wissenschaftssystem*, Berlin.

Autorinnen und Autoren

Meike Sophia Baader ist Professorin für Allgemeine Erziehungswissenschaft an der Stiftungsuniversität Hildesheim. Seit 2012 Mitglied im Fachkollegium ›Erziehungswissenschaft‹ der DFG. Vorstand der Kommission Pädagogische Anthropologie in der Deutschen Gesellschaft für Erziehungswissenschaft. Mitglied im Sprechergremium des Arbeitskreises Historische Familienforschung in der Deutschen Gesellschaft für Erziehungswissenschaft. Seit 2013 Mitglied des Herausgebergremiums des *Jahrbuchs für Historische Bildungsforschung*. Forschungsschwerpunkte: Kindheitsforschung, Familienforschung, Historische Bildungsforschung, Genderforschung, Religion und Erziehung.

Jürgen Budde ist Professor für Theorie der Bildung des Lehrens und Lernens an der Europa Universität Flensburg. Redaktion *Jahrbuch Frauen- und Geschlechterforschung in der Erziehungswissenschaft*. Geschäftsführender Direktor des Zentrums für Bildungs-, Unterrichts-, Schul- und Sozialisationsforschung, Mitbegründer der AG Inklusionsforschung in der DGfE, Mitglied im Editorial Board von *Boyhood Studies. An Interdisciplinary Journal*, Wissenschaftlicher Beirat der Zeitschrift *Schulpädagogik: Heute*, der Zeitschrift *GENDER*, des Kompetenzzentrums Technik und Diversity sowie der Stiftung Bildung und Begabung. Forschungsschwerpunkte: Differenz in Bildungsinstitutionen, Praxistheorie, Persönlichkeitsbildung und Erziehung in der Schule.

Rita Casale lehrt seit 2009 Bildungsphilosophie und Bildungsgeschichte an der Bergischen Universität Wuppertal. Autorin des Buches *Heideggers Nietzsche. Geschichte einer Obsession* (2010), hat verschiedene Bände zur pädagogischen Historiographie, zu feministischer Theorie und Geschichte herausgegeben und zahlreiche Beiträge zum politischen und pädagogischen Denken in der Moderne sowie zur zeitgenössischen Philosophie (Phänomenologie und Poststrukturalismus) verfasst. Zurzeit arbeitet sie an einem Buch zum Thema Bildung des Gemeinsamen.

Uwe Elsholz ist Professor für Lebenslanges Lernen an der FernUniversität in Hagen. Vertrauensdozent der Hans-Böckler-Stiftung. Leitung Wissenschaftliche Begleitung des Bund-Länder-Wettbewerbs »Aufstieg durch Bildung: offene Hochschulen« (zusammen mit Prof. Ada Pellert und Prof. Dr. Eva Cendon). Mitglied im wissenschaftlichen Beraterkreis von ver.di und IG Metall. Forschungsschwerpunkte: Strukturelle Veränderungen des (Berufs-)bildungssystems, Veränderungen im Verhältnis von beruflicher und akademischer Bildung, Entwicklung und Evaluation von Konzepten zur Gestaltung beruflicher und betrieblicher Bildung, Kompetenzanalysen und Portfolioarbeit zur Unterstützung und Begleitung lebenslangen Lernens, Zusammenhänge von betrieblicher Arbeitsorganisation und dem Bildungs- und Beschäftigungssystem, mediengestütztes Lernen in der betrieblichen Bildung.

Thomas Höhne ist Professor für Erziehungswissenschaft, insbesondere gesellschaftliche, politische und rechtliche Grundlagen von Bildung und Erziehung an der Helmut Schmidt Universität Hamburg. Herausgeber der Reihe »Neue Politische Ökonomie der Bildung« (Beltz/Juventa). Forschungsschwerpunkte: Bildungspolitik und Politische Ökonomie der Bildung, Bildung und soziale Ungleichheit, Bildungsmedienforschung, erziehungswissenschaftliche Wissensforschung und Diskursanalyse. Ausgewählte Publikation: Höhne, Thomas (2015), *Ökonomisierung und Bildung – Zu den Formen ökonomischer Rationalisierung im Feld der Bildung*, Wiesbaden.

Fabian Kessl ist Professor für Sozialpädagogik mit dem Schwerpunkt sozialpolitische Grundlagen an der Universität Wuppertal (bis 2018 Professor für Theorie und Methoden der Sozialen Arbeit an der Universität Duisburg-Essen). 2008–2014 Mitglied des Vorstands der DGfE-Kommission Sozialpädagogik; 2014–2018 Mitglied des Gesamtvorstandes der Deutschen Gesellschaft für Erziehungswissenschaft (DGfE); Sprecher des Lokalen Organisationskomitees (LOK) für den 26. DGfE-Kongress; Vertrauensdozent der Hans-Böckler-Stiftung. Seit 2012 Kuratoriumssprecher des Instituts für solidarische Moderne (ISM). Mitglied der Enquetekommission »Kinderschutz und Kinderrechte« der Hamburgischen Bürgerschaft (2016–

2018). Geschäftsführer des Internationalen Online-Journals *Social Work & Society*. Herausgeber der *Sozialen Passagen* und Mitglied der Redaktion der *Widersprüche*. 2011–2015 Sprecher des Promotionskollegs »Widersprüche gesellschaftlicher Integration. Zur Transformation Sozialer Arbeit« und Mitantragssteller des kooperativen Promotionskollegs »Leben im transformierten Sozialstaat. Zielgruppenspezifische Reformwirkungen und Alltagspraxen« (2013–2016). Forschungsschwerpunkte: Wohlfahrtsstaatliche Transformation von Bildungs-, Erziehungs- und Sorgeverhältnissen, Kinder- und Jugendhilfe, Sozialraumforschung.

Paul Mecheril ist Professor für Migration und Bildung an der Carl von Ossietzky Universität Oldenburg. Direktor des *Center for Migration, Education and Cultural Studies* an der Carl von Ossietzky Universität Oldenburg. 2005–2007 Vorstandsmitglied der Sektion Interkulturelle und International Vergleichende Pädagogik der DGfE und Sprecher der Kommission Interkulturelle Pädagogik. Beiratsmitglied der Zeitschrift *Demokratie gegen Menschenfeindlichkeit. Zeitschrift für Wissenschaft & Praxis* im Wochenschau Verlag. Seit 2003 Vertrauensdozent der Heinrich-Böll-Stiftung. 2016 Sprecher des vom Ministerium für Wissenschaft und Kultur des Landes Niedersachsen geförderten Promotionsprogramms »Migrationsgesellschaftliche Grenzformationen: Wissensordnungen, Materialitäten, Subjektivierungen«. Forschungsschwerpunkte: Migrationspädagogik, Pädagogische Professionalität, Rassismus- und Herrschaftstheorie, Cultural Studies, methodologische und methodische Fragen der Interpretation.

Astrid Messerschmidt ist Professorin für Erziehungswissenschaft mit dem Schwerpunkt Geschlecht und Diversität an der Bergischen Universität Wuppertal. Redaktion des *Jahrbuchs Erziehungswissenschaftliche Geschlechterforschung*. Forschungsschwerpunkte: Geschlechterverhältnisse und geschlechterreflektierende Bildung, Diversität und diskriminierungskritische Bildung in der Migrationsgesellschaft, Bildung im Kontext der Nachwirkungen des Nationalsozialismus. Mitglied im Wissenschaftlichen Beirat der Gedenkstätte Mauthausen; Mitglied im Wissenschaftlichen Beirat der Akademie Vogelsang/Internationaler Platz.

Johanna Mierendorff ist Professorin für Sozialpädagogik mit dem Schwerpunkt ›Pädagogik der frühen Kindheit‹ an der Martin-Luther-Universität Halle/Wittenberg. Seit 2003 Mitglied des Sprecherkreises der Sektion

›Kindheitssoziologie‹ der Deutschen Gesellschaft für Soziologie (DGS). 2010–2011 Erste Sprecherin der Sektion ›Kindheitssoziologie‹ der DGS. Mitherausgeberin der Zeitschrift *Diskurs Kindheits- und Jugendforschung*. Mitglied im Editorial Board der internationalen Zeitschrift *Childhood. A Journal of Global Child Research*. DFG-Projekt Elementare Bildung und Distinktion 2011–2017 (Teilprojekt DFG-Forschergruppe Mechanismen der Elitebildung). Forschungsschwerpunkte: Wohlfahrtsstaatstheoretische Ansätze in der Kindheitsforschung, Jugendhilfeforschung, Politik für Kinder und Familien, Wandel und Ökonomisierung des Elementarbereichs, Wandel der (frühen) Kindheit.

Christian Oswald ist Lehrer für Deutsch, Philosophie und Soziologie am Rahel-Varnhagen-Kolleg Hagen, Herausgeber der Online-Zeitschrift *Teichoskopie* (URL: ueber-die-mauer.de). Publikation zum Thema: Oswald, Christian (2011), »Über Humankapital und einige seiner Familienprobleme«, in: Rita Casale, Edgar Forster (Hg.), *Ungleiche Geschlechtergleichheit. Geschlechterpolitik und Theorien des Humankapitals*, Opladen.

Dirk Stederoth, PD Dr., ist Wissenschaftlicher Mitarbeiter an der Universität Kassel am Institut für Philosophie. Vertrauensdozent der Hans-Böckler-Stiftung. Redaktionsmitglied der *Zeitschrift für Kritische Theorie*. Seit Frühjahr 2009: Kolumne »Die Grille« im *(k)kulturmagazin*. Forschungsschwerpunkte: Klassische deutsche Philosophie, Interkulturelle Philosophie, Philosophie der Musik, Bildungsphilosophie, Kritische Theorie.

Heinz Sünker ist Rudolf-Carnap-Senior-Professor für Sozialpädagogik an der Bergischen Universität Wuppertal. Seit 1983 Redakteur der *Sozialwissenschaftlichen Literatur Rundschau* (SLR), seit 1984 geschäftsführender Redakteur der SLR und Mit-Herausgeber, 1985–1997 Mitherausgeber der sozialpolitischen, sozialpädagogischen und kriminalpolitischen Reihen der ›Kritischen Texte‹ im K. Böllert-KT Verlag, Bielefeld. Seit 1992 Redaktion der Zeitschrift *Widersprüche*, seit 1992 im Beirat der Zeitschrift *Neue Praxis*, seit 1996 *Journal of Social Sciences* (Board), seit 1997 *Politics, Groups and the Individual* (Managing Co-Editor), seit 2000 *Taboo: The Journal of Culture and Education* (Board), seit 2002 Mitglied des ISA/Research Committee 10 »Participation, Organizational Democracy, and Self-Management« (2002–2006 General Secretary; seit 2006 President). Secretary general des RC Organisational Democracy, Participation, and Self-Management der ISA.

Forschungsschwerpunkte: Soziale Arbeit in gesellschaftlichen Konflikten, Citizenship und soziale Entwicklung, Kindheitsforschung, Demokratisierung und Partizipation, Bildungsungleichheit und soziale Gerechtigkeit, Subjektkonstitution und Handlungskompetenz, Erziehung/Soziale Arbeit und Faschismus.

Katharina Walgenbach ist Professorin für Bildung und Differenz an der FernUniversität in Hagen. Vertrauensdozentin der Hans-Böckler-Stiftung. 2012–2014 Vorsitzende der Sektion Frauen- und Geschlechterforschung der Deutschen Gesellschaft für Erziehungswissenschaft. Beirat *Jahrbuch Frauen- und Geschlechterforschung in der Erziehungswissenschaft* (2012–2014 Redaktion). Forschungsschwerpunkte: Bildung und soziale Ungleichheiten, Intersektionalität, Sozialisationsforschung. Ausgewählte Publikation: Walgenbach, Katharina/Stach, Anna (Hg.) (2015), *Geschlecht in gesellschaftlichen Transformationsprozessen*, Opladen.